Museum Folkwang

Klaus Staeck
Sand fürs Getriebe
Museum Folkwang

Deutsches Plakat Museum

Edition Folkwang / Steidl

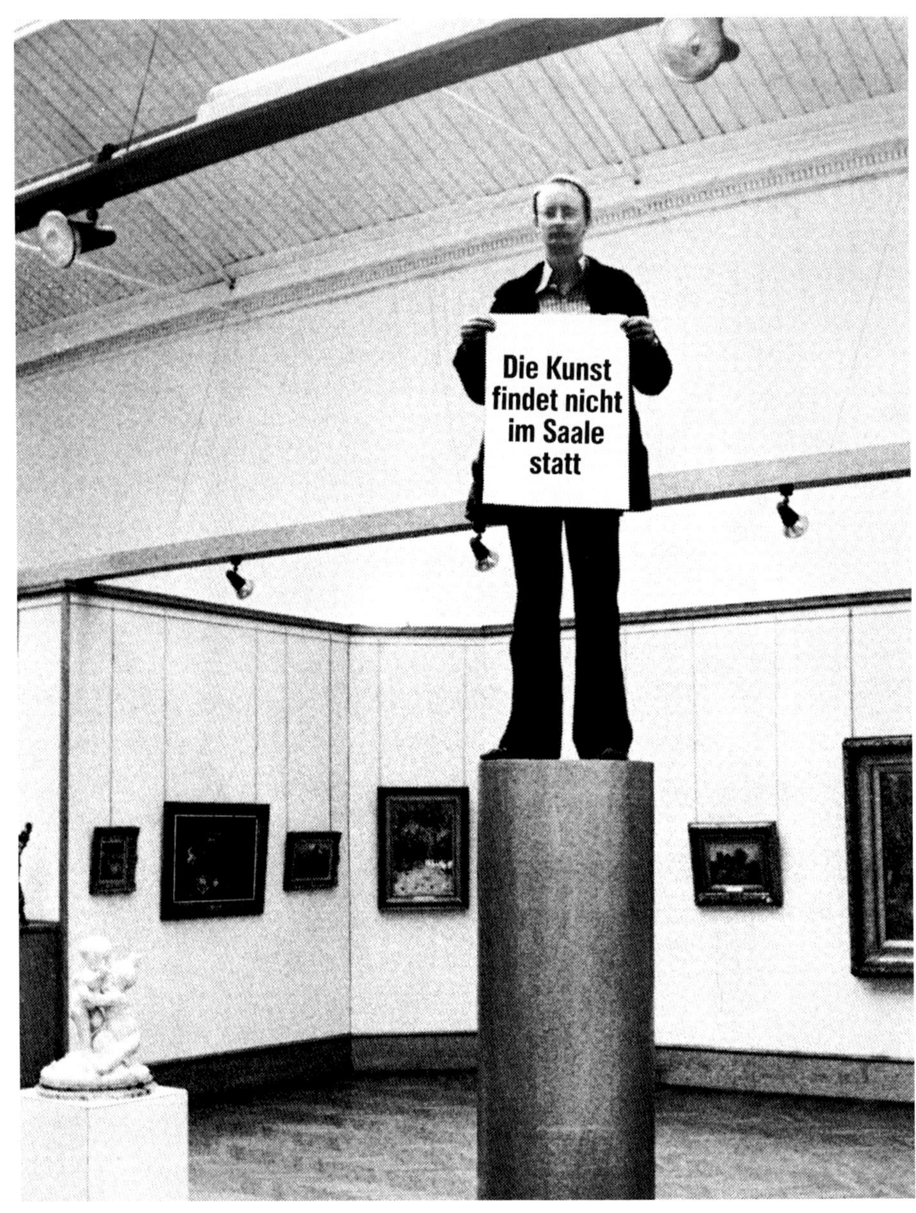
Die Kunst
findet nicht
im Saale
statt

Inhalt

Vorwort

Von Lobpreisungen, Würdigungen und Solidaritätserklärungen bis hin zu Beschimpfungen, Unterstellungen, Drohungen, Klagen vor Gericht und dem Herunterreißen von Plakaten in einer Ausstellung, dem später sogenannten „Bonner Bildersturm" – die Wirkung, die Klaus Staeck mit seinen Plakaten erzielte, war und ist enorm. Staeck ist der bekannteste deutsche Plakatkünstler. Mit seinen prägnanten Motiven mischte er sich immer wieder in politische Debatten ein. Die Reaktionen auf seine oftmals als Provokation begriffenen Plakate finden sich in Presse und Fernsehen, aber auch Kataloge und Bücher über und von Klaus Staeck versammeln eine kaum zu überblickende Menge an Stellungnahmen und Rezensionen. Die teilweise heftigen Reaktionen in die eine oder andere Richtung zeigen, dass Staeck es verstanden hat, den Finger in die Wunde zu legen und komplizierte Sachverhalte zuzuspitzen, ohne in der Verkürzung flach zu werden. Sie zeigen aber auch, dass das Plakat Anfang der 1970er Jahre das richtige Medium war, um eine möglichst breite Wirkung im öffentlichen Raum zu erzielen.

Die Entwürfe von Klaus Staeck sind auch Statements seiner eigenen politischen Haltung und Ausdruck seines gesellschaftlichen Engagements. Auf dieser „Überzeugungstäterschaft" fußt die große Glaubwürdigkeit seiner verbalen und visuellen Einmischung, sie trug ihm aber auch heftige persönliche Angriffe ein – Plakat und Person verschmolzen in der Wahrnehmung. Das Verständnis der Plakate Staecks kann nur aus der Kenntnis der komplexen Struktur seiner künstlerischen, propagandistischen und konkreten politischen Arbeit erwachsen. Das zeigt beispielhaft sein Engagement für die Initiative „Aktion für mehr Demokratie", deren Mitbegründer er war. Sein Versuch, Ideen in die Breite zu tragen, geht in der Regel medial weit über das Plakat hinaus und bezieht nahezu alle populären Möglichkeiten mit ein. So verbreitet Staeck seine Motive auf Postkarten, Stickern, Aufklebern, T-Shirts, Taschen, Uhren und Aufnähern sowie mit Stempeln, Briefmarken und in Büchern.

Die Ausstellung möchte die Breite des Schaffens von Klaus Staeck präsentieren. Der Schwerpunkt liegt dabei natürlich auf dem Plakat und dessen bis heute unübertroffener Wirkung im öffentlichen Raum. Zum ersten Mal erfährt aber auch Staecks gestalterischer Weg zum Plakat, der über die Druckgrafik führte, eine ausführliche Betrachtung. Der Buchproduktion wird ebenso Raum gegeben wie dem Making-of von Plakaten, Postkarten und deren Entwürfen. Fotografische und filmische Dokumentationen zu einzelnen Aktionen ergänzen die Präsentation.

Unser Dank gilt Klaus Staeck, der dieses Projekt nicht nur inhaltlich unterstützt hat, sondern auch Wesentliches aus seinem Archiv bereitgestellt hat. Auch Staecks langjähriger Drucker und Freund Gerhard Steidl öffnete dankenswerterweise sein Archiv, um die Ausstellung um selten oder noch nicht Gesehenes zu ergänzen.

Der von Steidl produzierte Katalog versammelt Beiträge zu verschiedenen Aspekten: Tobias Burg widmet sich der frühen Druckgrafik, aus der die Plakatarbeit hervorging, Gerhard Steidl beschreibt die Zusammenarbeit mit Klaus Staeck und gibt Einblicke in die Entstehung von Plakaten. René Grohnert spürt der Wirkung der Plakate von Klaus Staeck nach. Staeck selbst gibt im Gespräch mit Monte Packham Auskunft über seine Arbeit.

Schließlich danken wir allen beteiligten Mitarbeiterinnen und Mitarbeitern des Museum Folkwang und des Facility Managements.

Hans-Jürgen Lechtreck
Geschäftsführender Direktor

René Grohnert
Leiter Deutsches Plakat Museum

„Demokratie kommt nicht aus der Steckdose"

Monte Packham im Gespräch mit Klaus Staeck

„Universitätsstadt Heidelberg. Zukunft seit 1386". Dieser Satz auf einem Metallschild vor der berühmten Heidelberger Universität könnte sich, auf ein passendes Bild montiert, mühelos auf einem Plakat von Klaus Staeck wiederfinden. Vom Universitätsplatz zu seinem Büro in der Ingrimstraße ist es nur ein kurzer Spaziergang durch die Altstadt.

Ich gehe die Grabengasse entlang, die die westliche Grenze des Platzes markiert. Gleich bin ich in der Fußgängerzone, die hier schlicht Hauptstraße heißt und parallel zum Neckar durch die Altstadt läuft. An der Ecke macht der berühmte Weihnachtsladen Käthe Wohlfahrt das ganze Jahr hindurch kitschliebende Touristen glücklich.

Ich biege rechts ab in die Hauptstraße, in der Regenschirme und Mützen hin- und hertreiben. Unter den Fußgängern sind Familien mit schweren Einkaufstüten, eine italienische Reisegruppe (die Frauen laufen vorne, ihre Männer trödeln hinterher), zwei Amerikanerinnen, die sich über ihre neuen Schals freuen und ein junges japanisches Paar, dessen Tochter ihren Regenbogenschirm stolz hin- und herdreht.

Die Geschäfte in den Barockhäusern versorgen Touristen und Einwohner gleichermaßen: Starbucks, STA Travel, das Biermuseum Weißer Schwan, das kleine Gloria-Kino, zwei Gummibärchenläden, die Alte Brennerei, Beauty, Nails & More… Bei MyCurrywurst biege ich rechts in die Kettengasse ab.

Und plötzlich ist die Stimmung ganz anders: ruhiger, gemächlicher. Die Kettengasse ist schmaler als die Hauptstraße und mit abgerundeten Pflastersteinen belegt. Es ist nicht mehr weit bis zur Ingrimstraße. Die ist noch schmaler und ich sehe gar keine Läden mehr. Angelehnte Fahrräder gehören wohl den Bewohnern hinter den Holzfensterläden. Auf der linken Seite steht die Nummer drei.

Im ersten Fenster hängt ein verblichenes Staeck-Plakat aus dem Jahr 1997 *Ein Volk das solche / Boxer / Fußballer / Tennisspieler / und Rennfahrer hat / kann auf seine Uniwersitäten / ruhig verzichten*; dahinter steht ein altes Faxgerät. Im Büro legen Sedimentschichten glücklich Zeugnis ab von Staecks jahrzehntelanger, nimmermüder Arbeit: taumelnde Papierstapel, Zeitungs- und Zeitschriftenausschnitte, staubige Audiokassetten, Schränke zum Bersten gefüllt, Wände mit Plakaten, Fotos und Postkarten zugehängt. Links steht Staecks Schreibtisch, gut getarnt unter Papierhaufen. Ein Holzregal daneben, voller Alltagsgegenstände und eklektischer Schätze, wirkt wie ein kleines Dada-Museum: eine gelbe Glühbirne, ein Gartenzwerg, Spielzeug, Muscheln, eine Warhol-Postkarte von Joseph Beuys, Schreibwaren, Taschenbücher, ein abgelaufener Personalausweis von Staeck selbst, eine silberne Taschenuhr, die dem weißen Kaninchen aus *Alice im Wunderland* gehören könnte…

Klaus Staeck steht hinter seinem Schreibtisch. Ich klopfe ans Fenster und er winkt mich hinein. Auf einem anderen Fenster steht „Staeck's Galerie, Postkarten, Plakate, Grafik, Bücher." Er öffnet die Tür. Bevor wir das Gespräch beginnen, tritt ein DHL-Fahrer ein und fragt, ob Staeck ein Paket für einen Nachbar annehmen würde. „Nur, wenn es nicht von Amazon ist", lautet die Antwort. Verantwortung beginnt eben immer an der eigenen Haustür.

Monte Packham: Heidelberg gehört zu den deutschen Städten, die man auch in Amerika und Japan kennt, die pittoreske Altstadt zieht Tausende von Touristen an. Die Stadt verkörpert ein bestimmtes, märchenhaft-beschauliches Deutschlandbild. Was hat den Künstler und Provokateur Klaus Staeck ausgerechnet hierher verschlagen?

Klaus Staeck: Ich lebe schon sehr lange in Heidelberg, bin in Bitterfeld aufgewachsen und habe die DDR 1956 Richtung Westen verlassen. Ich reiste einfach, was damals noch möglich war, mit dem Zug von Ost nach West, nach Düsseldorf, wo mein Vater lebte. Ein Klassenkamerad, der in manchen Fächern sehr gut war, in denen ich nicht so geglänzt habe (zum Beispiel Latein), kam auch nach Düsseldorf. Wir landeten also zusammen im Westen und stellten fest, dass uns hier keiner mochte – ganz einfach, weil damals so viele kamen. „Was wollt ihr denn alle hier?" – wie oft habe ich das gehört.

Im Westen wurde das Ostabitur nicht anerkannt, man musste eine Ergänzungsprüfung machen. Ich wurde nach Wuppertal geschickt, mein Freund aber nach Heidelberg. Ich habe dann alle Hebel in Bewegung gesetzt, um auch nach Heidelberg zu kommen, nicht zuletzt um seine Hilfe in Anspruch nehmen zu können. Mit achtzehn ist man normalerweise selbstständig. Aber die DDR hat's fertiggebracht, dass das nicht der Fall war. Ich gehöre zu dieser Generation, die ohne Vater großgeworden ist – wegen Krieg, Gefangenschaft, oder weil der Vater wie in meinem Fall in den Westen ging. Das gilt für sehr viele meiner Generation und erklärt auch einiges, warum sie sich so verhalten, behaupte ich. Jedenfalls hab ich's doch geschafft nach Heidelberg zu kommen und habe dann auch hier studiert.

MP: Wie bist du zur Kunst gekommen?

KS: Angefangen hat eigentlich alles schon während meiner Schulzeit. Da war Kunst das einzige einigermaßen freie, nicht reglementierte Schulfach. Und da ich noch vor dem Mauerbau während des Stalinismus in die Schule gegangen bin, kam es oft vor, dass Lehrer flüchteten. In so einem Fall musste der jeweils beste Schüler in einem Fach den Lehrer vertreten. Und das war bei mir natürlich Kunst, mein Lieblingsfach.

MP: Welche Kunstform war dir die liebste?

KS: Ich habe damals eigentlich alles gemacht. Wir mussten auch in zwei Arbeitsgemeinschaften sein: Ich war in der Arbeitsgemeinschaft Kunst und noch einer anderen. In der Arbeitsgemeinschaft Kunst wurden die Bühnenbilder für die Arbeitsgemeinschaft Laienspiel gefertigt. Und da gab es ein Schlüsselerlebnis.

Eines Tages kam der Leiter der Laienspiele zu mir und sagte: „Könnt ihr nicht ein Bühnenbild für Carlo Goldonis *Der Diener zweier Herren* machen?" Das Ganze fand in einer Art Gesellschaftshaus statt, wo es eine kleine Bühne gab. Wir haben alles vorbesichtigt, und es stellte sich heraus, dass es keinen Vorhang gab. In der DDR musste man immer erfinderisch sein. Also sagte jemand: „Das ist ganz einfach! Wir spannen eine Wäscheleine und nehmen zwei Schilder – auf das eine schreiben wir ‚Vor', auf das andere ‚hang' –, und ziehen das während der

Pause zusammen." Tolle Idee! Wir gingen auf den Schulboden und fanden dort eine schöne Transparentpappe mit einem Lenin-Portrait. Wir haben also die Rückseite genommen und in der Mitte durchgesägt, haben aber die Bildseite nicht übermalt.

Als wir dann unseren „Vorhang" zusammenzogen, drehten sich die zwei Schilder, sodass der Hals und dann der Kopf von Lenin zu sehen waren. Großer Applaus! Die ganze Schule war da. Das Problem war, dass der Patenbetrieb unserer Schule die Sowjetische Kommandantur war. Und die ganze erste Reihe war mit Offizieren besetzt, die bis dahin keinerlei Regung gezeigt hatten, aber jetzt aufstanden wie ein Mann und rausgingen. Ich wusste, von dem Tag an – ich war damals sechzehn –, dass ich beim kleinsten Vergehen, das ich mir noch zu Schulden kommen lassen würde, von der Schule fliegen würde. Ich wusste, das ist jetzt hier zu Ende. Der Rektor war verpflichtet, eine Meldung an das Schulamt zu machen. Ich hatte Glück, denn mein Klassenlehrer hatte die FDJ mitgegründet und dadurch gewisse Privilegien. Er versuchte, die Wogen zu glätten. Es kam also nicht zu dem großen Eklat, den es normalerweise hätte geben müssen. Wenn man so will, war das bereits meine erste öffentliche Aktion – ungewollt natürlich, und mit Folgen, die ich so auch nicht abgesehen hatte.

MP: Und großer Aufregung.

KS: Aufregung bis zum Gehtnichtmehr, es war furchtbar.

MP: Hattest du damals schon die Absicht, Künstler zu werden?

KS: Nein, ich war sehr unsicher. In der DDR war ja alles sehr reglementiert, das hatte manchmal auch seine Vorteile, ich will das gar nicht denunzieren. Ein halbes Jahr vor dem Abitur musste man einen Fragebogen ausfüllen und drei Berufswünsche angeben. Als Erstes habe ich Filmregisseur genannt, was von der Schule wohl nicht mal in Erwägung gezogen wurde. Der zweite Wunsch war Architekt. Dafür musste man eine Art Aufnahmeprüfung in Weimar machen, eine schriftliche und eine mündliche. Ich hatte das Glück oder Pech, wie man's nimmt, dass ich im Nebenraum saß, als diese kleine Kommission von drei Leuten meine gesellschaftliche Beurteilung, die der FDJ-Sekretär meiner Schule angefertigt hatte, vorlas. Diese Beurteilung war politisch so verheerend, dass ich mir einen Moment überlegt habe, gar nicht mehr reinzugehen – das ist schon entschieden, die nehmen mich hier nie.

Aber ich bin jemand, der schon aus reiner Selbstbehauptung die Flucht nach vorn ergreift. Ich bin also trotzdem reingegangen und wusste genau, wie man alle Fragen hätte beantworten müssen – wir waren ja alle auf die Lüge trainiert. Es war ein Unterschied, was man offiziell sagen sollte und was man privat dachte. Man war wie Dr. Jekyll und Mr. Hyde. Trotzdem habe ich nicht Jekyll und Hyde gespielt, sondern das gesagt, was ich für richtig hielt. Das war natürlich kontraproduktiv. Aber ich dachte: Wenn ich sowieso nicht angenommen werde, dann aber doch die Wahrheit sagen und mir wenigstens ein bisschen Würde bewahren.

Als ich zurückkam, sagte der Rektor zu mir: „Das ist leider nichts geworden, aber ich werde mich dafür engagieren, dass Sie eine Maurerlehre machen können." „Schauen Sie sich mein Hände an!" sagte ich. „Ich habe großen Respekt vor dem Maurerhandwerk aber ich werde sicher nie ein guter Maurer." Und damit war der Entschluss schon gefasst.

MP: Was war dein dritter Wunsch?

KS: Kunstlehrer. Vor allen Dingen konnte man das Fach damals in Berlin studieren – glaubte ich jedenfalls. Und weil es so unsichere Zeiten waren – manchmal bekam man keine Fahrkarte, wenn man keinen konkreten Grund nachwies, nach Berlin fahren zu müssen –, dachte ich, dann bist du schon in Berlin. Man hat immer um drei Ecken gedacht. Es kam aber nicht mehr dazu, weil ich da bereits wusste, dass ich nach dieser Beurteilung in der DDR keine Chance mehr hatte. Ich reiste also in den Westen aus und machte mein Abitur in Heidelberg. Ja, und was nun studieren?

MP: Wie bist du als künstlerisch ambitionierter Mensch ausgerechnet auf Jura gekommen?

KS: Zunächst habe ich mich für Architektur in Karlsruhe beworben und wurde auch angenommen. Nur fragte ich mich: „Will ich das wirklich? Oder will ich nicht irgendwie, so mühsam sie auch sein mag, eine ‚Künstlerlaufbahn' beginnen?“

MP: War es ein Thema für dich bei der Architektur, dass man immer Kunden hat, denen man gefallen muss?

KS: Na ja, Architektur war nur ein Teil dessen, was mich interessiert hat. In Wahrheit hat mich die Kunst viel mehr interessiert. Ich habe aber nicht das nötige Selbstvertrauen gehabt. Ich komme aus einer kleinbürgerlichen Familie, allerdings mit einer ungeheuer engagierten und couragierten Mutter, die unter enormen Risiken ein Geschäft aufgemacht hat, um die Familie zu ernähren – meine Brüder, mich und meine sehr gehbehinderte Großmutter. Mein Vater war eher der Typ des obrigkeitshörigen Menschen. Natürlich bin ich mit dem Gedanken großgeworden, dass Künstler zu sein ein brotloser Beruf ist: Wie will man bloß überleben? Ganz ins kalte Wasser zu springen, dazu war ich nicht in der Lage.

Also bin ich zur Uni gegangen und habe gedacht: Welches Fach kann man lange genug studieren, ohne zu sehr aufzufallen? Damals hat das Jurastudium bis zum Examen durchschnittlich zehn Semester gedauert, also fünf Jahre. Ich sagte zu mir selbst: „Wenn du als Künstler ganz fleißig bist, dann schaffst du vielleicht vor dem ersten Examen den Absprung.“ Ich war dann auch fleißig, habe meine Holzschnitte und Zeichnungen angefangen und für den AStA Wahlplakate und Plakate für Sommerfeste gemacht. Ich habe sie immer so angelegt, dass ich das Bildmotiv (meist abstrakte Zeichnungen) ohne den Text für mich als Postkarte drucken konnte. So habe ich mit neunzehn Jahren meine ersten Postkarten produziert.

MP: Wo hast du gedruckt?

KS: In einer kleinen Druckerei außerhalb von Heidelberg. Nach fünf Jahren war es mir trotzdem nicht gelungen, mir auch nur einigermaßen eine Existenz aufzubauen – wie man so schön bürgerlich sagt. Also habe ich noch das erste Examen gemacht und dann das zweite. So hatte ich noch einmal dreieinhalb Jahre Zeit – da ich mich zwischendurch noch ein Jahr beurlauben ließ, sogar viereinhalb Jahre: In dieser Zeit, so hoffte ich, musst du es doch geschafft haben. Doch von der Kunst leben ließ sich dann immer noch nicht. Also habe ich zunächst als Anwalt gearbeitet. Die Leute fanden zwar meine Sachen ganz schön, auch die Siebdrucke, aber es stapelte sich alles unter meinem Bett in meiner kleinen Zweizimmerwohnung in der Theaterstraße.

MP: Wie hast du damals deine Sachen verkauft?

KS: Ich habe jede Chance genutzt, um zum Beispiel bei Gruppenausstellungen etwas miteinzureichen. Ich glaube, zum ersten Mal überhaupt war ich bei der Weihnachtsausstellung im Heidelberger Kunstverein vertreten – wahrlich kein Weltereignis, wo man hätte entdeckt werden können! Aber es gab immer ein paar Leute, auch meine spätere Frau Ingeborg, die mich in dem Wunsch, eines Tages doch vielleicht als Künstler überleben zu können, sehr unterstützt haben. Überleben – darum ging es mir. Ich war allerdings auch risikobereit – von den Siebdrucken habe ich oft eine 100er Auflage gedruckt, aber vielleicht nur zwei verkauft. Eine gewisse Hybris und ein bisschen Wahnsinn gehören wohl dazu. Ich erschrecke manchmal, wenn ich zurückschaue, wie verrückt man – im guten Sinne des Wortes – war. Was ich alles riskiert habe, bloß um diesem Ziel näherzukommen!

MP: Aber das Ziel lag ja doch noch in der Ferne. Hast du es jemals bereut, dass du Jura studiert hast? Oder war das Studium vielleicht sogar hilfreich für deine künstlerische Arbeit?

KS: Ich habe es keinen Tag bereut, dass ich Jura studiert habe. Nicht nur, weil mir das später bei meinen vielen juristischen Auseinandersetzungen um meine Plakate geholfen hat, sondern weil ich behaupte, Juristen denken anders. Sie folgen einer anderen Logik und haben eine andere Herangehensweise an die Wirklichkeit, zum Beispiel wie man einen Sachverhalt schildert.

MP: Man wird trainiert, sich so knapp und klar wie möglich auszudrücken?

KS: So ist es. Es gibt auch klare Vorgaben, wie Gesetze auszulegen sind. Das ist nicht einfach und dennoch steht irgendwann immer, bei Gericht zumindest, ein Urteil. Das darf nicht Wischiwaschi sein, das bedarf einer klaren Entscheidung. Das zu trainieren kam mir sehr entgegen.

MP: Nicht zuletzt für deine Plakate.

KS: Den lakonischen Satz, die drei Wörter zu finden, ist immer harte Arbeit gewesen. Meine Plakate zu entwickeln, hat manchmal ein halbes Jahr gedauert. Ich habe aber auch schon sehr früh begriffen, dass Bilder eine größere Kraft haben als Worte.

MP: Wobei die Worte im Kopf bleiben: „Ruf doch mal an!"

KS: Die Worte sind wichtig. Satire ist auch kein Spaß. Irgendjemand hat mal gesagt: „Ironie ist nichts ohne die Todesangst." Satire ist sehr anstrengend und manchmal auch wirklich quälend, für mich jedenfalls. Die Clowns im Zirkus sind nicht ohne Grund oft traurige Menschen. Die Leute mit Hintersinn zum Lachen zu bringen, ein befreiendes Lachen zu erzeugen, und dabei zu erreichen, dass sie ihre Meinungen in Frage stellen – das ist hohe Kunst.

MP: Um das zu können, muss man das Dunkle auch erst mal erkennen.

KS: Ich glaube ja. Um damit spielen zu können – Spielen nicht als Ablenkung oder Zeitvertreib sondern als Arbeit, als eine ernsthafte Angelegenheit.

Aber um zurück zu meinen Anfängen in Heidelberg zu kommen: Ich hatte meine Holzschnitte, Federzeichnungen und Siebdrucke, alles was sich vervielfältigen lässt. Darüber hinaus hatte ich aber auch immer den Anspruch, die Massen zu erreichen.

MP: Keine Originale?

KS: Originale waren irgendwann obsolet. Das lag auch an der Zeit damals, 1968. Ich bin absolut kein 68er. Für die 68er hatte ich einen doppelten Makel: Ich war ein bürgerlicher Künstler und schon 1960 in die SPD eingetreten. Sozialdemokrat zu sein war das Schlimmste! Vieles von dem, was 1968 stattfand, hat mich schon etwas ratlos oder auch wütend gemacht. (In Heidelberg war es die Hochzeit des Kommunistischen Bundes Westdeutschland, des KBW, einer üblen Politsekte.) Dennoch waren viele Anliegen berechtigt, vor allem die Aufarbeitung der Nazi-Vergangenheit unserer Elterngeneration, die bis dahin weitgehend tabu war. Alles in allem habe ich von der Aufbruchstimmung von 1968 profitiert: dass die Gesellschaft auf den Rütteltisch kam und eine bestimmte Offenheit entstand. Die neuen Bürger- und Wahlinitiativen konnte ich mit meinen Bildern beliefern.

Ich habe Schritt für Schritt versucht, von nummerierten, signierten Siebdrucken und Holzschnitten wegzukommen. Keine Galerie vertrat mich, aber ich war zu feige und auch zu stolz, um mit einer Mappe unter dem Arm Türklinken zu putzen. Das Ziel aber war immer klar: Ich will mit diesen Arbeiten in die Öffentlichkeit. Aber wie schafft man Öffentlichkeit jenseits der kleinen oder großen Galerie, des Museums, des Kunstvereins?

Dürers Hände [1970; Abb. S. 77] habe ich für 25 Mark verkauft (eine Auflage von 100 Stück, nummeriert und signiert). Ich habe das Bild überall angeboten: im Freundeskreis, im Bekanntenkreis, im Studentenheim… Die meisten sagten: „Das Motiv gefällt mir, hätte ich auch gerne, aber 25 Mark? Wenn es das als Plakat für fünf Mark gäbe, würde ich es sofort kaufen.“ Aber wie sollte ich das für den Preis herstellen und unter die Leute bringen? Wie sollte der Vertrieb aussehen? Die Postershops, an die ich dachte, wollten keine politischen Themen, nur Sonnenuntergänge und Pferde. Wie finanziert man das alles? Und wie schafft man Öffentlichkeit? Das sind die beiden großen Fragen, die unmittelbar zusammenhängen und bis heute geblieben sind.

<u>MP:</u> Mit deinen Plakaten sind in der Bundesrepublik ganze Generationen aufgewachsen. Wie hast du den Durchbruch geschafft?

<u>KS:</u> Ich war wieder der Jurist, der versuchte, logisch zu denken. Wenn man diesen Weg weitergehen will, dann bedarf es eines Tests – ob Leute außerhalb des Kunstraumes die Fragen und Botschaften, die im Kunstkontext entstanden sind, überhaupt wahrnehmen. 1971 bot sich die große Dürer-Ausstellung in Nürnberg als Testgelände geradezu an. Ich wollte Nürnberg als Plattform nehmen und die Bevölkerung auf der Straße mit dem Motiv konfrontieren. Ich war damals bereits mit dem Drucker und Verleger Gerhard Steidl befreundet, der wusste, dass man Litfaßsäulen einfach mieten konnte. Alle konnten wir uns natürlich nicht leisten, also haben wir die Hälfte gemietet, ein paar hundert. Steidl hat dann der Deutsche Städte-Reklame den Auftrag erteilt, die *Dürer-Mutter* Plakate [1971; Abb. S. 103] an die Litfaßsäulen zu kleben. Plötzlich war halb Nürnberg voll mit meinen Plakaten – ohne Ankündigung.

<u>MP:</u> War es eine einfache Entscheidung, *Dürers Mutter* und nicht die Hände als Motiv zu nehmen?

<u>KS:</u> Ja, die Mutter schien mir offensiver als die Hände, es war ein Tabuthema.

<u>MP:</u> Auch mit der blutroten Schrift: „Würden Sie dieser Frau ein Zimmer vermieten?“

<u>KS:</u> Das war nicht wirklich blutrot, sondern einfach rot, damit es kräftig wirkte. Der Test hat auf jeden Fall funktioniert: Viele riefen bei der Zeitung und der Stadt an. Die entscheidende Frage war nicht, von wem das stammte, sondern wer das bezahlt hatte. Die Leute hielten die Säulen für eine offizielle städtische Einrichtung. Der Kulturdezernent war sauer, dass ich ihn nicht einbezogen hatte.

Was ich nicht wusste: Zur gleichen Zeit fand ein Maklerkongress statt – manchmal muss man auch Glück haben. Die Jusos nahmen meine Kampagne daraufhin einfach in den Dienst und stellten mein Plakat in Zusammenhang mit diesem Kongress. Miete ist ein Dauerthema, war es damals schon, und die Makler waren die „Bösewichte“, die verhinderten, dass die Leute billig an eine Wohnung kamen.

Durch diese ganze Aufregung war für mich eins klar: Ab jetzt gibt es ein Publikum für solche Plakate, die aus der Kunst kommen, die nicht für eine Veranstaltung oder ein Produkt werben, sondern gesellschaftlich relevante Fragen aufwerfen.

MP: War zu dieser Zeit dein Modell der Selbstvermarktung und des Selbstvertriebs auch schon klar?

KS: Es hat sich daraus entwickelt. Nürnberg habe ich aus eigener Tasche bezahlt und dort ging es um eine anonyme Masse. Aber wie bringe ich die Leute, die sich wirklich für diese Themen interessieren, dazu, so ein Plakat zu *erwerben*? Und: Beim kunstaffinen Publikum hat das Experiment funktioniert, aber wie funktioniert es in der Politik? Für meine Arbeit brauche ich den neugierigen Betrachter. Wenn ich selber nicht mehr neugierig bin, dann bin ich wirklich alt.

MP: Wenn man selbst aufhört, Fragen zu stellen, dann ist alles vorbei.

KS: So ist es. Auf jeden Fall habe ich alles wahrgenommen, was es an öffentlichen Präsentationsmöglichkeiten gab. Zu der Zeit fing auch der freie Kunstmarkt an, sich zu etablieren, zum Beispiel der Neumarkt der Künste in Köln. Die neue Kunstszene schuf sich ihre eigenen Messen. Wir sind einfach überall hingefahren, haben den Tapeziertisch aufgebaut und alles aus dem Auto heraus verkauft.

Und dann gab es die großen Veranstaltungen, die ich mit Steidl zusammen gemacht habe: zum Beispiel die Grugahalle für 7.000 Besucher gemietet, die tatsächlich gekommen sind (die mussten auch kommen, wenn wir nicht in Schulden ertrinken wollten). Da stand immer ein großer Verkaufstisch im Foyer: für Plakate, für Aufkleber, für Postkarten, für Buttons, für Taschenbücher – was gab es für ein großes Bedürfnis nach politischer Aufklärungsliteratur, zum Beispiel von Bernt Engelmann und Günter Wallraff.

Nochmal, ich bin kein 68er. Aber die Aufbruchsstimmung und die Kreativität, die 68 bei anderen Leuten, auch im bürgerlichen Publikum, ausgelöst hat, hat mir ungeheuer geholfen. Es gab plötzlich einen Bedarf an Bildern. Ich nenne meine Sachen auch eine Art „Demokratiebedarf": Es waren nicht nur schöne Bildchen, sondern sie waren frech, satirisch, ironisch. Man hat nicht umsonst 41 Mal versucht, meine Arbeiten juristisch zu verhindern. Heinrich Böll hat mal zu meinem Werk gesagt: „Satire ist kein Himbeerwasser."

MP: Du bist ein Provokateur, oder?

KS: Nein, ich bin ein Hinweiser. Es gibt einen Fernsehfilm über mich *Ich stelle bloß – Ich stelle klar – Ich stelle richtig*, und die drei Phrasen beschreiben das sehr schön. Ich stelle einen Tatbestand bloß, der kritikwürdig ist, ganz egal wie mächtig derjenige ist, an dem ich Kritik übe. Meine Satire legt sich nur mit den Starken an. Meine Definition von Satire ist: „Den unverschuldet Schwachen gegen den Übermut der Starken helfen." Ich bin nicht unbedingt ein Anhänger von Tucholsky: „Satire darf alles." Nur mit Verantwortung, sage ich. Die große Überschrift meiner Arbeit war immer Aufklärung. Dass vielen Leuten Aufklärung nicht gefällt, ergibt sich von selbst. In jeder Gesellschaft gibt es Mächte, die wollen, dass bestimmte Dinge eben nicht ans Licht der Öffentlichkeit kommen. Aber im Interesse der Demokratie müssen manche Zustände öffentlich gemacht werden, egal welche Risiken damit verbunden sind. Die anderen sind immer stärker. Ich habe so viele Plakate über Franz Josef Strauß gemacht, weil er auf seine Weise stark war. Er war kein schüchterner Politiker; der teilte aus, deshalb konnte man ihn auch angreifen.

Für mich ist die Demokratie ein großer Wert, der ständig neu verteidigt werden muss. Jemand hat gesagt: „Demokratie kommt nicht aus der Steckdose." Das ist das Dilemma. Sich auszuruhen geht garantiert schief. Und ich behaupte auch, dass jemand, der einmal die Unfreiheit erlebt hat, die Freiheit noch viel intensiver schätzt. Ich bin jemand, der für ein Gefahrenbewusstsein wirbt – Gefahrenbewusstsein in Bezug auf die Verletzbarkeit der Demokratie und der Freiheit, von der ich lebe. Und ich hatte das Glück, dass wir in einem Rechtsstaat leben: Ich habe nie ein Verfahren gegen mich verloren, sonst wäre es oft sehr bitter geworden. Bei Meinungsfreiheitsprozessen geht es immer um sehr hohe Streitwerte.

MP: Als wir 2010 ein Interview geführt haben, herrschte ein bestimmter Optimismus durch Obama, auch in Europa. Unter Trump sieht es nun leider etwas anders aus. Überrascht dich das?

KS: Nein, weniger. Für mich ist Trump nicht der Bösewicht vom Dienst. Er ist an die Macht gekommen, weil die Wähler es so wollten. Er hat keine Revolution angezettelt, er hat keine Diktatur errichtet; er ist gewählt worden. Die Leute wussten – wenn sie es wissen wollten –, was das für einer ist: seine Frauenfeindlichkeit, die Tatsache, dass er bis heute seine Steuererklärungen nicht öffentlich gemacht hat, dass er politisch ein Dilettant ist und den Staat führen will wie ein Unternehmen, dass er seine Entscheidungen nach Tageslaune trifft. Zum Glück gibt es Gesetze, an die sich auch der Präsident halten muss. Zur Demokratie gehört der Rechtsstaat.

MP: Ich habe neulich gelesen, dass viele Mitarbeiter der Carrier Klimaanlagen-Fabrik in Indianapolis nun doch gekündigt werden – nachdem Trump das Gegenteil versprochen hat.

KS: Man kann immer die schönsten Wünsche haben. Und trotzdem lässt unser kapitalistisches System nicht viel Spielraum für Solidarität mit den Schwachen, mit den Arbeitslosen, mit den Flüchtlingen. Deswegen ist es auch so gefährlich geworden. Jeder denkt nur noch an seine Bedürfnisse. Solidarität ist ein Schlüsselwort der Sozialdemokratie. Die Welt ist nicht gleich und sie ist nicht gerecht, man kann sich der Gerechtigkeit aber annähern oder alles einfach laufen lassen. Diese Frage ist entscheidend. Trump wird wahrscheinlich scheitern, weil er all die gemachten Versprechungen nicht einlösen kann. Für mich ist das Schlimmste, dass er Amerika aus dem Pariser Klimaschutzabkommen herausführen will. Hier geht es um eine Existenzfrage der Menschheit. Dass es eine Klimaverschiebung gibt, das bestreitet so gut wie niemand mehr, die Fachleute schon gar nicht. Und die Folgen spüren wir jetzt schon.

MP: Der Klimaschutz ist das Thema vieler deiner Plakate, zum Beispiel *Die Luft gehört Allen!* [1973; Abb. S. 112] und *41,2°C / Tendenz steigend* [1995; Abb. S. 184].

KS: Ja, dem Thema Klima habe ich die meisten Plakate gewidmet. Und als ich 1971 damit anfing [Abb. S. 86], haben viele darüber gelacht. Aber die Grundlage dieses Plakats ist ein Artikel aus dem *Spiegel*; also fing das damals schon an, ins Bewusstsein zu dringen, es war den Leuten bloß unangenehm.

MP: Wenn du jetzt das erste Plakat anschaust, hast du das Gefühl, dass in den letzten vierzig Jahren viel passiert ist?

KS: Es wurde eine Menge Bewusstsein bei sehr vielen Leuten geschaffen. Aber es ist offenbar so, dass das Bewusstsein und die Erkenntnisse jederzeit ignoriert werden können. Wie bei der Demokratie muss man jeden Tag wieder von vorn anfangen. Nur wird es immer bedrohlicher. Ein Manager, der zum Umweltschützer wurde, hat mal gesagt: „Nicht einmal Katastrophen werden die Menschen zu einer Änderung ihres Verhaltens bringen.“

MP: Muss es wirklich erst zur Katastrophe kommen?

KS: Wahrscheinlich ja.

MP: Optimistisch klingst du ja nicht. Ist das Resignation?

KS: Ich weiß nicht, ob Resignation das richtige Wort ist, auch nicht Enttäuschung. Wenn ich Bilanz ziehe, dann fällt die allerdings eher negativ aus. Ich bin absolut nicht optimistisch. Aber immer nur optimistisch zu sein löst kein Problem.

MP: Da bleibt aber die Frage: „*Was* tun wir?" Ziemlich am Anfang von Trumps Präsidentschaft hat der *New Yorker* Salman Rushdie gefragt, wie man die Meinung der Leute ändern könnte. Er antwortete: „Ich weiß es nicht."

KS: Ich glaube, das ist sogar die ehrlichste Antwort. Ich glaube an die Aufklärung, auch wenn es ein mühsames Geschäft ist, immer wieder den Selbstbetrug der Leute zu erschüttern. Widersprechen, aber nicht um des Widersprechens willen. Sondern mit guten Argumenten. Und wenn wir das, was wir lebenswertes Leben nennen, erhalten wollen, gibt es dafür jede Menge guter Argumente. Aber notfalls muss man Dinge auch durchsetzen. Man muss verbieten, dass sich jemand rücksichtslos auf Kosten anderer bereichert oder die Umwelt zerstört zum Beispiel. Natürlich hat das Grenzen. Wenn das jemand eine Verbotsdemokratie nennt, ist das Quatsch. Man darf nicht aus falsch verstandener Toleranz feige sein. „Du bist nicht allein auf der Welt" – mit diesem schönen Satz bin ich groß geworden.

MP: Um widersprechen und sich durchsetzen zu können ist Selbstvertrauen sehr wichtig. Als Achtzehnjähriger hast du dir auch mehr Selbstvertrauen gewünscht. Wie baut man es auf, besonders bei jungen Leuten?

KS: Die es möglicherweise schwerer haben, als wir es hatten. Ich glaube, der Mensch braucht eine minimale Sicherheit, auch eine ökonomische.

Das war ja auch meine große Herausforderung: Wie finanziere ich meine Arbeiten, die es erfordern, dass ich Risiken eingehe und die sehr anfällig sind zu scheitern? Zuerst kam die Selbstorganisation. 1965 habe ich die edition tangente, später Edition Staeck, aufgebaut, einen kleinen Verlag, um auch Editionen anderer Künstler zu vertreiben. So bin ich 1968 zu Beuys gekommen, der damals schon eine gewisse Bekanntheit hatte. Auf der *documenta 4* habe ich ihn einfach gefragt: „Würden Sie für mich eine kleine Postkarte machen?" Dann bin ich zu Wolf Vostell und Horst Antes gegangen, und habe ihre und die Arbeit von anderen verlegt. Und immer meine kleinen Prospekte gedruckt.

Ich bin oft in Ausstellungen gegangen und habe mich erkundigt, wer die Leihgeber sind. Dann habe ich ihre Namen im Telefonbuch des Postamts gesucht, die Adressen herausgeschrieben und ihnen einen Prospekt geschickt. Das war damals, vor dem Internet-Zeitalter, noch mit deutlich mehr Aufwand verbunden als heute. Ich war immer aktiv. Manche würden sagen ungeduldig. Die Interessierten kamen dann in meine kleine Kundenkartei. Wir haben auch Hausbesuche gemacht. Ich habe eine Uhrzeit mit den Leuten ausgemacht, bin mit dem VW-Kombi hingefahren und dann meine Mappen einfach in der Wohnstube ausgebreitet. Irgendwas hat so gut wie jeder gekauft; ein Sammler lässt dich nicht kommen und nimmt dann gar nichts ab. So habe ich meine eigene Arbeit durch die Editionen mitfinanziert. Und es war gut, dass ich zu den anderen Künstlern immer als Kollege kam – nicht als der Galerist oder nur als Verleger.

MP: Da sehe ich zwei große Vorteile. Ohne die Galerie dazwischen musst du keine Provision zahlen, und du hast den direkten Kontakt zu dem Kunden.

KS: Direktvertrieb schafft einen direkten Kontakt – bis heute.

MP: Ich kann mir auch vorstellen, dass der direkte Kontakt auch eine Quelle der Inspiration ist.

KS: So war es auch. Es war nicht ein blutleeres Unternehmen.

MP: Hast du dadurch vielleicht auch erfahren, welche Themen für die Kunden relevant waren?

KS: Ja, aber darum ging es mir nicht in erster Linie. Die Themen mussten mich interessieren. Es gibt auch Themen, zu denen ich nichts gemacht habe. Im Prinzip mache ich auch keine Auftragskunst, Ausnahmen sind wenige Theater-, Film- oder Veranstaltungsplakate. Das war dann oft ein reiner Freundschaftsdienst, für den ich auch meist kein Honorar bekommen habe. Aufträge sind immer eine heikle Angelegenheit.

Mein größter Erfolg überhaupt ist das *Deutsche Arbeiter* Plakat: eine Auflage von 75.000 Stück und unzählige Aufkleber und Postkarten [1972; Abb. S. 111]. Prompt rief jemand vom Bundesverband der Chemischen Industrie bei mir an und sagte: „Sie machen so schöne Plakate!“ „Ja schön, dass Sie das auch finden.“ „Wollen Sie nicht vielleicht für uns Plakate machen?“ „Ja was für Plakate – Umweltschutz?“ „Na ja, so nicht! Aber wir zahlen im Zweifel besser als ihre linken Freunde.“ „Da haben Sie sicherlich recht, denn die zahlen gar nichts! Ich mache alles in eigener Regie.“

Ich lege sehr großen Wert auf die Unabhängigkeit, eben *nicht* von Auftraggebern abhängig zu sein. Das ist ein großes Privileg, das ich mir erkämpft habe, und die Grundvoraussetzung für meine Arbeit.

MP: Wenn deine Bilanz nicht eben positiv ausfällt, wie schwer ist es dann, nicht zynisch zu werden?

KS: Satire ist aufregend und ohne die Ironie könnte ich nicht leben. Aber ich hoffe, dass ich kein Zyniker mehr werde. Das habe ich immer als große Gefahr gesehen. Zynisch zu sein ist relativ einfach, wenn man einigermaßen intelligent ist. Satire ist eben was anderes. Es hat mit Herzblut und mit Liebe zu den Menschen und sich selbst zu tun. Noch einmal: „Den unverschuldet Schwachen gegen den Übermut der Starken helfen.“ Das ist noch immer mein Credo. Und ergänzt seit einiger Zeit um: „Nichts ist erledigt.“

„Was haben Sie nun erreicht?“ hat mich neulich jemand in einem Interview gefragt; „Was glauben Sie, was Sie bewegt haben?“ Da wird man dann natürlich sehr schmallippig. Dass wir noch eine einigermaßen gut funktionierende Demokratie haben, dazu habe ich gemeinsam mit vielen, vielen anderen beigetragen. Die haben wir auch im Vergleich zu vielen anderen Ländern. Wir haben nicht ungarische Verhältnisse – um in Europa zu bleiben –, oder polnische. Wir leben noch nicht mit der Gefahr, die in Frankreich mit Le Pen und vergleichbaren Politikern immer droht.

MP: Und die AfD?

KS: Die AfD ist natürlich eine Gefahr. Deshalb bin ich auch ein großer Anhänger des Begriffs „Gefahrenbewusstsein“, das es zu bewahren gilt. Aber ich glaube, dass wir durch unsere Horrorgeschichte ein bisschen besser davor geschützt sind, ähnliche politische Bewegungen wieder die Oberhand gewinnen zu lassen. Deshalb sind die ja auch nicht bei 30 Prozent. In meiner Heimatstadt Bitterfeld haben sie allerdings bei der letzten Landtagswahl über 30 Prozent geholt. Das empfinde ich persönlich als Niederlage. Aber das lässt mich nicht resignieren. Im Gegenteil, man muss noch eine Schippe drauflegen, sich noch intensivere Gedanken machen, wie man denen begegnet. Sind das wirklich wirtschaftliche Folgen, die die Leute zur Wahl dieser AfD bringen? Sind das Ängste? Was für welche? Wie kann man diesen Ängsten begegnen? Wie kann man Leuten eine Zukunftsperspektive bieten?

MP: Das sind die gleichen Fragen, die auch im Zusammenhang mit dem Brexit auftauchen.

KS: Bei vielen Dingen, ja. Wie kann man dem Misstrauen gegenüber der Demokratie begegnen? Wie kann man das Gerede über die Altparteien stoppen? Was sind Altparteien überhaupt? Ich halte übrigens nichts von der sogenannten „direkten Demokratie". Da war ich immer im Clinch mit meinem Freund Joseph Beuys. Die berühmten „Mütter und Väter" des Grundgesetzes haben sich nach 1945 bewusst für die repräsentative Demokratie entschieden.

MP: Deutschland ist natürlich das Hauptthema deiner Plakate: seine Politik, seine Gesellschaft, seine Rolle in Europa… Viele „deutsche" Themen sind aber auch global – die Flüchtlingspolitik ist zum Beispiel in meiner Heimat Australien sehr wichtig.

KS: Die australische Flüchtlingspolitik ist eine der übelsten überhaupt! Dass die Leute zurückgeschickt und teilweise nach Kambodscha verkauft werden. Wenn Australier noch die Frechheit besitzen, sich christlich zu nennen, dann stimmt etwas nicht mehr.

MP: Die meisten Australier sind sowieso ursprünglich Ausländer gewesen. Ich muss auch an dein Plakat denken: *In jedem Urlaub werden Millionen Deutsche zu Ausländern* [1987].

KS: Ja natürlich. Jemand, der selber Ausländer ist, ist nicht unbedingt ein Flüchtlingsfreund – im Gegenteil.

MP: War es Absicht, Themen zu besetzen, die auch global relevant sind?

KS: Das ergibt sich ganz einfach. Umweltthemen sind ja auch globale Themen.

MP: Oder „Die Reichen müssen noch reicher werden."

KS: Die Kapitalismuskritik betrifft viele. Deshalb habe ich auch viele Ausstellungen im Ausland gemacht. Selbst Mietprobleme sind in anderen Ländern relevant, Steuerthemen auch. Bei einer Veranstaltung habe ich Peer Steinbrück gefragt: „Wenn du dann Regierungschef bist, würdest du was gegen die Steuerhinterziehung der großen internationalen Konzerne machen?" Darauf sagte er: „Das muss man global lösen." Also nicht.

Bei so vielen Dingen, die falsch laufen, bist du immer nur der berühmte Tropfen auf dem heißen Stein. Die Aufgabe ist, aus dem einen Tropfen viele Tropfen zu machen. Ich kann nur Angebote machen. Es gehört immer jemand dazu, der es annimmt – so wie ich auch permanent Angebote von anderen bekomme. Es ist kein einseitiges Geschäft. Und es ist ein fortwährender Kampf: Wie bringt man zum Beispiel jungen Leuten die Selbstverantwortung und eine gewisse Risikobereitschaft bei?

MP: Was wieder von der Entwicklung des Selbstvertrauens abhängig ist.

KS: Selbstvertrauen kommt durch die Arbeit an sich selbst und durch die Unterstützung von anderen. Ich habe mich immer an älteren Leuten orientiert, zum Beispiel an Joseph Beuys und Heinrich Böll. Gerade Beuys, der sich extrem mit anderen angelegt hat und von vielen als der „Fett-und-Filz-Künstler" ausgelacht wurde – und trotzdem seinen Weg gegangen ist. Das hat mir imponiert. Viele Künstler haben mich unterstützt: Wolf Vostell, Dieter Roth, aber auch Hanne Darboven und von den jüngeren Kirsten Klöckner. Die haben mir auch sehr bei der „Aktion für mehr Demokratie" geholfen, die ich 1979 mit ein paar Gewerkschaftern im Ruhrgebiet gegründet habe.

Es war immer ein Geben und Nehmen und eine gegenseitige Unterstützung. Ich war für viele nach außen hin ein Einzelkämpfer, aber in Wahrheit war immer ein Team dahinter.

MP: So wie hinter jedem Künstler ja immer auch andere

stehen. Das bringt mich auf die Frage nach deinen künstlerischen Vorbildern.

KS: Über viele Umwege hatte ich irgendwann Ende der sechziger Jahre die Montage – das prägnanteste Ausdruckmittel des zwanzigsten Jahrhunderts – für mich entdeckt. Immer wieder höre ich, dass ich am meisten durch John Heartfield beeinflusst worden sei. Heartfields berühmte Plakat-Arbeiten lernte ich erst im Westen kennen. Er war den DDR-Kulturwächtern als Formalist verdächtig gewesen und gehörte daher zu meiner Schulzeit nicht zum Lehrstoff. Dennoch hat mich weniger John Heartfield beeinflusst als die Fluxus-Bewegung – Wolf Vostell, Joseph Beuys, Dick Higgins, George Brecht.

MP: Wenn du jetzt die Ausstellung *Sand fürs Getriebe* anschaust, was wünscht du dir für die Besucher?

KS: Dass sie einen sehr vielfältigen Eindruck meiner Tätigkeit bekommen. Deshalb ist es mir auch sehr wichtig, dass zum Beispiel das Kunstfestival *intermedia*, das ich 1969 mit Freunden in Heidelberg organisiert habe, gezeigt wird. Damals wurde anlässlich des Jubiläums des Kunstvereins Heidelberg die Ausstellung *Plastik der Gegenwart* gezeigt. Aber die zeitgenössische Kunst fand dort gar nicht statt. Dann habe ich zusammen mit meinem Freund Jochen Götze überlegt: „Was wir hier vermissen, können wir das nicht selber machen?“ Kurz davor hat Christo die Kunsthalle in Bern verpackt. „Wollen wir ihn einfach mal einladen?“ Zuerst hatten wir ihm das Heidelberger Schloss angeboten, dann ein Studentenhochhaus, es scheiterte aber alles an irgendwelchen Vorschriften. Dann kamen wir auf die Idee, das Amerika Haus verhüllen zu lassen und Christo hat ja gesagt.

Kurz vor Beginn des Festivals haben wir plötzlich einen Schreck bekommen. Wir dachten, die Leute würden spenden. Aber nur 200 Mark hatten wir am Tag als es losging! Dann haben wir geworben, wo immer es ging. Schließlich sind Tausende von Leuten gekommen, die alle Eintritt bezahlt haben. Dadurch konnten wir das Festival einigermaßen finanzieren. Wenn nicht so viele gekommen wären, hätte es für uns als Veranstalter schief ausgehen können.

1970 war ich praktisch pleite, auch durch *intermedia*. Ich bin zu den Künstlern gegangen und habe sie um Hilfe gebeten. Daraus entstand die Objektreihe „tm70 – Tangente Multiple 1970“. Beuys hat die *Schwefelkiste* beigetragen, Dieter Roth den *Schokoladenzwerg*. Spoerri, Thompkins, Rinke… Und natürlich auch Polkes berühmte *Kartoffelmaschine*, das spannendste Objekt, das ich je verlegt habe (und inzwischen auch das teuerste). Insgesamt haben mich elf Künstler unterstützt und Solidarität gezeigt.

Alles in allem waren es spannende Jahre: ereignisreich und voller Risiken. Und trotzdem: Bilanz ziehen. Ja, wir haben noch eine funktionierende Demokratie, aber vieles, was man aufgebaut hat, ist auch schon wieder verschwunden.

MP: Das heißt, wir bleiben bei „Nichts ist erledigt“?

KS: Es bleibt absolut dabei: Nichts ist erledigt. Das gilt hauptsächlich für alle Umweltthemen, für die Gerechtigkeitsfrage, im Kampf gegen den Neoliberalismus. Es bleibt viel zu tun. Nochmal meine Stichworte: Verantwortung, Einmischen, Solidarität und auch politisches Engagement – der Bürger ist für den Zustand der Demokratie selbst verantwortlich. Und deshalb arbeite ich auch immer weiter. Du musst was tun, wenn du das, was du schätzt, erhalten willst.

Heidelberg, den 5. Januar 2018

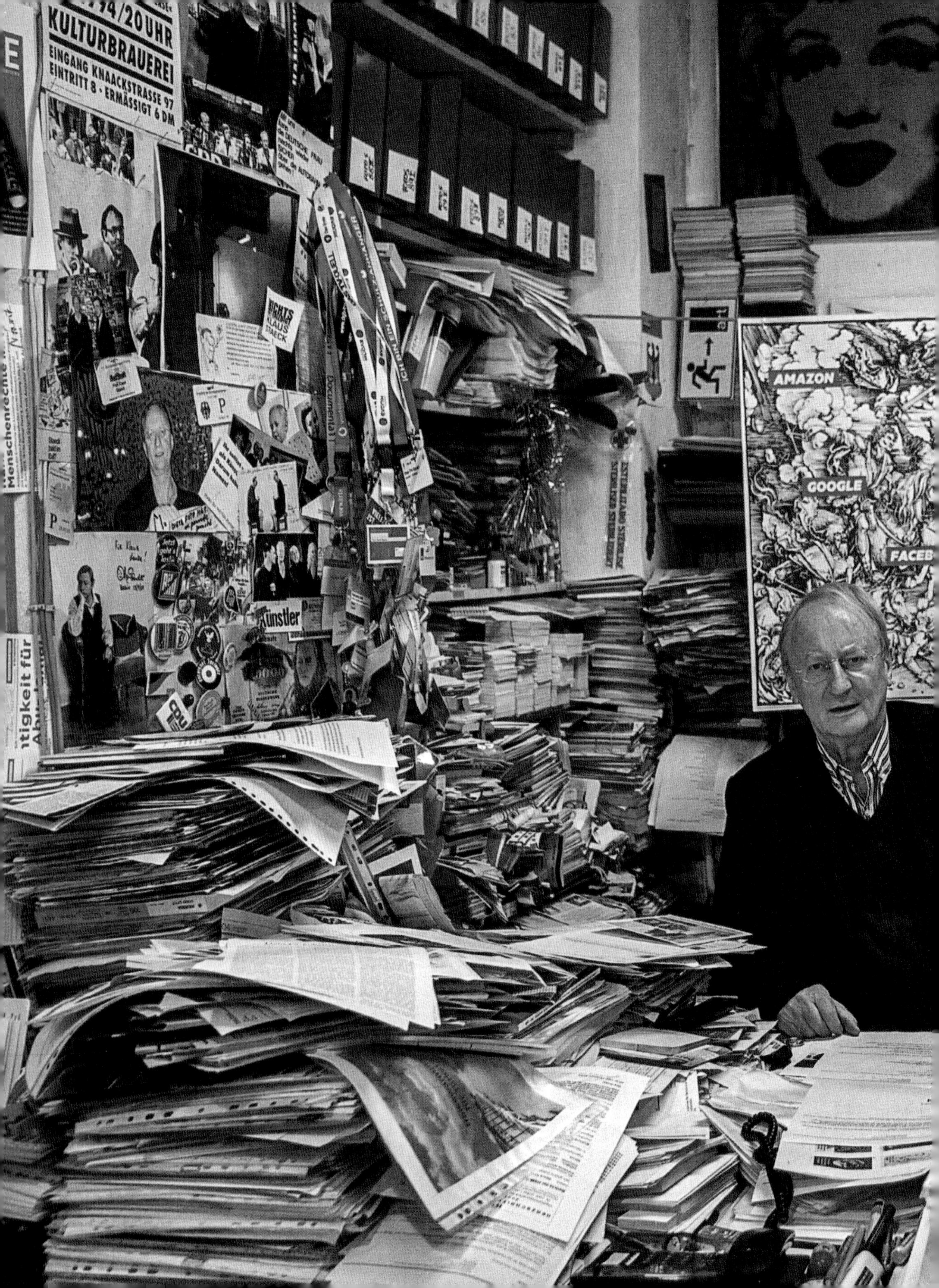
KULTURBRAUEREI
EINGANG KNAACKSTRASSE 97
EINTRITT 8 · ERMÄSSIGT 6 DM
KLAUS STAECK
AMAZON
GOOGLE
Künstler
Menschenrechte

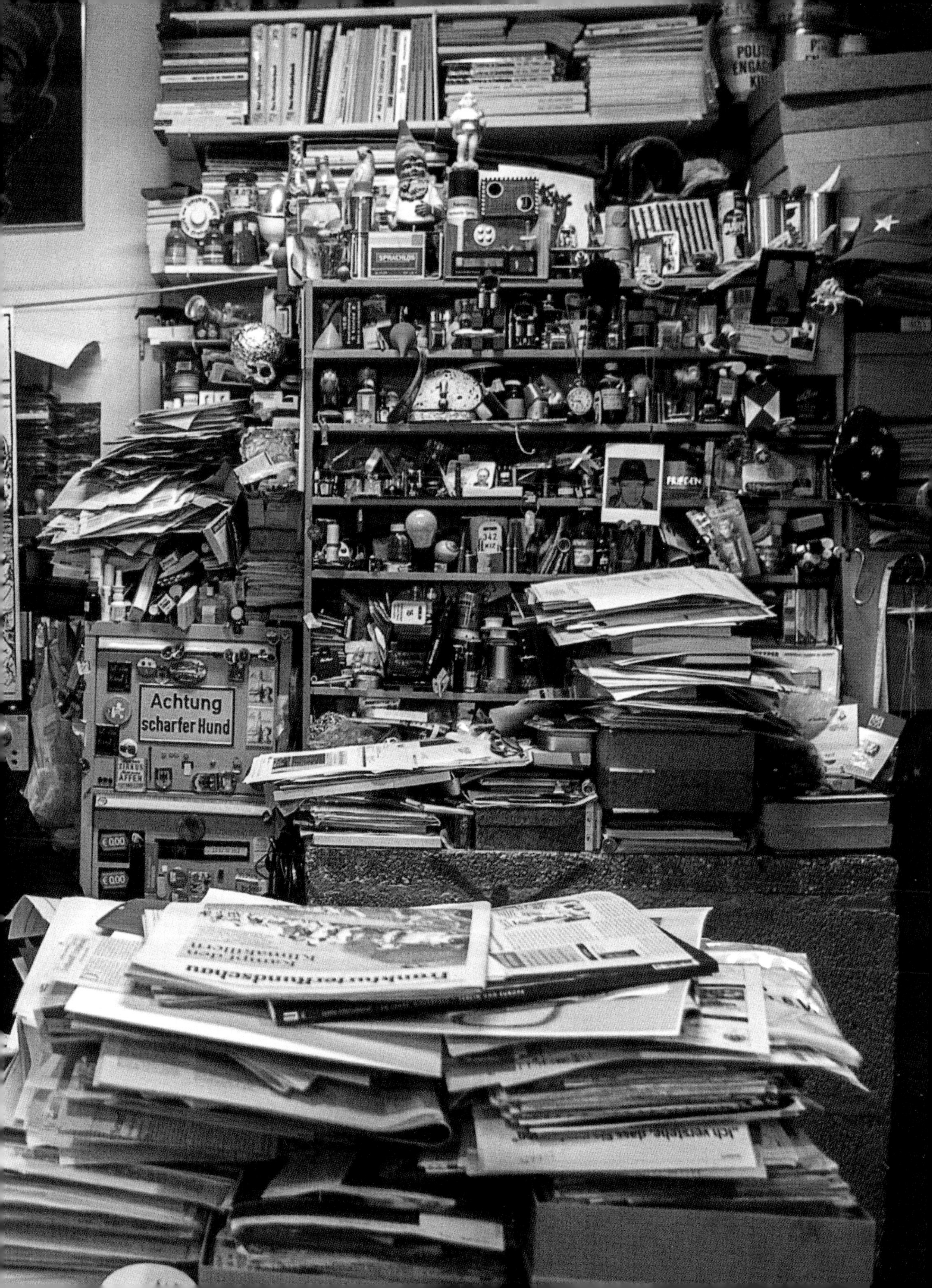
Achtung
scharfer Hund
SPRACHLOS

Offene Formen und prägnante Zeichen: Die Holzschnitte Klaus Staecks 1964 bis 1969

Tobias Burg

Als Klaus Staeck 1956 mit dem Abitur in der Tasche von Bitterfeld in den Westen nach Heidelberg ausreist, hat er bereits eine Laufbahn als Künstler vor Augen. Doch zunächst muss er sein Abitur wiederholen, da der ostdeutsche Abschluss im Westen nicht anerkannt wird. Nachdem ihm die Studienreife 1957 ein zweites Mal attestiert wird, beginnt er im Wintersemester 1957/58 zu studieren, allerdings nicht Kunst oder Gestaltung, sondern Jura. Dies ist freilich keine Entscheidung gegen die Kunst, sondern pragmatischen Überlegungen geschuldet: „[M]ein Plan war, vor dem Examen den Absprung als Künstler zu schaffen. Also habe ich mir angeschaut, in welchem Studium man lange genug studieren kann, ohne zu sehr aufzufallen. Das war damals Jura mit durchschnittlich zehn Semestern. Ich dachte, wenn du fünf Jahre fleißig bist und hart [künstlerisch] arbeitest, wirst du das Examen möglicherweise nicht machen mussen. Das war aber nicht der Fall."[1] Da es mit dem Leben als freischaffender Künstler zunächst nichts wird, folgen auf das Jurastudium noch das Referendarexamen sowie 1969 die Zulassung zum Rechtsanwalt mit anschließender Tätigkeit in diesem Beruf. Dass ihm seine Kenntnisse auf dem Gebiet der Jurisprudenz später dabei dienlich sein werden, mehr als vierzig gegen ihn angestrengte Gerichtsverfahren erfolgreich durchzustehen (wobei er sich nie selbst vertreten hat), kann Staeck damals noch nicht ahnen, zumal seine in der Mitte der 1960er Jahre entstandenen Werke noch nicht dieselbe politische Stoßkraft und den provokativen Gestus spüren lassen wie die wenige Jahre später entstandenen Siebdrucke und Plakate.

Nach ersten Arbeiten in Ölmalerei und Tuschzeichnung, die noch von den Formprinzipien des Informel geprägt sind, findet Staeck im Jahr 1964 zur Druckgrafik. Es entstehen zunächst Holzschnitte kleineren und mittleren Formats. Als Material für die Druckstöcke dienen Tischlerplatten, deren Oberfläche von kleinen Vertiefungen durchzogen ist, die sich im Druck sichtbar als zarte Linienstrukturen abzeichnen.[2] Besonders anschaulich wird dies bei dem Holzschnitt *Schimäre* (1965; Abb. S. 30), der sich aus zwei blockhaften schwarzen Flächen mit deutlicher Maserung und einer freien Form zusammensetzt, die wie eine Erscheinung über dem dunklen Grund schwebt und entfernt an eine technische Apparatur oder den Bauplan einer solchen erinnert. Losgelöst von den schwarzen Flächen findet sich diese Form ein weiteres Mal in einem kleinen Gedichtband von Werner Dürrson, der 1965 in einer Auflage von 160 Exemplaren in der Eremiten-Presse erscheint und insgesamt vier Farbholzschnitte Klaus Staecks enthält (Abb. S. 31).[3] Auch in anderen Fällen greift Staeck offenbar Formen technischer Apparate auf. So erinnern die Motive von *Tele* und *Monstrum* (beide 1965; Abb. S. 32 und 33) an die damals neu entwickelten Großrechner mit ihren Magnetbändern und Eingabepulten. Eindeutig in diesem Sinne zu entschlüsseln sind die Grafiken allerdings nicht und insofern allenfalls als hintergründiger Kommentar zum damaligen technischen Fortschritt zu lesen. Ausgehend von solchen feingliedrigen, noch stark der Linie verpflichteten Holzschnitten mit ihren offenen Formen bewegt sich Staeck bald in eine andere Richtung. Die Drucke werden nun größer, flächiger, konturenschärfer und geometrischer – kurzum, das Zeichenhafte tritt stärker in den Vordergrund. Dies verdeutlicht etwa die Gegenüberstellung der Blätter *Monstrum* und *Tele* mit dem motivisch verwandten, doch viel klarer organisierten Blatt *Diptychon* (1966; Abb. S. 34/35). Aufschlussreich ist auch der Vergleich von *Dekret V* (1965; Abb. S. 36) und *Metamorphosen I* (1966; Abb. S. 37). Beide scheinen mit ihren rasterförmig angeordneten Rechteckfeldern Handlungsabläufe zu dokumentieren. Ein Pfeil im linken oberen Feld von *Dekret V* deutet den Beginn der Handlung an, die benachbarten Felder zeigen dann das Absinken einer schwarzen Kreisform, die in den Feldern der unteren Reihe allmählich wieder auftaucht. Ähnliches ist bei *Metamorphosen I* zu beobachten, wobei die einzelnen Formen hier viel klarer definiert sind.

Vielleicht ist es symptomatisch, dass Staeck im Jahr 1965 zwei Werke mit den gegensätzlichen Titeln *Zerrissene Form* und *Geschlossene Form* (Abb. S. 38 und 39) schafft, die eben diese stilistischen Möglichkeiten aufzeigen: hier die freie, flirrende Form mit ausfransenden Konturen, dort die klare Setzung mit schwarzem Ring vor rotem Hintergrund, auf den eine beinahe gleich große Kreisform in der oberen Bildhälfte antwortet. Die freie Form ist hier allerdings noch nicht vollkommen verschwunden, setzt sich dieser Kreis doch aus einer Vielzahl von Lettern in unterschiedlichsten Größen und Schriftschnitten zusammen. Staeck hat hier mit mehreren eigens erstellten Druckmatrizen gearbeitet. In anderen Fällen stanzte er mit Bleilettern Vertiefungen in den Druckstock – die Buchstaben und Zahlen erscheinen im Druck dann seitenverkehrt. Während Ziffern und Buchstaben auch in den Holzschnitten der folgenden Jahre eine Rolle spielen, verschwinden die freien, amorphen Formen aus dem Stilrepertoire Staecks. Ihren Platz nehmen nun klare geometrische Formen ein, die im Zusammenspiel mit der immer stärkeren Farbigkeit der Drucke eine geradezu signalhafte Kraft entfalten. Folgerichtig tragen gleich fünf Arbeiten der Jahre 1964 bis 1966 den Titel *Zeichen* (Abb. S. 28, 40, 41, 43 und 45), auch wenn offenbleibt, wofür diese Zeichen stehen oder worauf sie hindeuten.

Das Jahr 1965 ist für Klaus Staeck nicht nur wegen der beschriebenen Entwicklungen in seinem Schaffen von Bedeutung, sondern vor allem, weil er in diesem Jahr die richtungsweisende Entscheidung trifft, den Vertrieb seiner Werke selbst in die Hand zu nehmen: „Ich wollte und konnte nicht mit der Mappe unterm Arm umherziehen und in Galerien um eine Ausstellung betteln. Deshalb mussten neue Angebots- und Vertriebswege her. Mir und auch anderen wollte ich damit beweisen, dass die Selbstorganisation ein Ausweg aus dieser für mich beklemmenden Situation sein konnte."[4] Mit der 1965 ins Leben gerufenen Edition Tangente etabliert Klaus Staeck erfolgreich den Eigenvertrieb seiner künstlerischen Produktion, der auch befreundeten Künstlern wie Wolf Vostell oder KP Brehmer offensteht.[5] 1967 zieht Ingeborg Karst ein erstes Resümee: „die edition tangente besteht seit 2 jahren. 22 grafik serien liegen bisher vor, deutsche & tschechische künstler überwiegen. grafik bildete den anfang, plastiken und objekte werden folgen, künstlerische veranstaltungen sind geplant."[6] Einige Jahre später in Edition Staeck umbenannt und entsprechend der Ausweitung seiner künstlerischen Aktivitäten um Plakate, Multiples, Postkarten etc. erweitert, existiert diese besondere Form künstlerischen Selbstvertriebs bis heute.

Nichtsdestotrotz beschränkt sich Staeck nicht auf den Eigenvertrieb. So erscheint der Druck *BH-Test I* von 1967 (Abb. S. 47) mit einer Auflage von einhundert Exemplaren in der Frankfurter Edition Lüpke. Dieser Druck bildet in doppelter Hinsicht – technisch wie motivisch – eine wichtige Wegmarke in der künstlerischen Entwicklung Klaus Staecks: Zum ersten Mal kommt die Technik des Siebdrucks zum Einsatz, um vorgefundene fotografische Motive in das eigene Werk zu integrieren. Über einen zweifarbigen, großflächigen Holzschnitt, eine stark stilisierte Darstellung eines BHs, druckt Staeck im Siebdruckverfahren den Ausschnitt eines Testberichts über BHs, der einer Ausgabe der 1961 gegründeten Warentestzeitschrift *DM* entnommen ist. Ebenfalls im Siebdruck und offenbar im gleichen Druckvorgang fügt Staeck am unteren linken Bildrand einige Darstellungen steinzeitlicher Frauenfiguren hinzu, die nach ihrem russischen Fundort „Venusfiguren von Gagarino" genannt werden.[7] Die neueste Mode wird hier also jahrtausendealten Frauendarstellungen gegenübergestellt, Prähistorisches und Gegenwärtiges zueinander in Beziehung gesetzt.

Was Staeck mit *BH-Test I* anhand eines einzelnen Drucks testet – die Kombination geometrischer Formen im Holzschnitt mit aufgefundenen Bildmotiven im Siebdruck –, spielt er für den kurz darauf entstandenen Kalender *Konsumgedenktage '68* mit verschiedensten Motiven auf insgesamt 13 Blättern durch, wobei er hier die technischen Verfahren noch um die Collage, den Linolschnitt und den Stempeldruck erweitert. War *BH-Test I* noch ein ironischer Blick auf unterschiedliche Vorstellungen von Schönheit und Weiblichkeit ohne unmittelbaren Bezug zu aktuellen gesellschaftlichen oder politischen Fragen, so ändert sich das mit den Drucken dieses Kalenders, die jeweils einen fiktiven Gedenktag illustrieren. Auf dem Blatt zum *Coca-Cola-Day* (Abb. S. 49) widmet sich Staeck erstmals den USA bzw. der amerikanischen Politik, indem er auf dem Blatt das Porträt eines vietnamesischen Jungen (im Siebdruck nach einer fotografischen Vorlage) mit dem Schriftzug „Coca Cola" (im Holzschnitt) kombiniert. Für den Druck zum *Packdentiger-Tag* (Abb. S. 48) kombiniert Staeck den muskelbepackten Werbetiger der Mineralölfirma Esso („Pack den Tiger in den Tank!") mit einem Briefmarkenmotiv, das den Staatsratsvorsitzenden Walter Ulbricht zeigt, das „höchste Tier" der DDR. Die Drucke zum *Konserven-Tag* (Abb. S. 49) bzw. zum *Blutundbild-Tag* (Abb. S. 49) thematisieren erstmals die *BILD*-Zeitung und die NPD. Während die Drucke zu den Konsumgedenktagen bestimmte Themen zum ersten Mal zur Sprache bringen, sind sie technisch ein Abgesang auf den Holzschnitt, denn nach 1968 verschwindet diese Technik fast vollständig aus dem Staeck'schen Repertoire. Wenn Staeck überhaupt noch auf diese Technik zurückgreift, dann allenfalls, um einen Siebdruck um eine weitere inhaltliche Ebene zu ergänzen, wie im Fall der Drucke *Chéri Bibi I* und *Chéri Bibi II* (beide 1969; Abb. S. 50 und 51): Staeck gibt den französischen Catcher Chéri Bibi hier gleich mehrfach im Siebdruck wieder, wozu er auf veröffentlichte Aufnahmen dieser in den 1960er Jahren sehr populären Figur zurückgreifen kann.[8] Im Holzschnitt realisiert er hingegen die geometrischen Formen im Hintergrund, die in ihrer Kombination aus Streifenmuster und fünfzackigem Stern wie ein militärisches Rangabzeichen erscheinen.

Staecks Abkehr vom Holzschnitt bedeutete indes noch etwas anderes: Die künstlerische Auseinandersetzung mit ungegenständlichen Bildkompositionen auf Grundlage geometrischer oder – wie zu Beginn seiner Tätigkeit – amorpher Formen ist beendet. Stattdessen hat fortan Käthe Kollwitz' berühmtes Diktum „Ich will wirken in dieser Zeit" auch für Klaus Staeck Vorrang vor allem anderen. Staeck selbst beschreibt diesen Sinneswandel 1970 in einem Beitrag zum Katalog der Ausstellung *Kunst und Politik* im Badischen Kunstverein Karlsruhe: „Vor einigen Jahren hatte ich von den ästhetischen Spielereien genug. Seitdem ich mich fast nur noch mit sozialen und politischen Themen beschäftige, komme ich mir ein klein wenig ehrlicher vor. Es gibt jetzt keinen Zwiespalt mehr zwischen meiner politischen und künstlerischen

Arbeit. Ob Kunst dabei herauskommt, kümmert mich sehr wenig. Für die musealen Archive der Nachwelt werkeln genügend andere. Über den politischen Einfluss meiner Arbeit mache ich mir keine Illusionen. Ich habe nicht mehr Möglichkeiten als etwa die Chance der Überzeugungskraft des Diskussionsteilnehmers in einer politischen Versammlung."[9] Dass Staeck schon wenige Jahre später mit seinen Plakaten, Ausstellungen, politischen Aktionen und Einmischungen aller Art zu einer weithin bekannten öffentlichen Figur wird, die im Prozess der politischen Meinungsbildung Gewicht hat, ist für ihn zu diesem Zeitpunkt offenbar noch außerhalb des Vorstellbaren. Unabhängig davon ist aber festzuhalten, dass die in diesen Zeilen formulierte Geringschätzung seiner früheren Arbeiten als *L'art pour l'art* aus heutiger Sicht nicht gerechtfertigt erscheint. Klaus Staeck hat mit seinen Holzschnitten einen zeitgemäßen und zugleich eigenständigen Beitrag zur deutschen Druckgrafik der 1960er Jahre geleistet.

Seine Entscheidung, diese Form künstlerischer Arbeit Mitte der 1960er Jahre zu beenden, steht für ihn jedoch fest. Sein Interesse gilt fortan den mannigfachen Verwerfungen in Politik und Gesellschaft. Um diese Themen aufzugreifen, nutzt Staeck fotografische Aufnahmen verschiedenster Provenienzen als Ausgangsmaterial. Die geeignete Technik, um solche Bildvorlagen in Druckgrafiken zu überführen, ist der Siebdruck – der Holzschnitt hat für Staeck damit ausgedient.

1. Interview mit Klaus Staeck, geführt von Mirjam Mohr im Mai 2013, vgl. www.uni-heidelberg.de/universitaet/heidelberger_profile/interview/staeck.html, abgerufen am 18.12.2017.

2. Dieter Adelmann, Georg Bussmann, „Klaus Staeck – Rückblick in Sachen Kunst und Politik", in: *Klaus Staeck – Rückblick in Sachen Kunst und Politik*, Ausst.-Kat. Frankfurter Kunstverein, Heidelberger Kunstverein, Kunstamt Tiergarten u. a. 1978, Göttingen 1978, S. 11–53, hier S. 17.

3. Werner Dürrson, *Dreizehn Gedichte*, mit vier Holzschnitten von Klaus Staeck, Stierstadt im Taunus 1965. Teilweise hat Staeck einzelne Formen im Korkdruck hinzugefügt.

4. Klaus Staeck, „Kunst für alle. Ein Feldversuch", in: *Kunst für alle, Multiples, Grafiken, Aktionen aus der Sammlung Staeck*, Ausst.-Kat. Akademie der Künste Berlin 2015, S. 4–6, hier S. 5.

5. Vgl. zur Geschichte des Künstlerselbstvertriebs im 19. und 20. Jahrhundert: Claudia Jansen, „Tötet euren Galeristen. Kollegen!" Künstlerselbstorganisationen aus der Sammlung Staeck, in: *Kunst für alle* (wie Anm. 4), S. 74–85.

6. Ingeborg Karst, o. T. [edition tangente], in: *Klacto 23*, Heidelberg, PANic Press, September 1967, ohne Paginierung, eingebunden ist zudem ein Farbholzschnitt Klaus Staecks.

7. Die Figuren sind jeweils von vorne und von der Seite zu sehen, wobei die Vorlage offenbar einem Buch oder Aufsatz über steinzeitliche Kunst entstammt.

8. Max Ernst schuf 1964 das Gipsmodell einer Bronzeplastik namens *Chéri Bibi*, die 1973 in einer Auflage von 175 Exemplaren gegossen wurde (Jürgen Pech, *Max Ernst – Plastische Werke*, Köln 2005, S. 206, mit Farbabb. S. 207).

9. Adelmann/Bussmann, *Rückblick* (wie Anm. 2), S. 30.

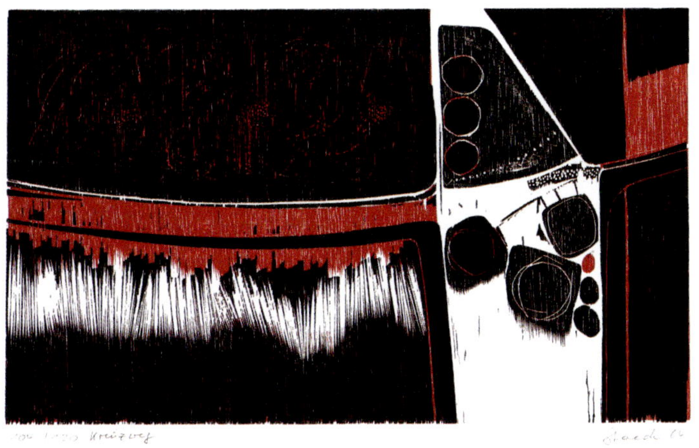

I.1 | *Kreuzweg* | 1964

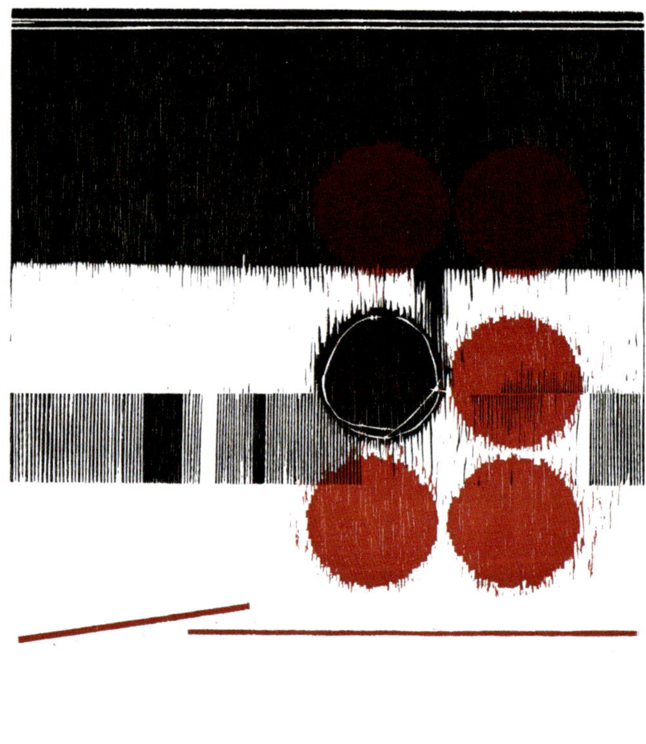

I.2 | *Zeichen I* | 1964

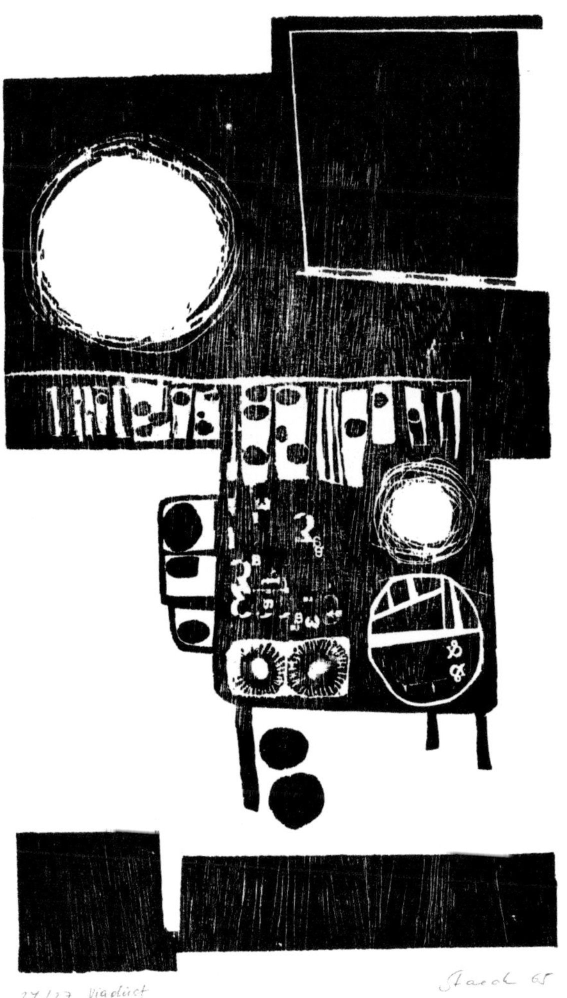

I.3 | *Viaduct* | 1965

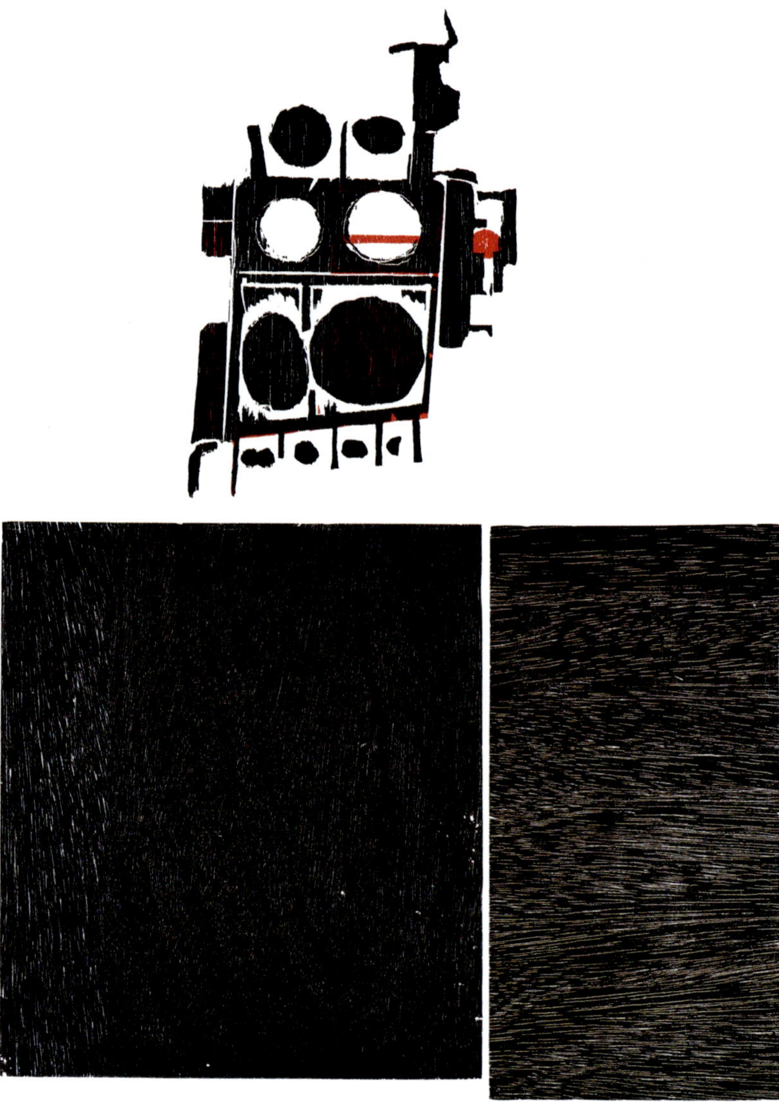

I.4 | *Schimäre* | 1965

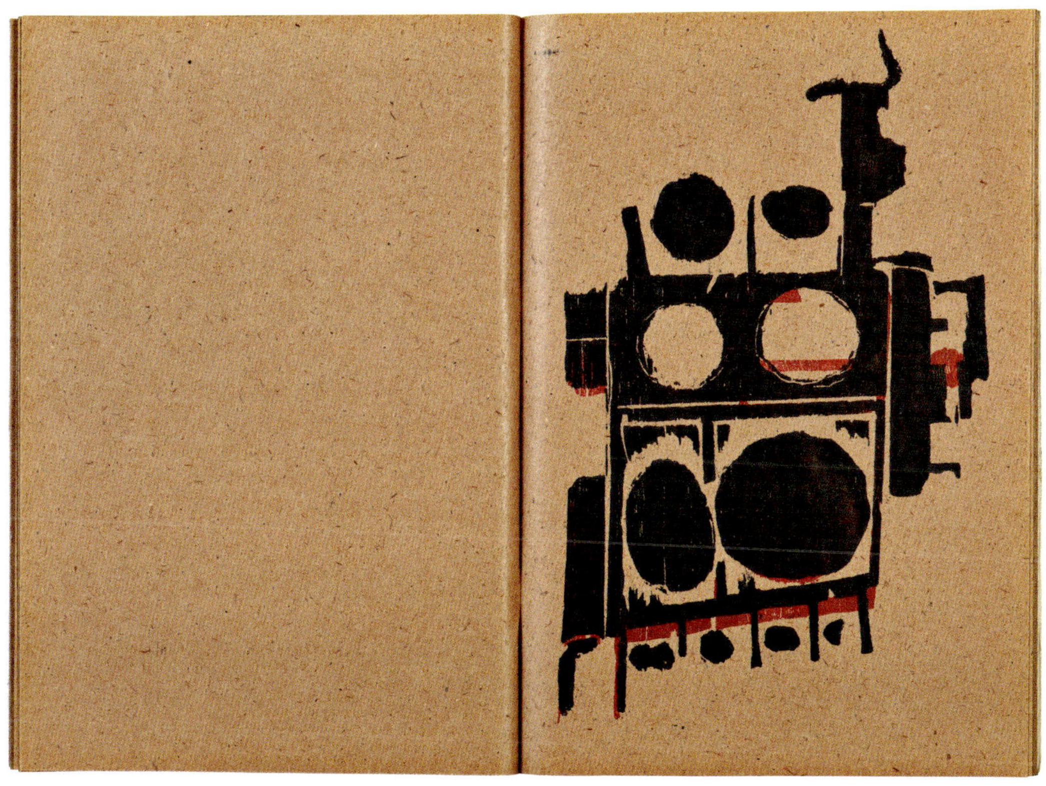

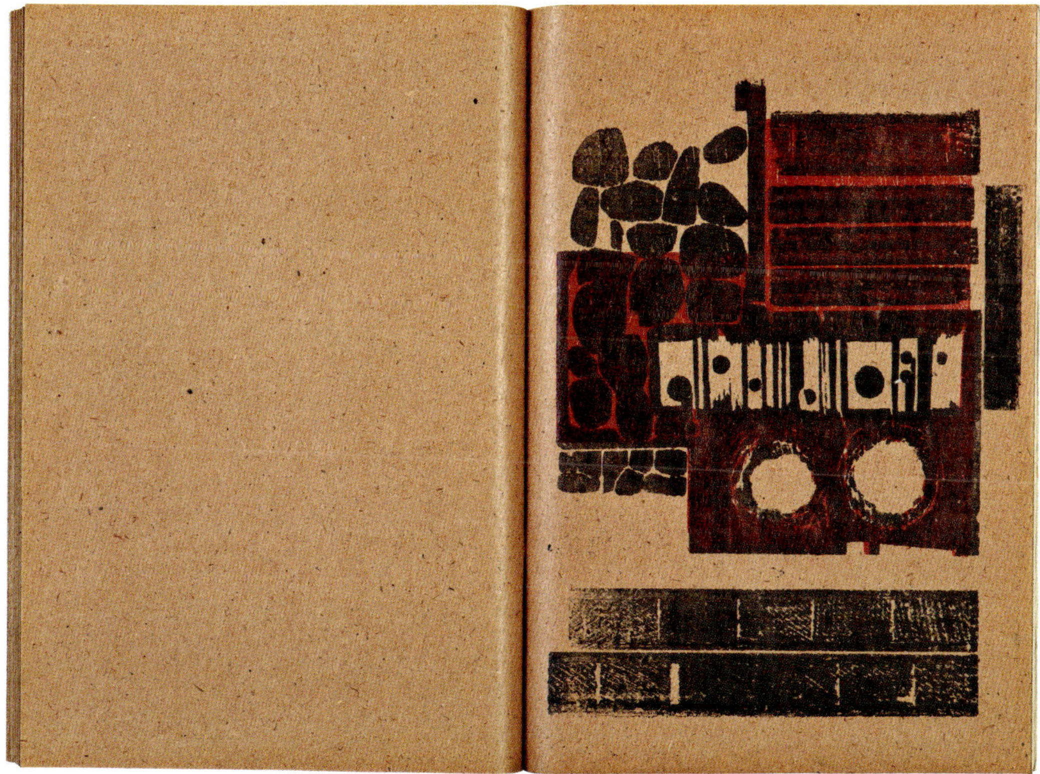

I.5 | *Holzschnitte zu Gedichten von Werner Dürrson* | 1965

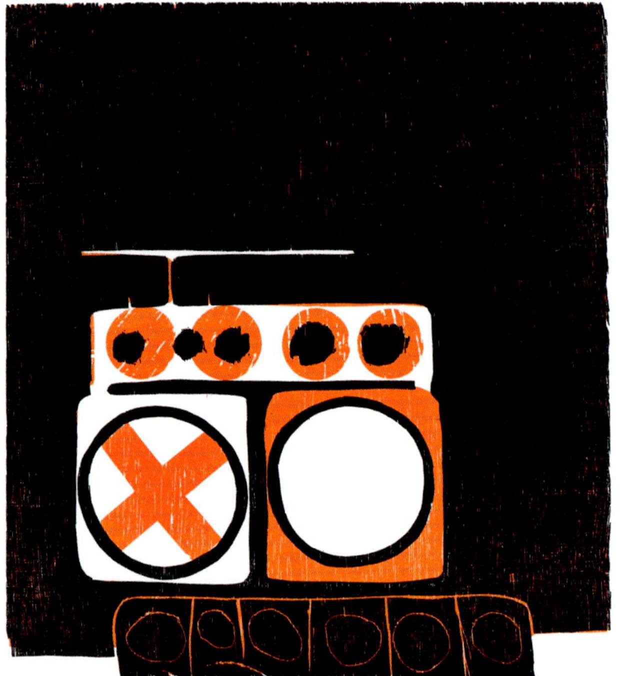

I.6 | *Tele* | 1965

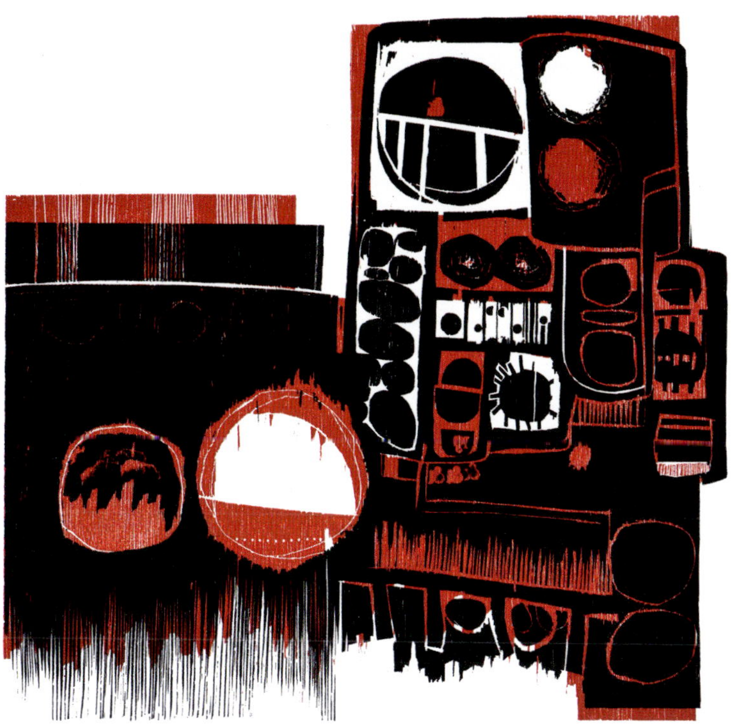

I.7 | *Monstrum* | 1965

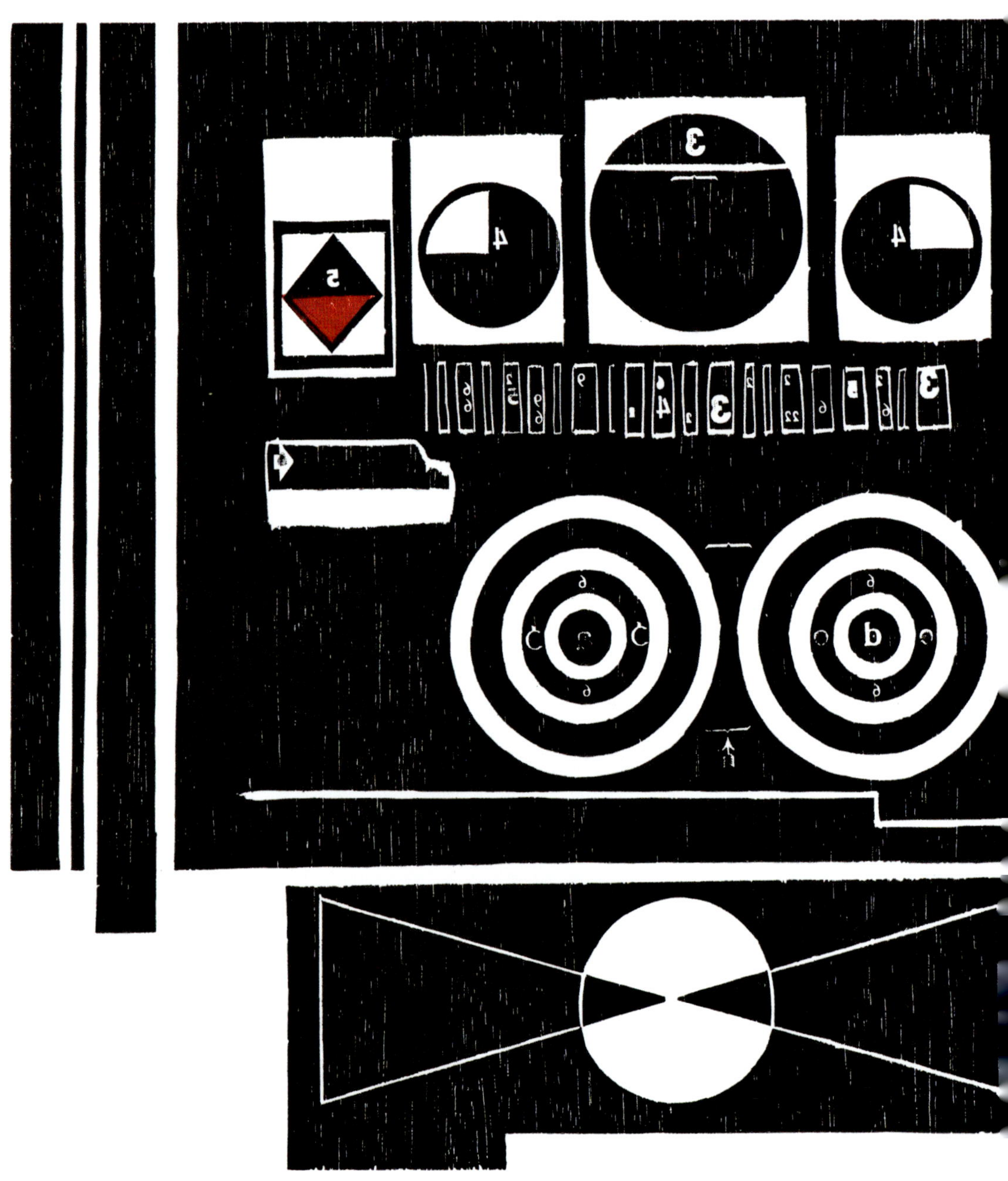

15/47 Diptychon

I.14 | *Diptychon* | 1966

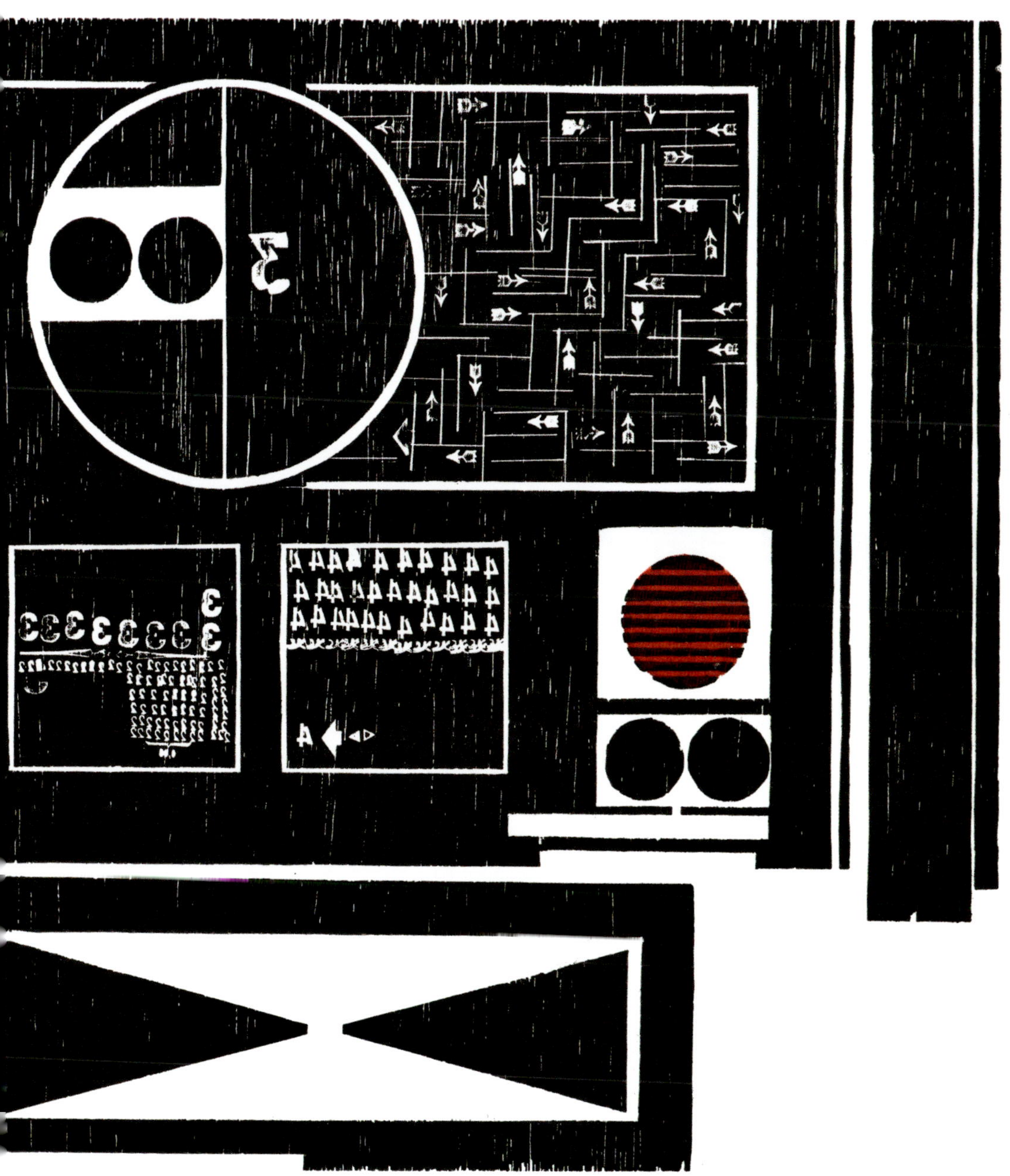

Staeck 66

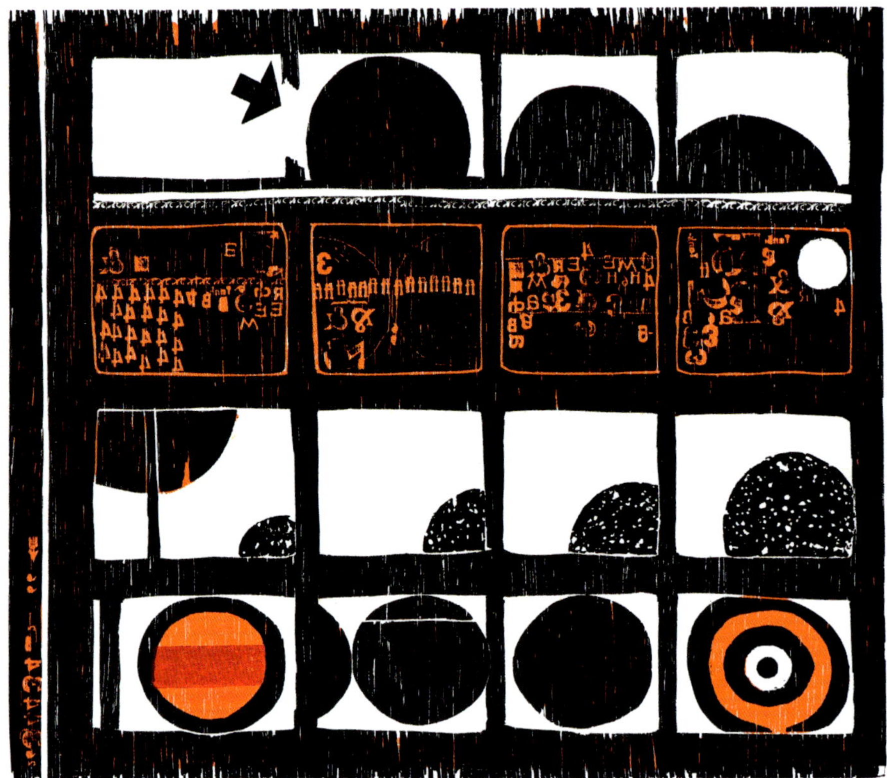

I.8 | *Dekret V* | 1965

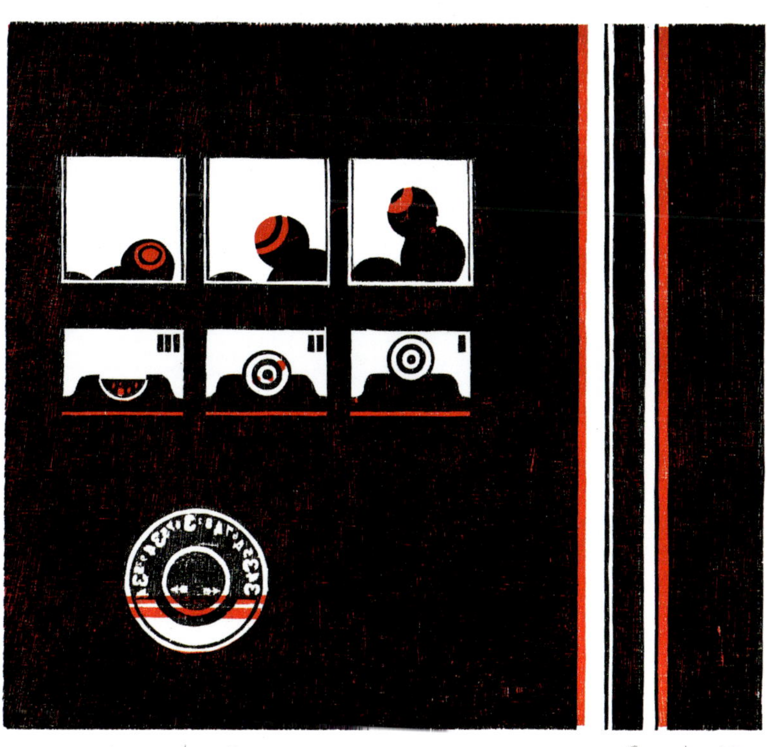

I.13 | *Metamorphosen I* | 1966

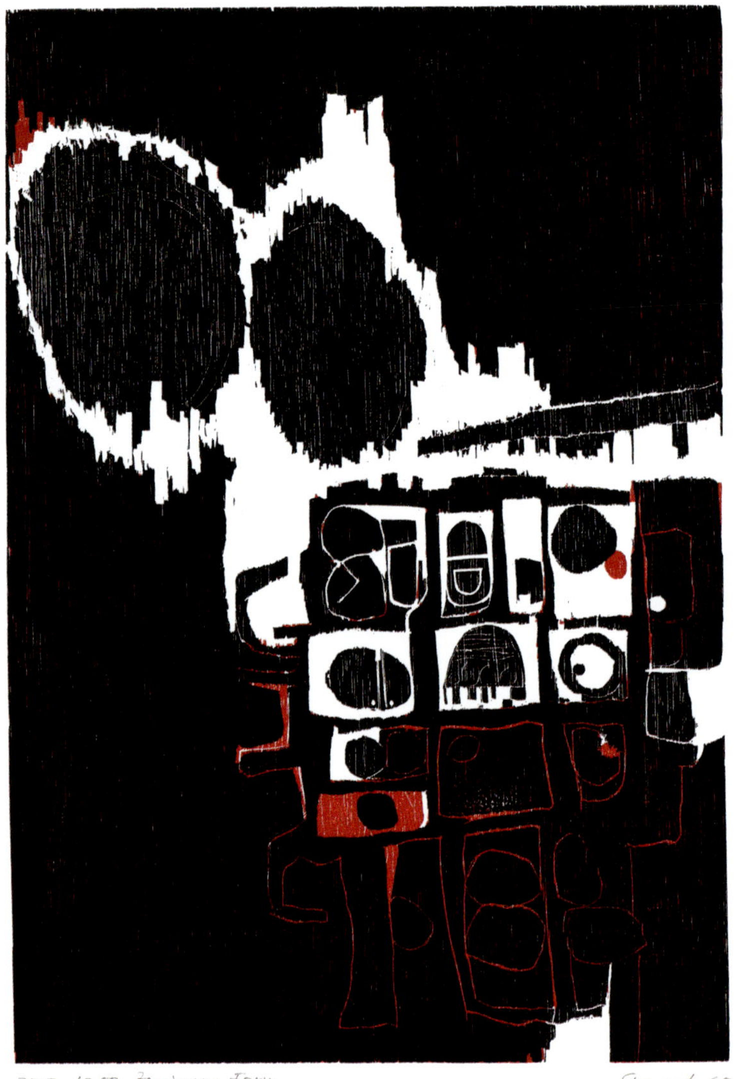

I.9 | *Zerrissene Form* | 1965

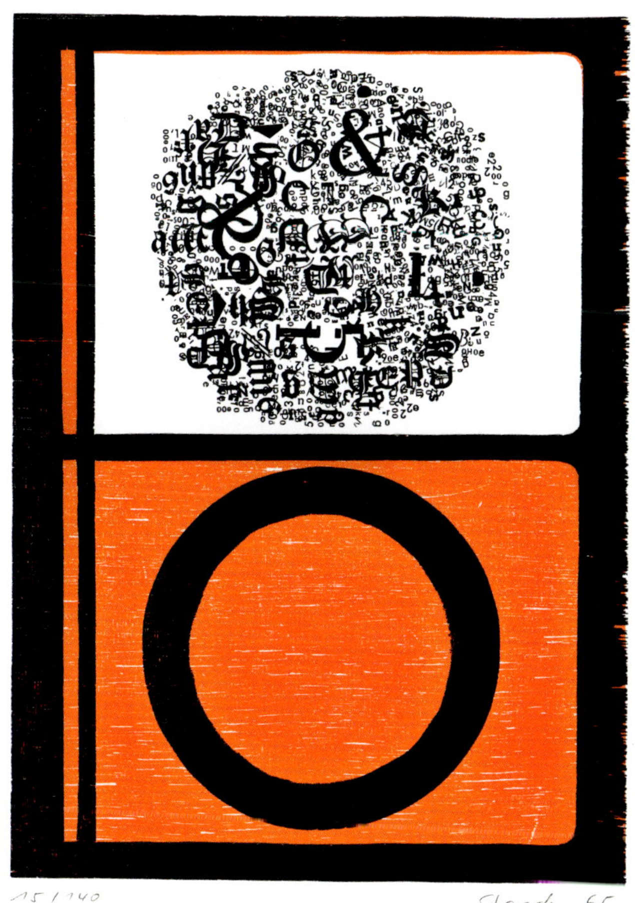

I.10 | *Geschlossene Form* | 1965

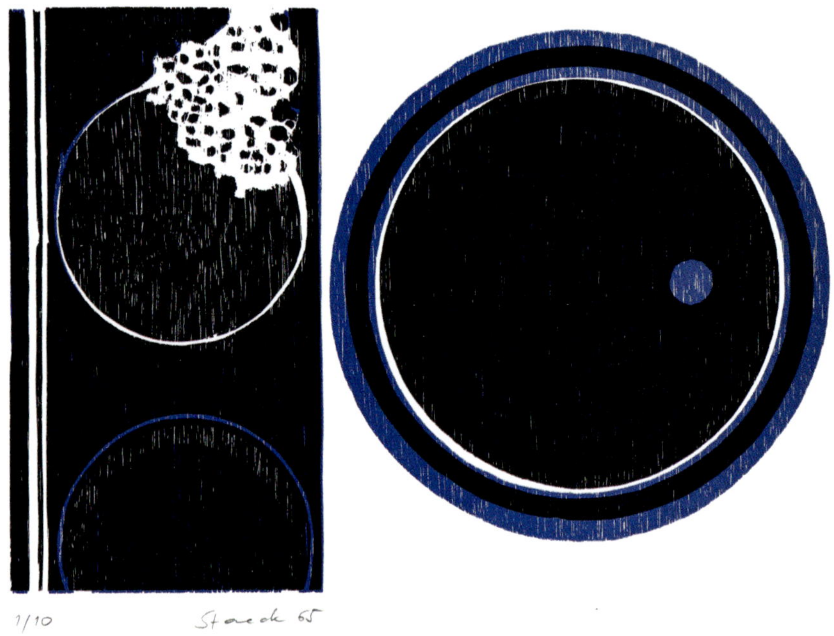

I.11 | *Zeichen in Blau* | 1965

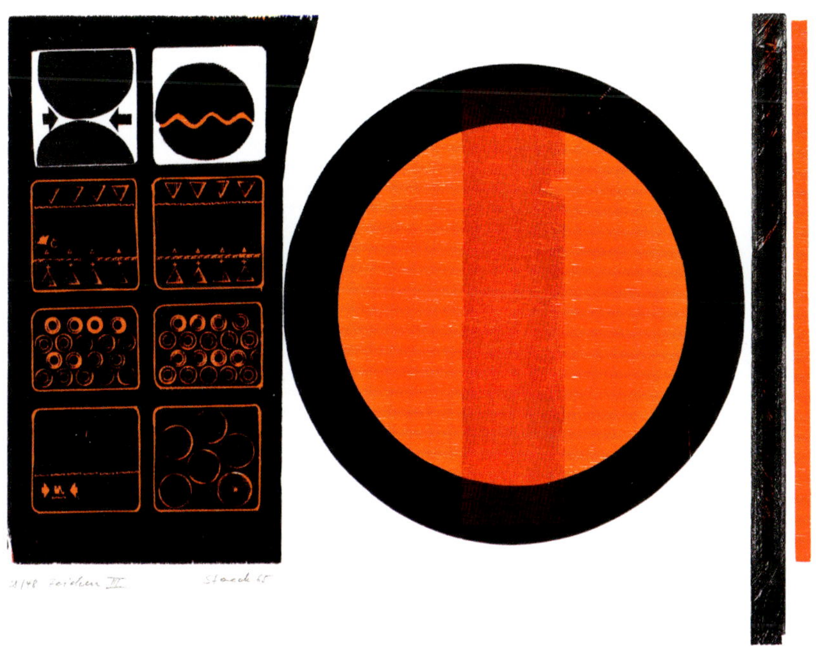

I.12 | *Zeichen III* | 1965

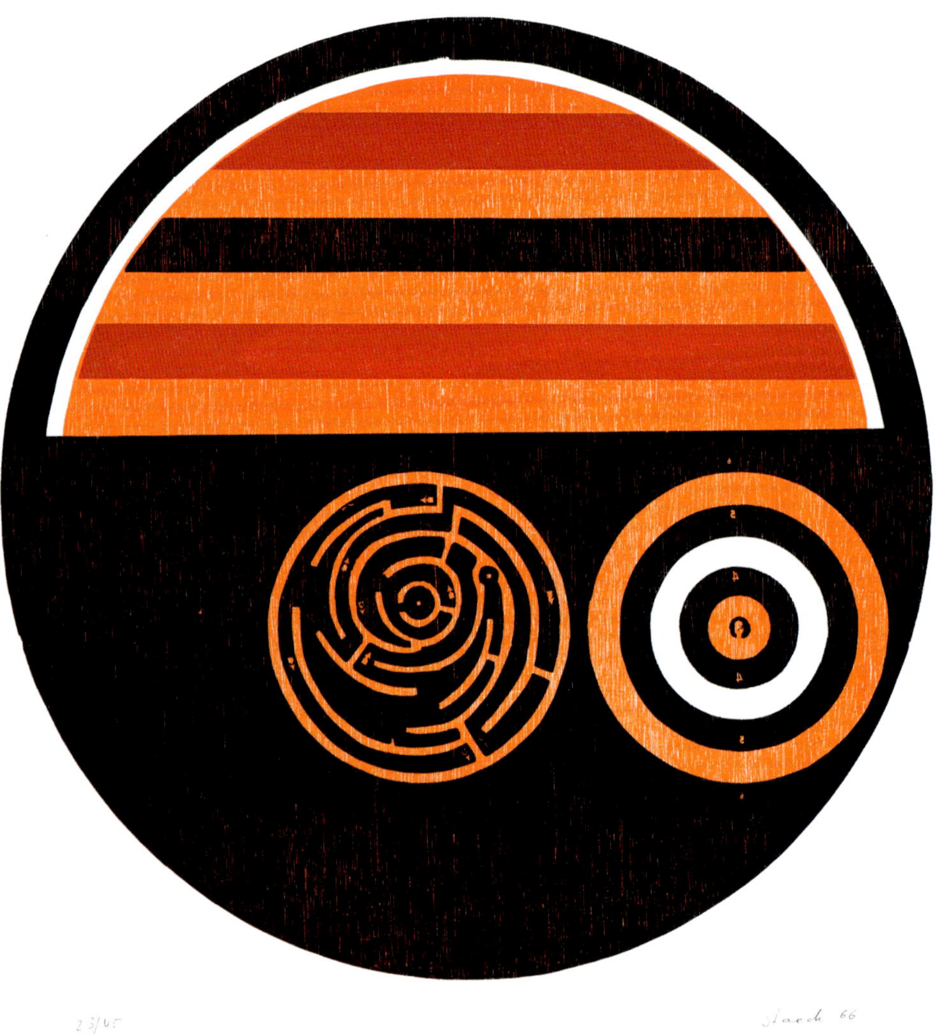

I.15 | *Labyrinth* | 1966

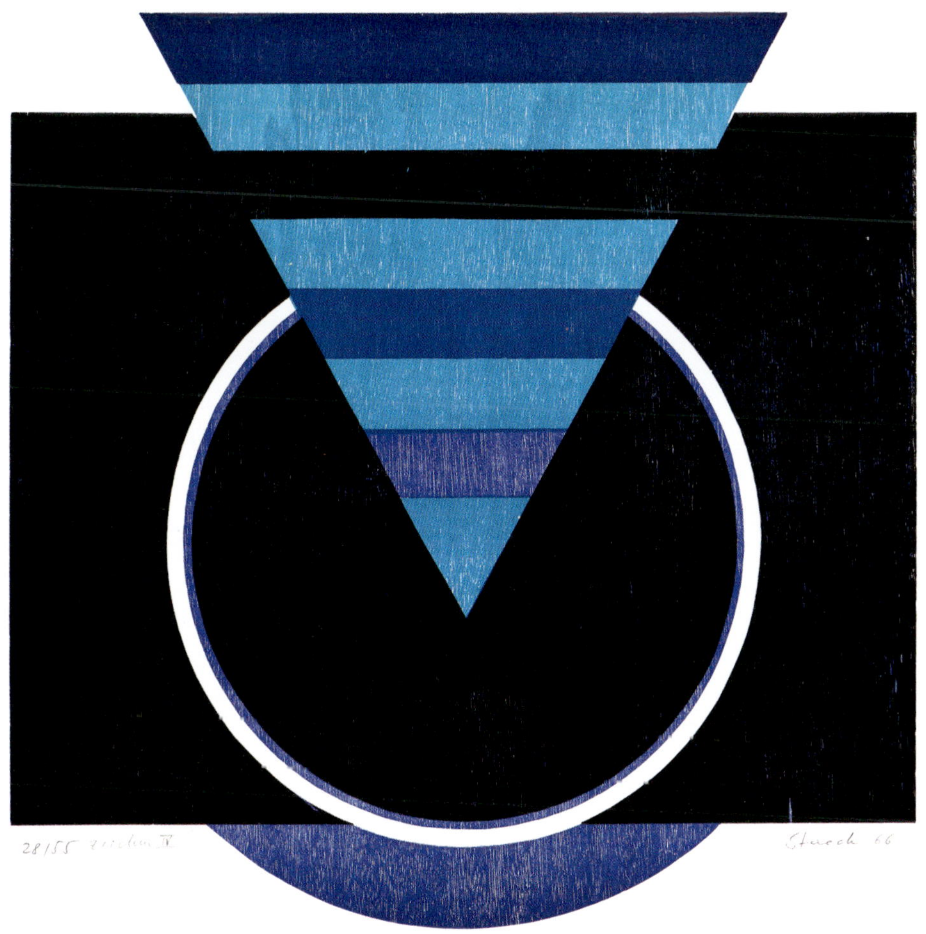

I.16 | *Zeichen IV* | 1966

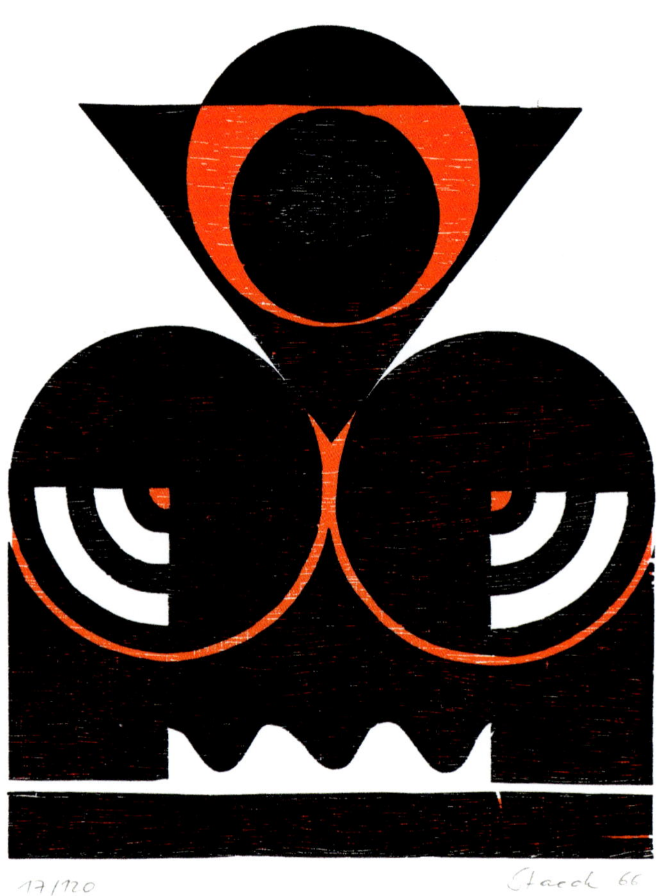

I.18 | *Metropolis* | 1966

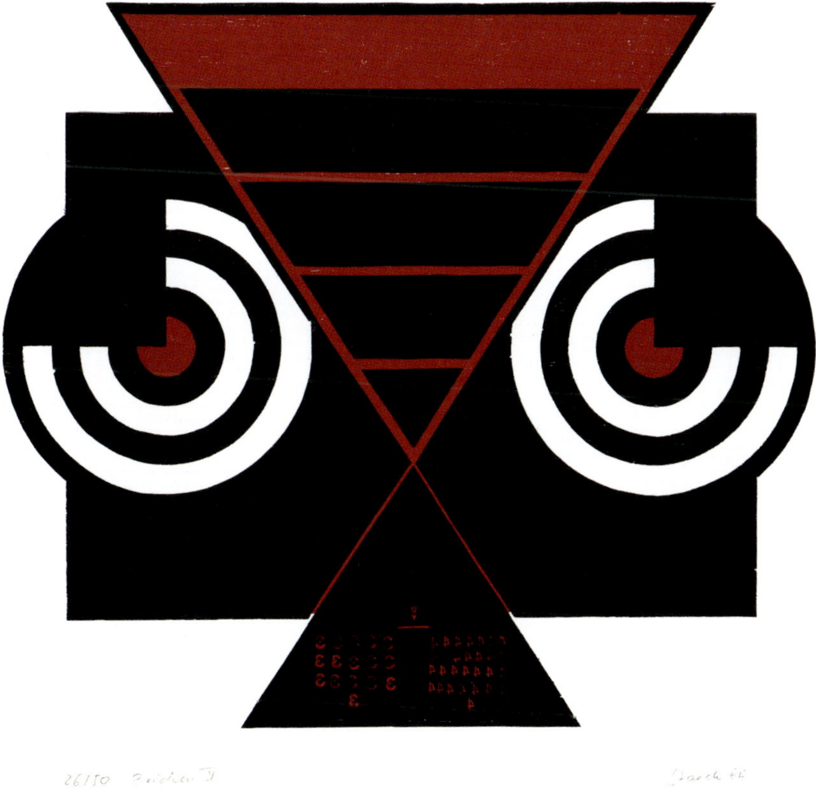

I.17 | *Zeichen V* | 1966

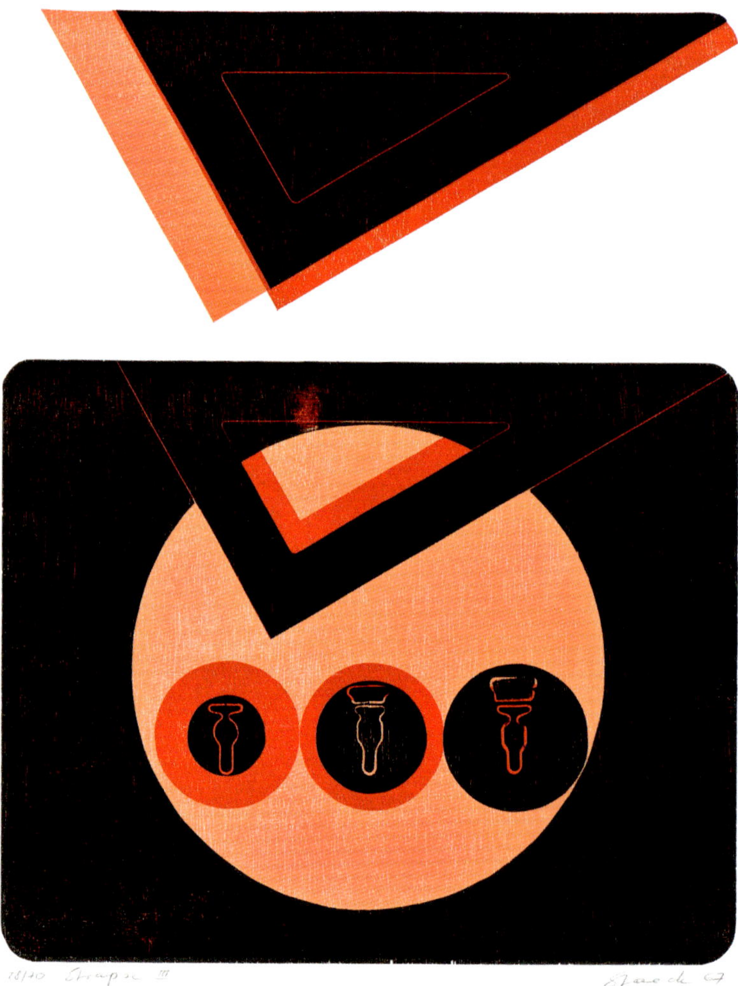

I.19 | *Strapse III* | 1967

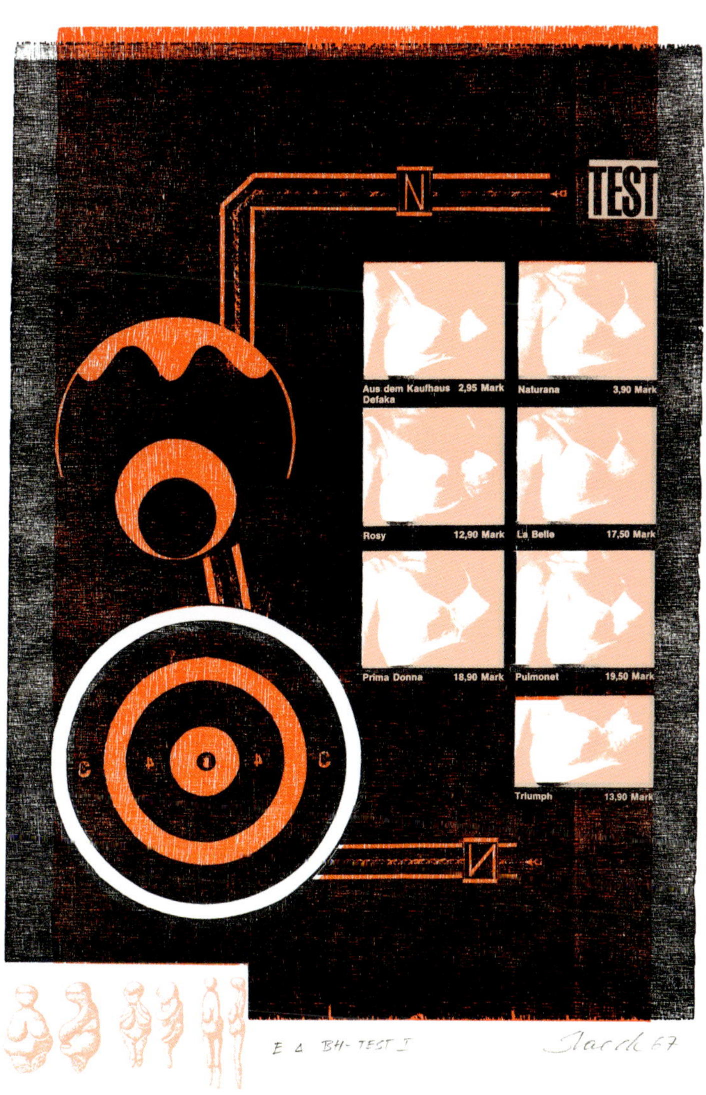

I.20 | *BH-Test I* | 1967

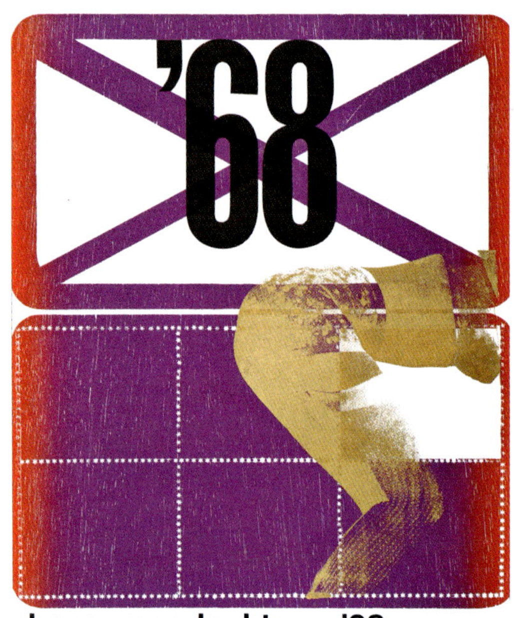

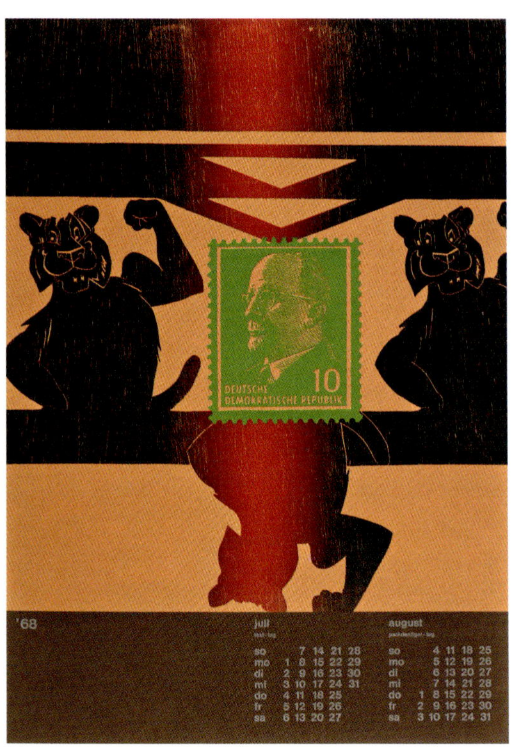

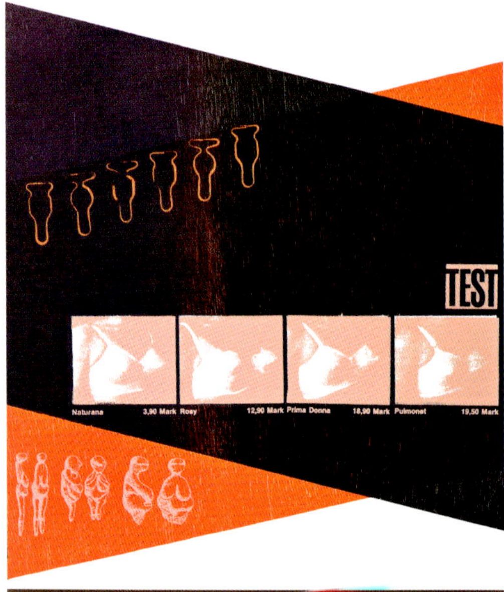

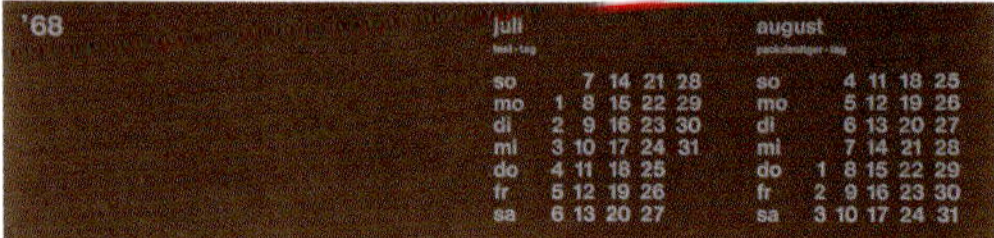

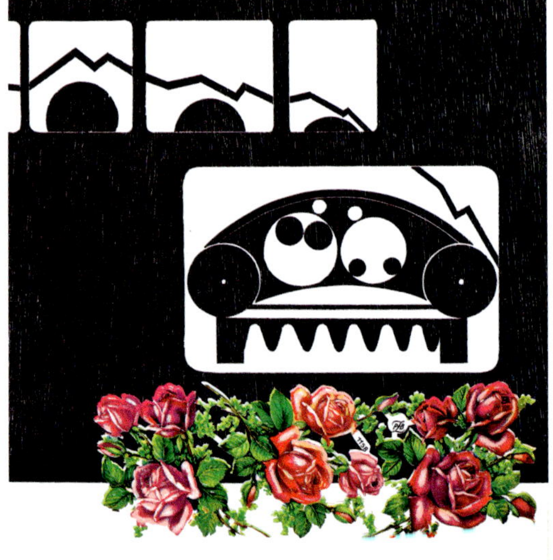

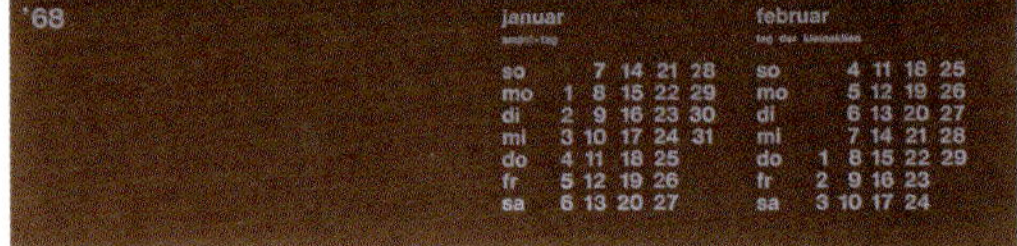

I.21 | *Konsumgedenktage '68* | 1967
Titelblatt | *Packdentiger-Tag*
Test-Tag | *Tag der Kleinaktien*

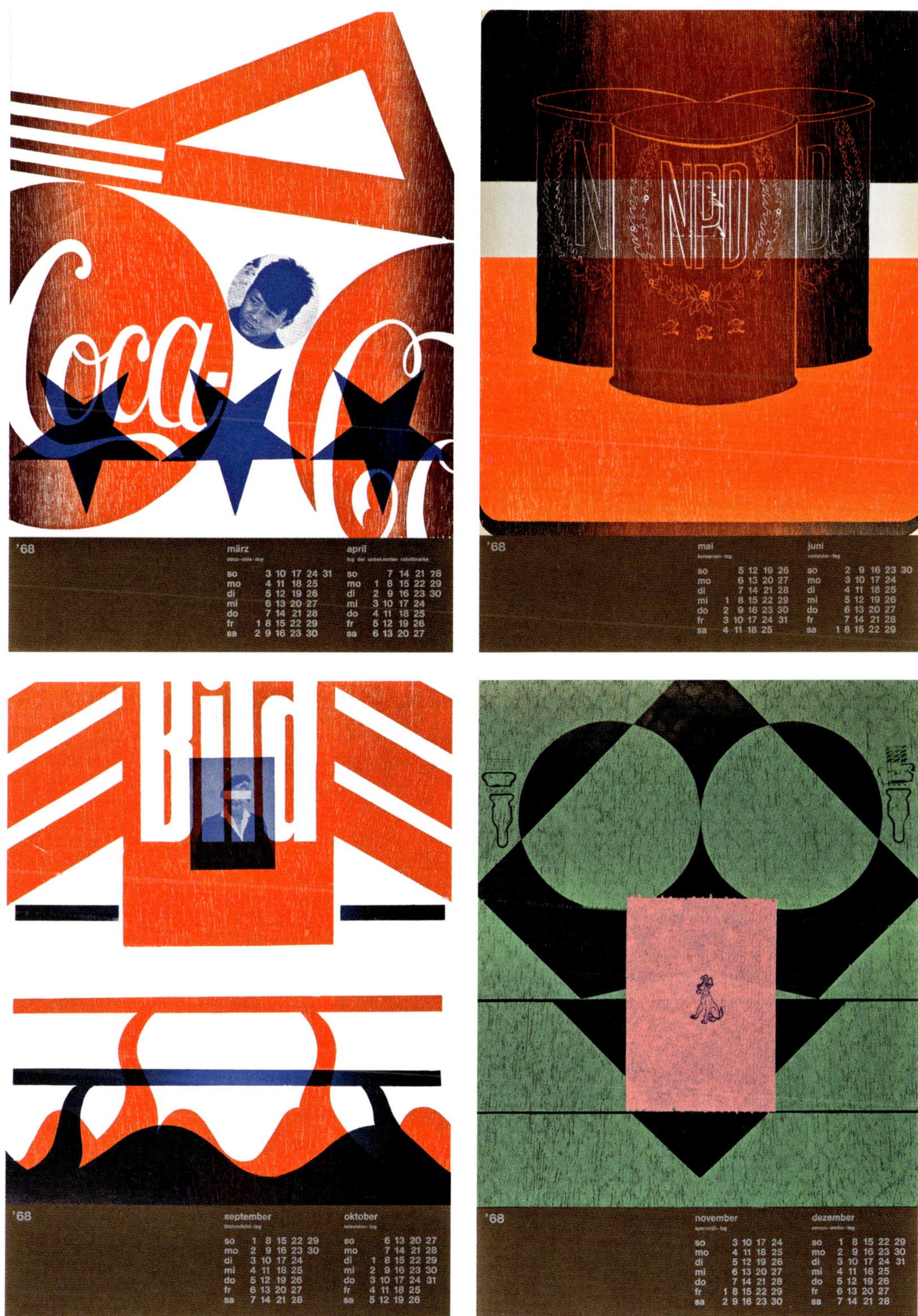

Coca-Cola-Day | Konserven-Tag
Blutundbild-Tag | Servus-Werbe-Tag

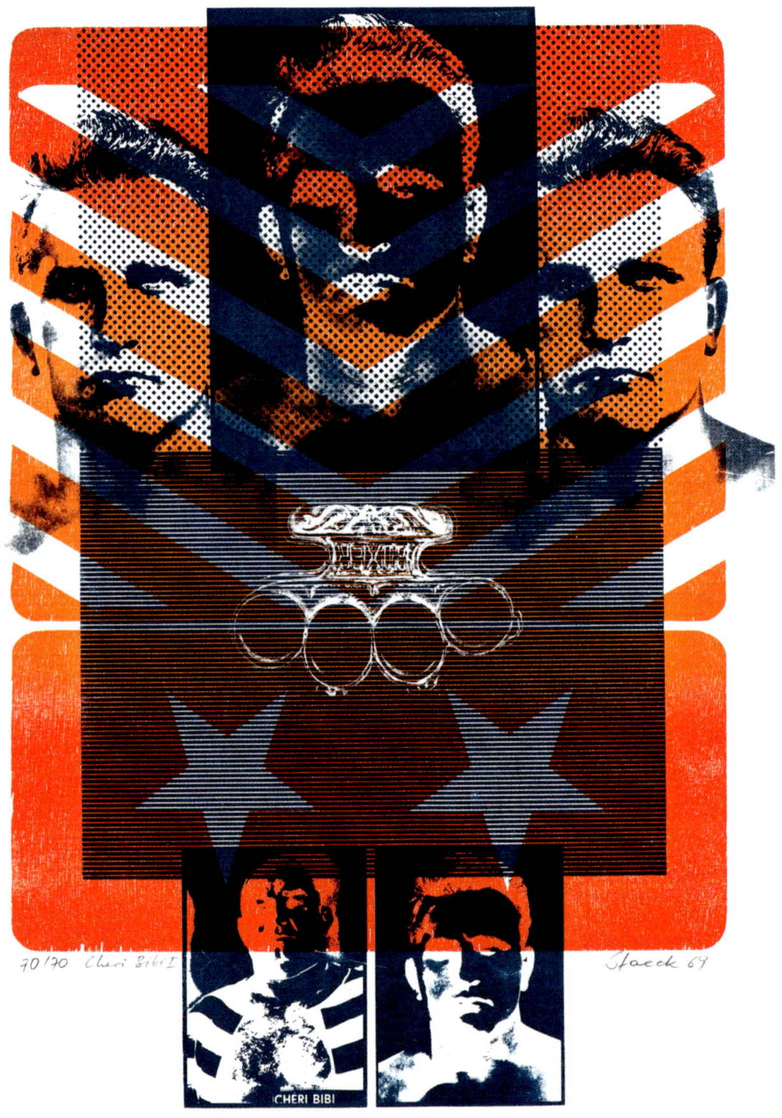

I.22 | *Chéri Bibi I* | 1969

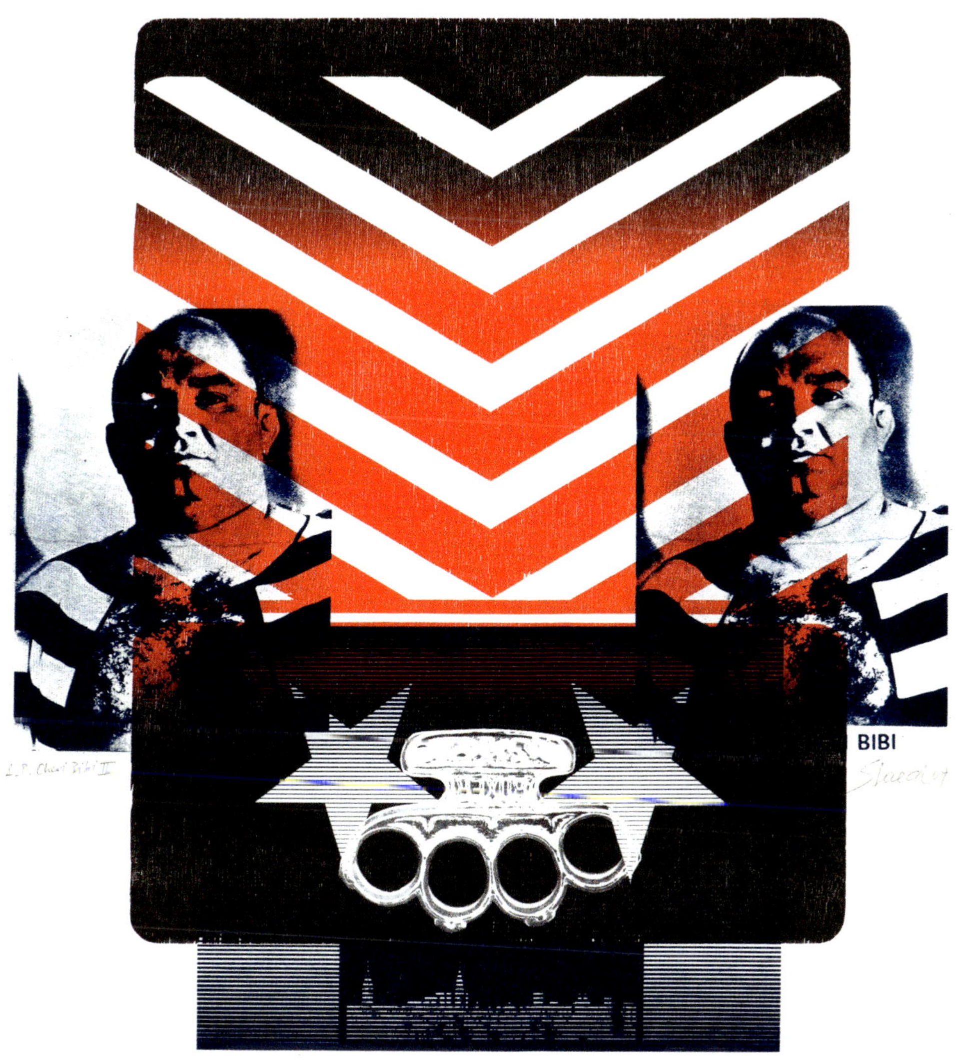

I.23 | *Chéri Bibi II* | 1969

Dürer, Coke und Politik: Die Siebdrucke Klaus Staecks 1969 bis 1974

Tobias Burg

Aufrüstung und Krieg, individuelle und kollektive Brutalität, Umweltzerstörung und wirtschaftliche Verantwortungslosigkeit – in seinen ab 1969 entstehenden Siebdrucken thematisiert Klaus Staeck Handlungsweisen, die ein menschliches Miteinander unmöglich machen. Dabei entwickelt er bildnerische Strategien, die wenig später auch auf seinen inhaltlich verwandten Plakaten zum Einsatz kommen und maßgeblich zu deren Erfolg beitragen; insofern bereiten die Siebdrucke den Plakaten den Weg. Staecks konzeptuelle Grundsatzentscheidung besteht darin, fotografische Vorlagen aus Zeitungen oder Zeitschriften in eine Druckgrafik zu übertragen und sie auf diese Weise aus ihrem ursprünglichen Zusammenhang zu lösen, um ihnen eine neue inhaltliche Aussage zu geben. Für eine detailgetreue Wiedergabe fotografischer Motive ist der Siebdruck besonders geeignet: Das feinporige, anfangs noch lichtempfindliche Gewebe des gespannten Drucksiebs kann problemlos mit dem gewünschten Motiv belichtet werden, wobei die Poren überall dort verschlossen werden, wo beim anschließenden Druckvorgang keine Farbe durch das Sieb auf den Papierbogen gepresst werden darf. Anfangs ließ Staeck seine Siebdrucke in Heidelberg produzieren, doch schon Ende 1970 übernimmt Gerhard Steidl diese Aufgabe, der im gleichen Jahr eine Siebdruckwerkstatt in Göttingen eröffnet hat. Oft erhält er von Staeck nicht viel mehr als einen Zeitungsausschnitt oder eine Ideenskizze, mit denen er dann weiterarbeitet.[1]

Um Bildmotive inhaltlich umzudeuten, bieten sich verschiedene Möglichkeiten an. Eine Option besteht darin, zwei bislang nicht zusammengehörige Motive zu vereinen. So schweben auf zwei der frühesten Siebdrucke Staecks, den Blättern *New York II* und *New York III* von 1969 (Abb. S. 59), eine Rasierklinge und ein Schlagring wie ein riesiges Emblem über der Silhouette Manhattans, wodurch die Drucke zu bissigen Bildkommentaren auf die seinerzeit ausufernde Kriminalität in der US-Metropole werden. Eine andere Option ist die Wahl eines Werktitels, der weniger beschreibt denn kommentiert: Den ebenfalls 1969 entstandenen Siebdruck, der mobile Flugabwehrraketen bei einer Militärparade zeigt, nennt Staeck schlicht *Der Frieden* (Abb. S. 60).[2] Das Gegenstück mit dem Titel *Der Krieg* (Abb. S. 61) präsentiert eine Patrone in Großaufnahme, kombiniert mit einer Folge roter Zeichen und Ziffern, die an einen Programmiercode erinnern: Die fortschreitende Automatisierung militärischer Abläufe ändert nichts daran, dass es letztlich ums Schießen und Töten geht.

Betrachtet man die Aufnahme der Patrone genauer, stellt man fest, dass Staeck hier nicht nur das Motiv selbst, sondern das gesamte Fotonegativ inklusive der unregelmäßig beschnittenen Ränder wiedergibt. Dies lässt sich bei einigen weiteren Druckgrafiken Staecks beobachten, die dadurch den Anschein erwecken, sie seien einem großen Bildarchiv entnommen – tatsächlich suchte Gerhard Steidl brauchbare Bildvorlagen aus dem Abfallbehälter für silberhaltige Negativfilme in der Druckerei des Göttinger Tageblatts, in der sein Vater beschäftigt war. Gleichzeitig beugt die Wiedergabe des gesamten Negativs einer allzu gefälligen Erscheinungsform der Druckgrafik vor. Besonders deutlich zu sehen ist dies bei dem Blatt *The American Way of Life* von 1970 (Abb. S. 62), für das Staeck eine Detailaufnahme eines elektrischen Stuhls mit zwei Motiven kombiniert, die für die Vereinigten Staaten von Amerika emblematisch sind: dem Sternenbanner in der Hand des Todeskandidaten und einer Coca-Cola-Flasche zu dessen Füßen. Im Zusammenspiel mit dem Werktitel wird dadurch auch der elektrische Stuhl zu etwas typisch Amerikanischem. Dem Siebdruck liegt eine Bildvorlage zugrunde, die bereits 1908 aufgenommen wurde und den elektrischen Stuhl des Auburn State Prison im US-Bundesstaat New York präsentiert, wobei es sich „nur" um eine Demonstration, keine echte Hinrichtung handelt. Diese Aufnahme ist bis heute populär und kann online problemlos in unterschiedlichen Größen und Qualitäten bestellt werden, bis hin zum Kunstdruck auf echter Leinwand.[3]

Auf einer ganzen Reihe weiterer Drucke dient Coca-Cola als Symbol für die USA bzw. als prägnantes Vehikel der Kritik an US-amerikanischer Politik. So fließt aus Coke-Dosen schon einmal rotes Blut statt brauner Brause (*Coca Cola I*, 1970; Abb. S. 64), und die Sicherheitskräfte in Pennsylvania trainieren für die nächsten Aufstände unter einer rotglühenden Coca-Cola-Sonne (*Pennsylvania Guardsmen*, 1970; Abb. S. 63).[4] Auch die Beteiligung der Vereinigten Staaten am Vietnam-Krieg greift Staeck immer wieder auf, wobei er durch die Zusammenführung disparater Geschehnisse zu besonders markanten Bildlösungen findet. In dem Siebdruck *Wieder zurück* von 1970 (Abb. S. 66) kombiniert er eine anonyme Kampfszene, die offenbar der aktuellen Berichterstattung über den Vietnam-Krieg entstammt, mit einer völlig anderen Begebenheit, die damals ungleich mehr Aufmerksamkeit erlangt: der Raumfahrtmission Apollo 13 vom 11. bis 17. April 1970. Es ist dies der einzige Mondflug, bei dem sich ein Unfall ereignet und die Astronauten in einem improvisierten Manöver zur Erde zurückkehren müssen. Während das Interesse der Öffentlichkeit für Mondflüge nach der ersten Mondlandung im Sommer 1969 deutlich abgenommen hat, bangt nun die ganze amerikanische Nation, ja die Weltöffentlichkeit um die drei Astronauten, und so ist es nicht verwunderlich, dass die Zeitschrift *Time* dieses Drama zur Titelstory ihrer Ausgabe vom 27. April 1970 macht. Aus dieser Ausgabe stammt auch das Motiv, das Staeck mit der Kampfszene kombiniert: die an drei Fallschirmen hängende Landekapsel kurz vor ihrer Wasserung im Pazifik. In einer kurz darauf entstandenen Grafik verschärft Staeck diesen Kontrast noch: Auf dem Siebdruck *Die Toten vom Mekong* (Abb. S. 67) sieht man abermals die herabschwebende Kapsel von Apollo 13, diesmal kombiniert mit einer Aufnahme von auf dem Wasser treibenden Leichen. Letztere ist ebenfalls der *Time* vom 27. April 1970 entnommen, wo sie einen Artikel über ein Massaker illustriert, das kambodschanische Soldaten in Phnom Penh am 11. April 1970 – dem Starttag von Apollo 13 – an mehreren tausend Vietnamesen verübt haben. Die Opfer wurden anschließend zusammengebunden in den Mekong geworfen.[5] Die kambodschanische Regierung wurde damals von den USA unterstützt.

Eine Besonderheit dieses Drucks besteht darin, dass Staeck an der rechten Seite eine Beischrift hinzugefügt hat, die das Bildmotiv weitaus pointierter deutet als der rein deskriptive Werktitel: „DIE TOTEN VOM MEKONG BEOBACHTEN DIE GLÜCKLICHE LANDUNG VON APOLLO 13". Die Kombination von Bild und Schrift wird bald darauf beinahe zu einem Markenzeichen der Grafiken, mehr noch der Plakate von Klaus Staeck. Hier ist die Textzeile noch auf jedem der vierzig Exemplare des Drucks handschriftlich hinzugefügt, zudem ist sie nur aus nächster Nähe lesbar. Im Rahmen der klassischen Betrachtungssituation im Kunstkontext, also in Ausstellungen oder Katalogen, mag dies ausreichen. Soll die Botschaft jedoch deutlicher transportiert werden, muss aus der Beischrift ein prägnantes Gestaltungselement werden. Im ebenfalls 1970 entstandenen Siebdruck *US-Culture* (Abb. S. 68/69) ist das Bildmotiv einer verwüsteten Landschaft mit schießendem Soldaten mit der unübersehbaren Aufschrift „VIETNAMESISCHE VEGETATION NACH DER BERÜHRUNG MIT US-KULTUR" versehen – ein sarkastischer Kommentar auf die großflächige Verwendung von Entlaubungsmittel im Vietnam-Krieg. Weniger plakativ, aber dem vermeintlichen Anlass eines Gedenkblatts angemessen ist die Bildunterschrift der Druckgrafik *Zur Erinnerung* von 1972 in Englische Schreibschrift gesetzt: „*Zur Erinnerung an die Jahreshauptversammlung des Vereins progressiver deutscher Kunsthändler e.V.*" (Abb. S. 84). Vor der Kulisse des wie golden aufleuchtenden Kölner Doms ist eine Gruppe von – vermeintlichen – Gangstern zu sehen.[6]

Verwendete Staeck für die bislang vorgestellten Siebdrucke ausschließlich aktuelle oder historische Fotos, so erweitert er sein Spektrum 1971 um den Bereich der Bildenden Kunst. Dies bedeutete freilich keine Abkehr vom Anspruch, aktuelle politische oder soziale Fragen zu thematisieren, im Gegenteil. Auslöser ist das Jubiläumsjahr zum 500. Geburtstag Albrecht Dürers (1471–1528), das in Nürnberg mit einer großen Sonderausstellung im Germanischen Nationalmuseum vom 21. Mai bis zum 1. August 1971 begangen wird. In der Bürgerschaft Nürnbergs sind die Ausstellung und vor allem deren Marketing sowie die geplanten Begleitveranstaltungen umstritten, weshalb sich eine Bürgerinitiative gründet, die ein alternatives Veranstaltungsprogramm plant und durchführt.[7] Die Frage, wie man Dürer und seiner Kunst gerecht wird, hat damals also Brisanz. Klaus Staeck macht sich dieses Klima zunutze, wobei er Dürers Schaffen auf radikale Weise mit aktuellen gesellschaftlichen Fragen in Beziehung setzt. Er realisiert eine Folge von sechs Siebdrucken, die zunächst einzeln, kurz darauf auch zusammengefasst in einem Mappenwerk mit dem persiflierenden Titel *Fromage à Dürer* erscheinen (Abb. S. 76/77).[8] Ähnlich wie bei dem zwei Jahre zuvor erschienenen Kalender *Konsumgedenktage '68* werden – mit einer Ausnahme – alle Drucke qua Titel bestimmten Gedenktagen zugeordnet, wobei diese im Unterschied zu den Konsumgedenktagen (siehe S. 48 und 49) tatsächlich existieren.

Auf allen Drucken dieser Folge sind Werke Albrecht Dürers zu sehen, die durch ein hinzugefügtes fotografisches Motiv oder eine Beischrift inhaltlich umgedeutet werden. So zeigt der Druck *Zum Welttierschutztag* (Abb. S. 76) eines der berühmtesten Motive Dürers, den *Feldhasen* (1502, Wien, Albertina), der hier jedoch zum Versuchskaninchen degradiert wird, das in einer engen Transportbox aus Holz steckt. Dürers *Veilchenstrauß* (1503, Wien, Albertina) erscheint als Geschenk *Zum Muttertag*, nimmt sich vor den rauchenden Schloten im Hintergrund aber geradezu kümmerlich aus. Dass Staeck für den Druck *Zur Konfirmation* (Abb. S. 77) Dürers *Betende Hände* (um 1508, Wien, Albertina) auswählt, liegt insofern nahe, als dieses Motiv tatsächlich seit Jahrzehnten seinen festen Platz im Devotionalienhandel hat: „Anlässlich meiner eigenen Konfirmation hatte ich Albrecht Dürers *Betende Hände* gleich in mehreren Ausführungen und Materialien geschenkt bekommen."[9] Indem er die betenden Hände mit Gewindeschraube und Flügelmuttern fixiert, findet Staeck ein starkes Bild für die Wirkungsweise von religiösem Dogmatismus.

Bietet es sich inhaltlich an, dann verwendet Staeck auch weniger bekannte Arbeiten Albrechts Dürers: Der Druck *Zum Tag der Heimat* (Abb. S. 77) zeigt Dürers Federzeichnung *Wilder Mann als Wappenhalter* (um 1495, Dresden, Kupferstich-Kabinett), die hier jedoch als Reproduktion aus einem damals frisch erschienenen Überblickswerk zu Albrecht Dürer wiedergegeben wird.[10] Hier ergänzt Staeck das auf der Zeichnung leere Wappenschild um das Kleine Staatswappen des Freistaats Bayern, das allerdings gespiegelt und in veränderter Farbe erscheint – original in Blau, färbt sich das Wappen hier allmählich braun. Im Zusammenspiel mit der Wiedergabe des Originaltitels der Zeichnung, der den Keulenschwinger als wilden Mann charakterisiert, zielt diese Polemik offenbar auf die Bayerische Staatsregierung oder die Vertriebenenverbände, die seit 1950 alljährlich den Tag der Heimat begehen. Wohl dem gleichen Überblickswerk entnimmt Staeck die Zeichnung *Christus am Kreuz* (1505, Wien, Albertina), die er auf dem Druck *Zum Tag der Menschenrechte* (Abb. S. 77) in eine Folterszene umwandelt: Christus wird mit Schraubzwingen am Kreuz gehalten, eine nackte Glühbirne hängt herab, wodurch das Geschehen in einen Innenraum verlegt wird. Das Blut fließt bereits in Strömen den Körper hinab, während im Hintergrund eine Gruppe politisch Verfolgter aus Südamerika dem Geschehen beiwohnt.

Den Höhepunkt der Serie bildet schließlich der Druck *Sozialfall* (Abb. S. 77), der insofern eine Ausnahme darstellt, als Staeck der Vorlage Dürers diesmal nicht mittels eines zusätzlichen Bildmotivs, sondern durch einen lapidaren Text eine völlig andere Bedeutung gibt. Über das Porträt *Barbara Dürer* (1514, Berlin, Kupferstichkabinett), das die Mutter des Künstlers im Alter von 63 Jahren zeigt, ist in roter Grotesk-Schrift die ebenso schlichte wie provokante Frage gedruckt: „Würden Sie dieser Frau ein Zimmer vermieten?" Allenfalls das Motiv *Zur Konfirmation* sollte einen ähnlichen Bekanntheitsgrad erreichen wie der *Sozialfall*, über dessen Verbreitung Magdalena Bushart schreibt: „Eine ganze Schüler- und Studentengeneration kennt *Dürers Mutter* nicht als *Dürers Mutter*, sondern als Dokument gegen Mietwucher und gesellschaftliche Ausgrenzung."[11] Dies gelingt allerdings nur, indem Staeck das Refugium der bildenden Kunst mit ihrem vergleichsweise kleinen Publikum verlässt und sich andere Zielgruppen erschließt. Der Anstoß dazu kommt interessanterweise von außen. So schreibt Staeck rückblickend über das Blatt *Zur Konfirmation*: „Ursprünglich gab es nur die Grafikauflage, auf Karton gedruckt und von 1/100 bis 100/100 nummeriert. Es war das erste einer Folge von sechs Blättern zu Dürer-Motiven. Obwohl mit 35 Mark der Einstiegspreis gegenüber vergleichbaren Blättern anderer Künstler äußerst bescheiden war, fanden sich kaum Käufer. Dagegen hörte ich öfter die Frage, ob es dieses Motiv nicht als Plakat gäbe. Für fünf Mark würde man es gern erwerben, Signatur und Nummerierung seien durchaus verzichtbar. Die traditionellen Vertriebswege des Kunstmarktes kamen für solche Pfenniggeschäfte jedoch nicht mehr in Frage. So ergab sich schon aus ökonomischen Gründen ein gewisser Zwang, ganz neue Absatzwege zu suchen. Es war daher ein notwendiger Schritt, den inzwischen als zu eng empfundenen Galerierahmen zu verlassen und künftig mit unbegrenzten Druckauflagen im wahrsten Sinne des Wortes auf die Straße zu gehen, einer auch für mich bis dahin weitgehend unbekannten Öffentlichkeit."[12]

Staeck wagt den Versuch mit dem Motiv *Sozialfall*, das er von Gerhard Steidl als Plakat im Offsetverfahren drucken und an 330 Litfaßsäulen in Nürnberg plakatieren lässt (s. Beitrag René Grohnert). Das Motiv wird schlagartig bekannt, das Experiment, eine andere Öffentlichkeit abseits der Kunstszene anzusprechen, ist geglückt. Mit dem Siegeszug des Plakats endet freilich auch sehr bald Staecks Betätigung im Medium des Siebdrucks. Bis 1974 entstehen noch einige Drucke, deren Motive jedoch mitunter sofort auch als Plakate veröffentlicht werden. Der unmittelbare Vergleich der Auflagenhöhe macht deutlich, dass die Zeit für den Siebdruck – so wichtig er auch war, um eine bestimmte Bildsprache zu entwickeln – im Schaffen von Klaus Staeck abgelaufen ist. Das berühmte Motiv *Deutsche Arbeiter* (Abb. S. 111), das zur Bundestagswahl 1972 veröffentlicht wird, erscheint als Siebdruck in einer Auflage von 60 Exemplaren. Vom selben Motiv werden 75.000 Plakate gedruckt.

1. „When we began working together, he used to give me a few snippets from a newspaper or a sketch and say, ‚Here you go, do what you want with it'. So I've always had room to play, and been able to decide for myself how to bring all the elements together in the final design" (Interview von Monte Packham mit Klaus Staeck und Gerhard Steidl vom 18. April 2009, in: Monte Packham, Concentric Circles. A Chronicle of Steidl Publishers, Göttingen 2010, S. 129–137, hier S. 135f.

2. Die Aufnahme entstand am 9. Mai 1965 während einer Militärparade auf dem Roten Platz in Moskau und zeigt sowjetische Flugabwehrraketen des Mitte der 1960er Jahre entwickelten Waffentyps 2K11 Krug (vgl. www.youtube.com/watch?v=cyOeI7eGiZY, https://en.wikipedia.org/wiki/2K11_Krug, abgerufen am 04.01.2018).

3. Im Format 24 x 36 Zoll für 209.95$ (www.walmart.com/ip/Electric-Chair-1908-Na-Demonstration-Of-An-Execution-At-Auburn-State-Prison-New-York-Sept-12-1908-Rolled-Canvas-Art-24-x-36/506088598, abgerufen am 02.01.2018).

4. Die Aufnahme vom Training der Sicherheitskräfte stammt aus der amerikanischen Wochenzeitschrift *Time* in der Ausgabe vom 25. Mai 1970 und illustriert einen Artikel, in dem es um die Frage geht, wie Sicherheitskräfte den immer wieder auftretenden Unruhen in der Bevölkerung angemessen begegnen können: „How to Keep Order Without Killing?" Im Staat Pennsylvania kam es in Pittsburgh ebenso wie in vielen anderen Städten nach der Ermordung von Martin Luther King am 4. April 1968 immer wieder zu Aufständen, die durch das Eingreifen der nationalen Sicherheitskräfte beendet wurden.

5. Ein weiteres Mal wurde die Aufnahme in der amerikanischen Zeitschrift *Look* in der Ausgabe vom 15. Juni 1971 veröffentlicht, um einen Artikel des australischen Journalisten Denis Warner über dieses Massaker zu illustrieren (vgl. die Online-Dokumentation des gesamten Beitrags inkl. Illustration: http://rhetowriters.com/wepo/spring15/editing-for-web-project-3000-viet-namese-men-and-boys-disappear/, abgerufen am 03.01.2018). Im diesbezüglichen Artikel des *Spiegel* in der Ausgabe vom 27. April 1970 wurde eine andere Aufnahme verwendet (vgl. http://magazin.spiegel.de/EpubDelivery/spiegel/pdf/45439815, abgerufen am 03.01.2018).

6. Tatsächlich zeigt die Aufnahme den gepanzerten Cadillac von Al Capone im Tier- und Vergnügungspark Belle Vue Zoological Gardens im englischen Manchester, zu dessen Sammlung das Fahrzeug seit den frühen 1930er Jahren und bis 1958 gehörte. Weder die Gangster noch die Waffen im Vordergrund sind echt (vgl. www.myalcaponemuseum.com/id196.htm, abgerufen am 05.01.2018).

7. Vgl. hierzu die Faltblätter der Bürgerinitiative, die der Mappe *Fromage à Dürer* beigefügt sind.

8. Während die Einzelblätter in einer Auflage von einhundert Exemplaren gedruckt wurden, erschien das Mappenwerk in einer Auflage von dreißig Exemplaren.

9. http://klaus-staeck.de/?page_id=436, abgerufen am 04.01.2018.

10. *Albrecht Dürer, 1471 bis 1528. Das gesamte graphische Werk*, Einleitung Wolfgang Hütt, Bd. 1 *Handzeichnungen*, Bd. 2 *Druckgraphik*, München 1970. Aufgrund der einfachen Ausstattung und des günstigen Preises erlangte das Werk rasch eine hohe Verbreitung und wurde mehrfach neu aufgelegt.

11. Magdalena Bushart, „Dürers Mutter" im 19. und 20. Jahrhundert, in: Michael Roth et al., *Dürers Mutter. Schönheit, Alter und Tod im Bild der Renaissance*, Ausst.-Kat. Kupferstichkabinett, Staatliche Museen zu Berlin, Berlin 2006, S. 173–178, hier S. 177. Die Zeichnung von Dürers Mutter war in der Jubiläumsausstellung in Nürnberg übrigens ebenso wenig ausgestellt wie in der im Herbst 1971 in Dresden stattfindenden Dürer-Ausstellung (freundliche Auskunft Michael Roth und Andreas Schalhorn, Kupferstichkabinett, Staatliche Museen zu Berlin). Der Nürnberger Katalog weist nur in einem Halbsatz auf die Zeichnung hin (vgl. Peter Strieder, Albrecht Dürer und seine Familie: Bildnisse, in: *Albrecht Dürer 1471 1971*, Ausst.-Kat., Germanisches Nationalmuseum Nürnberg, München 1971, S. 45f, hier S. 45), während der Dresdner Katalog nur Dürers Mutter erwähnt, die Zeichnung selbst jedoch nicht (vgl. *Deutsche Kunst der Dürer-Zeit*, Ausst.-Kat. Albertinum Dresden 1971, hg. vom Ministerium für Kultur und den Staatlichen Kunstsammlungen Dresden, S. 17, S. 116).

12. http://klaus-staeck.de/?page_id=436, abgerufen am 04.01.2018.

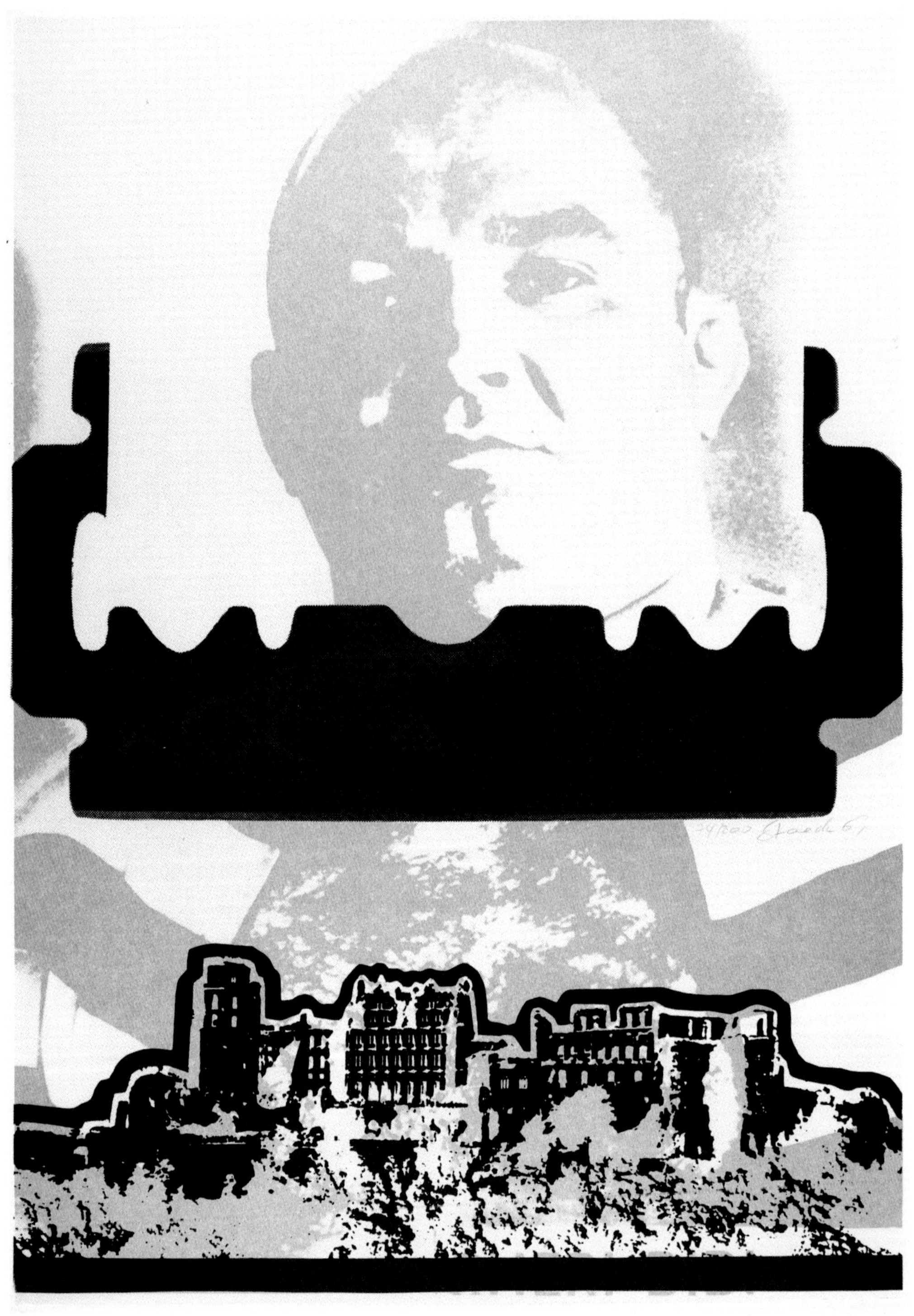

I.24 | *Heidelberg* | 1969

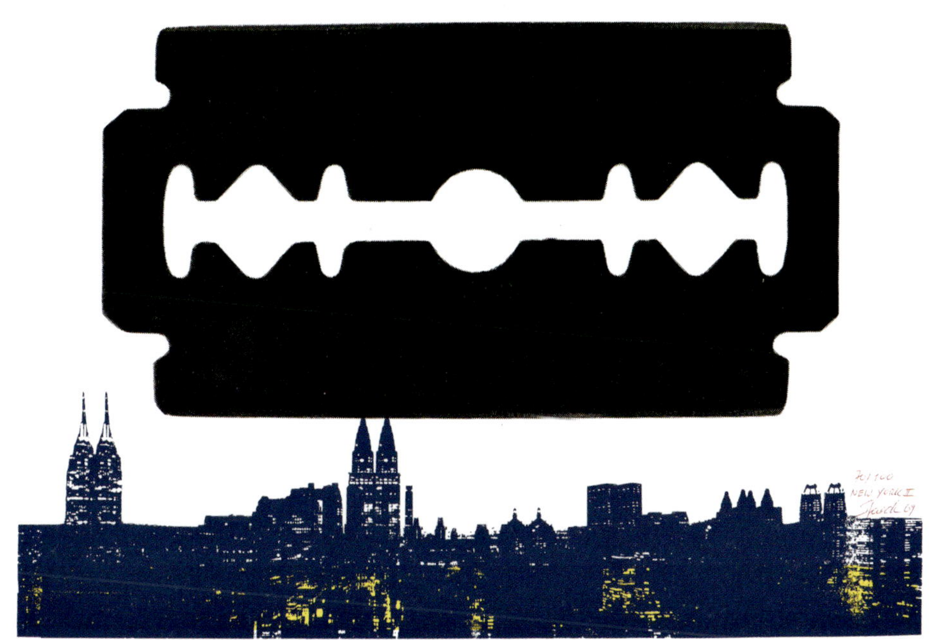

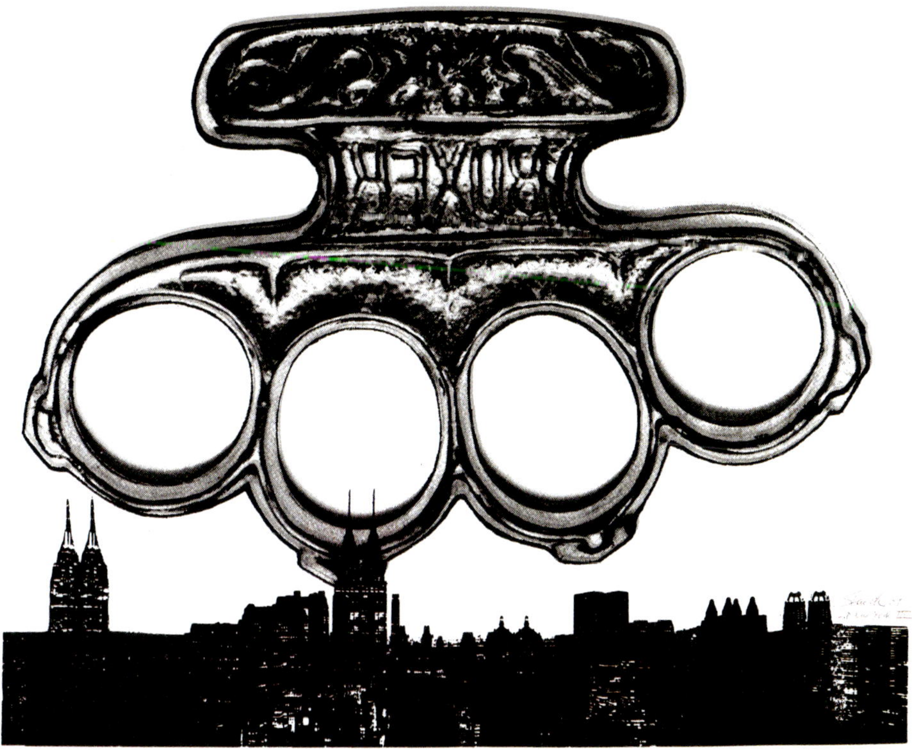

I.25 | *New York II* | 1969
I.26 | *New York III* | 1969

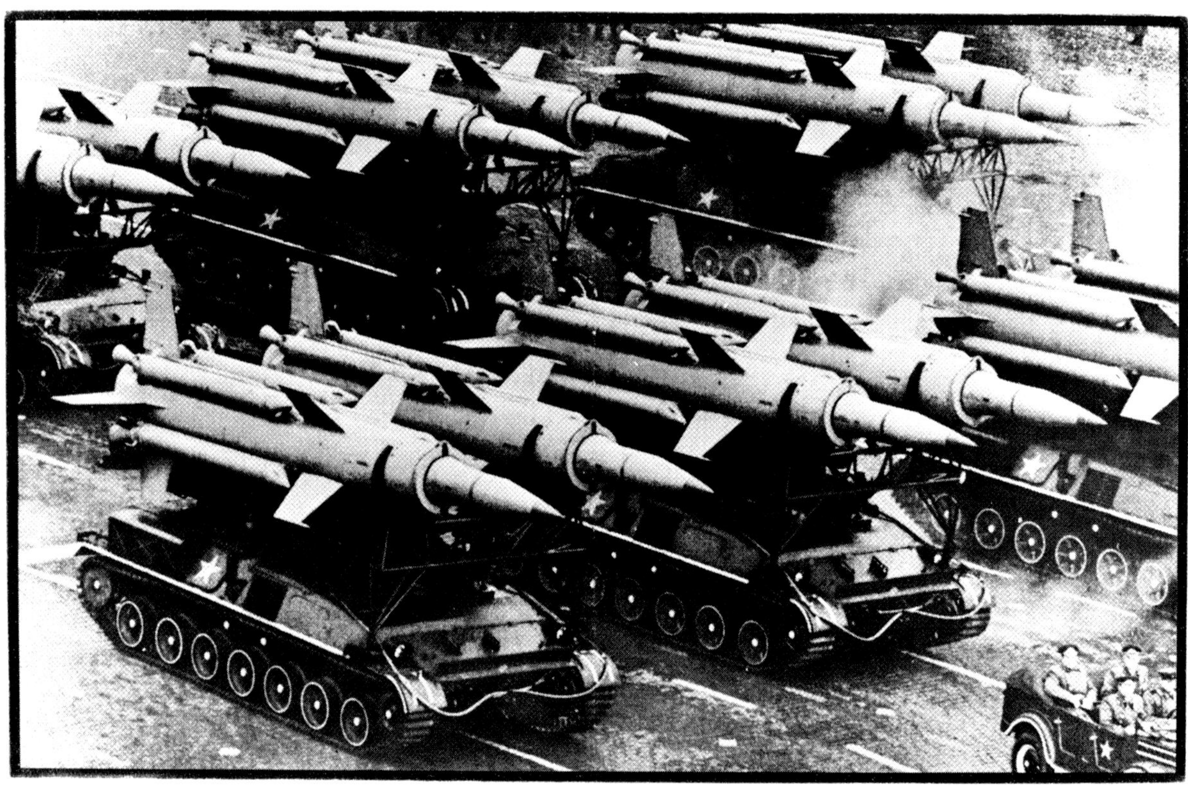

I.27 | *Der Frieden* | 1969

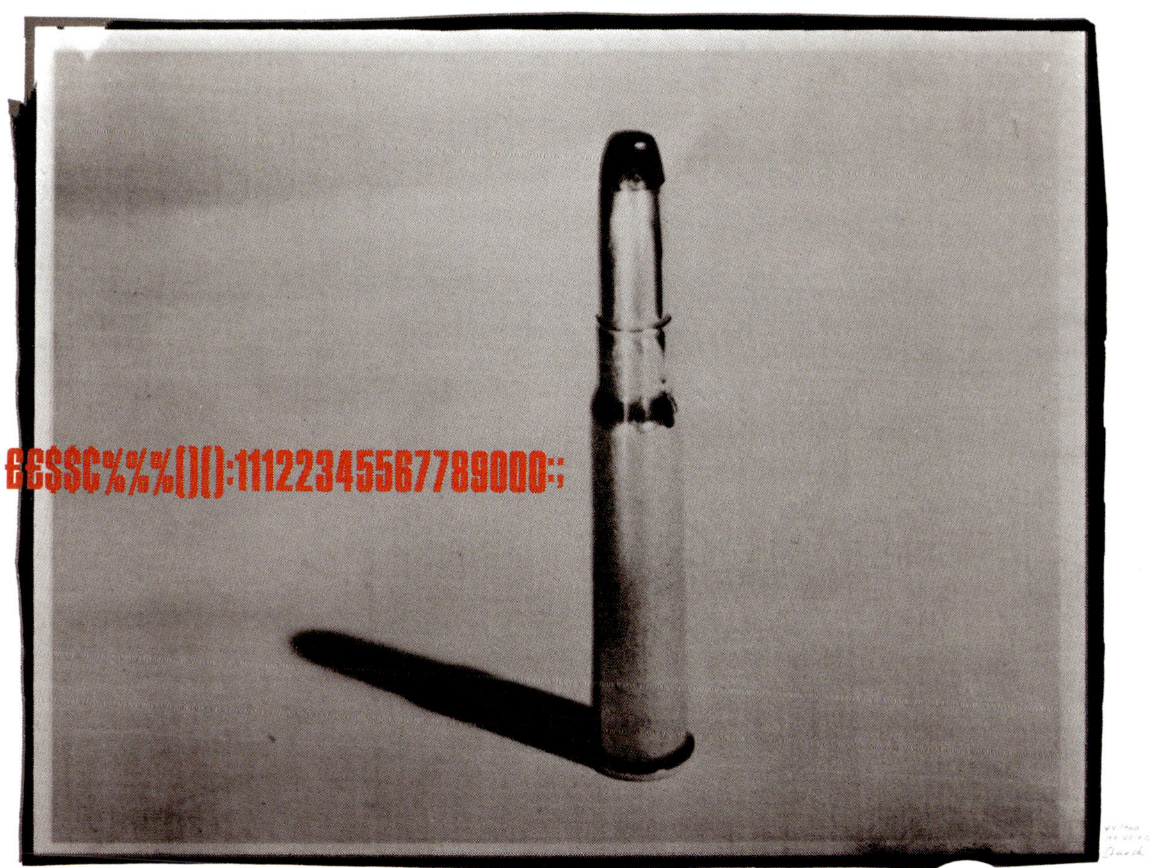

I.28 | *Der Krieg* | 1969

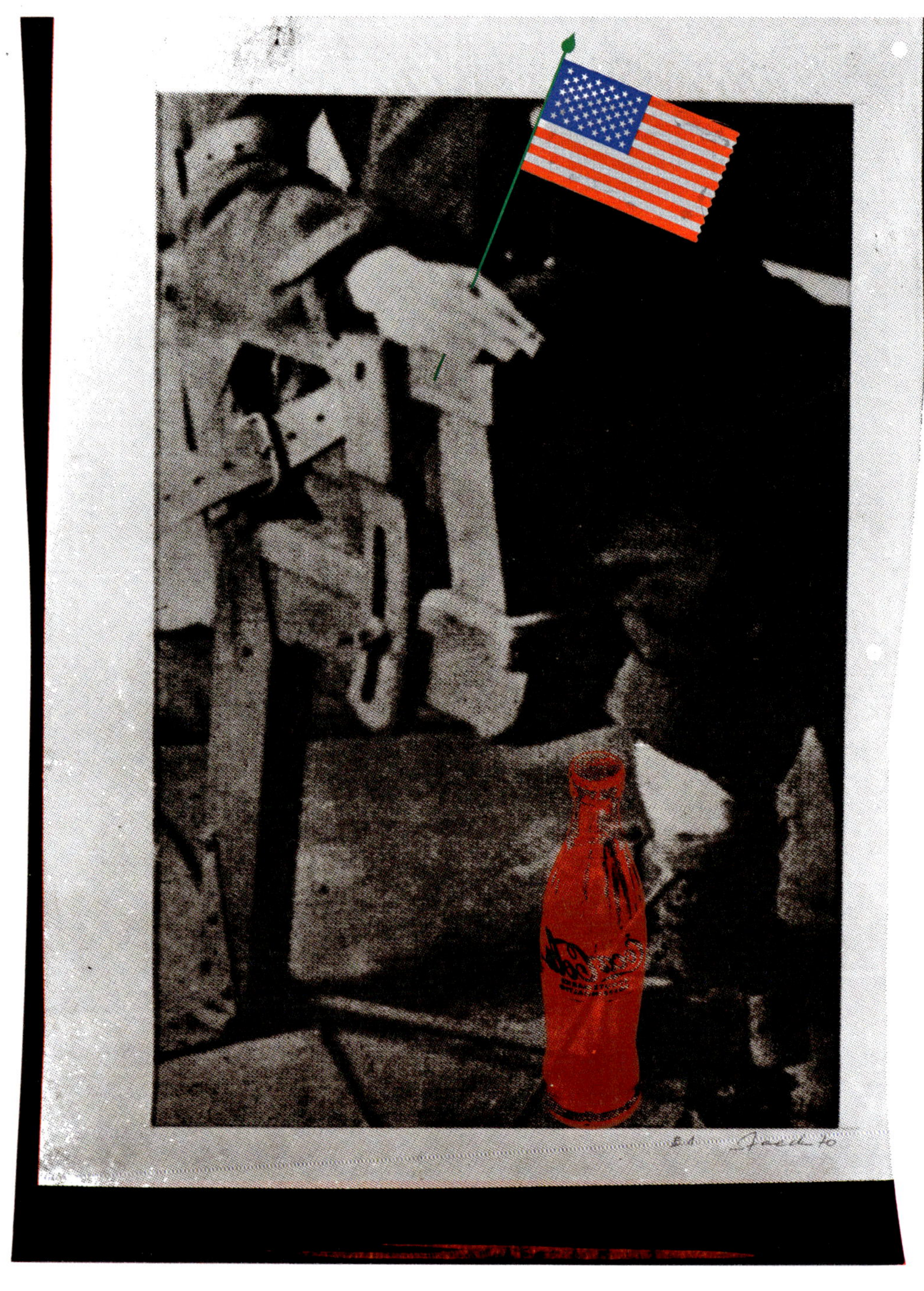

I.30 | *The American Way of Life* | 1970

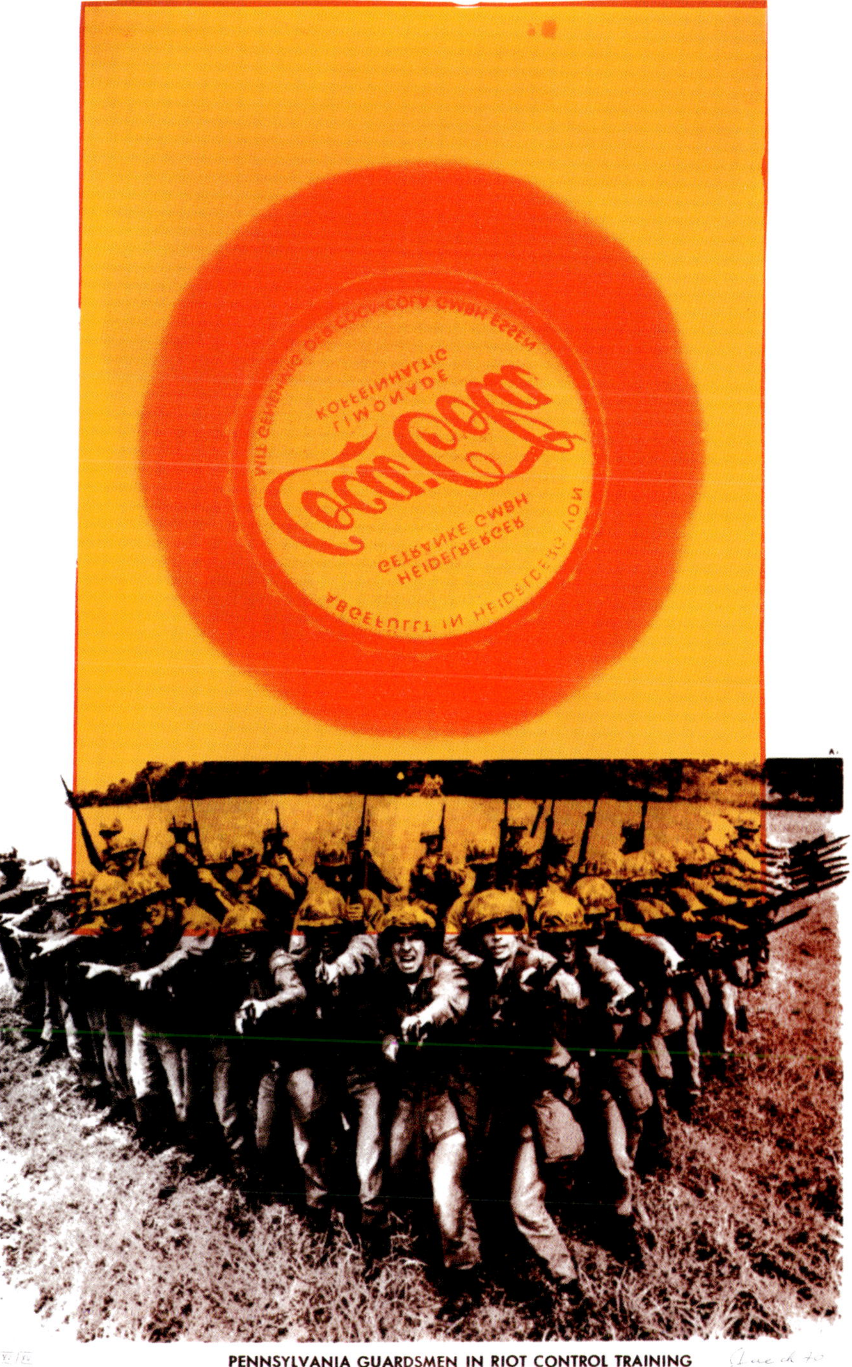

I.31 | *Pennsylvania Guardsmen* | 1970

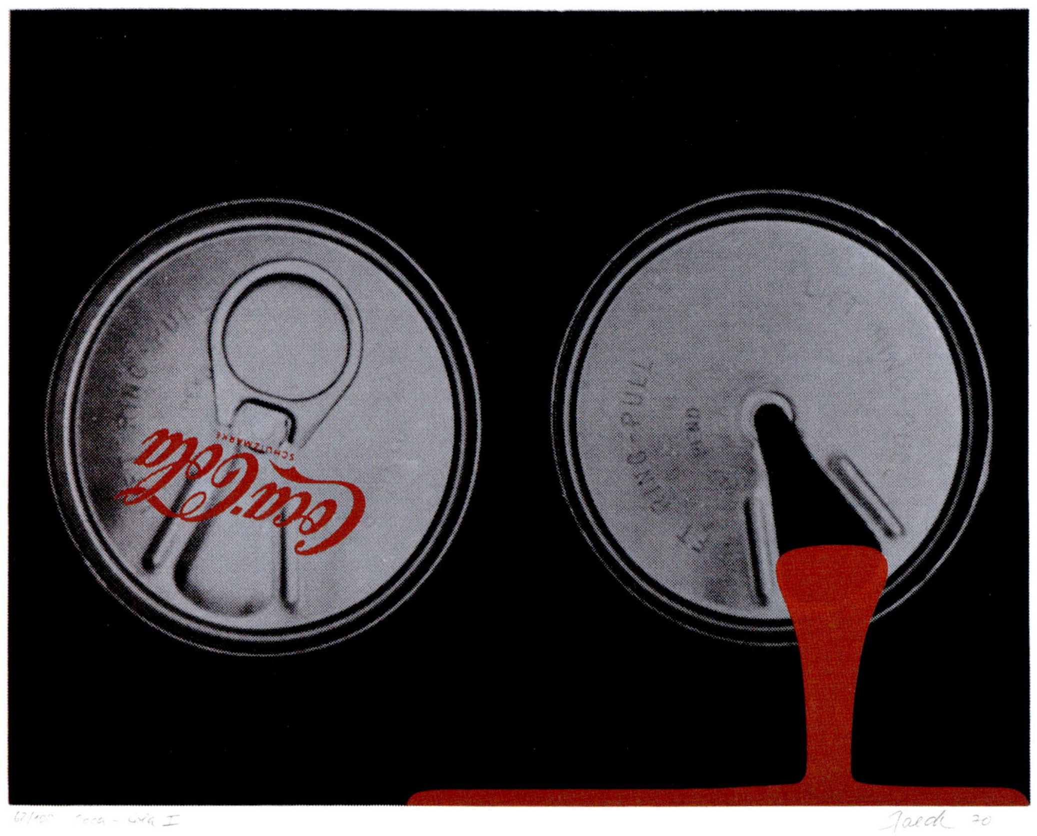

I.32 | *Coca Cola I* | 1970

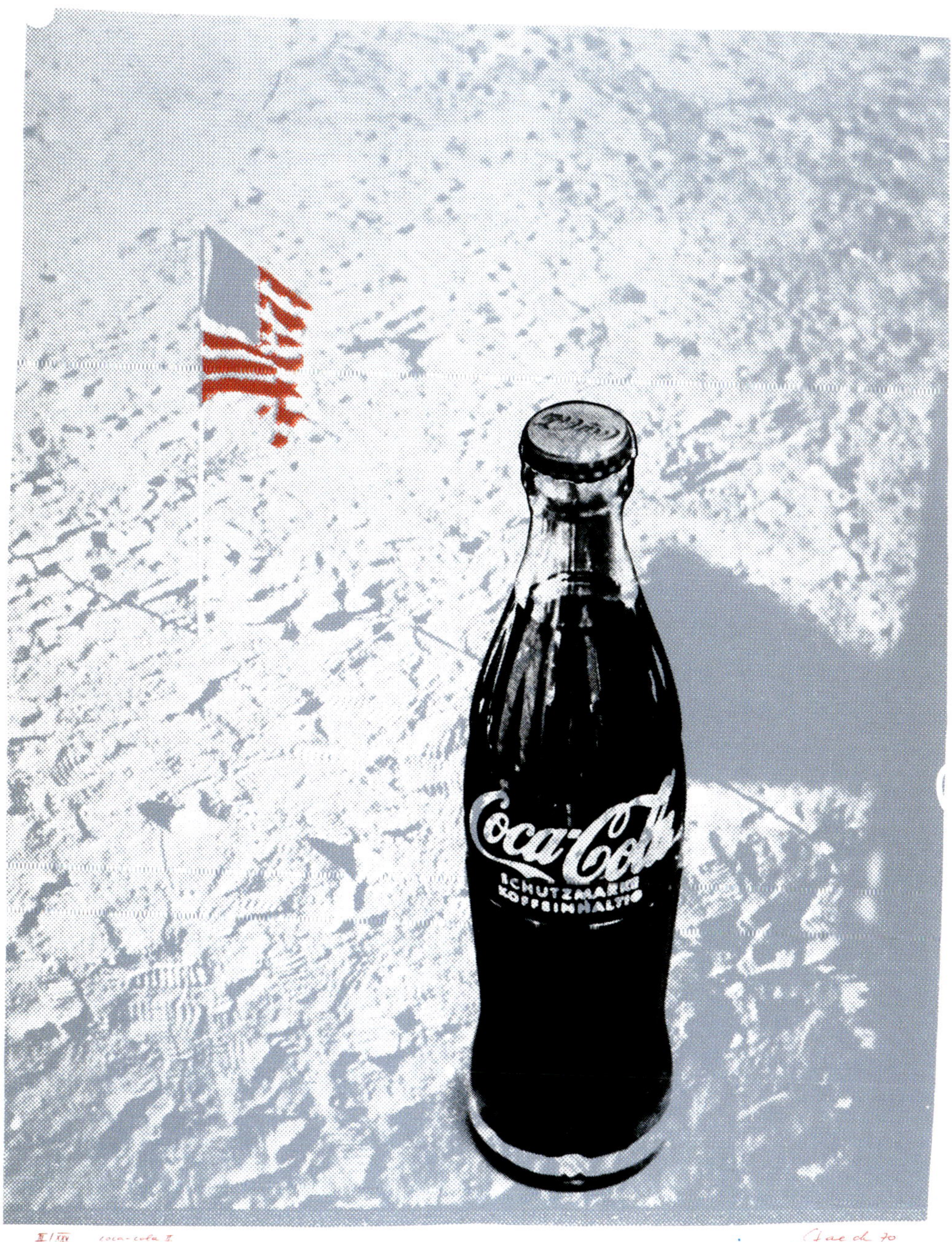

I.33 | *Coca Cola II* | 1970

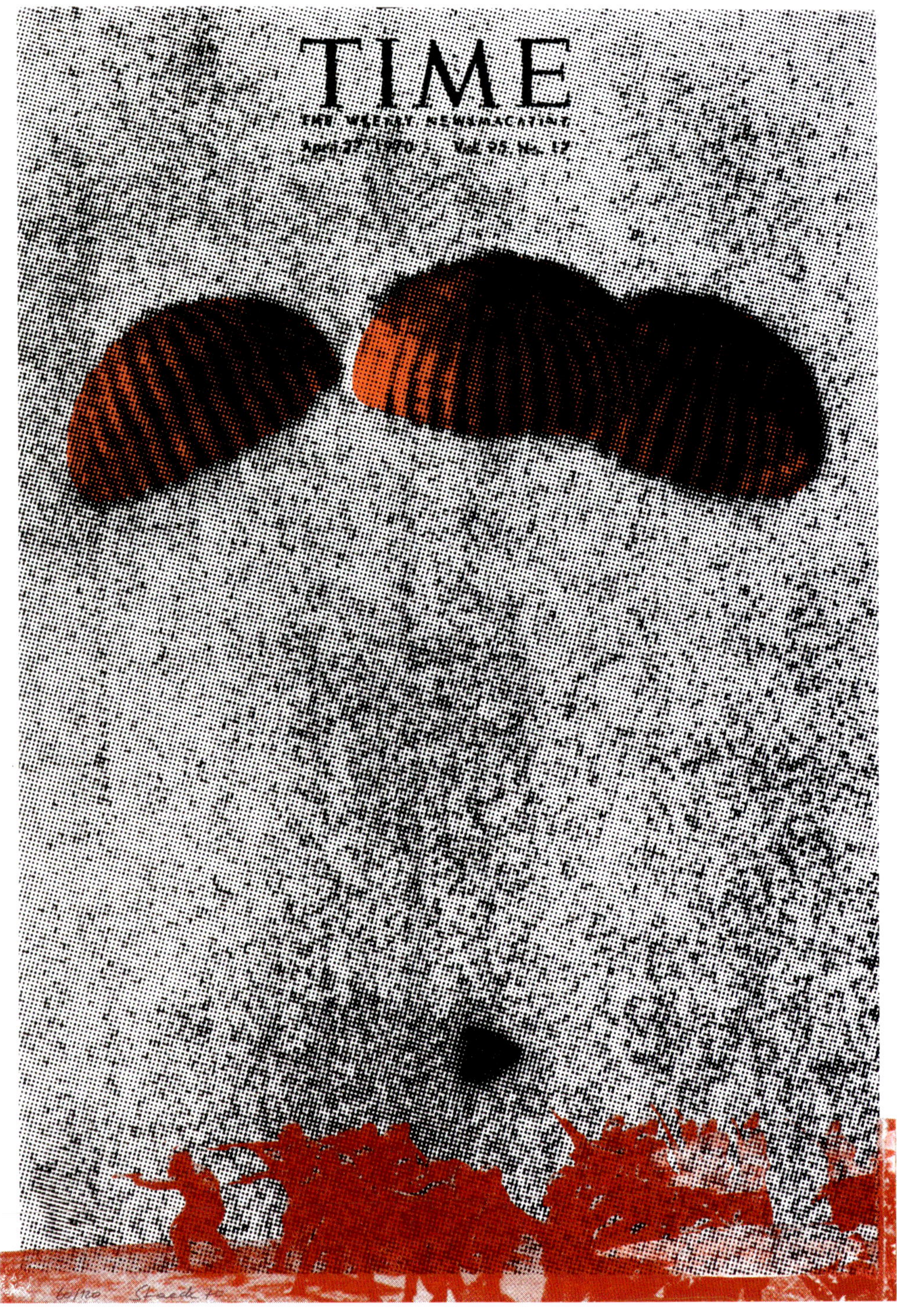

I.34 | *Wieder zurück* | 1970

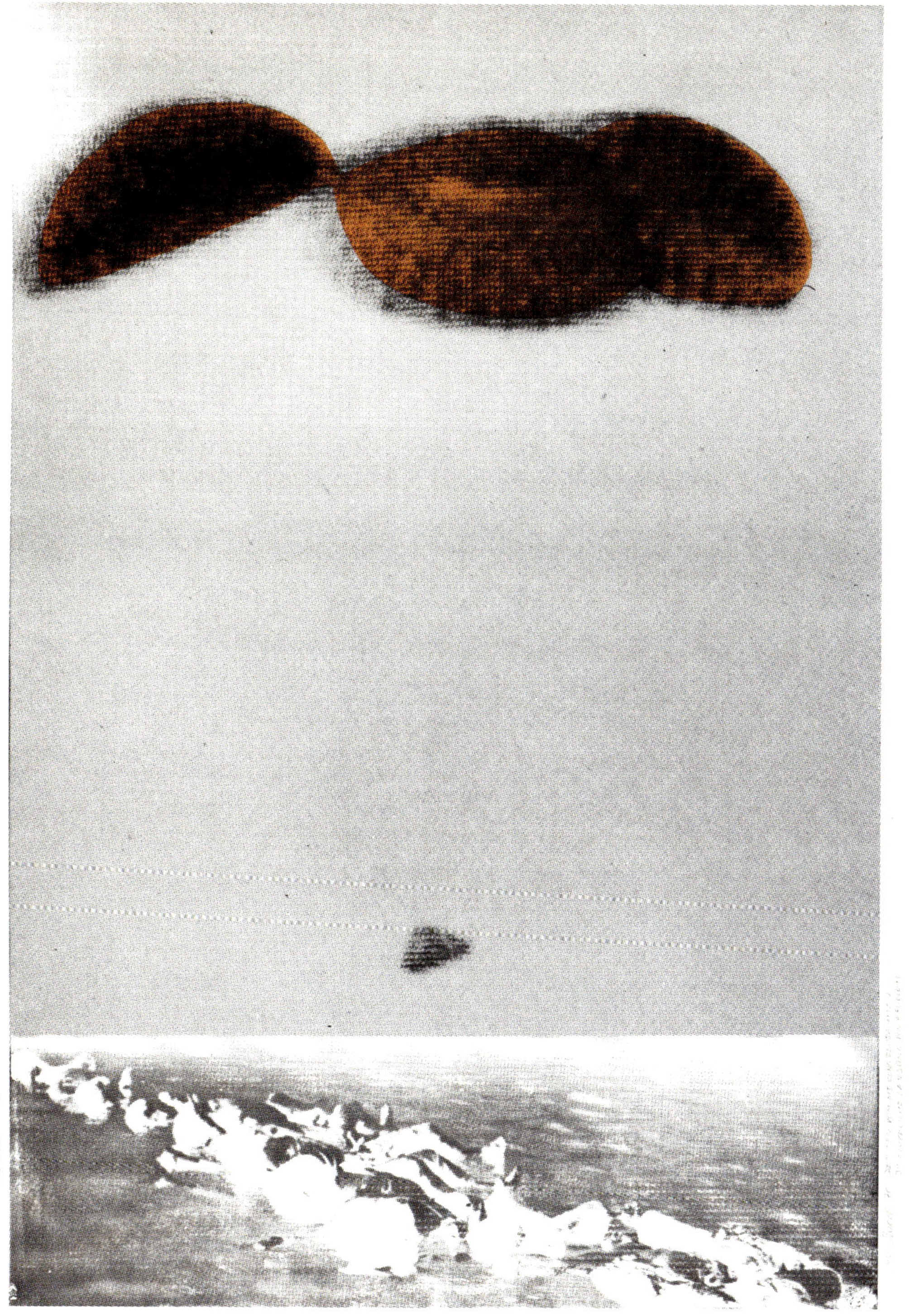

I.35 | *Die Toten vom Mekong* | 1970

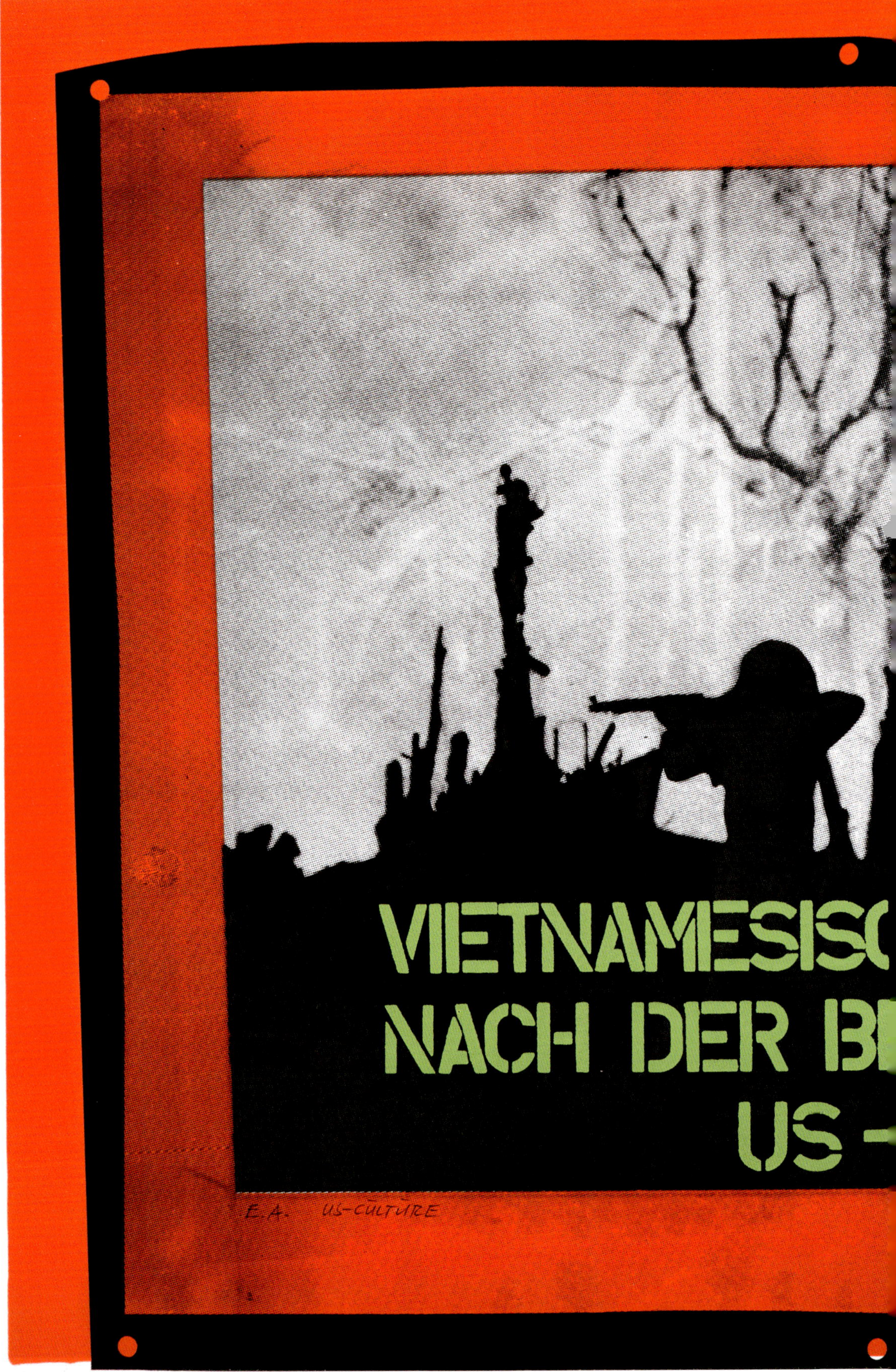

VIETNAMESISC
NACH DER BE
US -
E.A. US-CULTURE

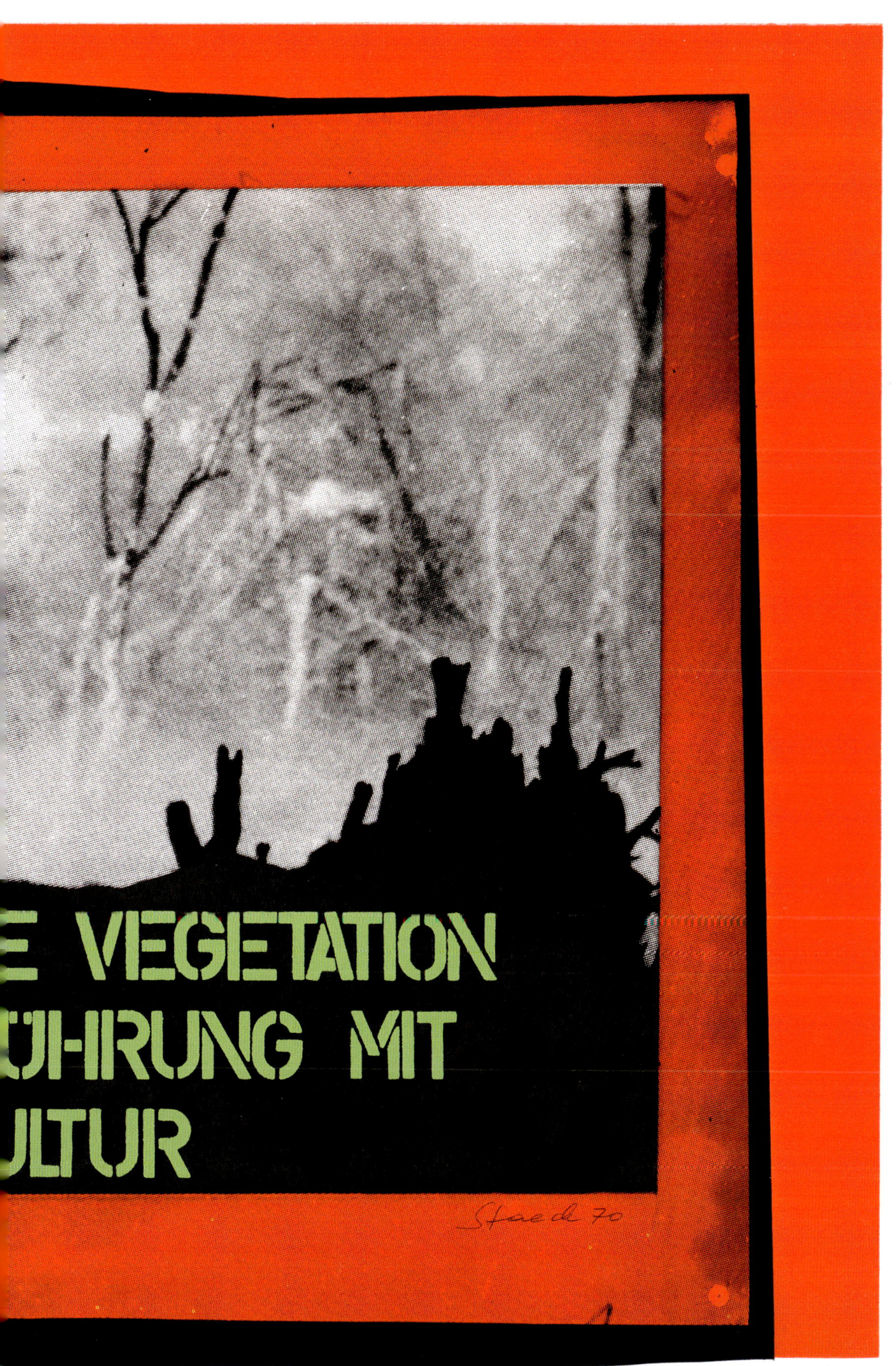

I.36 | *US-Culture* | 1970

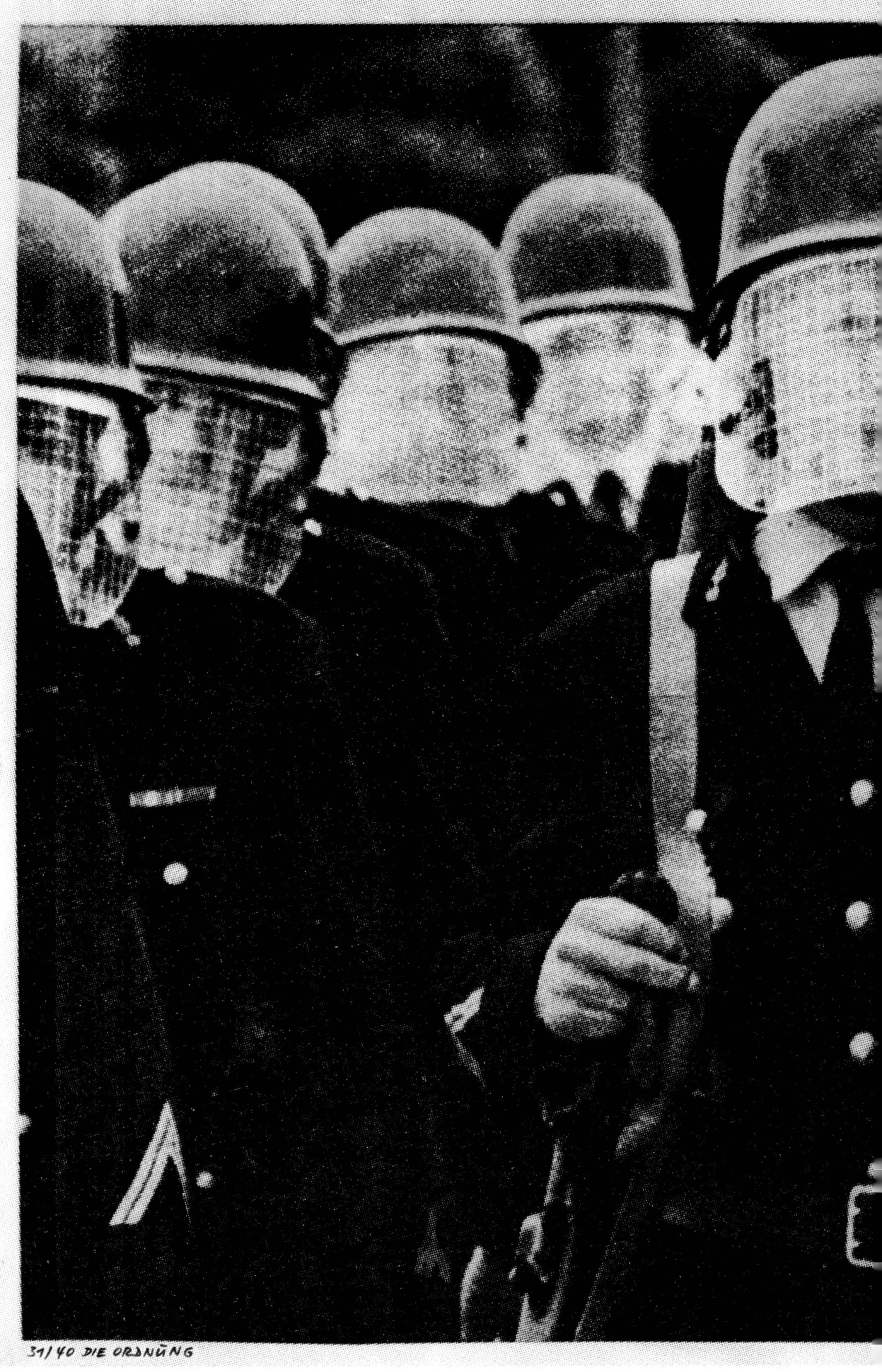
31/40 DIE ORDNUNG

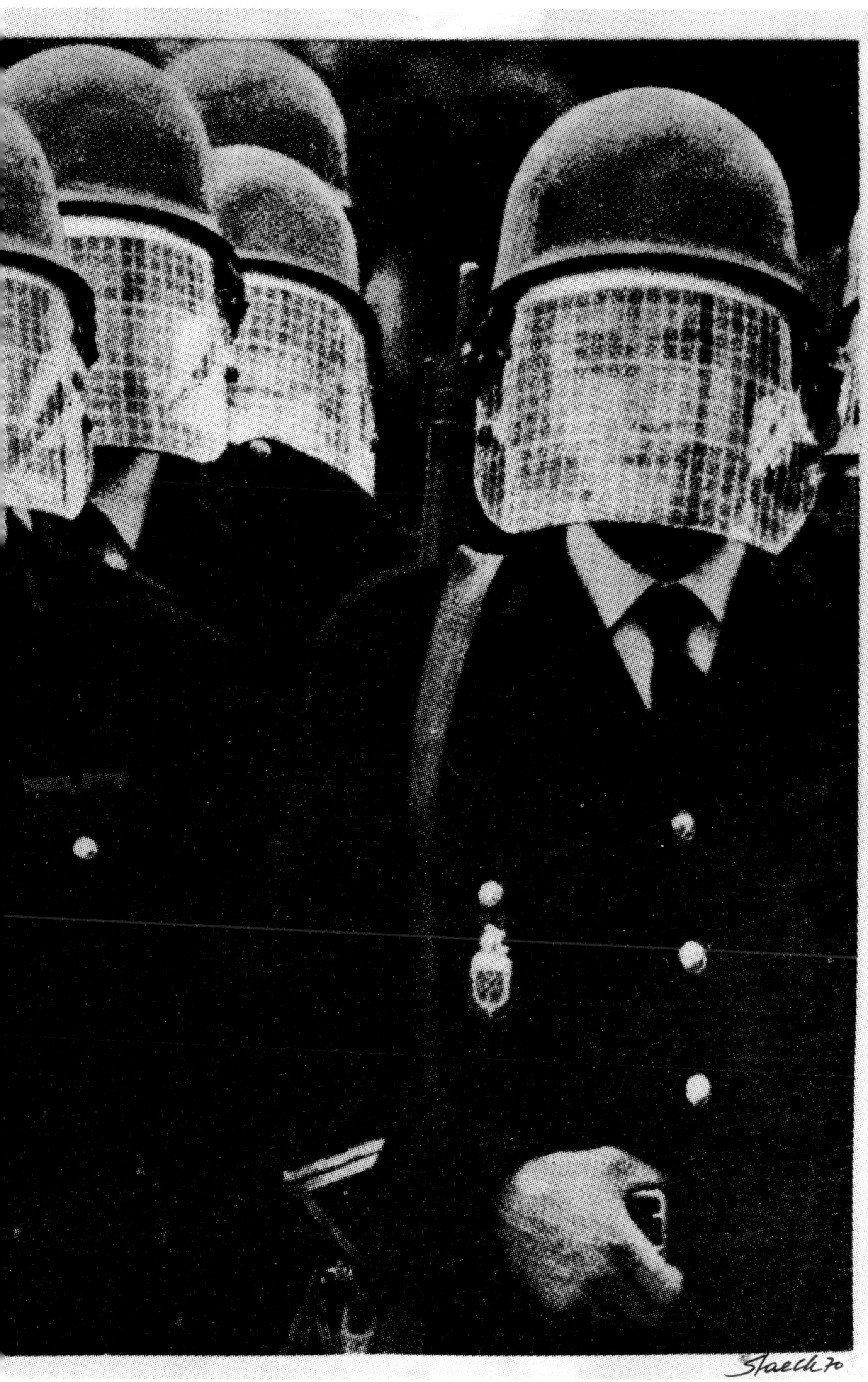

I.37 | *Die Ordnung* | 1970

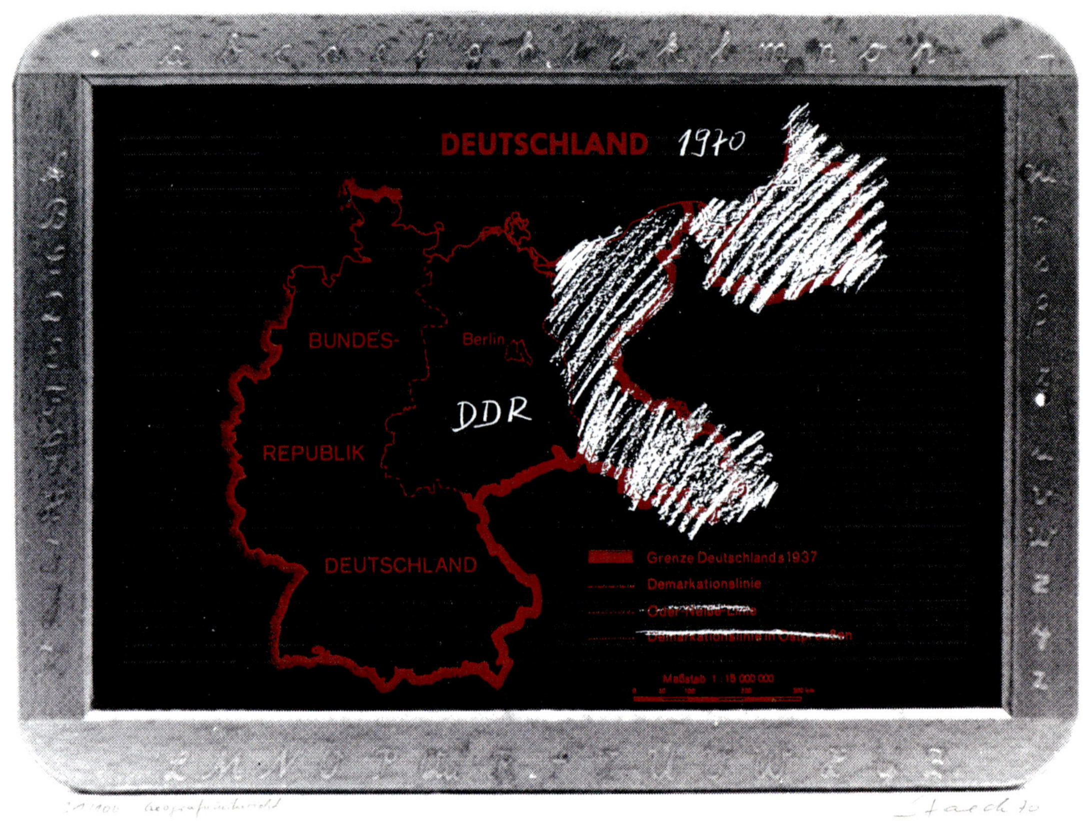

I.38 | *Geographieunterricht* | 1970

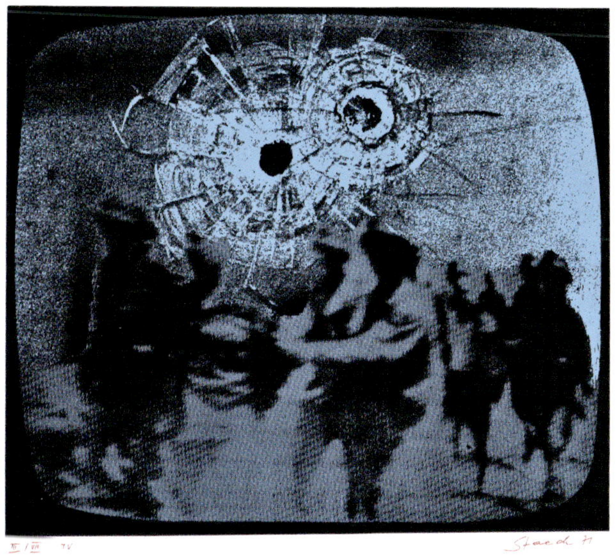

I.48 | *TV-Bild* | 1971

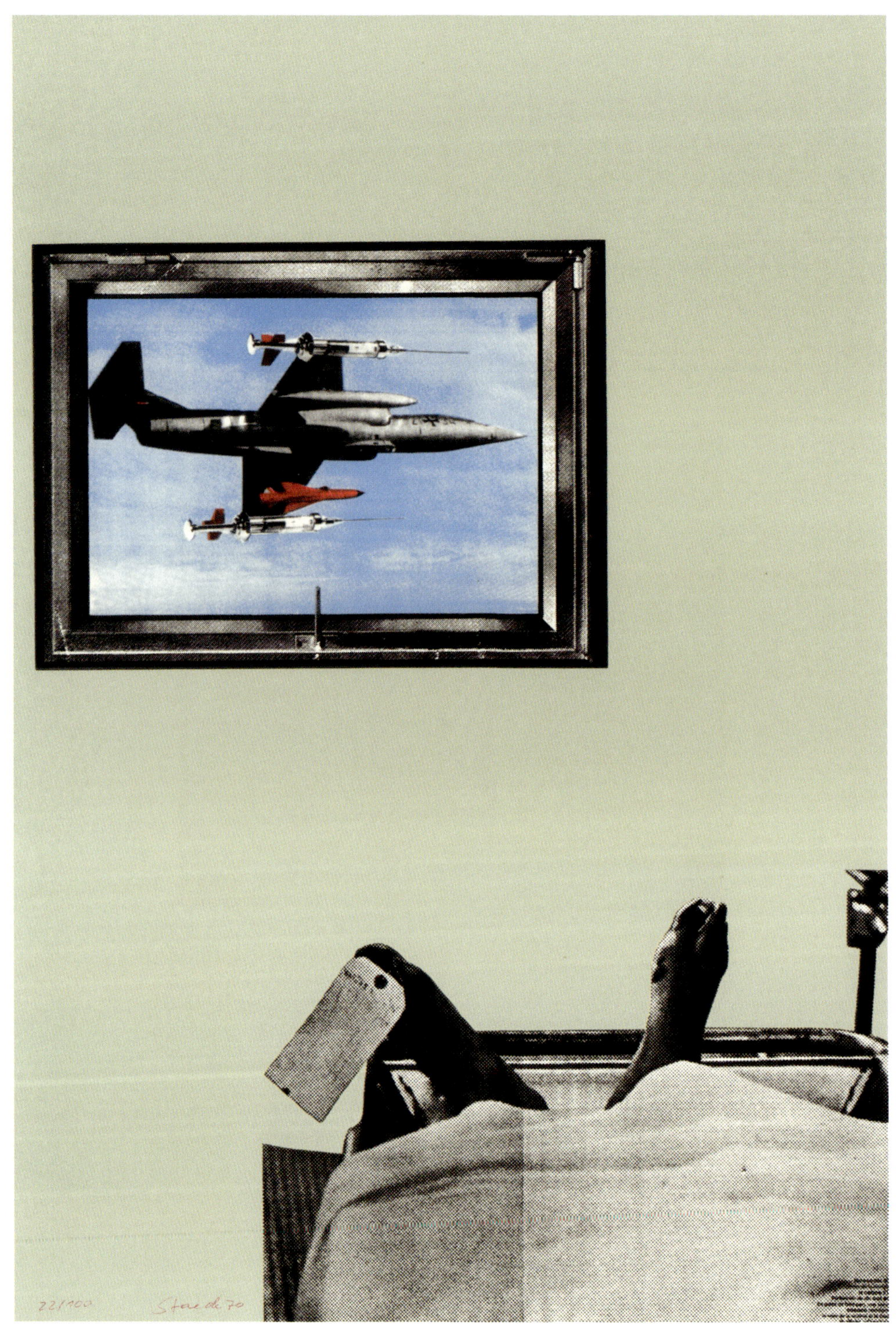

I.40 | *Overdose* | 1970

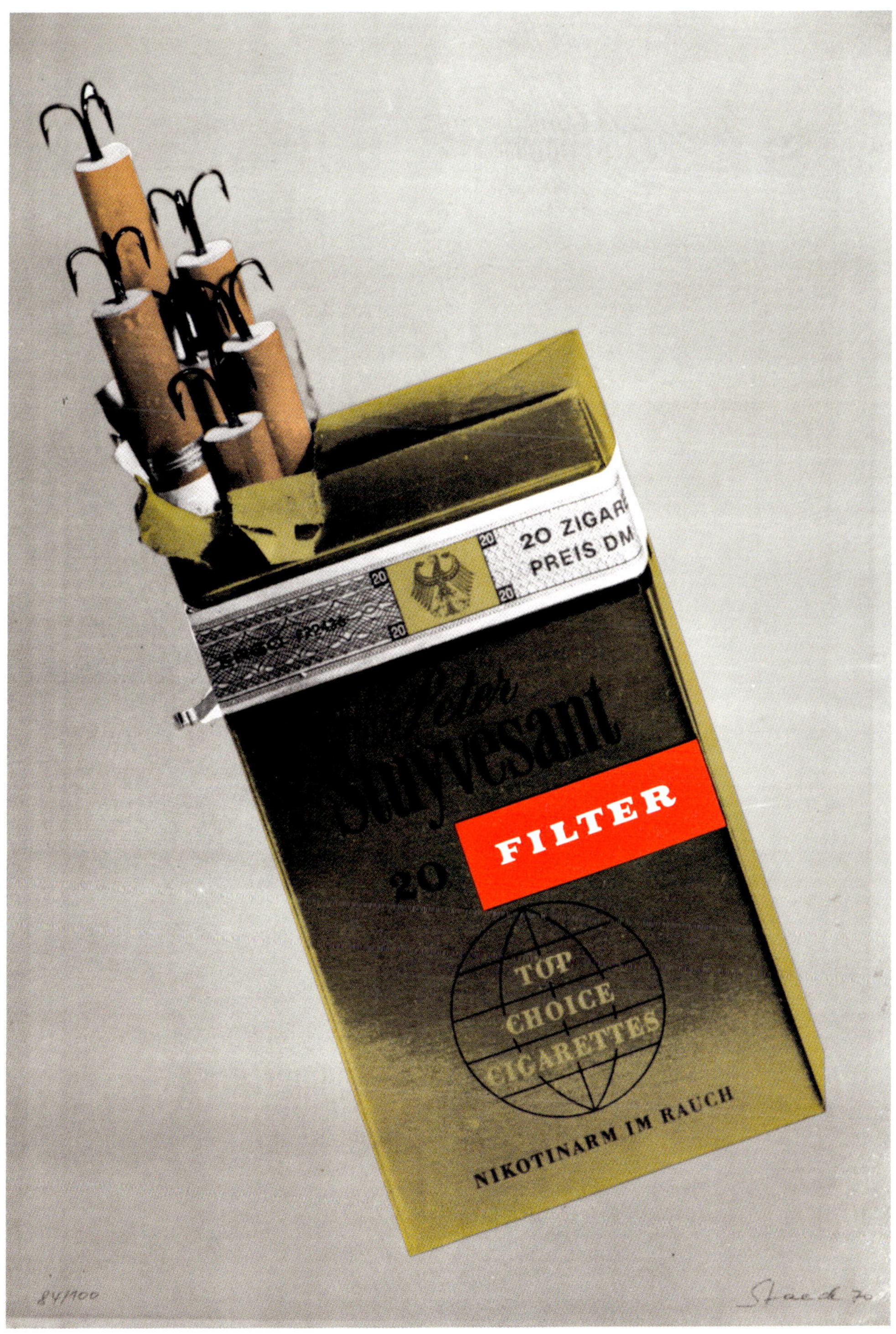

I.39 | *Direkte Werbung 1* | 1970

Staeck Fromage á Dürer

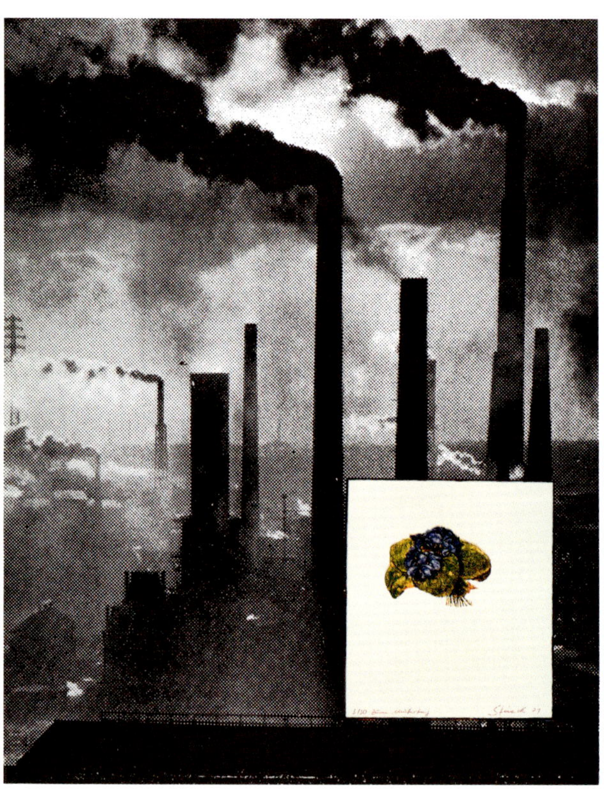

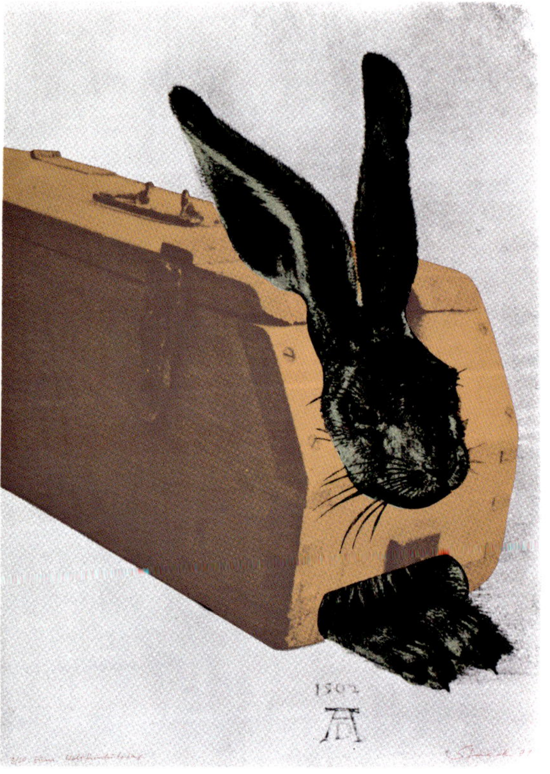

I.41–I.46 | Staeck *Fromage á Dürer* | 1971
o. Nr. | *Vorderseite Sammelmappe*
I.41 | *Zum Muttertag* | 1971
I.42 | *Zum Welttierschutztag* | 1971

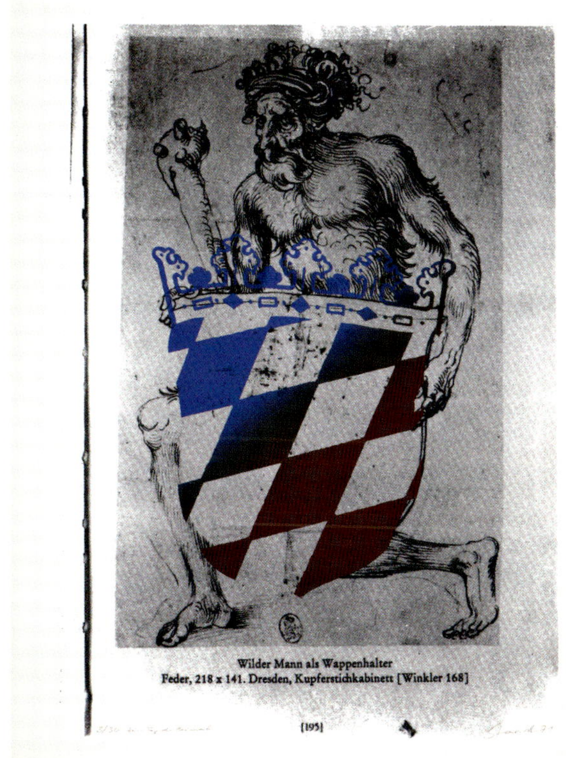

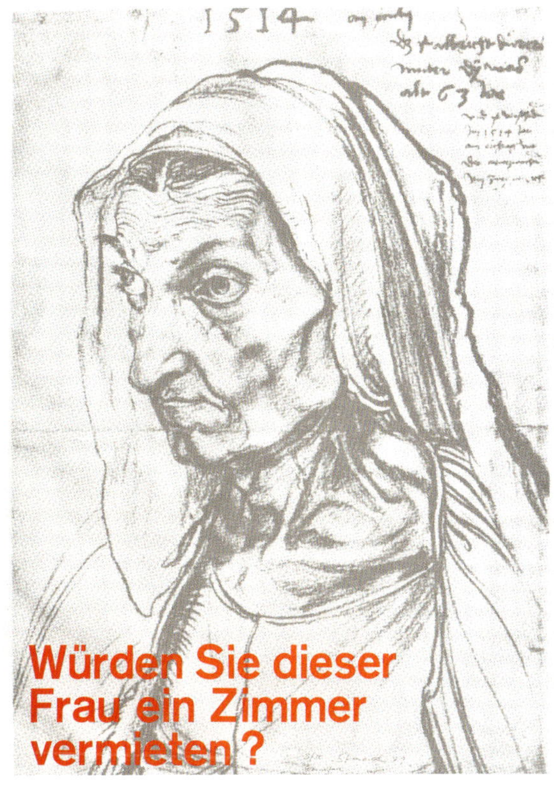

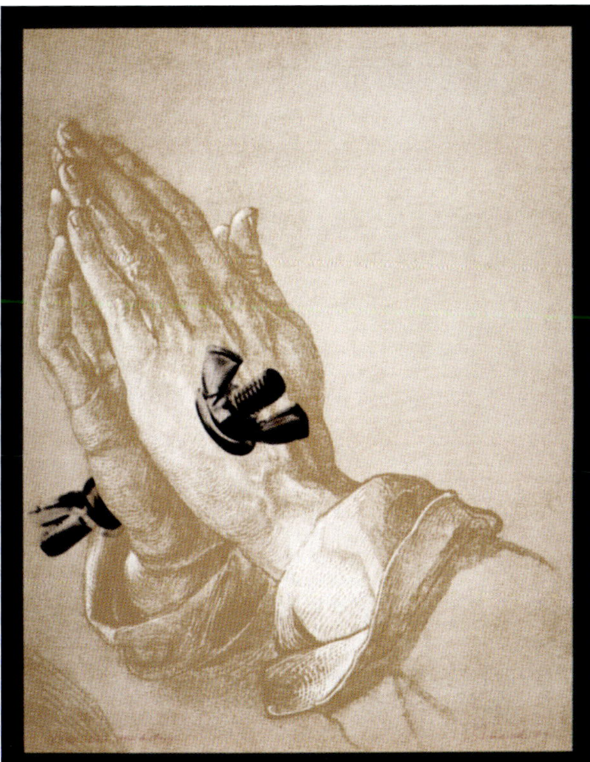

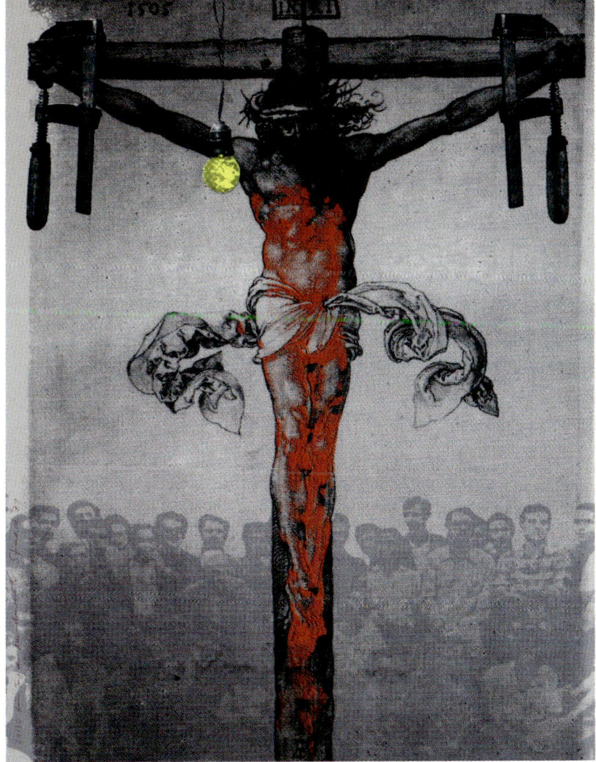

I.43 | *Zum Tag der Heimat* | 1971
I.44 | *Sozialfall* | 1971
I.45 | *Zur Konfirmation* | 1971
I.46 | *Zum Tag der Menschenrechte* | 1971

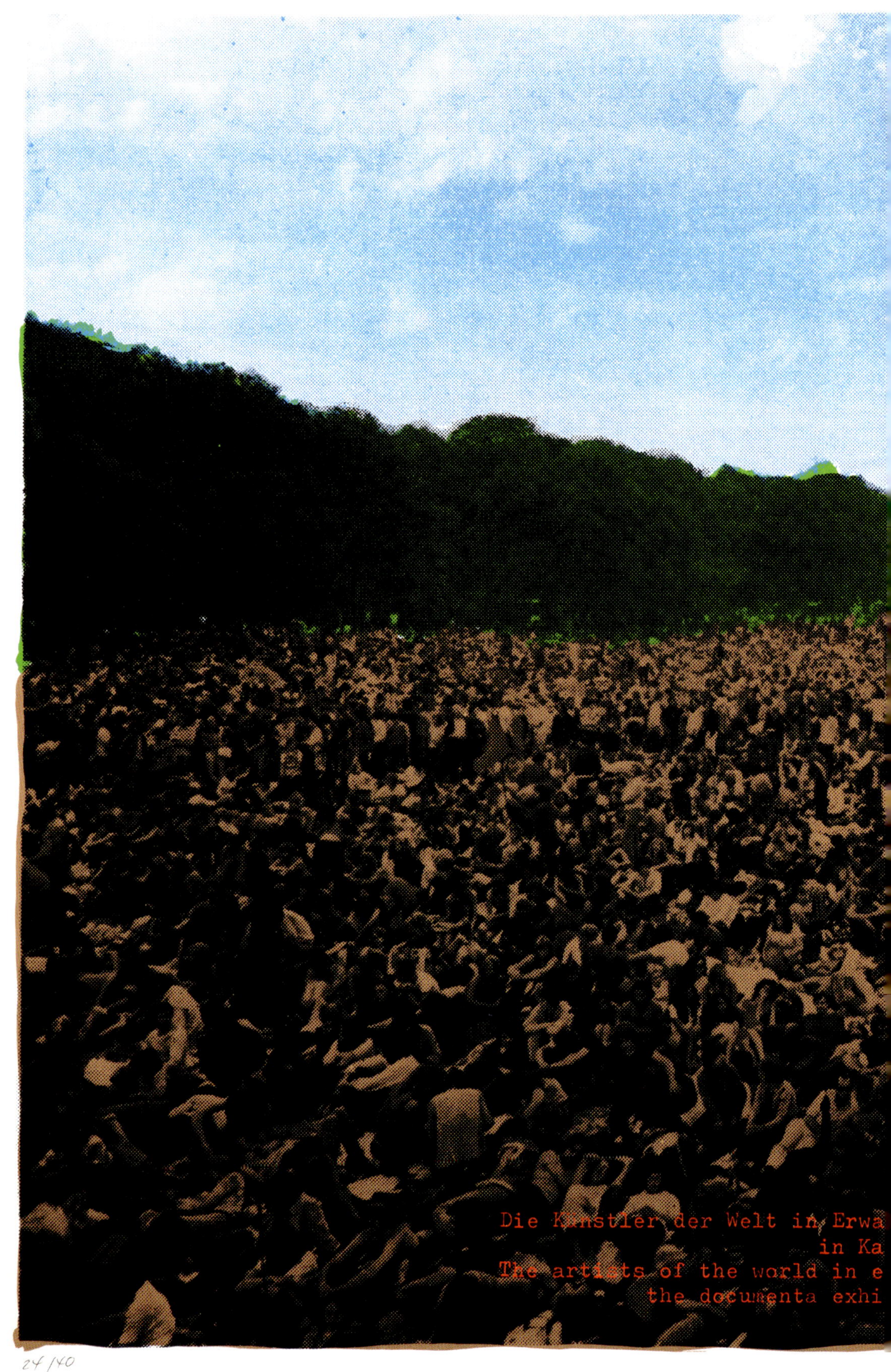
Die Künstler der Welt in Erwa
in Ka
The artists of the world in e
the documenta exhi
24/140

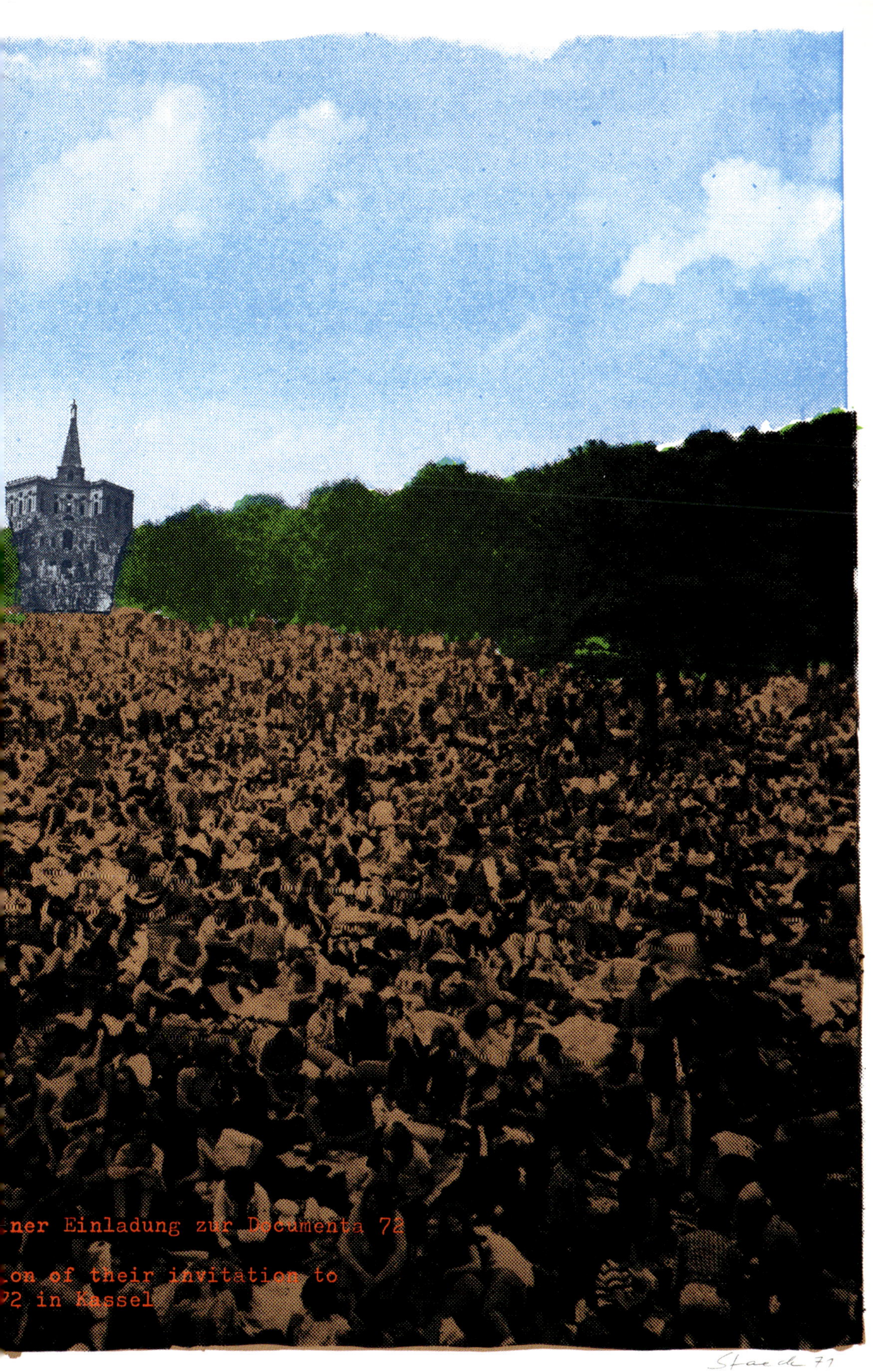

I.47 | *Die Künstler der Welt* | 1971

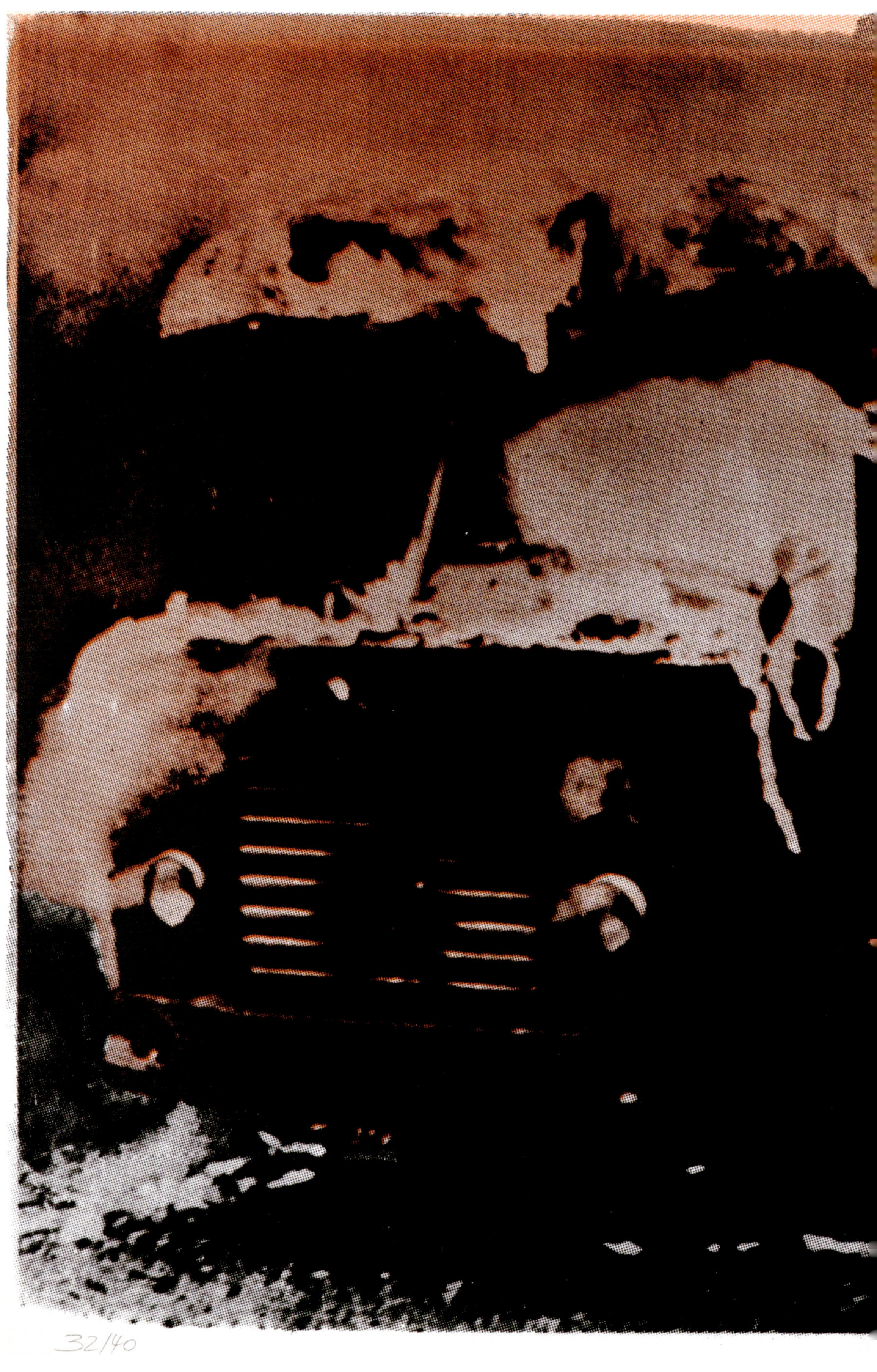
32/40

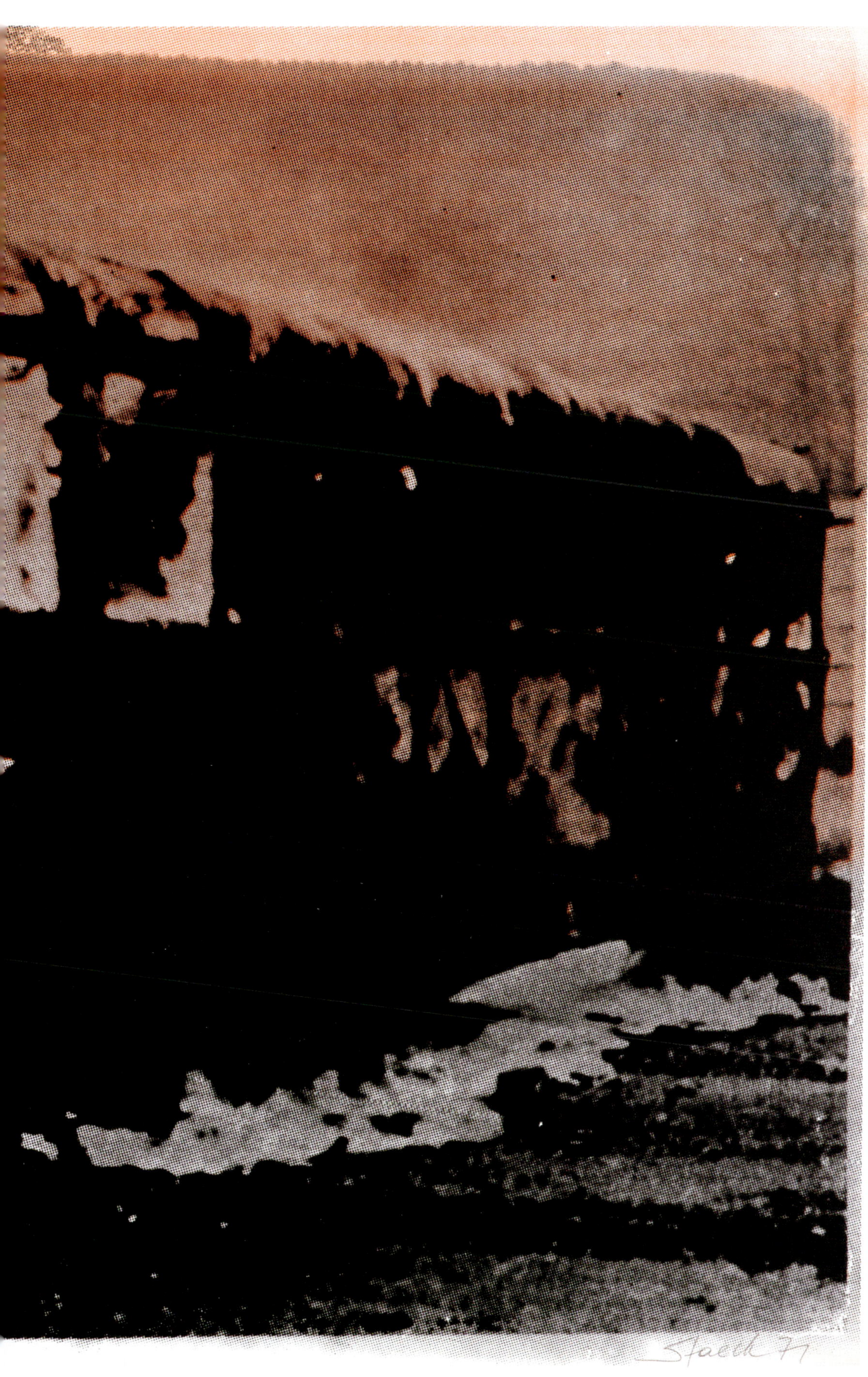

I.49 | *Bus* | 1971

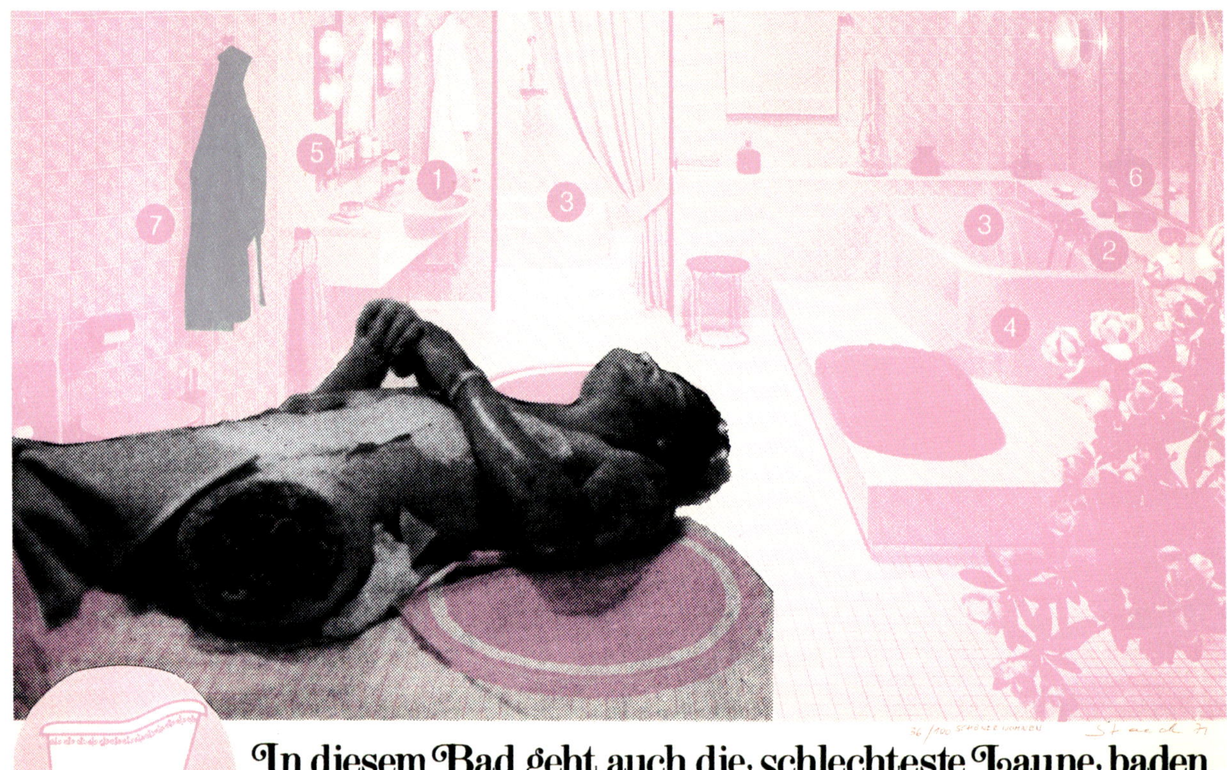

I.50 | *Schöner Wohnen* | 1971

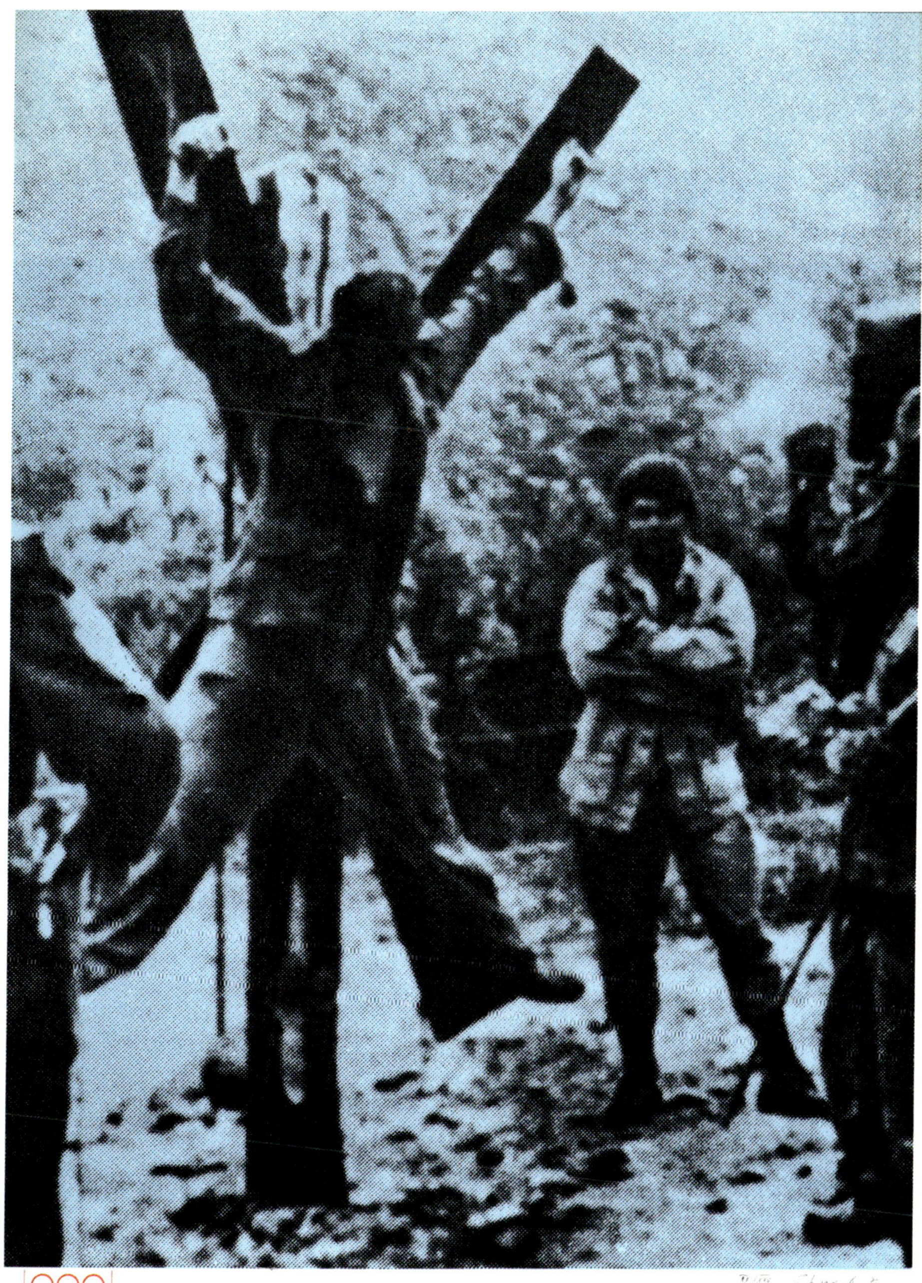

I.51 | *Edition Olympia – notwendige Ergänzung* | 1971

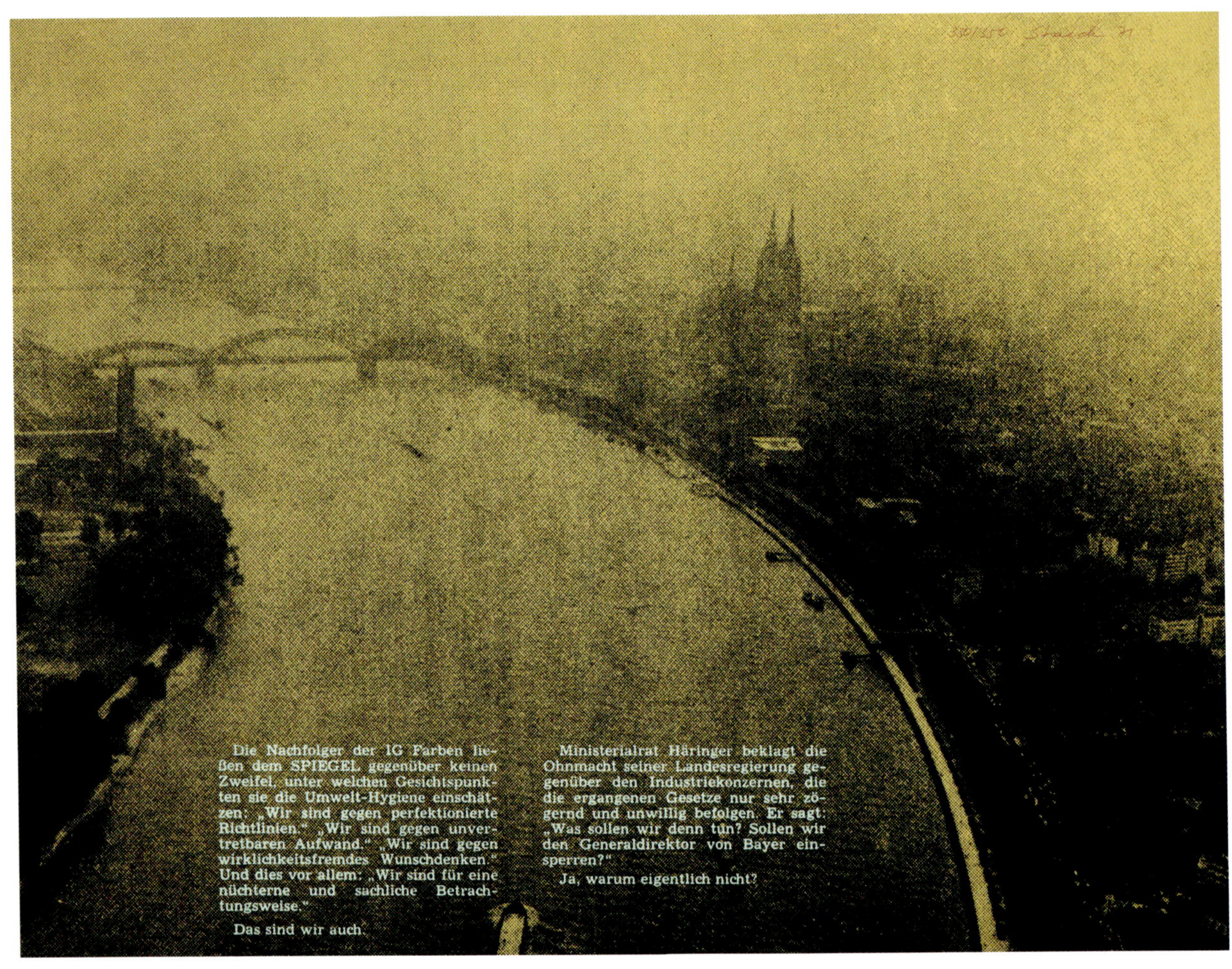

I.52 | *Warum eigentlich nicht?* | 1971

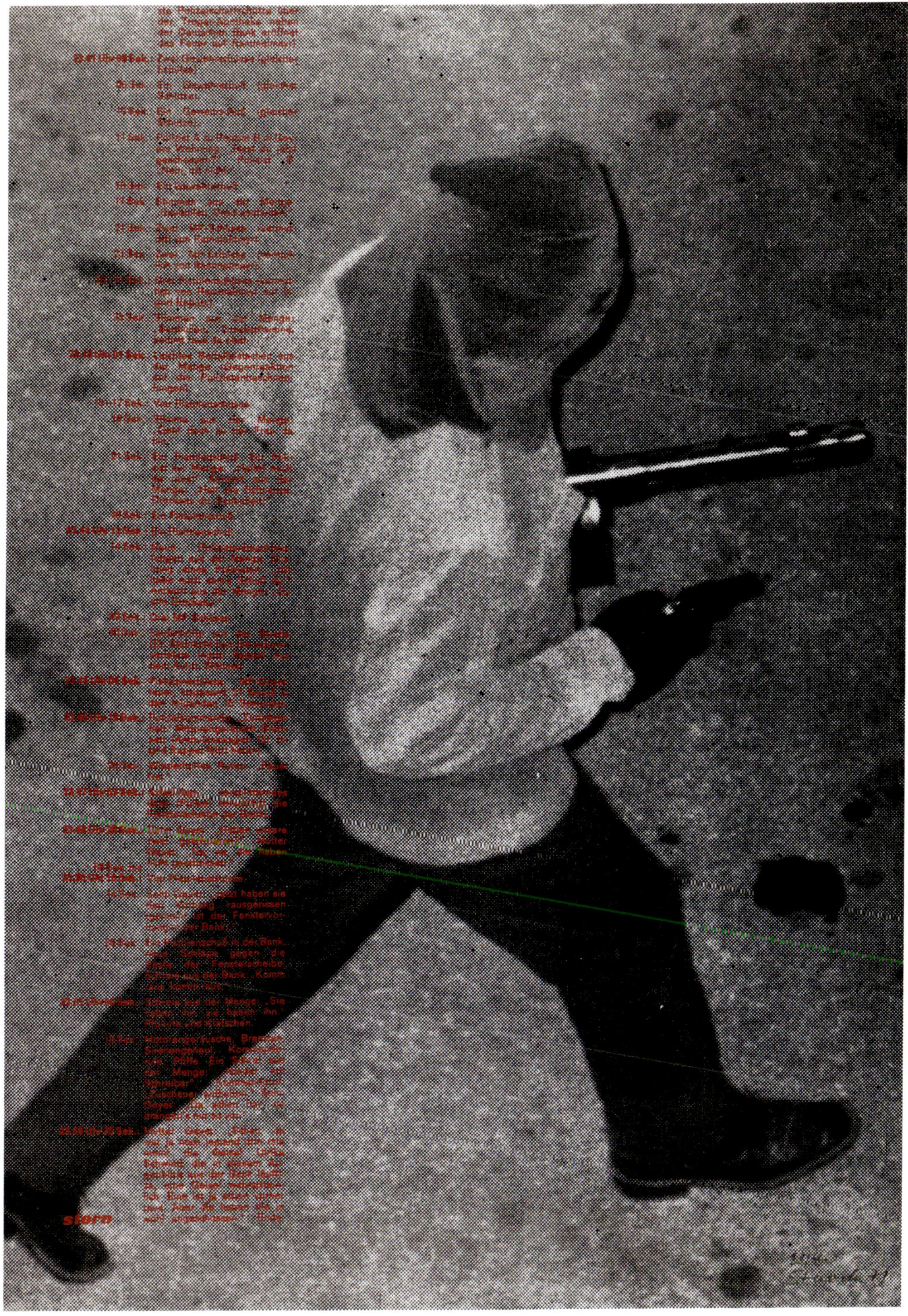

I.53 | *FEUER FREI* | 1971

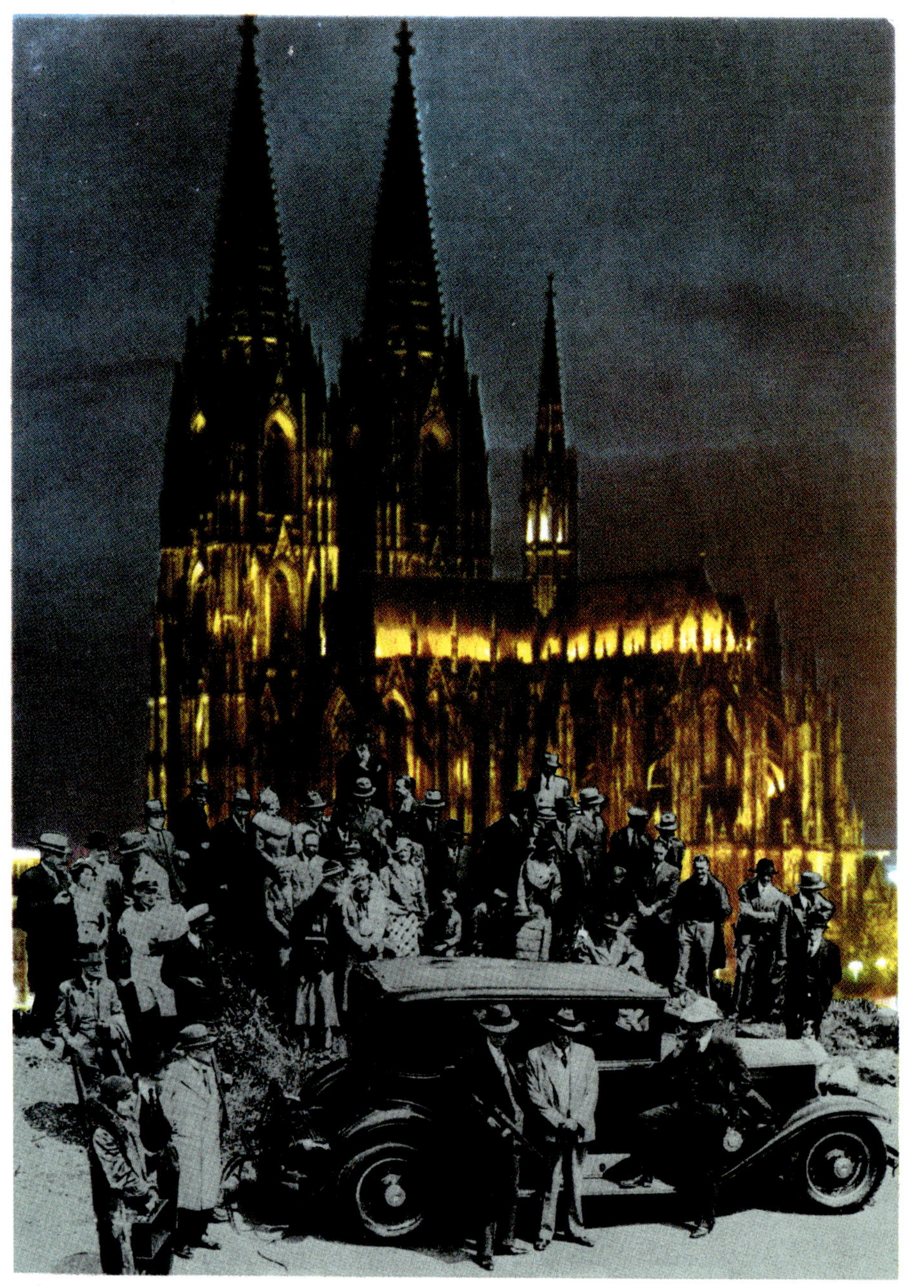

Zur Erinnerung an die Jahreshauptversammlung des Vereins progressiver deutscher Kunsthändler e.V.

I.57 | *Zur Erinnerung* | 1972

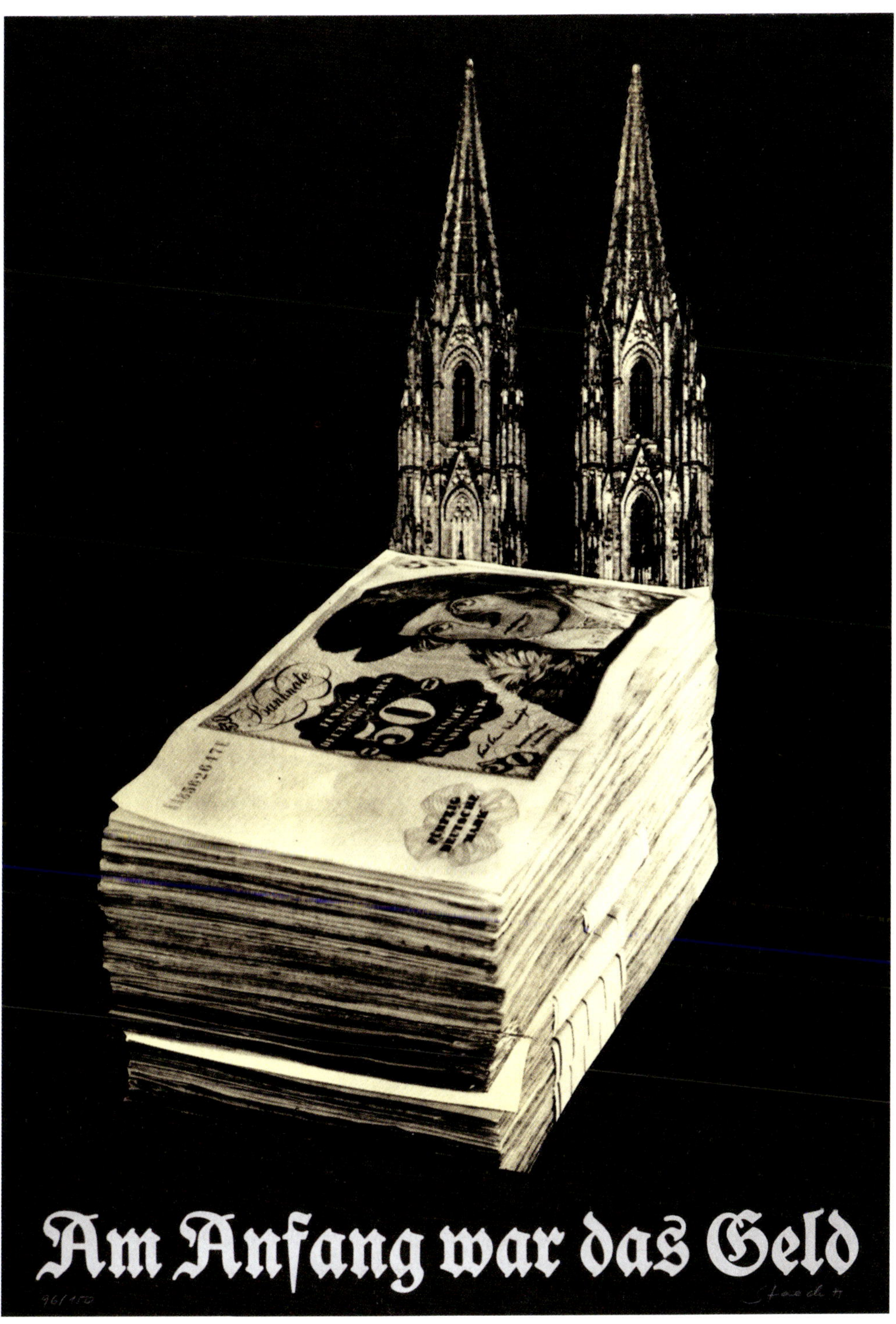

I.59 | *Am Anfang war das Geld* | 1973

Ich habe gegen den Paragraphen 218 verstoßen
Name
Ort
Beruf
Ich bin für eine Reform Paragraphen 218
42/100
Name
Ort
Beruf
Die Adressen der „Aktionsgruppen 218“
Hamburg:
Regina Kohlrusch
2 Hamburg 1
An der Alster 10
Berlin:
Renate Moczala
1 Berlin-West
Postamt 10, Postfach 306
Köln:
Barbara Schleich
5 Köln 1
Postfach 101881
Frankfurt:
Aktion 218
6 Frankfurt 8
Postfach 119008
München:
Aktion 218
8 München 23
Kaiserstr. 51

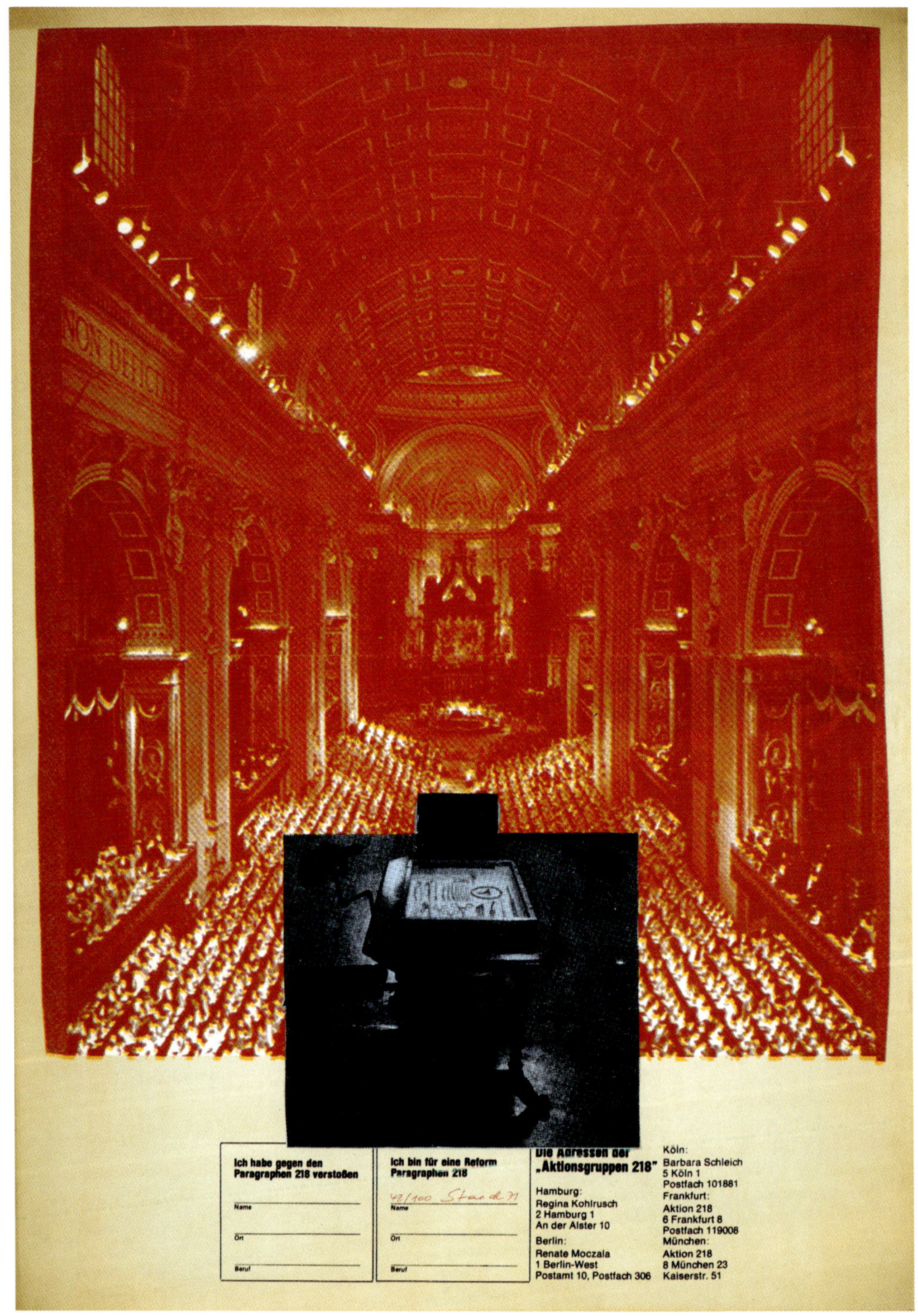

I.54 | § 218 | 1971

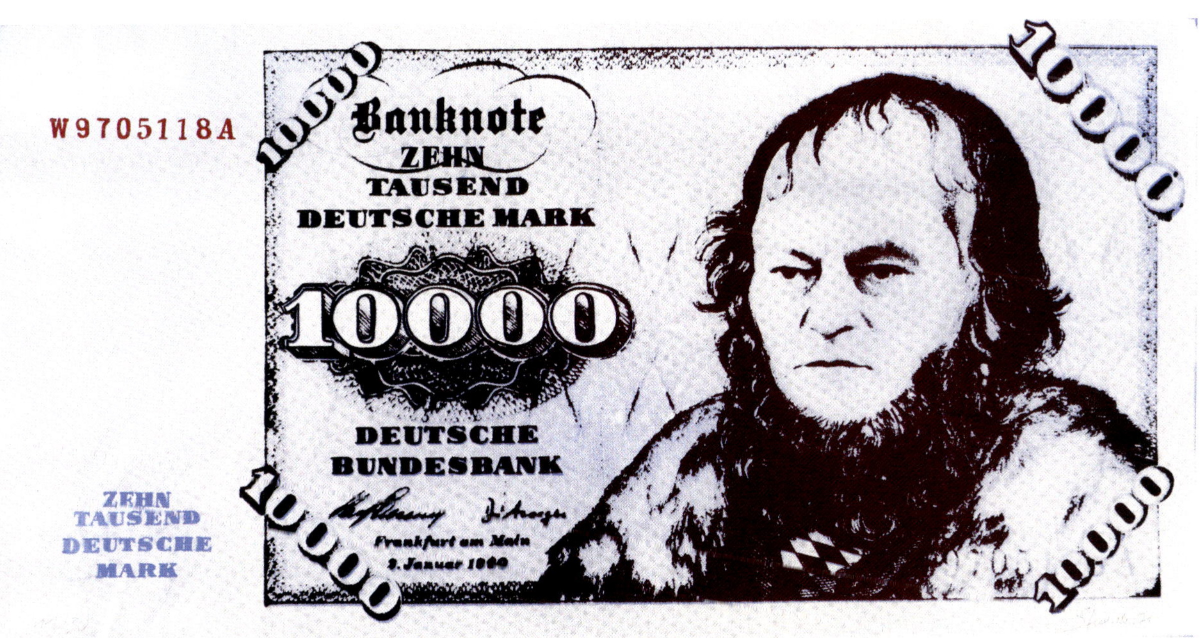

I.55 | *10.000 DM* | 1971

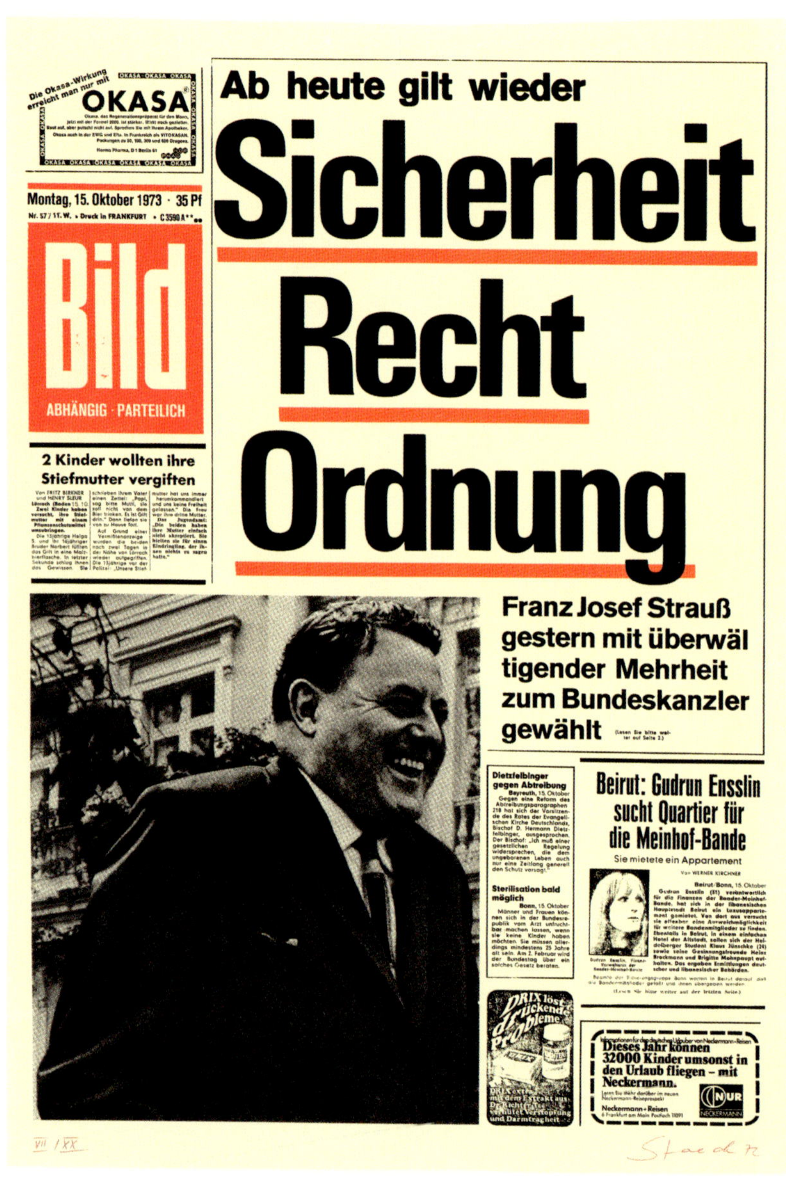

OKASA

Die Okasa-Wirkung erreicht man nur mit OKASA

Montag, 15. Oktober 1973 · 35 Pf

Bild

ABHÄNGIG · PARTEILICH

Ab heute gilt wieder

Sicherheit Recht Ordnung

2 Kinder wollten ihre Stiefmutter vergiften

Von FRITZ BIRKNER und HENRY SLEUR

Lörrach (Baden) 15. 10. **Zwei Kinder haben versucht, ihre Stiefmutter mit einem Pflanzenschutzmittel umzubringen.**

Die 13jährige Helga S. und ihr 16jähriger Bruder Norbert füllten das Gift in eine Malzbierflasche. In letzter Sekunde schlug ihnen das Gewissen. Sie schrieben ihrem Vater einen Zettel: „Papi, sag bitte Mutti, sie soll nicht von dem Bier trinken. Es ist Gift drin." Dann liefen sie von zu Hause fort.

Auf Grund einer Vermißtenanzeige wurden die beiden nach zwei Tagen in der Nähe von Lörrach wieder aufgegriffen. Die 13jährige vor der Polizei: „Unsere Stiefmutter hat uns immer herumkommandiert und uns keine Freiheit gelassen." Die Frau war ihre dritte Mutter.

Das Jugendamt: „Die beiden haben ihre Mutter einfach nicht akzeptiert. Sie hielten sie für einen Eindringling, der ihnen nichts zu sagen hatte."

Franz Josef Strauß gestern mit überwältigender Mehrheit zum Bundeskanzler gewählt

(Lesen Sie bitte weiter auf Seite 2.)

Dietzfelbinger gegen Abtreibung

Bayreuth, 15. Oktober

Gegen eine Reform des Abtreibungsparagraphen 218 hat sich der Vorsitzende des Rates der Evangelischen Kirche Deutschlands, Bischof D. Hermann Dietzfelbinger, ausgesprochen. Der Bischof: „Ich muß einer gesetzlichen Regelung widersprechen, die dem ungeborenen Leben auch nur eine Zeitlang generell den Schutz versagt."

Sterilisation bald möglich

Bonn, 15. Oktober

Männer und Frauen können sich in der Bundesrepublik vom Arzt unfruchtbar machen lassen, wenn sie keine Kinder haben möchten. Sie müssen allerdings mindestens 25 Jahre alt sein. Am 2. Februar wird der Bundestag über ein solches Gesetz beraten.

Beirut: Gudrun Ensslin sucht Quartier für die Meinhof-Bande

Sie mietete ein Appartement

Von WERNER KIRCHNER

Gudrun Ensslin, Finanz-Verwalterin der Baader-Meinhof-Bande

Beirut/Bonn, 15. Oktober

Gudrun Ensslin (31) verantwortlich für die Finanzen der Baader-Meinhof-Bande, hat sich in der libanesischen Hauptstadt Beirut ein Luxusappartement gemietet. Von dort aus versucht sie offenbar eine Ausweichmöglichkeit für weitere Bandenmitglieder zu finden. Ebenfalls in Beirut, in einem einfachen Hotel der Altstadt, sollen sich der Heidelberger Student Klaus Jünschke (24) sowie seine Gesinnungsfreunde Heinz Brockmann und Brigitte Mohnhaupt aufhalten. Das ergaben Ermittlungen deutscher und libanesischer Behörden.

Beamte der Sicherungsgruppe Bonn warten in Beirut darauf, daß die Bandenmitglieder gefaßt und ihnen übergeben werden.

(Lesen Sie bitte weiter auf der letzten Seite.)

VII / XX

Staeck 72

I.56 | *Sicherheit – Recht – Ordnung* | 1972

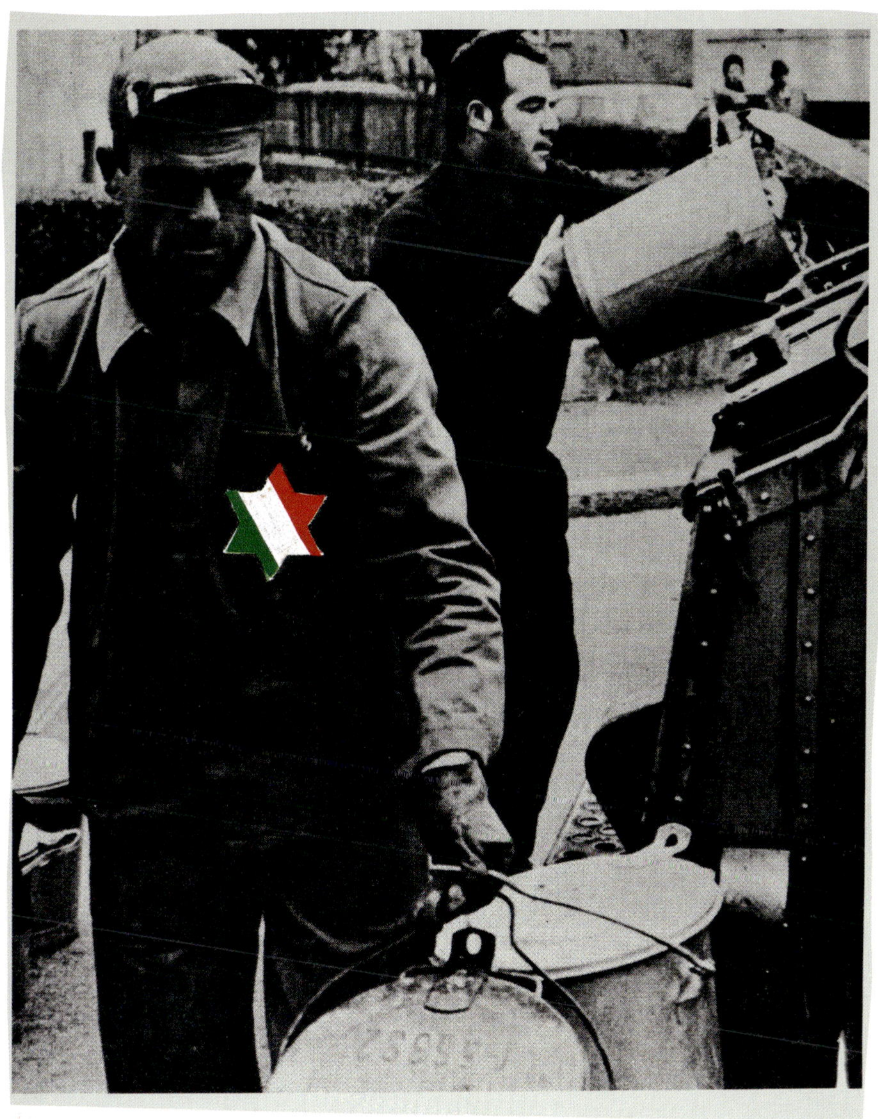

I.58 | *Fremdarbeiter* | 1973

Sand fürs Getriebe – Plakate von Klaus Staeck

René Grohnert

Klaus Staeck ist der bekannteste deutsche Plakatkünstler. Mit seinen prägnanten Motiven mischt er sich seit über vierzig Jahren immer wieder in politische Debatten ein. Die teilweise heftigen Reaktionen von „Betroffenen" auf seine oftmals als Provokation begriffenen Plakate zeigen, dass Staeck es immer wieder verstanden hat, komplizierte politische Sachverhalte und Meinungen zuzuspitzen, ohne jedoch in der Verkürzung flach zu werden. Immer wieder „störten" seine Plakate die Mächtigen, wiesen auf gesellschaftliche Ungerechtigkeiten hin und waren damit *Sand fürs Getriebe* – so der Titel eines seiner Objekte aus dem Jahr 1986.

Die allermeisten der knapp vierhundert Plakate Klaus Staecks entstanden ohne Auftrag. Auf diese Weise trug er seine Meinung auf spezielle Weise im öffentlichen Raum vor. Seltener entwarf er Plakate für konkrete Veranstaltungen, für das Theater oder den Film.

Bei all seinen Arbeiten sieht er sich nicht in erster Linie als Künstler, sondern als Satiriker, der die Massenmedien – vom Plakat und der Postkarte über Pins und Stempel, Taschen und T-Shirts bis hin zu Ausstellungen und Aktionen – zur Verbreitung politischer Ideen nutzt. In diesem Sinne bezeichnet er sich selbst als „Produzent für Demokratiebedarf", die er zunächst immer auch auf eigene Kosten produzierte.[1] Trotz der oftmals heftigen Reaktionen auf seine Arbeiten sieht er sich auch nicht als Provokateur, sondern beschreibt seine Themenwahl, die Klarheit und Schärfe seiner Sprache sowie seinen oftmals beißenden Humor in einem Interview als eine Art „Selbstverteidigung".[2] Dass diese „Produkte für Demokratiebedarf" auch von anderen genutzt wurden, ergab sich im Laufe der Zeit.[3]

Die vielen Reaktionen auf das Werk Klaus Staecks sind in einer Vielzahl unterschiedlichster Veröffentlichungen bereits ausführlich dokumentiert, und es scheint, als sei über die Jahrzehnte hinweg alles Wichtige über ihn bereits geschrieben worden – das zumindest legt die lange Liste der Veröffentlichungen nahe. In welchen Zusammenhang also kann man seine Arbeiten jetzt noch stellen, welche weiteren Aspekte hinzufügen? Um zu verstehen, worin die Innovation von Staecks Plakaten bestand und warum sie so starke Reaktionen ausgelöst haben, könnte ein Blick auf zeitgleiche Entwicklungen hilfreich sein. Im Folgenden sollen die Arbeiten von Klaus Staeck in den Kontext der allgemeinen Entwicklung des Plakats und seiner Bedeutung in den politischen Auseinandersetzungen ab den 1970er Jahren gestellt werden.

Zur Situation des Plakats in den 1970er Jahren

Nach dem Zweiten Weltkrieg gewann das Plakat Mitte der 1960er Jahre wieder an Bedeutung. In den USA, speziell in San Francisco, entwickelte sich die Hippiekultur als Gegenkultur innerhalb der US-amerikanischen Gesellschaft. Mit dem Höhepunkt der Gegenkultur, dem „Summer of Love" im Jahre 1967, erlebte auch das Plakat eine neue Hochzeit. Als psychedelisches Plakat entwickelte es eine neue, eigenständige Formensprache.[4]

Auf ganz andere Weise, aber nicht minder intensiv kam das Plakat während der Studentenunruhen im Paris des Jahres 1968 zum Einsatz. Als politische Stellungnahmen überschwemmten Plakate, z.B. die des Atelier Populaire, die Stadt. Die Plakate zeigten auf einfache, klare und manchmal drastische Weise Missstände auf.[5]

Auch in Deutschland wurde das Plakat gegen Ende der 1960er Jahre neu entdeckt, allerdings auf wieder andere Art. Plakate wurden zu einem Teil der privaten Kultur, zum Zimmerschmuck, der die Haltung des Bewohners oder der Bewohnerin zeigte. Auf den Plakaten fanden sich konkrete politische Aussagen ebenso wie eher allgemein gehaltene Motive. Wie in San Francisco spielte auch hier die Musik – und damit das Plakat zur Musik – eine wesentliche Rolle. Es war ein deutliches Statement, wenn man Plakate von Jimi Hendrix oder den Doors im Zimmer hatte und nicht die von Heintje, Peter Alexander oder anderen Schlagerbarden, die mit ihrem Eiapopeia die deutschen Charts beherrschten. Das Plakat wurde – ebenso wie Frisuren und Kleidung – zum Ausdruck individueller Haltungen zu Politik und Kultur sowie zum Zeichen von Gruppenzugehörigkeit.[6]

Klaus Staecks Arbeiten in den 1970er Jahren

In den späten 1960er Jahren wurde Kunst für Staeck zunehmend Mittel zum Zweck, suchte er doch nach Möglichkeiten zur Verbreitung seiner politischen Ideen. Dieser Mission verschrieb er sich, wissend, dass dies mit den Mitteln und Methoden, die ihm bisher zur Verfügung standen, nicht möglich war. Auf der Suche nach neuen Möglichkeiten stieß er auf das Medium Plakat. Bedenkt man dessen Lebendigkeit und Vielfalt am Anfang der 1970er Jahre, aber auch seine mediale Akzeptanz und massenhafte Aufnahme im öffentlichen wie im privaten Raum, so scheint Staecks Entschluss naheliegend, seine Arbeiten als Plakat einer größeren Öffentlichkeit bekannt zu machen.[7] Klaus Staeck selbst jedoch schreibt dazu: „Der Schritt von der signierten und nummerierten Siebdruckauflage zum unlimitierten Plakat in Massenauflage, bei Bedarf jeder Zeit nachzudrucken, vollzog sich nicht so selbstverständlich, wie es den Anschein haben mag."[8] Es gab einfach noch keine Erfahrung, wie dieser Übergang praktisch hätte vonstattengehen können. Erste Erfahrungen dazu sammelte Staeck dann mit Motiven aus der Druckgrafikmappe *Fromage à Dürer* (1971), die jeweils als Grafik gedacht waren, dann aber auch den Weg auf Postkarten und Plakate fanden, zum Beispiel das Blatt *Konfirmation* (1970). Auch wenn der gewünschte Effekt, nennenswerte öffentliche Aufmerksamkeit zu erzeugen, zunächst ausblieb, stellten sich neue, entscheidende Fragen, u.a. diejenige nach neuen Vertriebswegen. Denn Massenauflagen von Plakaten, die um die 5 DM kosten sollten, konnten nicht mehr über die Strukturen des Kunsthandels (Galerien, Auktionen etc.) vertrieben werden. So bekam der bereits 1965 gegründete Produzentenverlag edition tangente (heute Edition Staeck) neue Aufgaben.

Der Durchbruch gelang mit dem Plakat, das Dürers Mutter zeigte und den Titel trug: *Würden Sie dieser Frau ein Zimmer vermieten?* (*Sozialfall*, 1972, Abb. S.103). Das Motiv war als Grafik Teil der Mappe *Fromage à Dürer*, jedoch von Anfang an auch als Plakat gedacht. Die Reaktionen auf dieses Plakat waren enorm, vor allem, da zunächst niemand wusste, um welchen Anlass es eigentlich ging. Dass mit dem ikonischen Bild von Dürers Mutter hier etwas Neues geschehen war, war den Zeitgenossinnen und -genossen jedoch schnell klar. Was eben noch ein Bild der Hochkultur war, auf den Sockel gestellt und verehrt, hing nun mit einer provokanten Frage versehen an den Litfaßsäulen der Stadt. Zunächst wusste auch niemand, von wem das Plakat stammte. Als die Jusos in Nürnberg anlässlich einer Tagung von Haus- und Grundbesitzern das Motiv in ihren Protest gegen die Wohnungsvermittlung durch Makler einbanden, stand für Staeck fest, dass es für ihn kein Zurück mehr in die geschützten Gefilde des Kunstbetriebs gab. Zu seinen Vorbildern wurden Arbeiten von Künstlern der Fluxus-Bewegung wie z.B.

von Wolf Vostell und später auch die von John Heartfield, dessen revolutionäre Fotomontagen in den 1920er bis 1940er Jahren zusätzlich durch die lakonischen Titel und Kommentare an Interpretationsmöglichkeiten gewannen.

Hinzu kam ein weiterer Umstand. Im Vorfeld der Bundestagswahlen 1972 entstanden verschiedene Bürgerinitiativen, die entweder als Unterstützer bestimmter Parteien auftraten oder ihre eigenen Ziele verfolgten. Diese Initiativen brauchten Bilder, brauchten Identifikationsvorlagen und visuelle Selbstvergewisserung. Diese Bilder schuf Staeck für sie, „lieh" ihnen seine Fähigkeiten: witzig, provokant und frech, aber immer im Rahmen seiner eigenen politischen Haltung, die er nie versteckte und aus der er auch seine Glaubwürdigkeit zog.

In den 1970er Jahren setzte Staeck dann mit Plakaten wie *Die Reichen müssen noch reicher werden – deshalb CDU* (1972; Abb. S. 110) neue Maßstäbe. Die Plakate wurden in den folgenden Bundestagswahlkämpfen immer wieder genutzt, so dass eine Gesamtauflage von rund 44.000 Plakaten erreicht wurde. Was irritierte, war die Idee, einem bekannten Absender – hier der CDU – einen Satz zuzuordnen, die dieser so nie formulieren würde. Staeck stellte die Folge einer bestimmten Politik im Umkehrschluss als deren eigentliche Intention dar. Die Aufregung war groß, die Fernsehsendung *Titel, Thesen, Temperamente* berichtete ausführlich.[9]

Sein wohl bekanntestes Plakat wurde jedoch *Deutsche Arbeiter! Die SPD will euch eure Villen im Tessin wegnehmen* (1976; Abb. S. 111). Es erschien bisher in einer Gesamtauflage von rund 75.000 Exemplaren, dazu kommen noch ca. 200.000 Postkarten und Aufkleber mit dem gleichen Motiv. Allerdings ging die zeitgenössische Interpretation des Blattes weit über die satirische Zuspitzung hinaus, die ihm einen Platz unter den ewig besten Plakaten sichert. Gedacht als Antwort auf die Verbreitung von Panik durch bürgerliche Kreise, im Falle eines Wahlsieges der SPD würde diese nicht vor der Verstaatlichung von Privatvermögen zurückschrecken, wurde es auch unter den „Deutschen Arbeitern" heftig diskutiert. Schließlich hatte man es ja zu einigem Wohlstand gebracht. So gelangte das Plakat in eine vielschichtige Diskussion, die sich über Jahrzehnte erstreckte, immer wieder neu aufflammte und aktualisierte Aspekte in den Fokus rückte. Dies erklärt zum einen die hohe Auflage des Plakats bis heute, zum anderen zeigt sich hier die Auswirkung der Themenwahl Staecks. Es ging ihm selten um den tagesaktuellen Kommentar, worum sich der Karikaturist müht, sondern meist darum, allgemeine Themen anzusprechen, die nicht einfach zu lösen sind und damit auch über eine längere Zeit im Fokus der allgemeinen politischen Auseinandersetzungen stehen.

Als Staeck im Frühjahr 1976 eine Ausstellung in der Parlamentarischen Gesellschaft in Bonn zeigte, kam es während der Eröffnung zu einem folgenreichen Zwischenfall: Aufgebrachte Abgeordnete der CDU/CSU, unter Führung des damaligen parlamentarischen Geschäftsführers der CDU (und späteren Bundestagspräsidenten) Philipp Jenninger, rissen Staeck-Plakate von den Wänden. Besondere Empörung riefen folgende Plakate hervor: *Die Demokratie muß gelegentlich in Blut gebadet werden / Solidarität mit Chile* (1973; Abb. S. 117), *Seit Chile wissen wir genauer, was die CDU von Demokratie hält / „Das Leben im Stadion ist bei sonnigem Wetter recht angenehm." (Zitat Bruno Heck)* (1974; Abb. S. 116) und *25 Jahre Menschenrechte – 25 Jahre Folter* (1974). Die Ausstellung wurde geschlossen, aber wenige Tage später in der Bremer Landesvertretung wieder eröffnet. Die publizistische Aufmerksamkeit nutze der Ausstellung, denn zahlreiche Besucherinnen und Besucher kamen, um sich selbst ein Bild zu machen. Aber sie nutzte auch Klaus Staeck, der sich großer Unterstützung erfreuen konnte.

Dieser Vorfall ging als „Bonner Bildersturm" in die politische Geschichte der Bundesrepublik ein, Staeck dokumentierte ihn ausführlich und nutzte ihn propagandistisch.[10] Für Philipp Jenninger wurde die Sache peinlich. Nachdem er Staecks Aufforderung zur Werterstattung nicht nachkam, wurde er per Vollstreckungsurteil gezwungen, 153 DM zu zahlen. Als sich der „Bilderstürmer" Jenninger 1997 der Wahl zum Präsidenten des Instituts für Auslandsbeziehungen (ifa) stellte, verhinderte letztlich die Erinnerung an jenen „Bonner Bildersturm" aus dem Jahre 1976 seine Wahl – er trat von der Kandidatur zurück.

Im Jahre 1978 gründeten Klaus Staeck und andere die unabhängige, aber SPD-nahe Bürgerinitiative „Aktion für mehr Demokratie". Sie wollten einen Ort für bürgerliches Engagement einrichten, eine Plattform bieten, die Gehör verschafft und den politischen Parteien den Wahlkampf nicht allein überlässt, sondern eigene Forderungen und Erwartungen formuliert. Die in den Folgejahren organisierten Veranstaltungen füllten Hallen mit Prominenz und zehntausenden (Eintritt zahlenden!) Besucherinnen und Besuchern. Staeck verstand seine Plakate immer auch als Motivation für andere, sich politisch zu betätigen. In der „Aktion für mehr Demokratie" ging diese Idee in perfekter Weise auf – ganz im Sinne des programmatischen Satzes aus der Regierungserklärung Willy Brandts im Jahr 1969: „Wir wollen mehr Demokratie wagen."[11] So entstand ein großes politisches Forum jenseits der etablierten Parteien, in dem auch Klaus Staeck seine politische Heimat fand.

Staecks Arbeiten prägten die politische Auseinandersetzung in den 1970er Jahren auf visuellem Gebiet wie kein anderer. Die Wirkung seiner Wort-Bild-Findungen ist unübertroffen und zeigt, welchen Einfluss man medial erzielen kann.

Klaus Staecks Erfolge waren so offensichtlich, dass er auch von vielen Organisationen und Freunden gebeten wurde, für sie Plakate zu gestalten. Er übernahm die Gestaltung von Plakaten für politische Veranstaltungen und Aktionen, z.B. von Gewerkschaften, der SPD, Greenpeace oder für die „Aktion für mehr Demokratie", um nur einige zu nennen. Auch Plakate für Filme (meist politischen Inhalts) und Theaterstücke entstanden auf diese Weise. Diese Arbeiten waren eher Gefälligkeiten als Fremdaufträge, die Staeck auch nur annahm, wenn ihn das Thema auf die eine oder andere Weise packte. Trotz ihrer geringen Zahl ist es interessant, sich diese Arbeiten genauer anzusehen. Dabei findet man zwei Arten von Gestaltungen: solche, die man Klaus Staeck jederzeit zuordnen würde, und solche, die ohne Signatur nicht ohne Weiteres als seine Arbeiten zu erkennen sind.

Dass auch solche Plakate vehementen Protest hervorriefen, sei am Beispiel des Plakats für Greenpeace gezeigt: *Alle reden vom Klima. Wir ruinieren es: ... eine Information von Greenpeace* (1988; Abb. S.170). Längst war bekannt, dass FCKW als Treib- und Kühlmittel wesentlich zur Schädigung der Ozonschicht beiträgt. Zahlreiche Wissenschaftler, Politiker, Parteien und Organisationen forderten ein Verbot. Die größten FCKW-Produzenten in Deutschland waren damals Hoechst und die Kali-Chemie. Greenpeace und Staeck entschieden sich für eine radikale Plakatidee: Sie zeigten die Porträtfotos der Vorstandsvorsitzenden und nannten deren dienstliche Telefonnummern. Hoechst reagierte sofort und drohte allen, die das Plakat öffentlich verbreiteten, hohe Bußgelder an. Dieser Fall ging nicht nur durch die Medien, sondern es folgte ein neunjähriges Prozessdrama.[12] 1990 wurde FCKW weltweit verboten.

Zu den Arbeiten, bei denen Staecks Autorenschaft schnell zu erkennen ist, gehören Motive, die er zuvor bereits in Grafiken oder Plakaten verwendet hat. Er übertrug diese – zum Teil identisch, zum Teil in Ausschnitten – auf Plakate für Theaterstücke, wie beispielsweise bei *Andorra. Im Theater rechts der Isar* (1981); *„1984" Orwell und die Gegenwart. Ausstellung der Wiener Festwochen* (1984) oder *Die Verurteilung de Lukullus. Deutsche Staatsoper*

Berlin (1992; Abb. S. 210). Dass er für seine eigenen Ausstellungen auch eigene Motive verwendete, überrascht natürlich nicht, etwa für das Ausstellungsplakat *John Heartfield Klaus Staeck. Kunstverein Hannover* (1978) oder für *Klaus Staeck Ausstellung: Politische Plakate* (1981; Abb. S. 207). Daneben verwendete er auch für Theater- oder Filmplakate eigens entwickelte Gestaltungen. Hier gibt es immer wieder „Staeck-Untypisches" zu sehen. Fotomontage, Motivauswahl und Einsatz der Typografie gehen oft ungewöhnliche Wege, wie etwa auf den Plakaten *Deutschland im Herbst. Filmverlag der Autoren* (1978; Abb. S. 208), *Krieg und Frieden. Filmverlag der Autoren* (1983; Abb. S. 208) oder *Politik und Circus: Alles(z) hopps. Die Kiebitzsteiner* (1984), *Genommene Kurven. 20 Jahre Edition Staeck. Kunstmuseum Düsseldorf* (1985) und *Der Stellvertreter. Berliner Ensemble* (2001; Abb. S. 210).

Zur Situation des Plakats seit den 1980er Jahren

Das Medium Plakat erlebte in den letzten Jahrzehnten wesentliche neue Entwicklungen, sowohl was seine Stellung innerhalb der Werbung angeht als auch in technischer Hinsicht. Ging man bis in die 1980er Jahre mehr oder weniger von einer Medienkonkurrenz aus (die Etats flossen *entweder* in die Fernseh- *oder* in die Plakatwerbung), so wurden mehr und mehr integrale Konzepte entwickelt. Jedes Medium wurde auf seine spezifischen Stärken hin untersucht und entsprechend in ein Gesamtkonzept integriert. Hinzu kamen Bemühungen, die Wirksamkeit von Anschlagflächen wissenschaftlich zu erkunden. Als Konsequenz aus den neuen Erkenntnissen wurden Anschlagflächen an Orten aufgegeben, die nicht genügend Kundenkontakt hatten. Neue Flächen entstanden nur noch, wenn besonders günstige Bedingungen vorlagen, insgesamt jedoch nahm die Anzahl der Anschlagflächen eher ab als zu. Mit dem Aufkommen des Internets (ab 1993 kommerzialisiert) entstand eine neue Situation – ein mächtiger neuer Werbefaktor wuchs heran. Eine weitere Entwicklung, die seit 2005 verstärkt zum Einsatz kommt, ist die von digitalen Werbesystemen im öffentlichen Raum, zumeist mit bewegten Bildern.

Aber auch in der Herstellung des Plakats änderte sich vieles. Ende der 1980er Jahre kamen die sogenannten DTP-Programme auf den Markt. Zusammen mit dem Programm Photoshop standen nun für den Entwurf und die weitere Verarbeitung völlig neue Werkzeuge zur Verfügung.[13] Der Computer wurde zum entscheidenden Werkzeug und eroberte rasch auch den Druckbereich, machte ihn flexibler, schneller und billiger. Die Digitalisierung veränderte die Druckindustrie nachhaltig – mit allen bekannten positiven und negativen Begleitumständen und Folgen. Der nächste die Herstellung des Plakats beeinflussende Schritt war die Entwicklung des Digitaldrucks.[14] Ende der 1980er Jahre hielt er Einzug in den professionellen Druckprozess. Für das Plakat bedeutete dies, dass auf das Stück genau die benötigte Menge hergestellt und bei Bedarf in kurzer Zeit weitere Exemplare „ausgedruckt" werden konnten.

Insgesamt sanken damit Aufwand und Kosten der Herstellung von Plakaten. Allerdings verlor das Plakat gleichzeitig an medialer Bedeutung. Es wurde auf die eine Eigenschaft reduziert, die es einmalig macht: seine Präsenz im öffentlichen Raum. Man kann Plakate nicht wegklicken oder ausschalten, man bleibt ihnen ausgesetzt. Aus diesem Grunde hat das Plakat in seinen vielen Größen und Facetten als Medium zwar überlebt, an Eigenständigkeit und damit auch an Attraktivität jedoch verloren.

Klaus Staecks Arbeiten seit den 1980er Jahren

Die Bekanntheit seiner Arbeiten eröffnete Staeck in den 1980er Jahren weitere Möglichkeiten. Vom einstigen Außenseiter wurde er zu einem bekannten Akteur des politischen Lebens, ohne seine Eigenständigkeit aufzugeben. Öffentliche Auftritte mit Polit-Prominenz zeugen davon ebenso wie seine Plakate, die kritische Themen ohne Rücksicht auf die jeweiligen Regierungsbeteiligungen der einen oder anderen Partei aufnahmen.

Neben politischen Themen war es das Thema Umwelt, das Staeck von Anfang an beschäftigte – Anfang der 1970er Jahre allerdings noch ohne große Resonanz. Beispiele für solche frühen Umwelt-Plakate sind *Die Nachfolger der IG Farben ...* (1971) und *Aus deutschen Landen frisch auf den Tisch* (1972; Abb. S. 109).

Einige Jahre später jedoch griff die Gesellschaft das Thema auf, was unter anderem in der Gründung der Partei DIE GRÜNEN im Jahre 1980 und in deren erstmaligem Einzug in den Deutschen Bundestag 1983 deutlichen Ausdruck fand. Insgesamt hat sich Staeck in rund fünfzig Plakaten zu Umwelt-Themen geäußert – einige Beispiele sind: *Und neues Leben blüht in den Ruinen* (1979; Abb. S. 136), *Lasst uns nicht im Regen stehen* (1983; Abb. S. 152), *Deutscher Mischwald (regenfest)* (1984; Abb. S. 155), *Das erste Gift* (1989; Abb. S. 168) sowie *Wenn man bedenkt, daß der Mensch zu 70% aus Wasser besteht ...* (1992; Abb. S. 178).

Bei den politischen Plakaten findet sich die ganze Vielfalt der Themen der politischen Auseinandersetzung in der Bundesrepublik Deutschland dieser Jahrzehnte – Staecks Plakate sind fast so etwas wie ein Kompendium der deutschen Zeitgeschichte. Die politische Auseinandersetzung mit der CDU/CSU, besonders mit Franz-Josef Strauß und später Helmut Kohl, blieb über die Jahre ein bestimmendes Thema, etwa auf den Plakaten *Freiheit statt Strauß. Aktion für mehr Demokratie* (1980; Abb. S. 213), *F.J. Strauß kommt* (1980; Abb. S. 141) oder *Kanzler Kohl, blühende Landschaften überfliegend* (*Der Lügenbaron*, 1997; Abb. S. 187).

Breiten Raum nahmen auch Motive ein, die sich mit der gesellschaftlichen Situation in Deutschland beschäftigen, mit Arbeitslosigkeit, Steuern, Staatsverschuldung, Nationalismus, Rechtsradikalismus und Fremdenfeindlichkeit. Beispiele dafür sind *Endstation Sehnsucht: Arbeitsamt* (1985; Abb. S. 159), *Das sind die Leute, von denen erwartet wird, dass sie unsere Schulden bezahlen* (1998; Abb. S.189), *Ordnung muss sein* (1987; Abb. S. 166) oder *Ich habe nichts gegen Ausländer, aber ...* (1994; Abb. S. 180).

Auch die Medien waren immer wieder Thema auf Staecks Plakaten. Dabei wird die Verantwortung der öffentlich-rechtlichen Medien ebenso eingefordert wie gegen den bedenklichen Umgang der Springer-Presse, insbesondere der *BILD*-Zeitung, mit den Rechten einzelner Personen und gegen die oftmals tendenziösen Berichterstattungen protestiert wird. Beispiele dafür sind: *Wollt Ihr die totale BILD?* (1980; Abb. S. 140), *Wir arbeiten nicht für Springer-Zeitungen* (1981; Abb. S. 212), *Hier werden Sie geblödet* (2000; Abb. S. 191) und *Gegendarstellung. Wie lange wollen wir uns eigentlich den Terror von BILD noch gefallen lassen?* (2005; Abb. S. 196).

Das Auto als Statussymbol und als Umweltproblem fand über die Jahrzehnte immer wieder seinen Weg auf die Plakate und Postkarten Klaus Staecks: *Jeder hat das Recht auf freie Entfaltung seiner Persönlichkeit* (1974; Abb. S. 115), *Die Zukunft gehört dem Auto* (1984; Abb. S. 156), *Hast Du heute Dein Auto schon gelobt?* (1991; Abb. S. 178), *Preisfrage: In wieviel Millionen Jahren wächst Erdöl nach?* (2000; Abb. S. 191) oder *ADE AC* (2014; Abb. S. 202).

Auch die Themen Europa und Globalisierung überdauerten die Jahrzehnte, etwa mit *Europa ist mehr als der Finanzausgleich* (1984; Abb. S. 154), *Festung Europa* (Objekt 2000; Abb. S. 227), *Globalisierungsopfer auf dem Weg zum Mars* (2004; Abb. S. 195) und *TTIP* (2015; Abb. S. 204).

Auch präsentierte Staeck die Verursacher der Finanzkrisen in Politik und Bankensystem: *Wir machen mit Ihrem Geld was wir wollen. German Bankers Club* (1997; Abb. S. 186), *Die Gewinner – Die Verlierer. Bürgen für Banken* (2009) und *Rien ne va plus. Die Bank gewinnt immer* (*Casinokapitalismus*, 2009; Abb. S. 198)

In den letzten Jahren mahnt Staeck zunehmend die antidemokratischen Tendenzen an, die im Gebaren der großen Internetkonzerne stecken können: *Amazon Apple Google Facebook* („*Die apokalyptischen Reiter*" 2014; Abb. S. 202) oder *Nie mehr Amazon* (2014; Abb. S. 203).

Flucht, Migration und deren Ursachen thematisierte Staeck lange bevor diese Themen 2015 zu einem akuten politischen Problem in Deutschland wurden – mit wohl weitreichenden Folgen: *Das neue PAL!* (1971; Abb. S. 105), *Jeder 2. Deutsche hat Übergewicht* (1977; Abb. S. 130), *Nord-Süd Konferenz* (1979; Abb. S. 138), *Stell Dir vor Du musst flüchten und siehst überall Ausländer raus!* (1986; Abb. S. 163) und *Lampedusa* (2014; Abb. S. 201).

So belegt Staeck auch seit den 1980er Jahren Themenfelder, die – jenseits des aktuellen Anlasses – einer längeren Bearbeitung bedürfen. Wie sehr seine Präzision im Kabaretthaften und seine Penetranz aus Überzeugung Wirkung zeigten, ist nicht zuletzt an den über vierzig Gerichtsverfahren abzulesen, in die ihn „Betroffene" verwickelt haben – keinen davon konnten sie gewinnen. Dass die meisten seiner Themen nichts von ihrer Brisanz verloren haben, veranlasste Staeck zu dem Ausstellungstitel *Nichts ist erledigt*.[15] Er zog hier eine zurückhaltende Bilanz seines Schaffens: Was haben all die Anstrengungen gebracht, was die Auseinandersetzungen langfristig bewirkt? Vielleicht muss man die Frage aber auch anders herum stellen: Wo wäre die Gesellschaft heute ohne die Interventionen Klaus Staecks und vieler anderer Aktiven, ohne ihren Einsatz für die Demokratie als politische Staatsform?

Seit dem Ende der 1980er Jahre hat sich die Wahrnehmung von Staeck-Plakaten verändert. Vielleicht bildete die deutsche Wiedervereinigung im Jahre 1990 eine Zäsur. Deutschland hatte Aufgaben zu bewältigen, die andere Probleme in der öffentlichen Wahrnehmung in den Hintergrund treten ließen. Im Übrigen deutete sich zu diesem Zeitpunkt erstmals auch das Schwinden des großen Gegensatzes zwischen der CDU/CSU und der SPD an – und damit schwand auch eine wesentliche Quelle der Inspiration, aus der sich die Ideen für die Staeck-Plakate entwickelten. Natürlich gab es auch im Rahmen der deutschen Wiedervereinigung genügend Themen, die Staeck anging, aber die Reaktionen waren im Vergleich zu den Vorjahren eher bescheiden – so etwa bei *Jetzt wächst zusammen, was zusammengehört* (1990; Abb. S. 173), *Wir bieten: Die alten Kameraden für das neue Deutschland. Ihre Blockparteien CDU PDS F.D.P.* (1990) oder *Die DDR ist tot. Es leben die Akten* (1992; Abb. S. 181).

Es gibt sicherlich viele Gründe dafür, warum auf Staecks Plakate nicht mehr so heftig reagiert wird. In einer sich rasant erweiternden Medienlandschaft wird das Plakat nicht mehr als adäquates zeitgenössisches Medium wahrgenommen – das Internet als dezentrale Kommunikationsplattform bestimmt die Stimmungslage, vor allem die der jüngeren Generation. In einem medial völlig veränderten Umfeld mit einem Überangebot an allem fallen einzelne Äußerungen kaum mehr ins Gewicht. Nur noch selten versammelt sich eine Mehrheit hinter einem Thema, versammelt sich die „Gemeinde" hinter einem Bild,[16] zu vielfältig und zersplittert ist der Chor der sich Äußernden. Staeck selbst beklagt auch die zunehmende Entpolitisierung der Jugend. Alles in allem scheinen die Voraussetzungen dafür, sich mittels des Plakats nachhaltig in gesellschaftliche Prozesse einmischen zu können, nicht mehr so gegeben zu sein, wie dies noch vor einigen Jahrzehnten ganz offensichtlich der Fall war – ganz unabhängig von den angesprochenen Themen und den Gestaltungen dazu. Insofern ist die retrospektive Sicht auf das Plakatschaffen von Klaus Staeck auch ein retrospektiver Blick auf die veränderte Stellung des Plakats insgesamt.

[1] Klaus Staeck: „Ich habe hohe Ansprüche an die Satire"; Interview mit Stefan Mey, in: Michael Lohrmann (Hg.), *Galore-Interviews*, März/April 2015, Dortmund 2015, S. 73.

[2] *Lange Nacht – Personenbeschreibungen. Georg Stefan Troller im Gespräch mit Klaus Staeck* (Aufzeichnung einer Veranstaltung in der Akademie der Künste, Berlin vom 26.4.2008)

[3] Im Laufe der Zeit entstanden auch politische Plakate so etwa für DIE GRÜNEN, Amnesty International oder Gewerkschaften. Seltener, aber auch bemerkenswert sind Plakate für Theater und Film.

[4] Gisela Theising, Psychedelische Plakate – eine visuelle Rebellion, in: *San Francisco 1967 – Plakate im Summer of Love*, Ausst.-Kat. Museum Folkwang, Essen 2017, Göttingen 2017, S. 27ff.

[5] Siehe dazu: Atelier Populaire (Hg.), *Posters from the Revolution, May 1968*, London 1969, und *Politik, Pop & Afri-Cola. 68er Plakate*, Ausst.-Kat. Deutsches Plakat Museum, Essen 2008, hg. von Alexander Grönert, Göttingn 2008.

[6] Lutz Hieber, „Hippie-Aktivitäten", in: *San Francisco 1967 – Plakate im Summer of Love*, Ausst.-Kat. Museum Folkwang, Essen 2017, Göttingen 2017, S. 17ff.

[7] Zu den Anfängen und Übergängen siehe den Beitrag von Tobias Burg in diesem Katalog.

[8] Klaus Staeck, *Ohne Auftrag. Unterwegs in Sachen Kunst und Politik*, Göttingen 2000.

[9] *Titel, Thesen, Temperamente*, Sendung vom 6.10.1972. Autor: Herbert Stelz (Hessischer Rundfunk, Archiv-Nr. 20859).

[10] Klaus Staeck und Dieter Adelmann, *Der Bonner Bildersturm oder: was die CDU von Demokratie hält*, Göttingen 1976.

[11] In seiner Regierungserklärung vom 28. Oktober 1969 postulierte der damals frisch gewählte Bundeskanzler Willy Brandt: „Wir wollen mehr Demokratie wagen." Er bezog sich dabei auf eine offenere und transparente Art der Regierungsführung und den aktiven Umgang mit politischen Gruppen auch außerhalb des Parlaments.

[12] Die Klage ging durch alle Instanzen, letztlich bestätigte 1999 das Bundesverfassungsgericht das Urteil des Bundesgerichtshof aus dem Jahre 1993. Hier wurde festgestellt, dass die Aussagen durch die Meinungsfreiheit gedeckt sind.

[13] Adobe Photoshop 1.0 (pixelbasierte Bildverarbeitung) wurde 1987 entwickelt und war 1990 bereits Marktführer; Adobe Illustrator 1.1 (vektorbasiertes Grafik- und Zeichenprogramm) kam 1987 auf den Markt. Ebenfalls 1987 erschien das erste Layout(DTP)-Programm Quark-Xpress 1. Alle Programme liefen zunächst nur auf Apple-Betriebssystemen.

[14] Bereits 1976 kam der erste Laserdrucker auf den Markt (IBM Modell 3800). Mit ihm konnte man zunächst nur Texte ausdrucken. Im selben Jahr stellt IBM mit dem Modell 6640 auch den ersten Inkjet-Drucker vor.

[15] Klaus Staeck, *Nichts ist erledigt. Eine Retrospektive*, Göttingen 2008.

[16] Letztes Beispiel ist das von Shepard Fairey im Jahre 2008 entworfene rotblaue Plakat *Hope* für Barack Obamas Präsidentschaftswahlkampf.

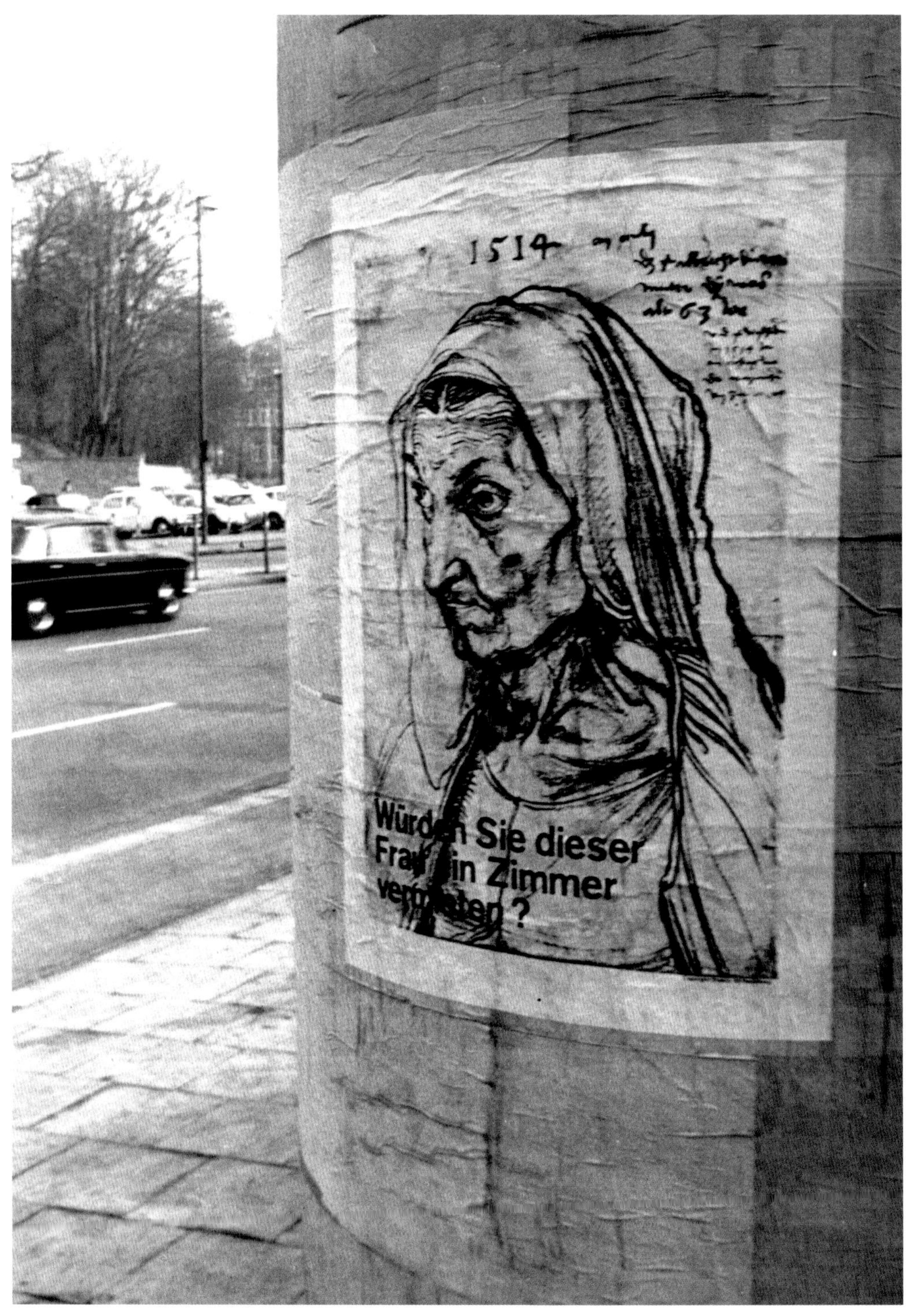

o. Nr. | Plakataktion Nürnberg | 1971

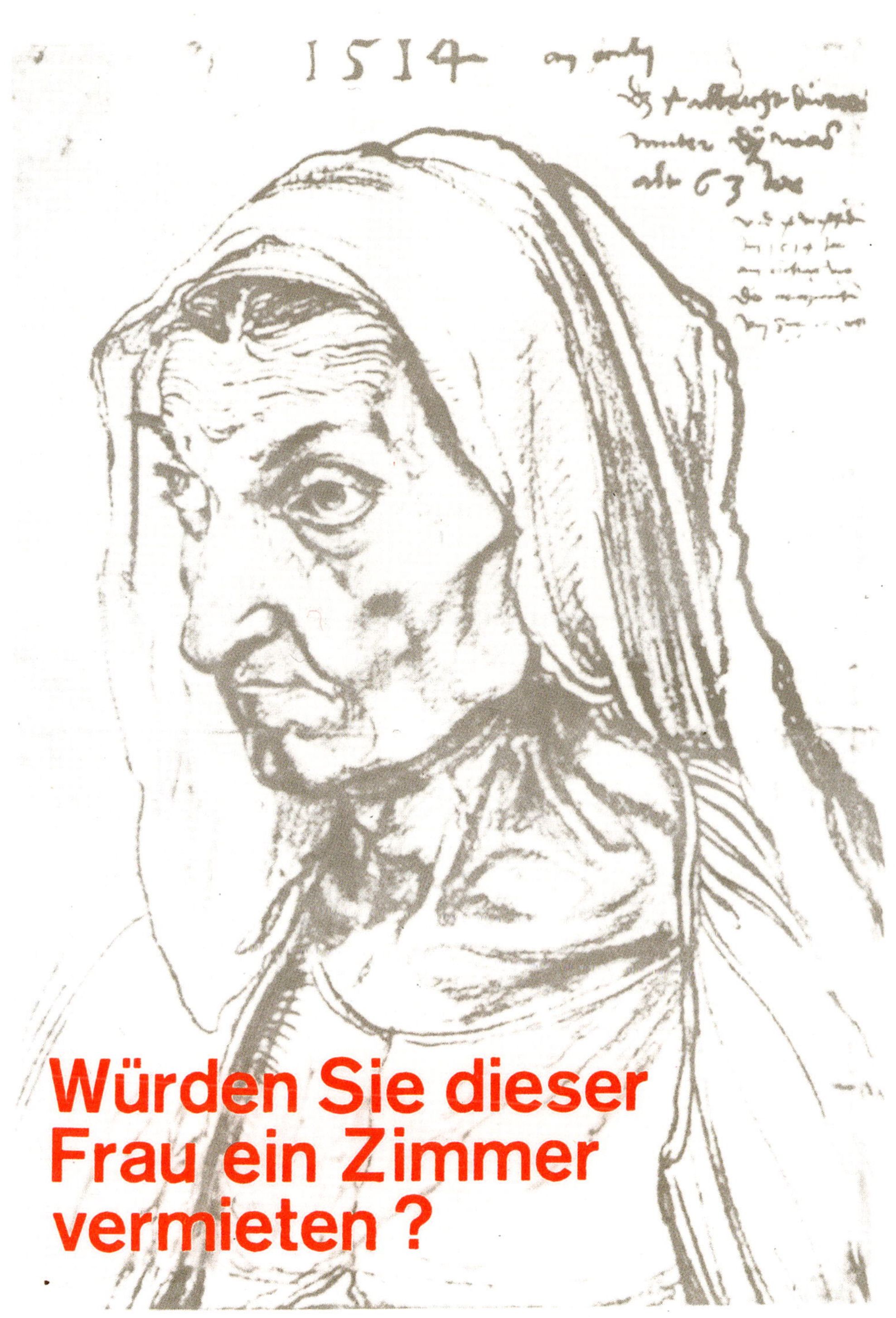

II.4 | *Würden Sie dieser Frau ein Zimmer vermieten?* („Sozialfall") | 1971

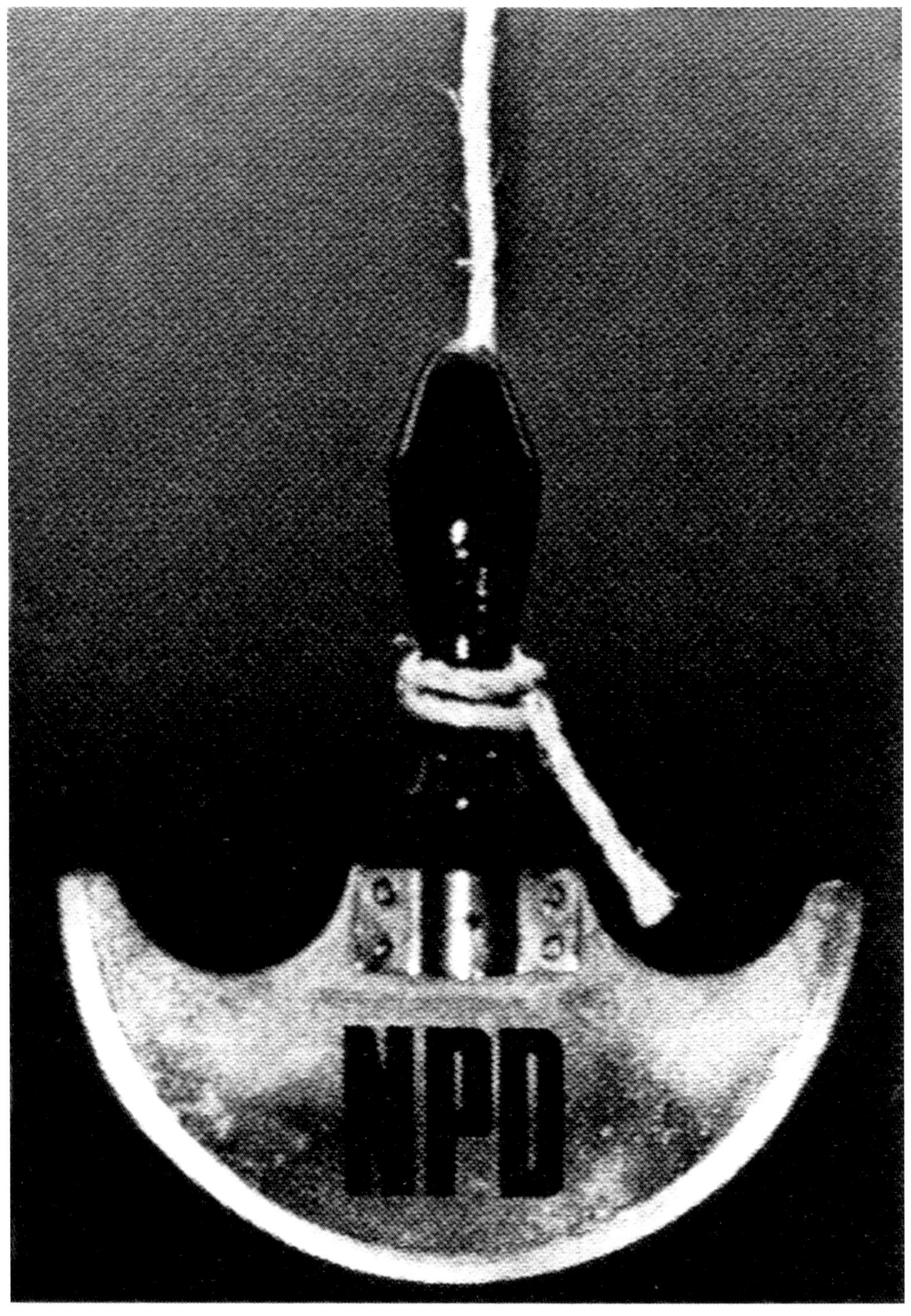

II.1 | *NPD* | 1969

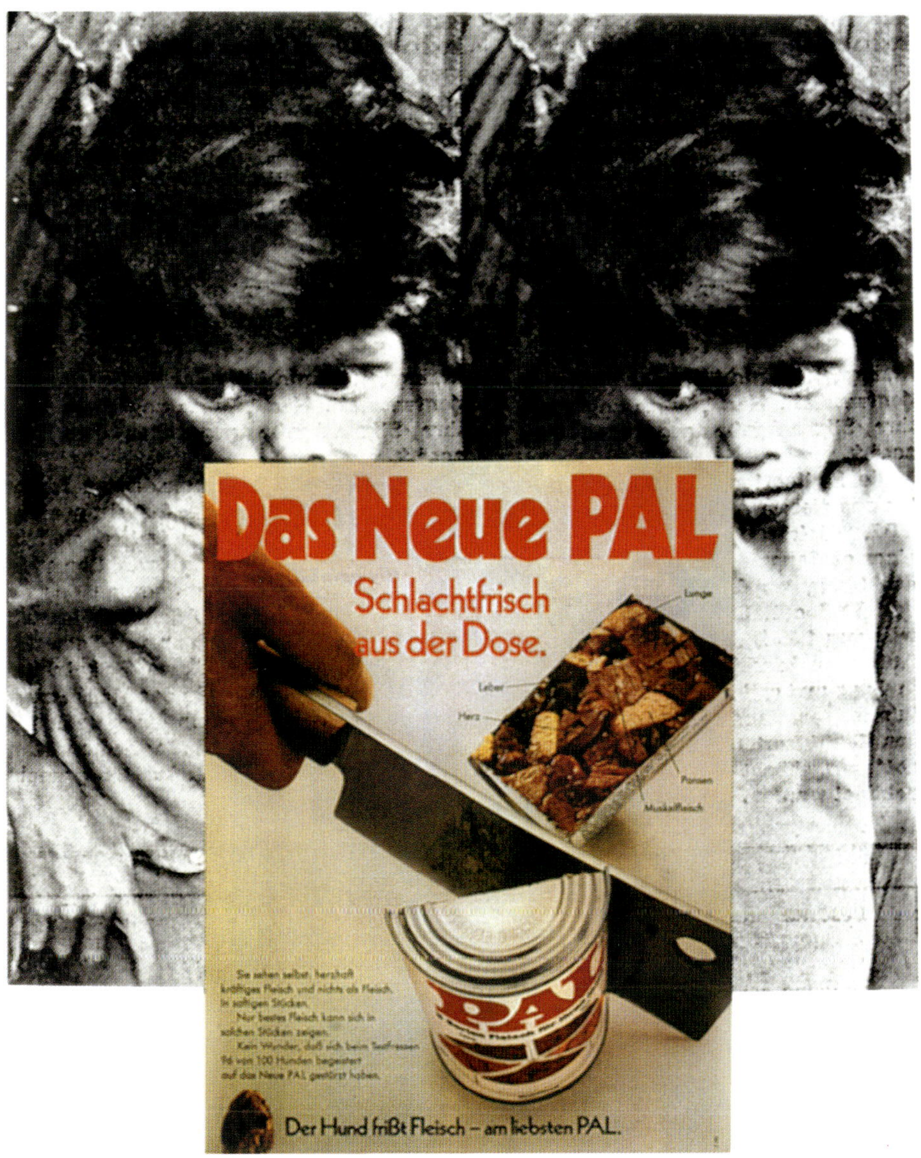

II.3 | *Das Neue PAL* („Das Neue PAL“) | 1971

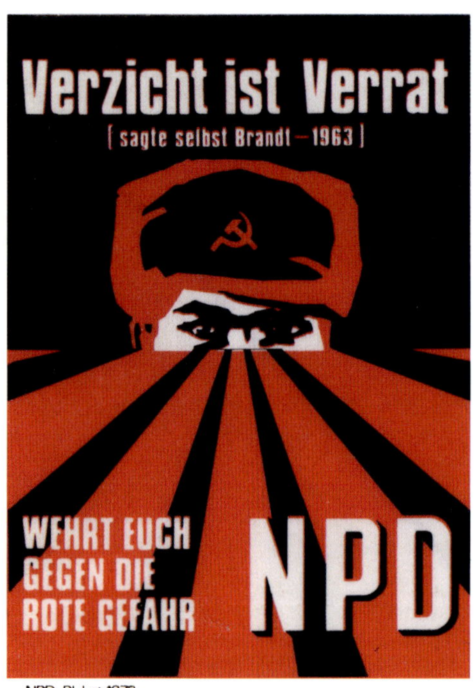

NPD-Plakat 1972

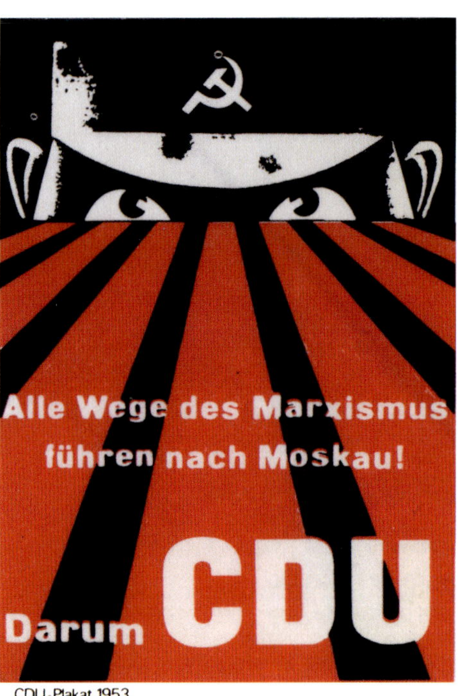

CDU-Plakat 1953

Wie sich die Bilder gleichen

Staeck 69 Heidelberg Box 471

II.10 | *Wie sich die Bilder gleichen* („NPD-CDU") | 1972

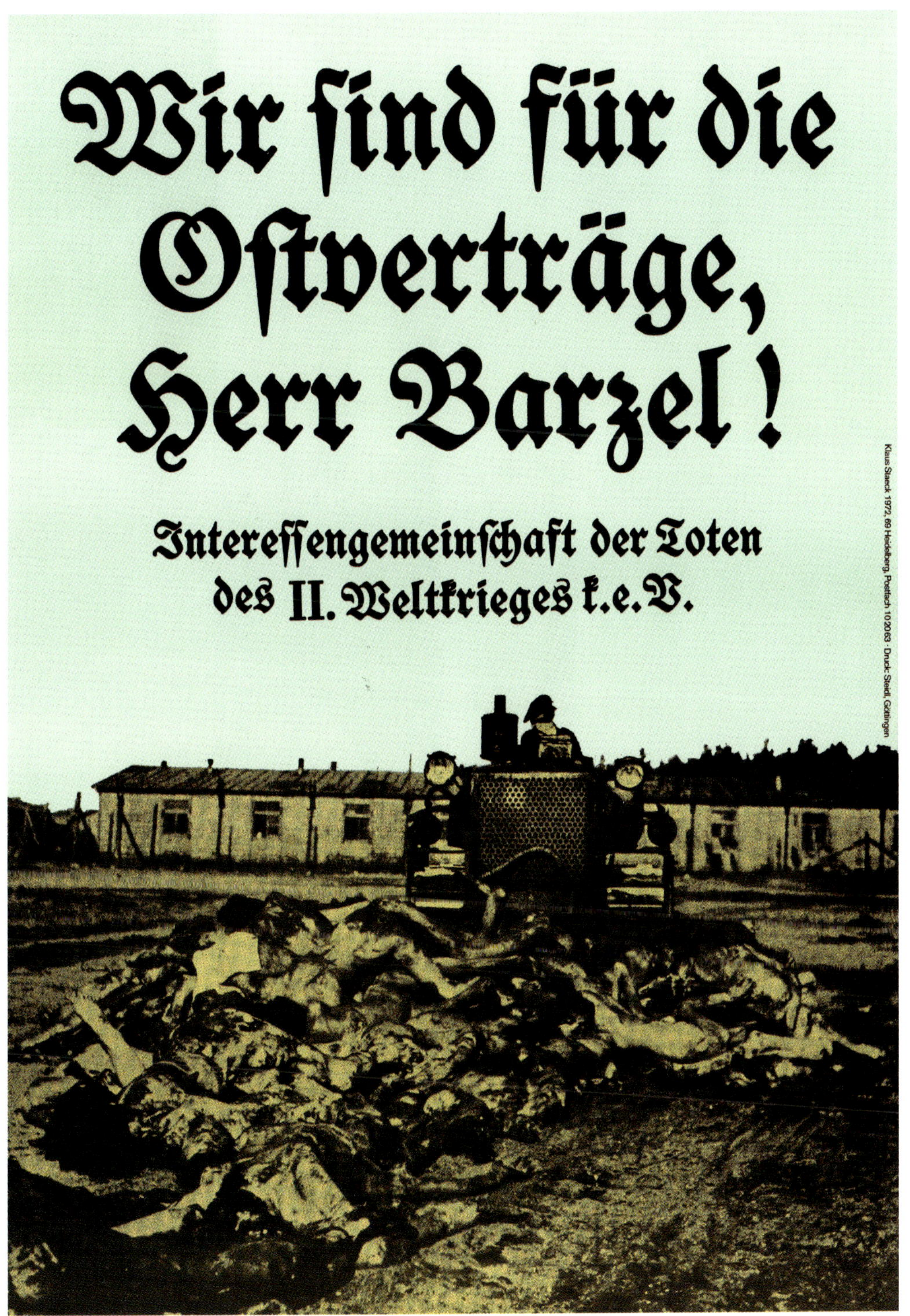

II.13 | *Wir sind für die Ostverträge, Herr Barzel!* („Ostverträge") | 1972

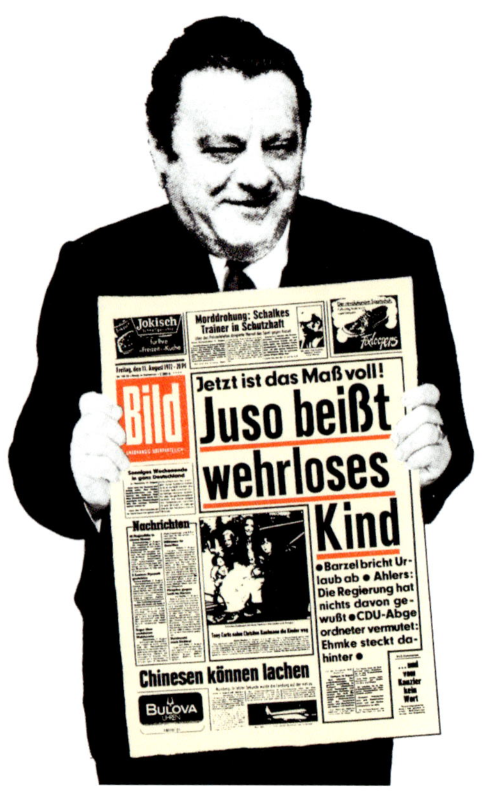

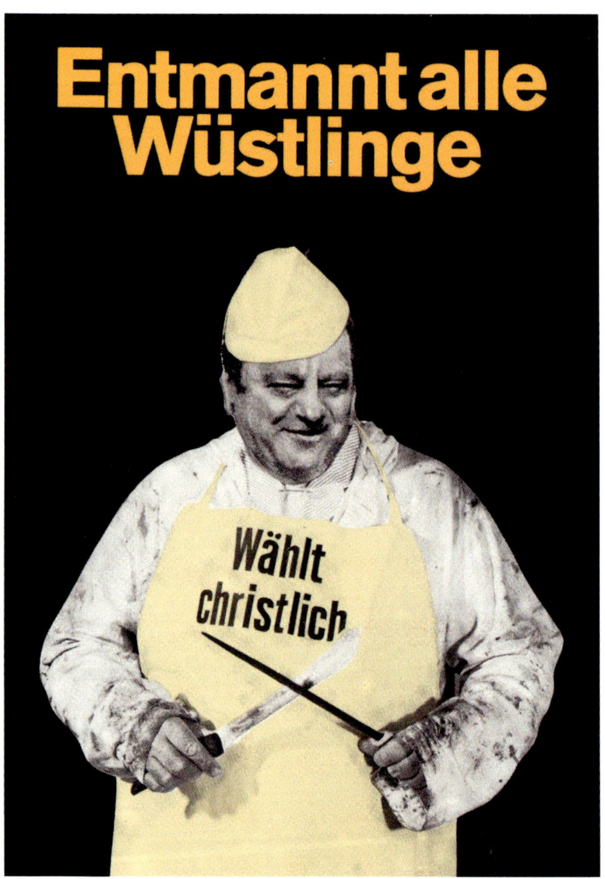

II.12 | *Dahinter steckt immer ein kluger Kopf* („Juso beißt wehrloses Kind“) | 1972
II.11 | *Entmannt alle Wüstlinge. Wählt christlich* („Entmannt alle Wüstlinge“) | 1972

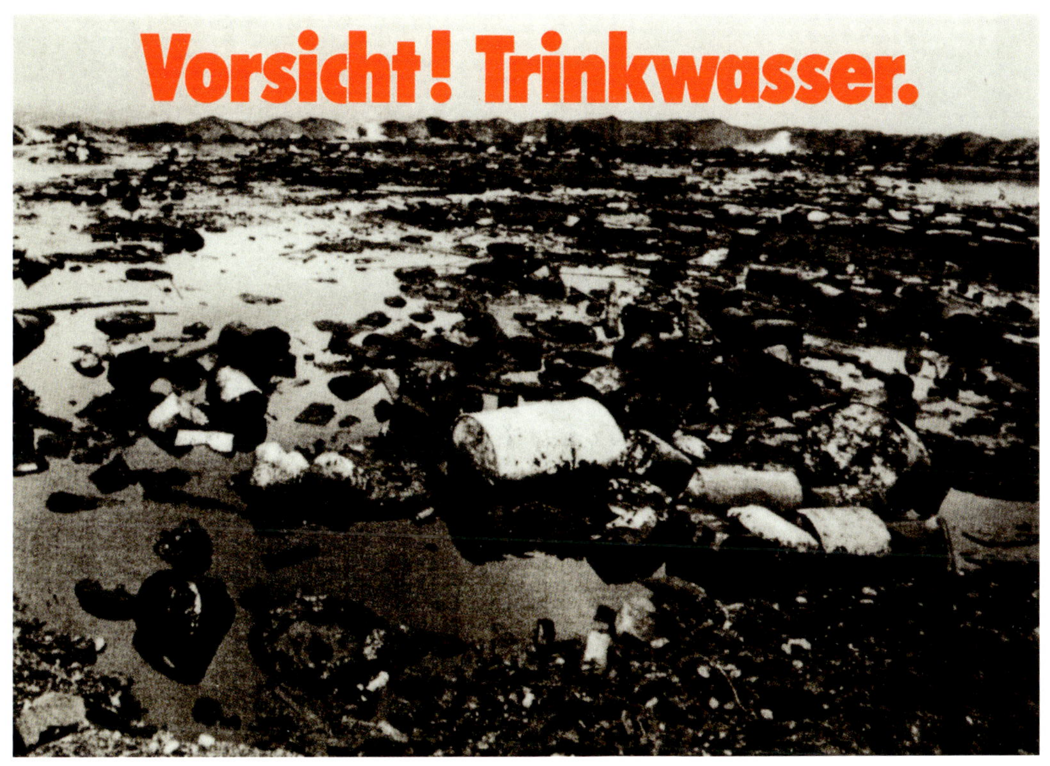

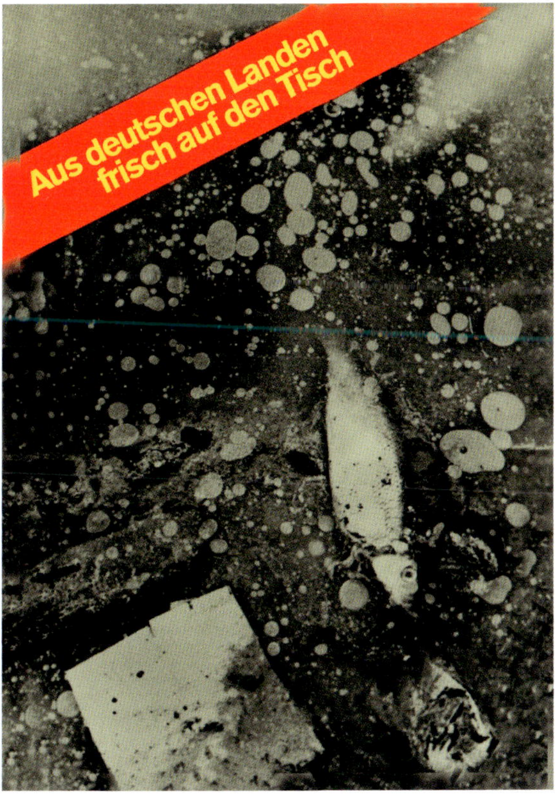

II.8 | *Vorsicht! Trinkwasser.* | 1972
II.9 | *Aus deutschen Landen frisch auf den Tisch* („Aus deutschen Landen") | 1972

Die Reichen
müssen noch
reicher
werden

Deshalb CDU

Die Reichen
müssen noch
reicher
werden

Wählt
christdemokratisch

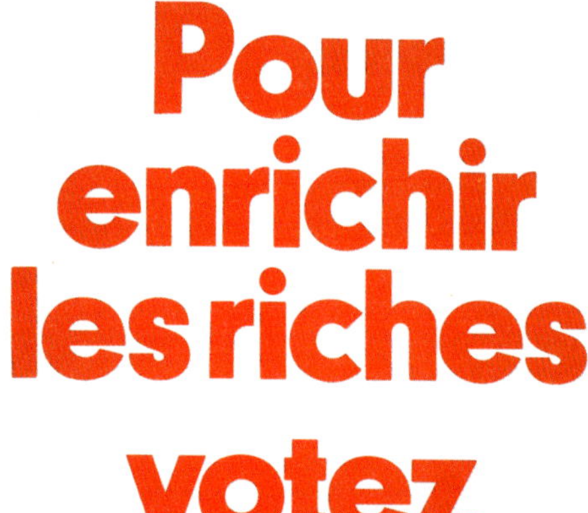

Die Mieten
müssen
steigen

Wählt
christdemokratisch

II.6 | *Die Reichen müssen noch reicher werden Deshalb CDU* („Die Reichen") | 1972
II.7 | *Die Reichen müssen noch reicher werden Wählt christdemokratisch* („Die Reichen") | 1972
II.15 | *Pour enrichir les riches votez U.D.R.* | 1973
II.14 | *Die Mieten müssen steigen Wählt christdemokratisch* | 1972

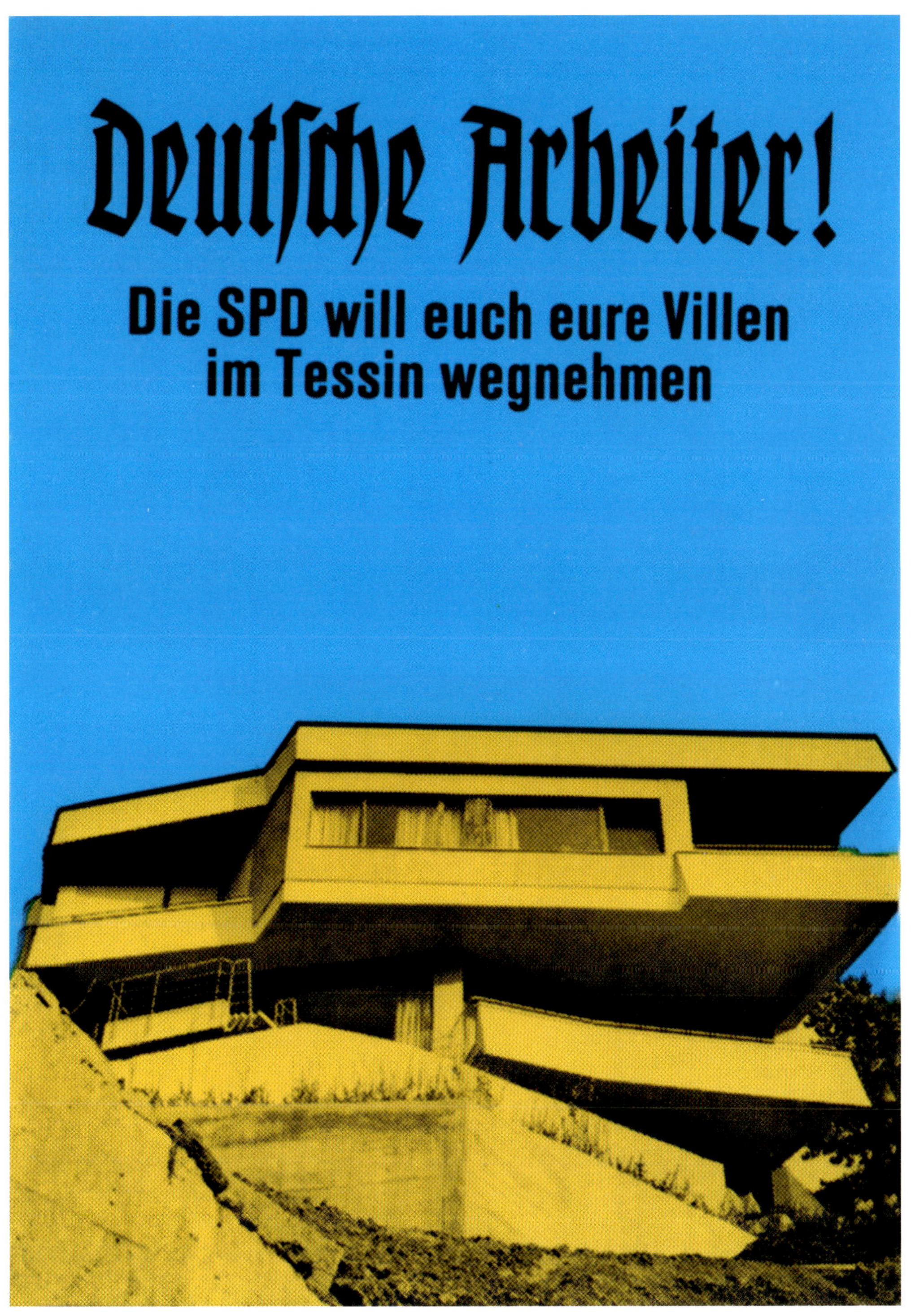

II.5 | *Deutsche Arbeiter! Die SPD will euch eure Villen im Tessin wegnehmen* („Deutsche Arbeiter!") | 1972

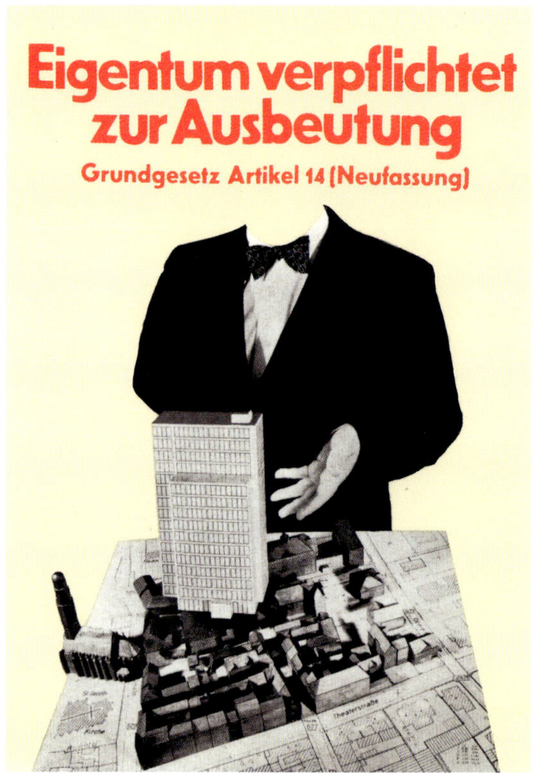

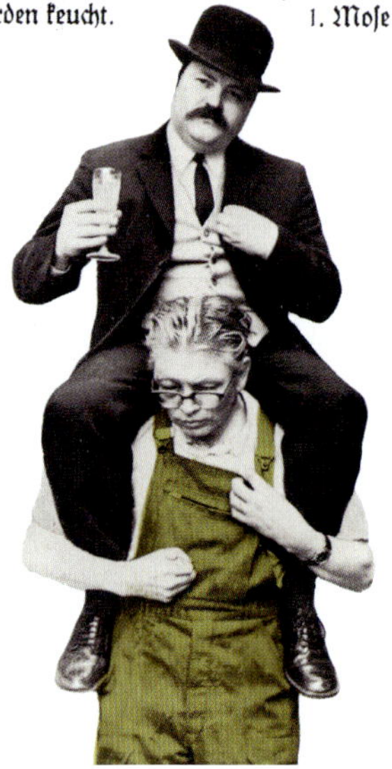

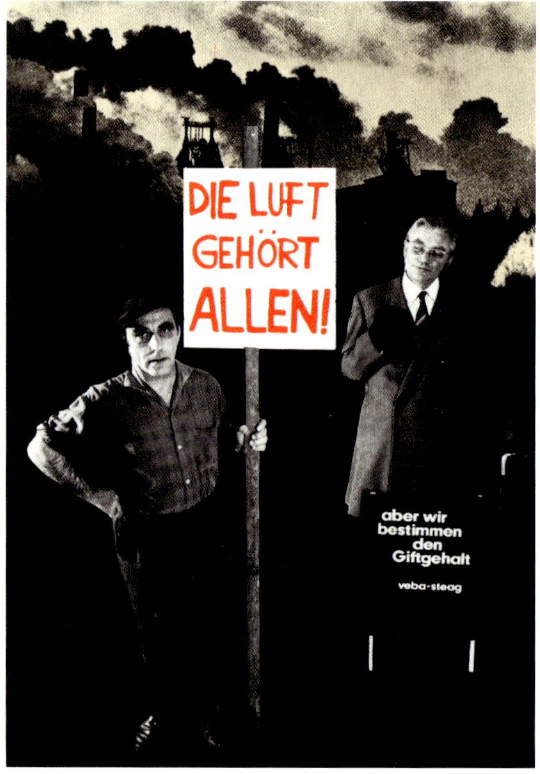

II.17 | *Eigentum verpflichtet zur Ausbeutung. Grundgesetz Artikel 14 (Neufassung)* („Eigentum verpflichtet") | 1973
II.19 | *Unternehmer! Macht euch die Erde untertan* | 1973
II.16 | *Die Luft gehört Allen! Aber wir bestimmen den Giftgehalt veba-steag* („Die Luft gehört Allen!") | 1973

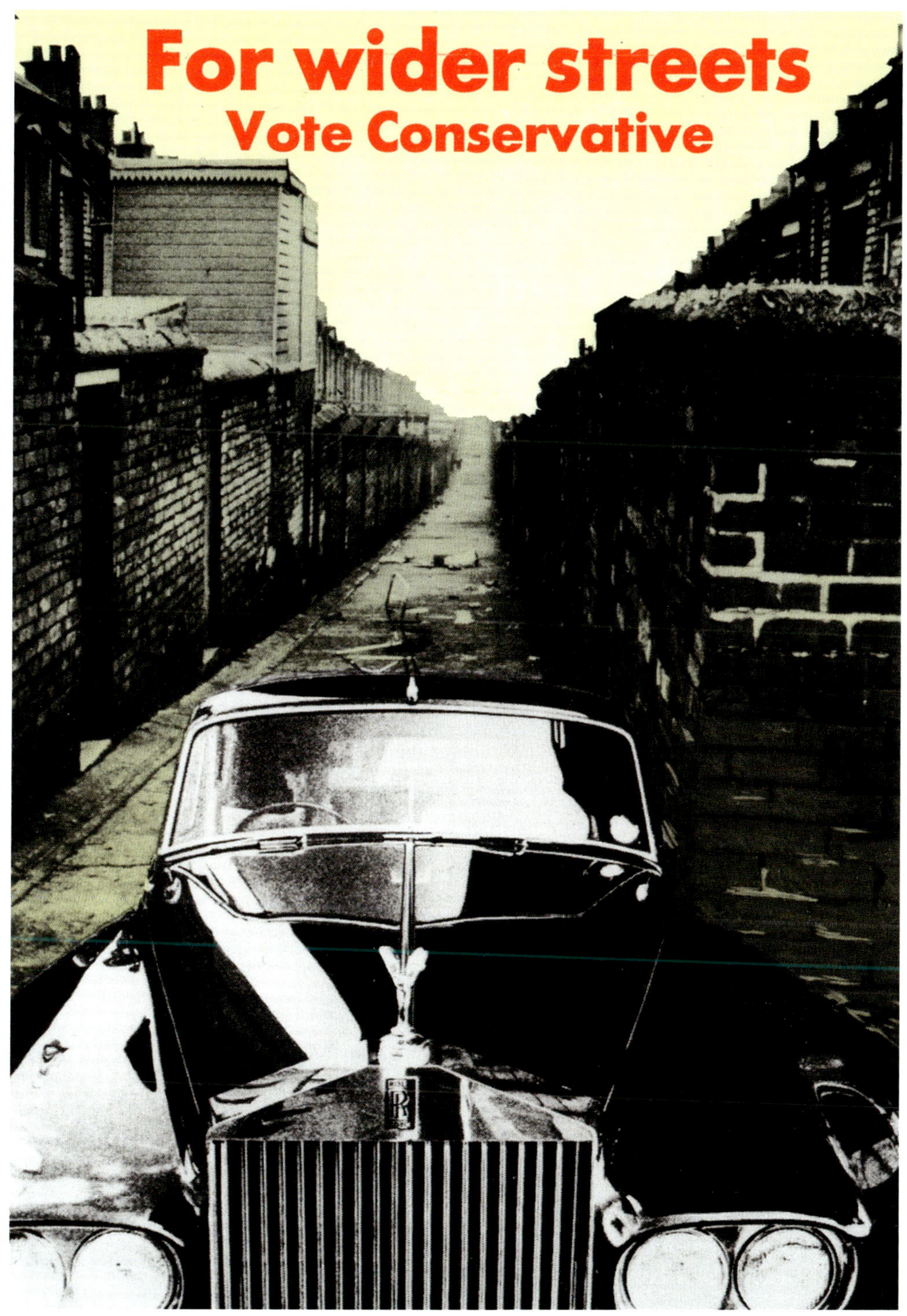

II.27 | *For wider streets. Vote Conservative* („For wider streets“) | 1974

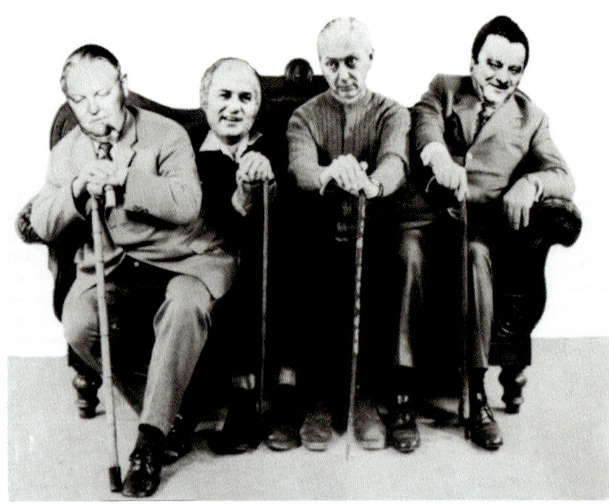

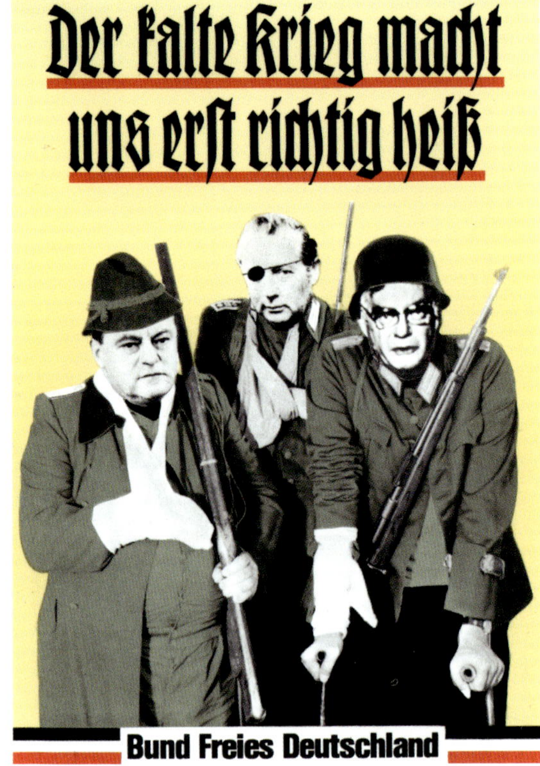

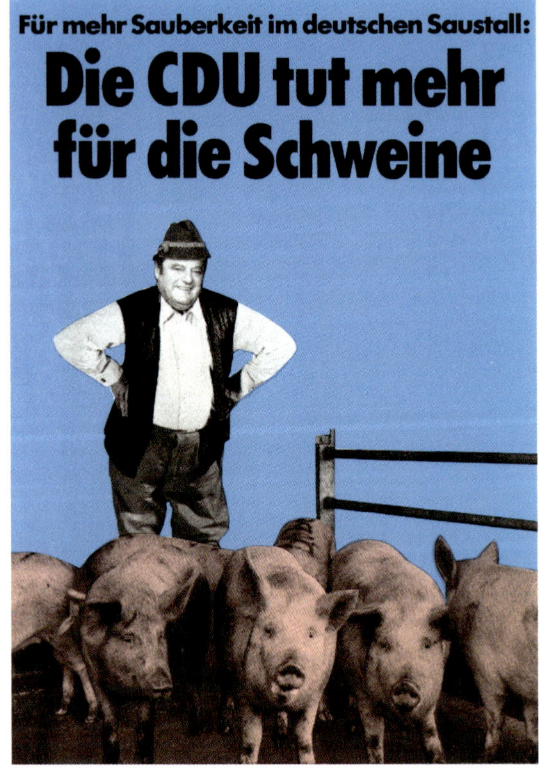

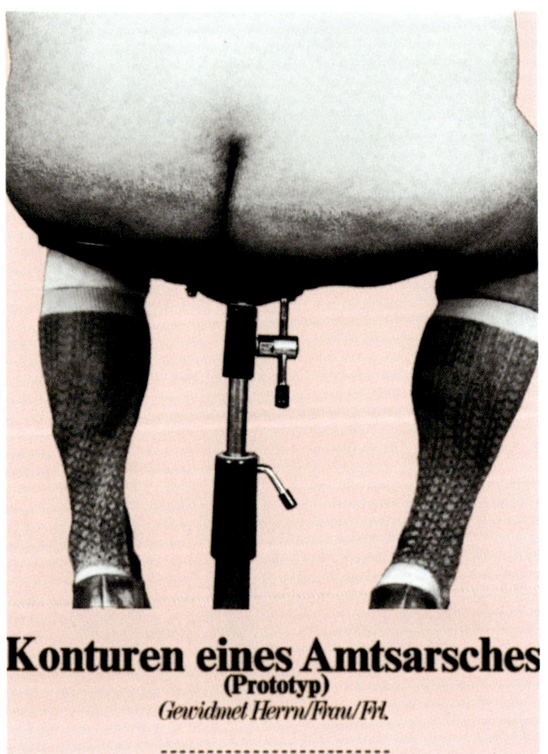

II.30 | *Nostalgie ist noch lange kein Grund CDU zu wählen* | 1974
II.28 | *Der kalte Krieg macht uns erst richtig heiß. Bund Freies Deutschland* („Kalter Krieg“) | 1974
II.42 | *Für mehr Sauberkeit im deutschen Saustall: Die CDU tut mehr für die Schweine* | 1975
II.22 | *Konturen eines Amtsarsches (Prototyp)* | 1974

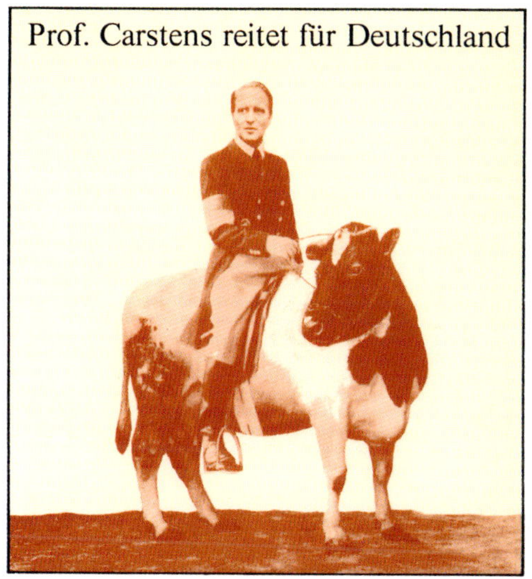

»Ich fordere die ganze Bevölkerung auf, sich von der Terrortätigkeit zu distanzieren, insbesondere auch den Dichter Heinrich Böll, der noch vor wenigen Monaten unter dem Pseudonym Katharina Blüm ein Buch geschrieben hat, das eine Rechtfertigung von Gewalt darstellt«

Prof. Carl Carstens (Vorsitzender der CDU/CSU Bundestagsfraktion) am 12. Dez. 1974 auf einer CDU-Kundgebung in der Duisburger Mercatorhalle vor 3000 Zuhörern über Heinrich Bölls vor kurzem erschienenes Buch »Die verlorene Ehre der Katharina Blum«.

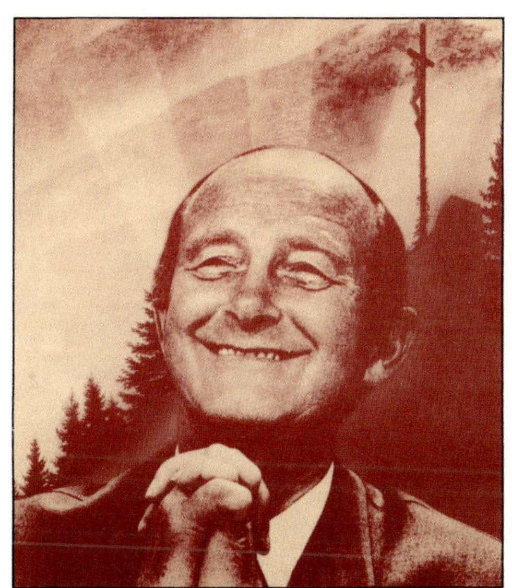

Seit 33 pausenlos in Sorge
um Deine innere Sicherheit.

Allunionschrist Filbinger (Marinestabsrichter a.D.)

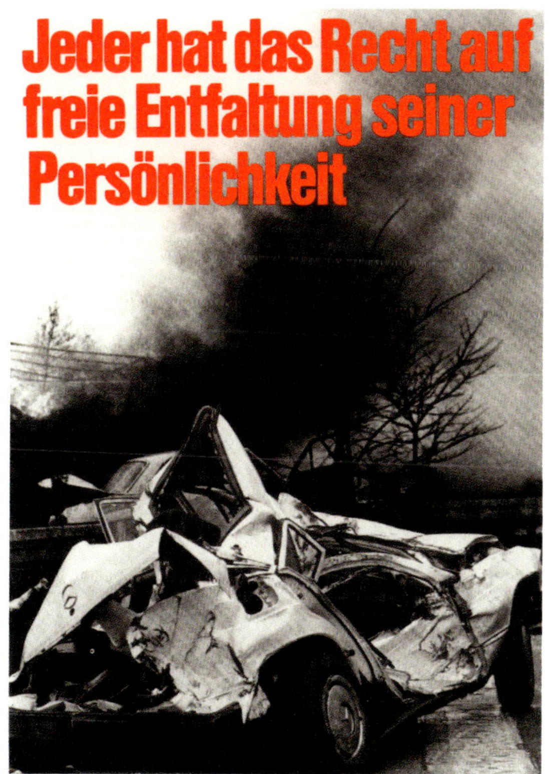

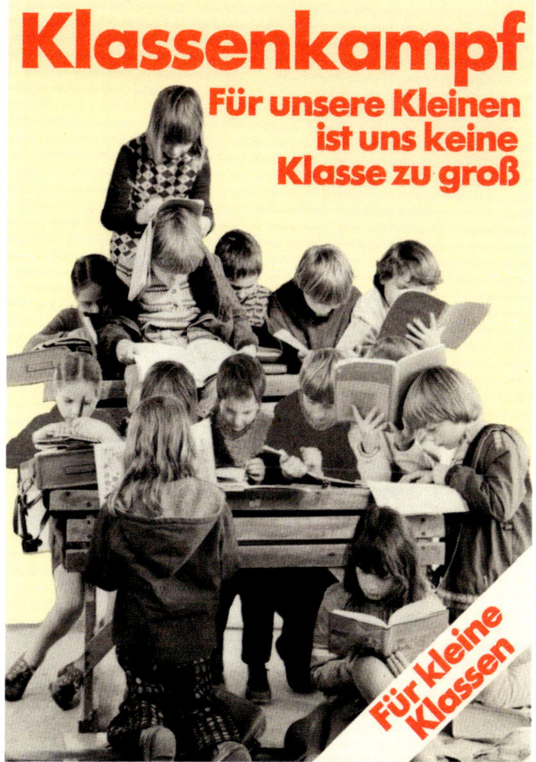

II.38 | *Prof. Carstens reitet für Deutschland* | 1975
II.39 | *Seit 33 pausenlos in Sorge um Deine innere Sicherheit. Filbinger* (Aus der Serie: „Radikale im öffentlichen Dienst") | 1975
II.20 | *Jeder hat das Recht auf freie Entfaltung seiner Persönlichkeit* | 1974
II.29 | *Klassenkampf: Für unsere Kleinen ist keine Klasse zu groß. Für kleine Klassen.* („Klassenkampf") | 1974

Seit Chile wissen wir genauer, was die CDU von Demokratie hält.

»Das Leben im Stadion ist bei sonnigem Wetter recht angenehm.«
Bruno Heck (früherer CDU-Generalsekretär) am 18. 10. 73 in der Süddeutschen Zeitung.

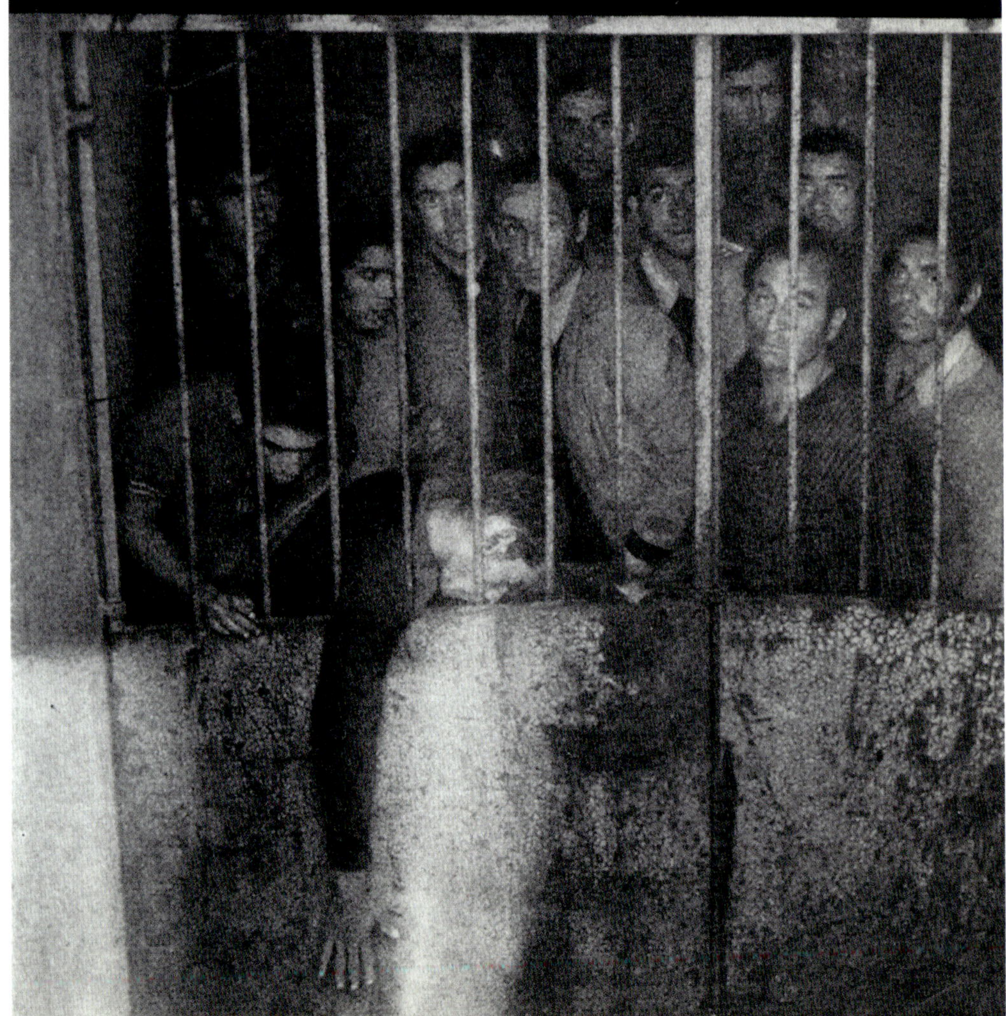

Verhaftete Allende-Anhänger im Fußballstadion von Santiago de Chile

II.24 | *Seit Chile wissen wir genauer, was die CDU von Demokratie hält.*
„Das Leben im Stadion ist bei sonnigem Wetter recht angenehm.“ Bruno Heck („Seit Chile wissen wir“) | 1974

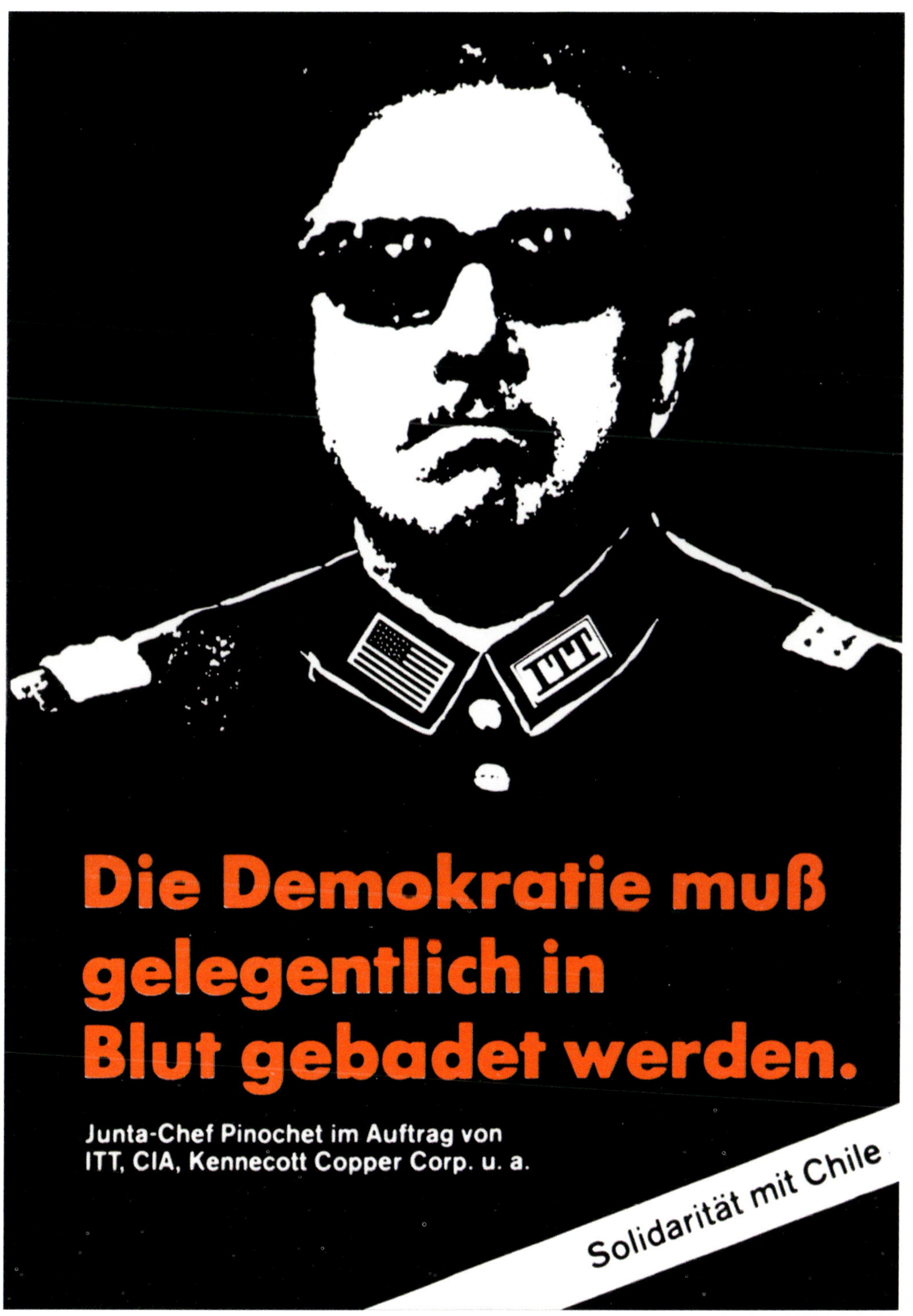

II.18 | *Die Demokratie muß gelegentlich in Blut gebadet werden. Solidarität mit Chile* („Solidarität mit Chile") | 1973

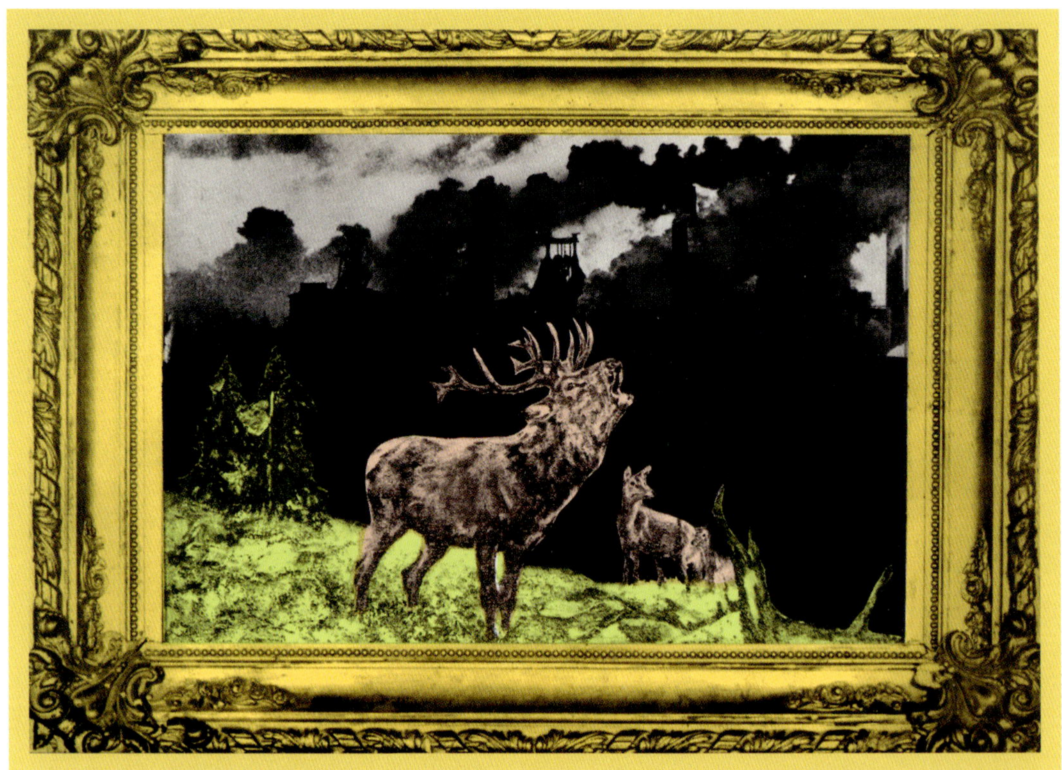

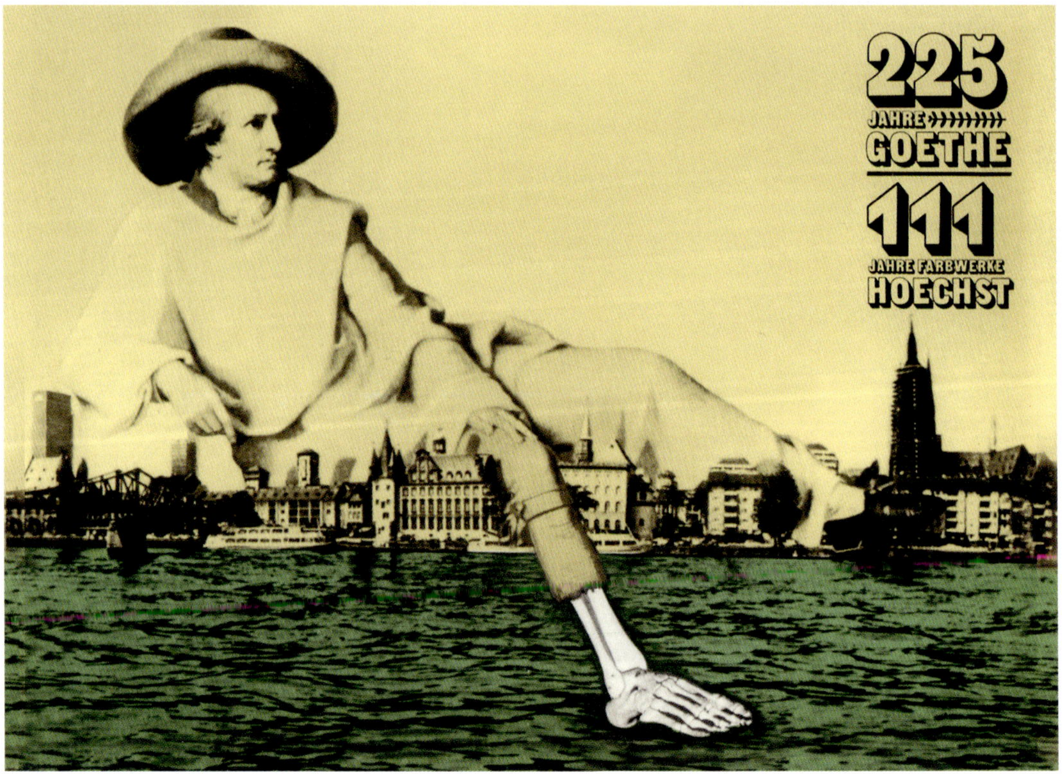

II.26 | *Ohne Titel* („Es röhrt zum Himmel") | 1974
II.21 | *225 Jahre Goethe. 111 Jahre Farbwerke Hoechst* („225 Jahre Goethe") | 1974

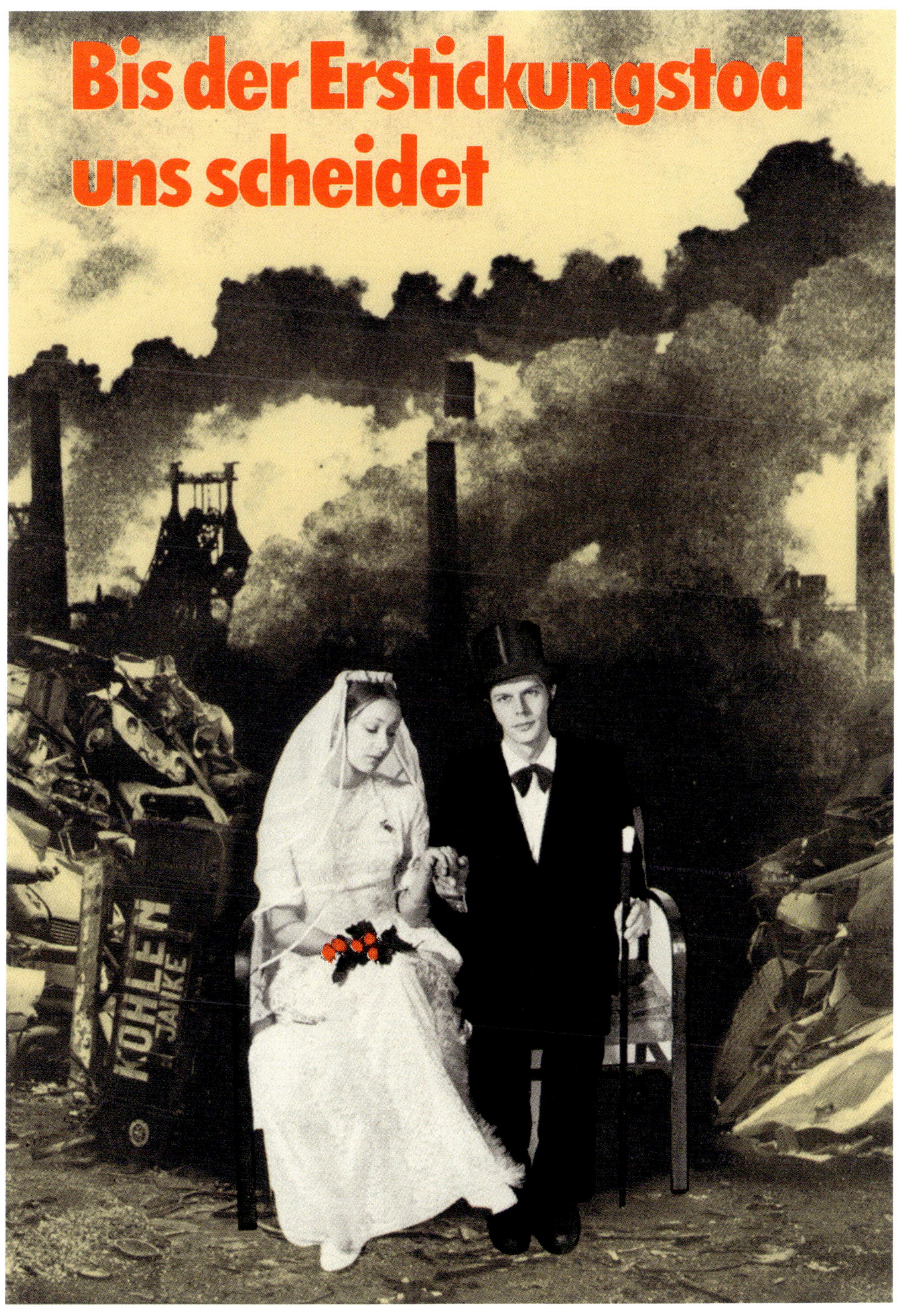

II.25 | *Bis der Erstickungstod uns scheidet* („Erstickungstod") | 1974

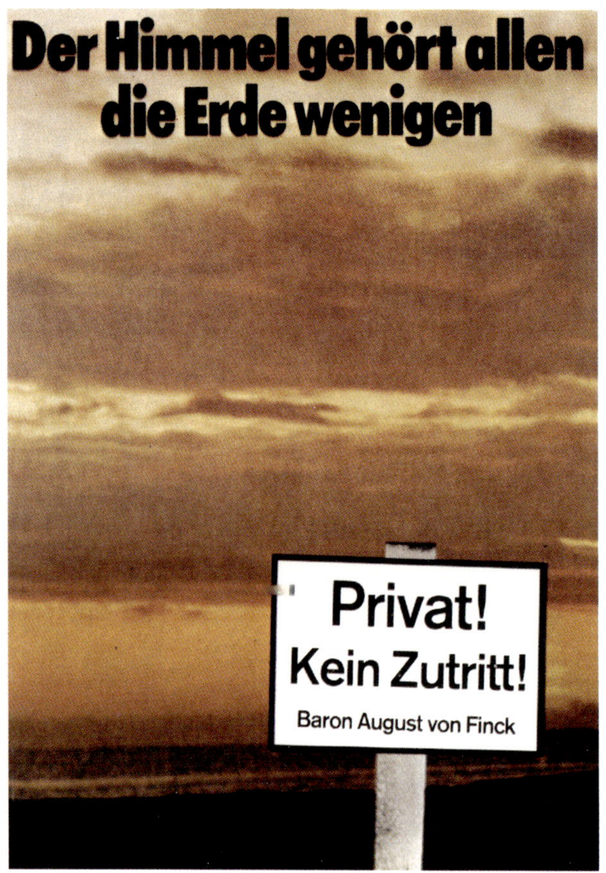

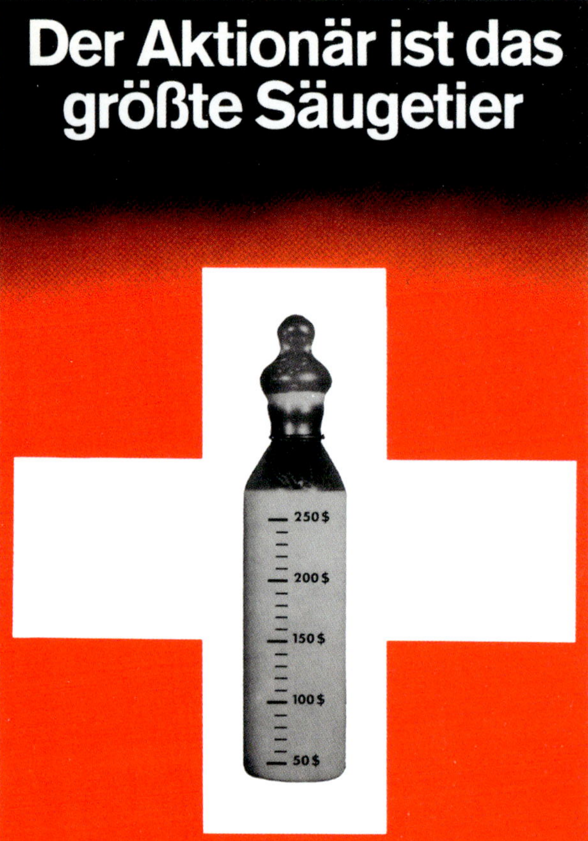

II.23 | *Der Himmel gehört allen die Erde wenigen. Privat! Kein Zutritt!* („Der Himmel gehört allen") | 1974
II.31 | *Der Aktionär ist das größte Säugetier* („Aktionär") | 1975

Mitbürger!

Lesen macht dumm und gewalttätig

Der Beauftragte für den Gemeinschaftsfrieden

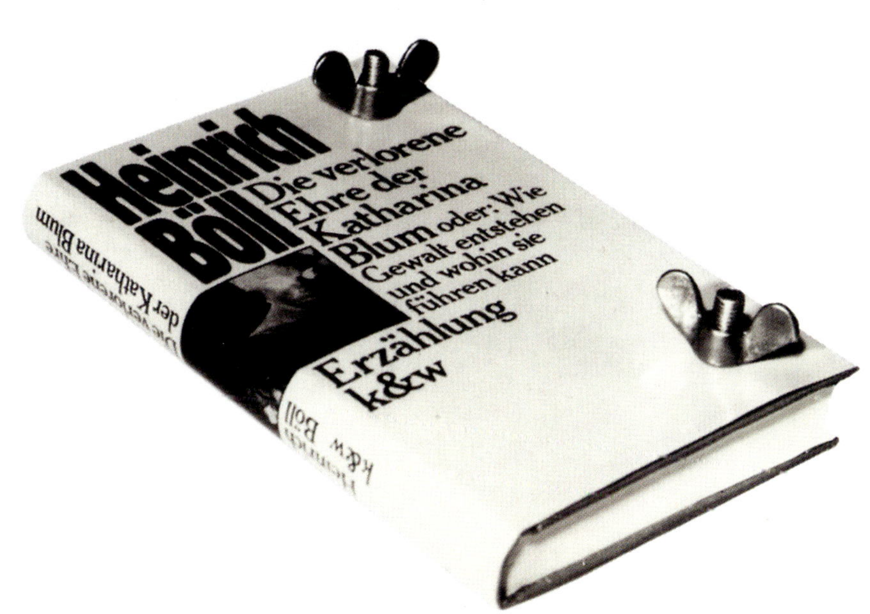

Aus Sorge um die Freiheitlich Demokratische Grundordnung wurde ein Gesetz zum Schutz des Gemeinschaftsfriedens vorgelegt (Bundestagsdrucksache Nr. 7/3030, 2772, 2854), das der kritischen Literatur endlich ein Ende bereiten soll (§130a StGB). Der CDU-Fraktionsvorsitzende Carstens hat vielen Abgeordneten aus der Seele gesprochen, als er am 12.12.74 in Duisburg verkündete: »Ich fordere die ganze Bevölkerung auf, sich von der Terrortätigkeit zu distanzieren, insbesondere auch den Dichter Heinrich Böll, der noch vor wenigen Monaten unter dem Pseudonym Katharina Blüm ein Buch geschrieben hat, das eine Rechtfertigung von Gewalt darstellt.«

II.37 | *Mitbürger! Lesen macht dumm und gewalttätig* („Lesen macht dumm“) | 1975

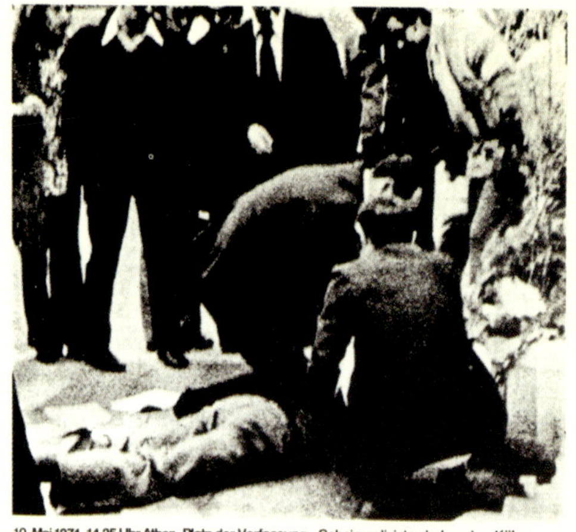

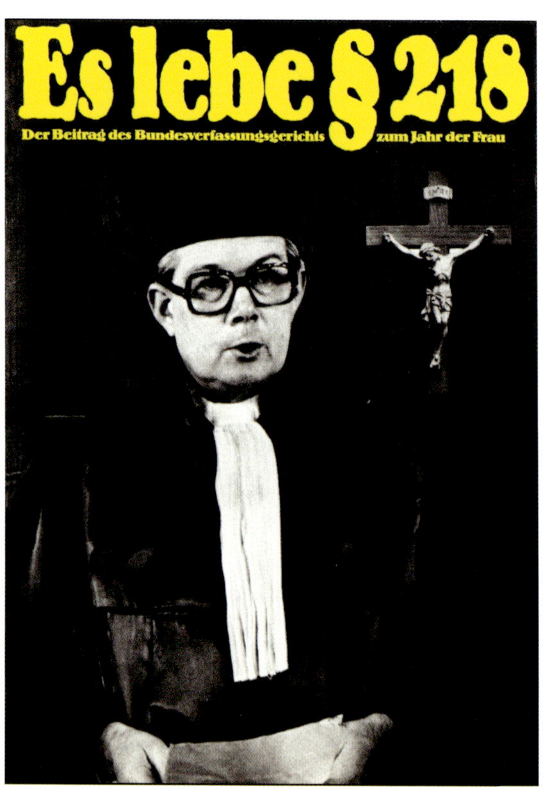

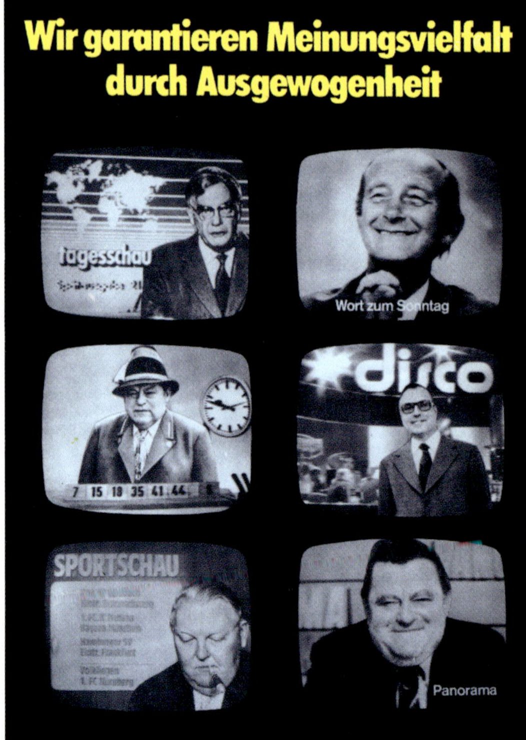

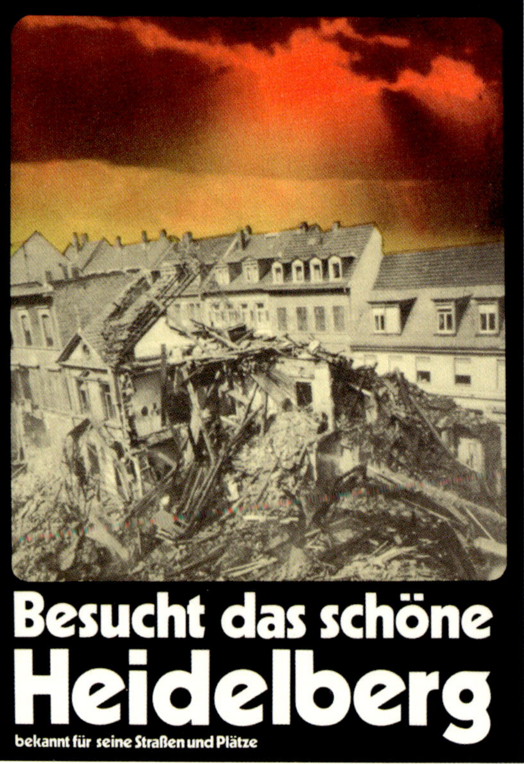

II.34 | *Die Kunst der 70er Jahre findet nicht im Saale statt* („Die Kunst der 70er Jahre") | 1975
II.35 | *Es lebe §218. Der Beitrag des Bundesverfassungsgerichts zum Jahr der Frau* („Es lebe §218") | 1975
II.32 | *Wir garantieren die Meinungsvielfalt durch Ausgewogenheit* | 1975
II.36 | *Besucht das schöne Heidelberg* („Heidelberg") | 1975

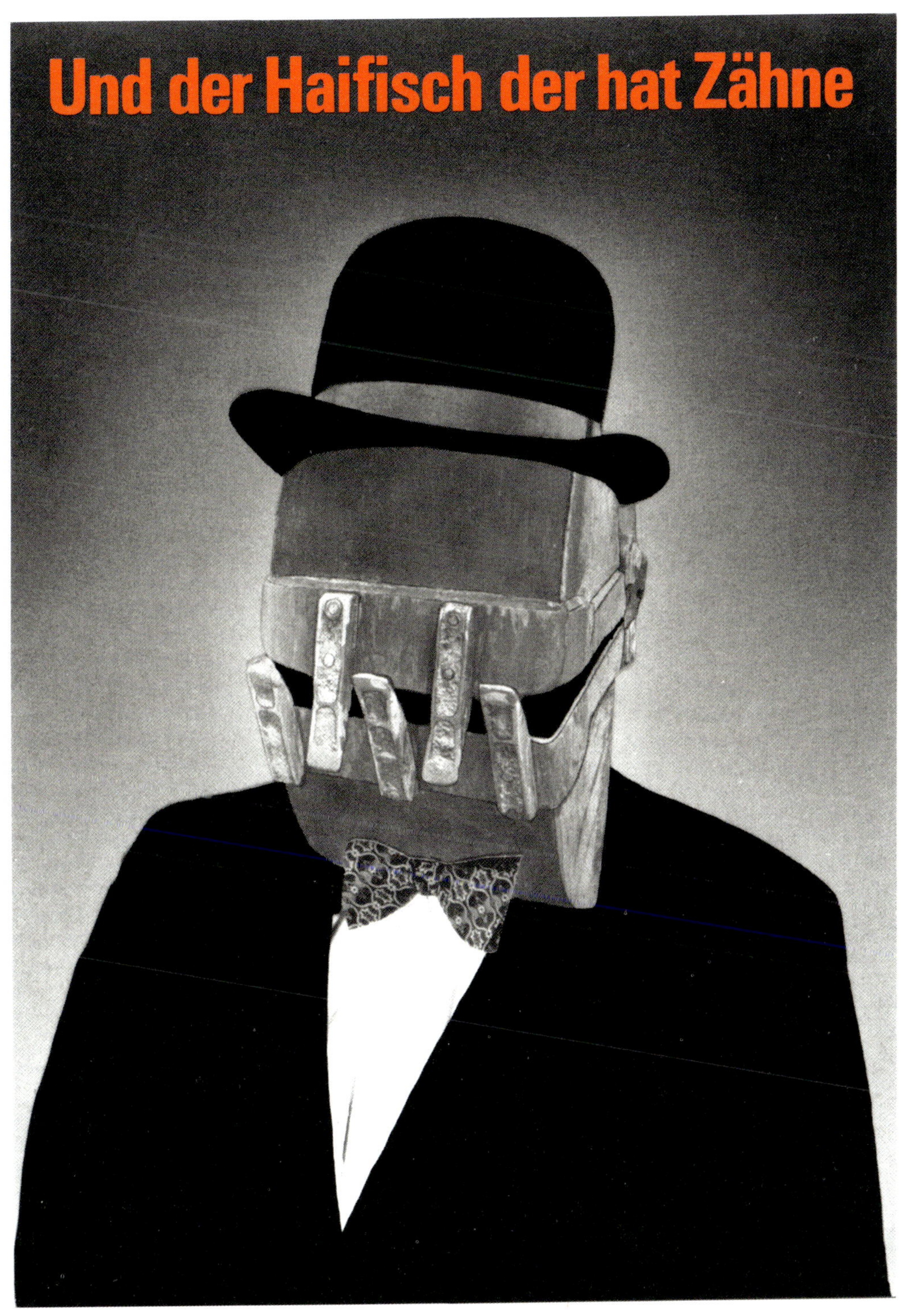

II.33 | *Und der Haifisch der hat Zähne* („Baulöwe") | 1975

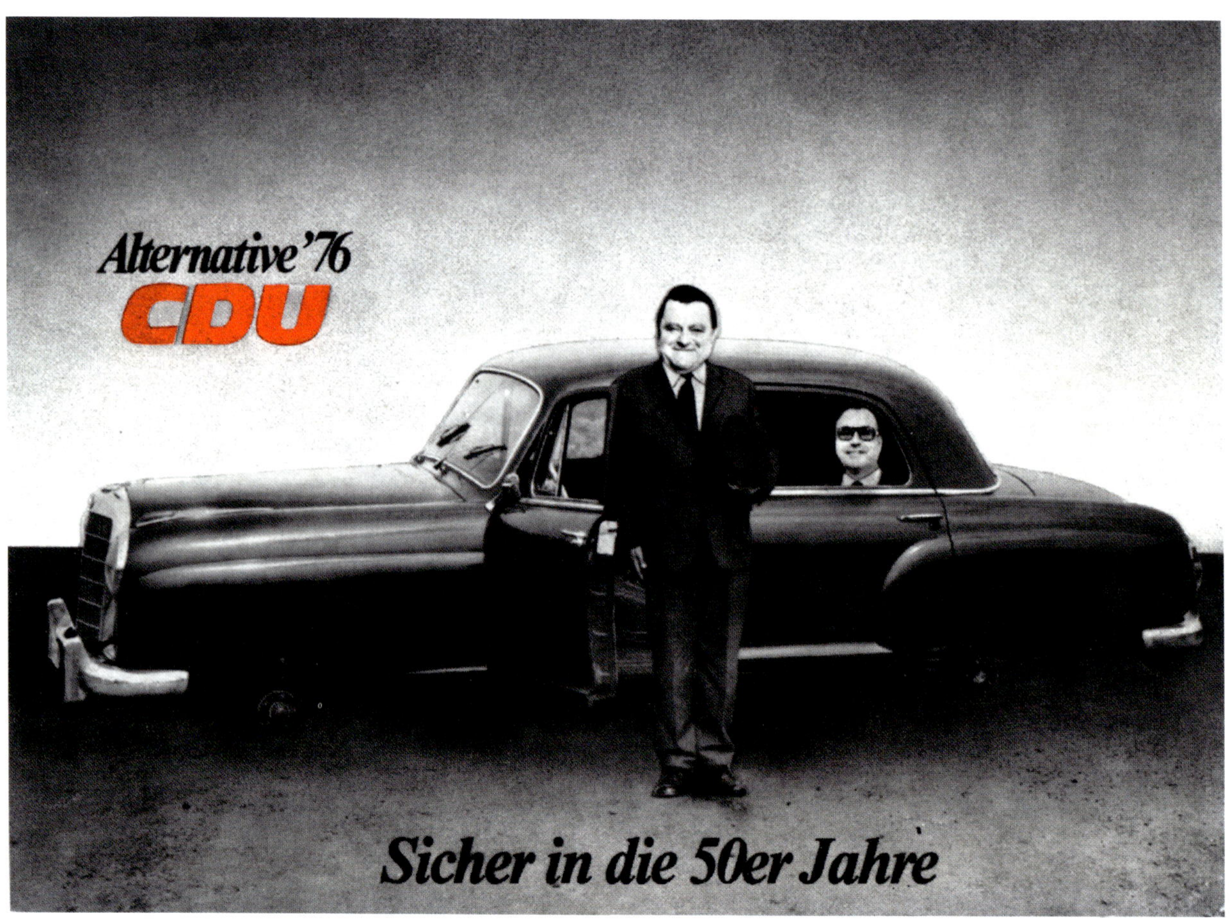

II.43 | *Alternative '76 CDU: Sicher in die 50er Jahre* („Sicher in die 50er Jahre") | 1975

Bekanntmachung

Betr.: Radikalenerlaß

Die Bevölkerung wird noch einmal darauf hingewiesen, daß die ehem. Mitgliedschaft in NSDAP, SA, SD, SS und im NS-Rechtswahrerbund einer Beschäftigung im öffentlichen Dienst nicht entgegensteht.

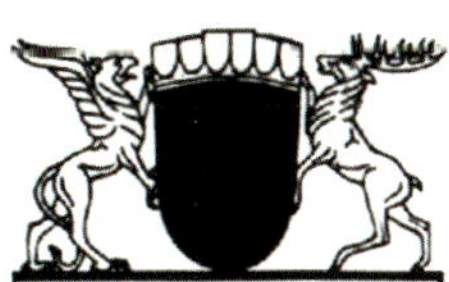

Der Landesbeauftragte für das Gesinnungswesen.

II.41 | *Bekanntmachung. Betr.: Radikalenerlaß* („Radikalenerlass") | 1975

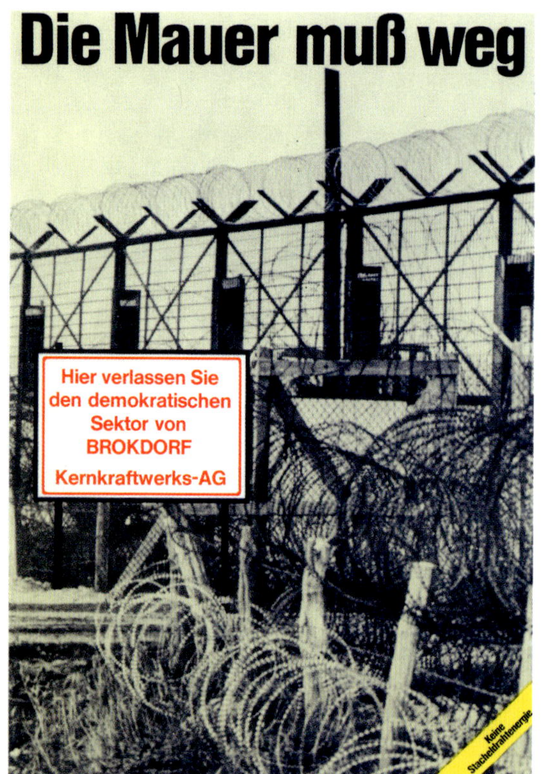

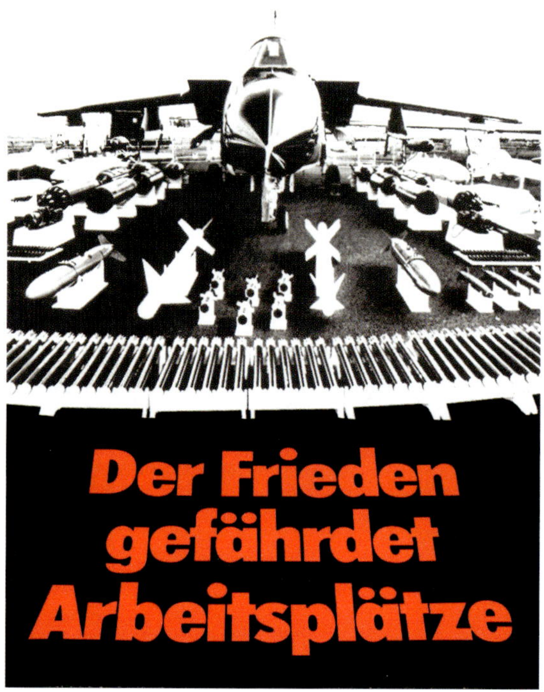

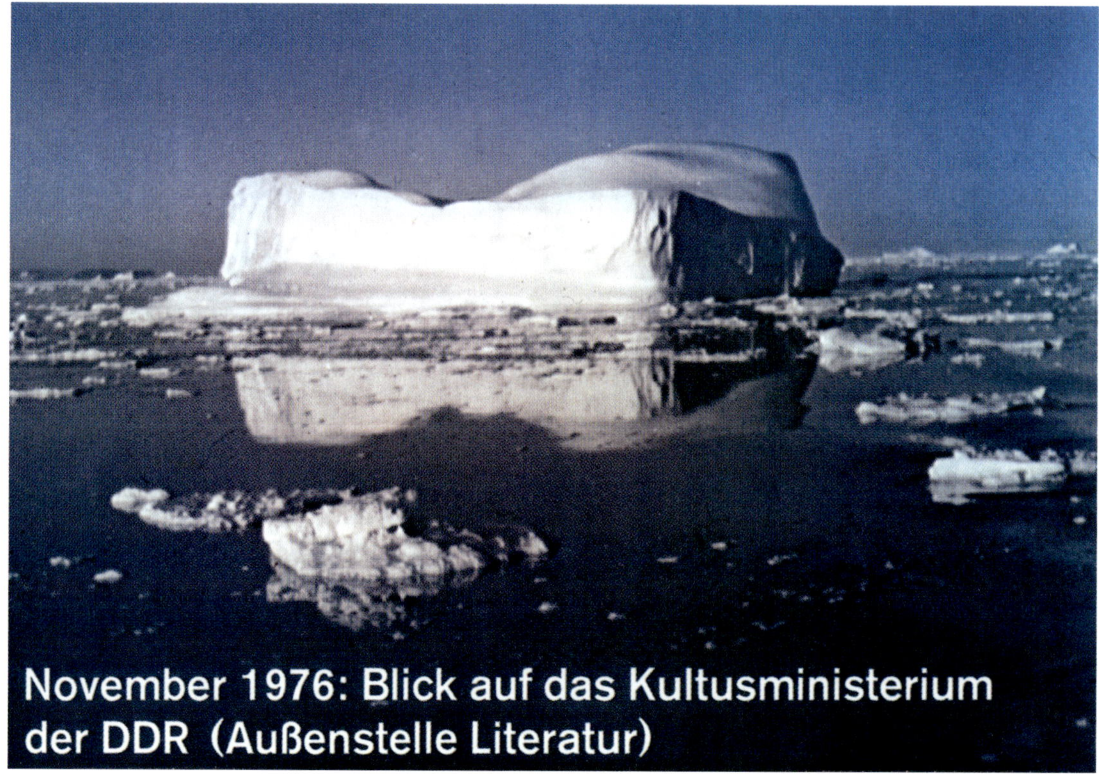

II.46 | *Die Mauer muß weg. Hier verlassen Sie den demokratischen Sektor von Brokdorf* („Die Mauer muß weg") | 1976
II.44 | *Der Frieden gefährdet Arbeitsplätze* („Der Frieden gefährdet Arbeitsplätze") | 1976
II.45 | *November 1976: Blick auf das Kulturministerium der DDR (Außenstelle Literatur)* („Der nächste Sommer kommt bestimmt") | 1976

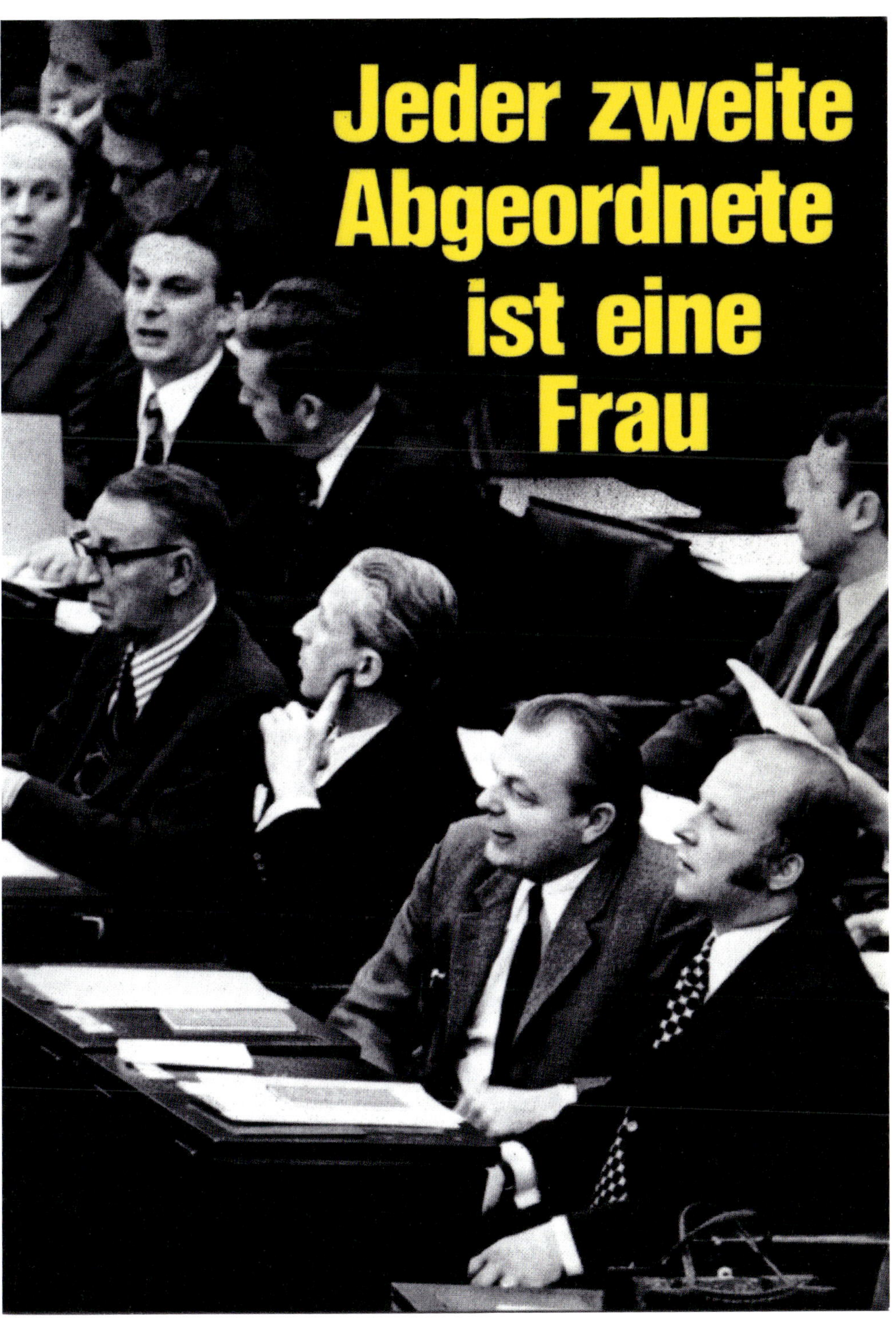

II.47 | *Jeder zweite Abgeordnete ist eine Frau* („Gleichberechtigung") | 1976

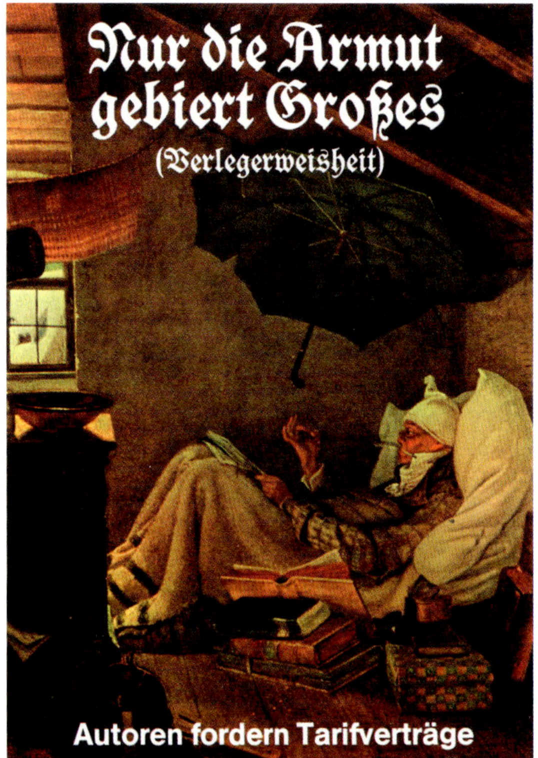

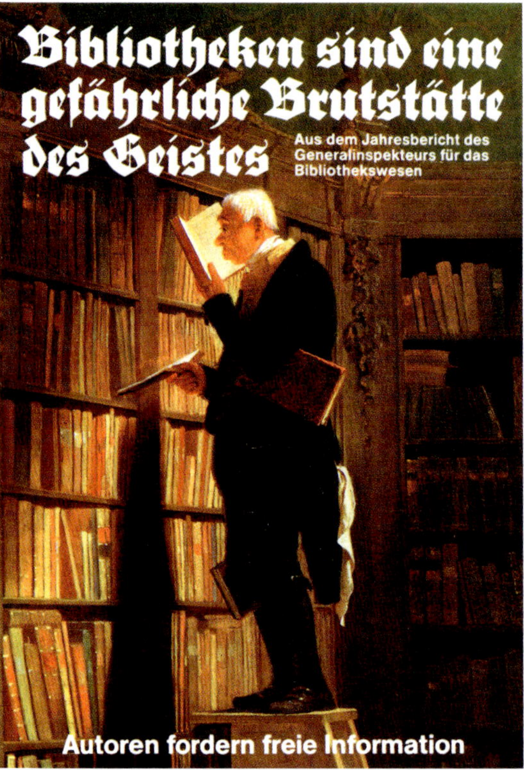

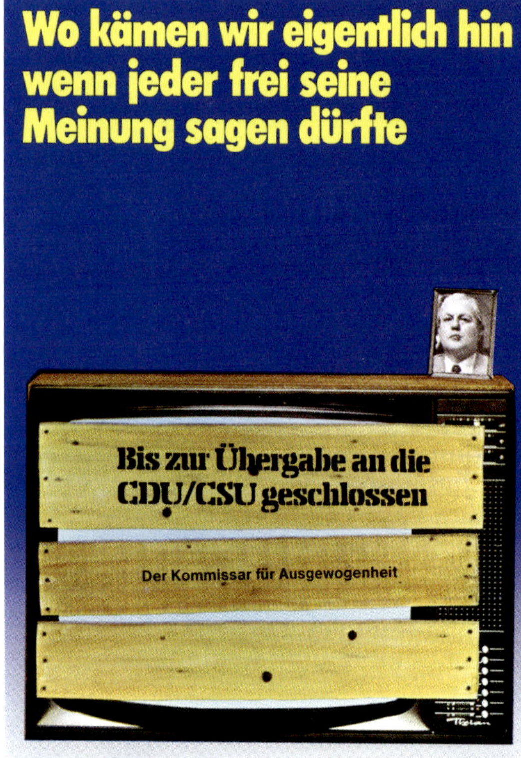

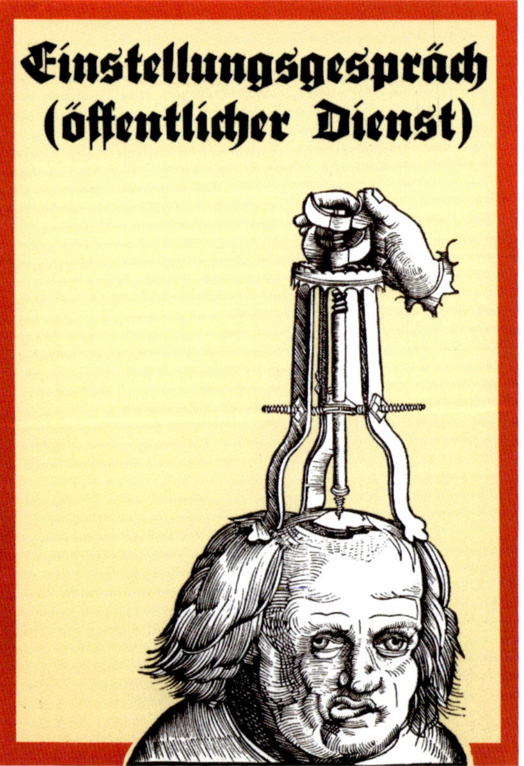

II.49 | *Nur die Armut gebiert Großes (Verlegerweisheit) Autoren fordern Tarifverträge* („Der arme Poet") | 1977
II.61 | *Bibliotheken sind eine gefährliche Brutstätte des Geistes. Autoren fordern freie Information* („Der Bücherwurm") | 1978
II.53 | *Wo kämen wir eigentlich hin wenn jeder frei seine Meinung sagen dürfte* | 1977
II.52 | *Einstellungsgespräch (öffentlicher Dienst)* („Einstellungsgespräch") | 1977

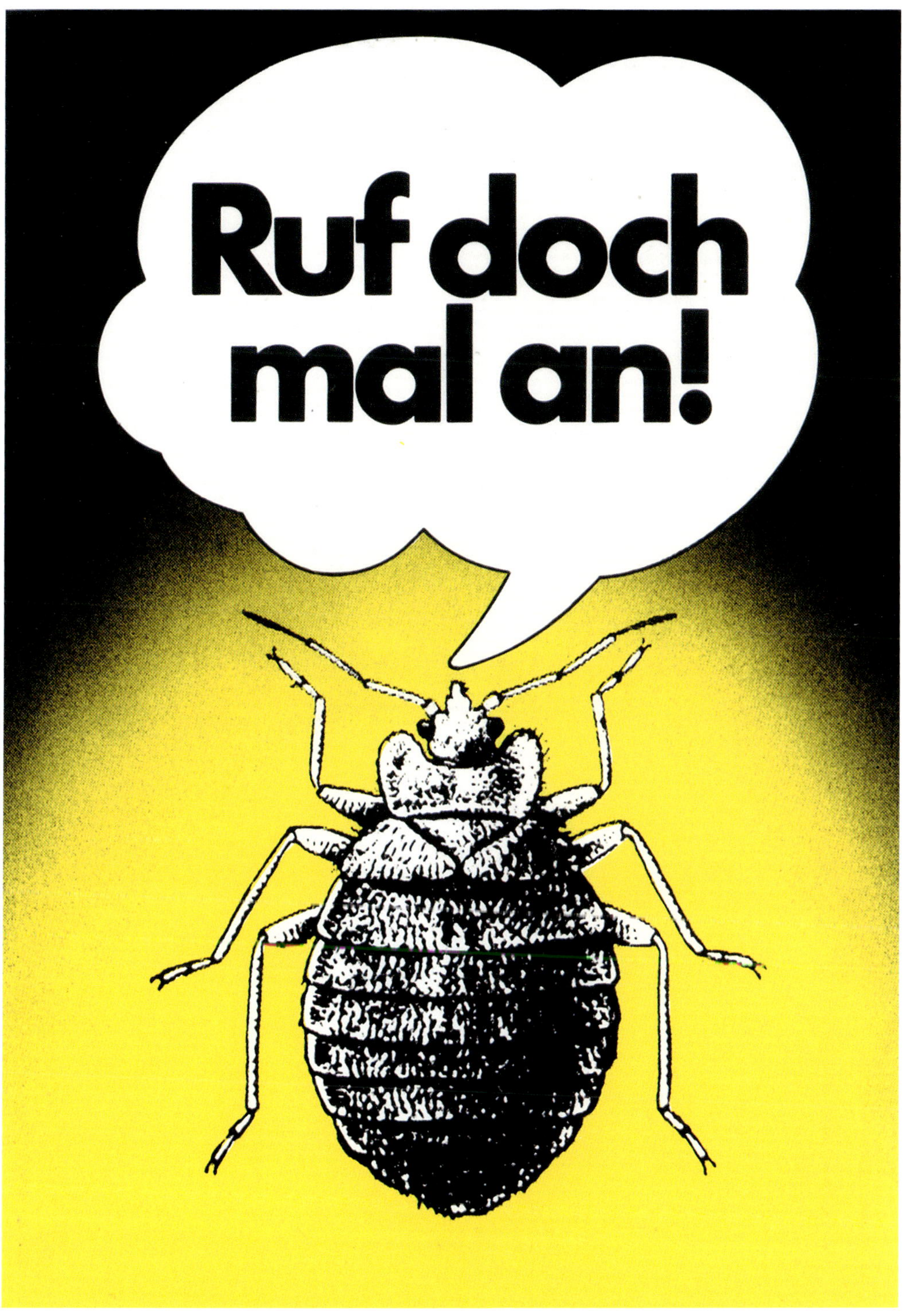

II.55 | *Ruf doch mal an!* („Ruf doch mal an!") | 1977

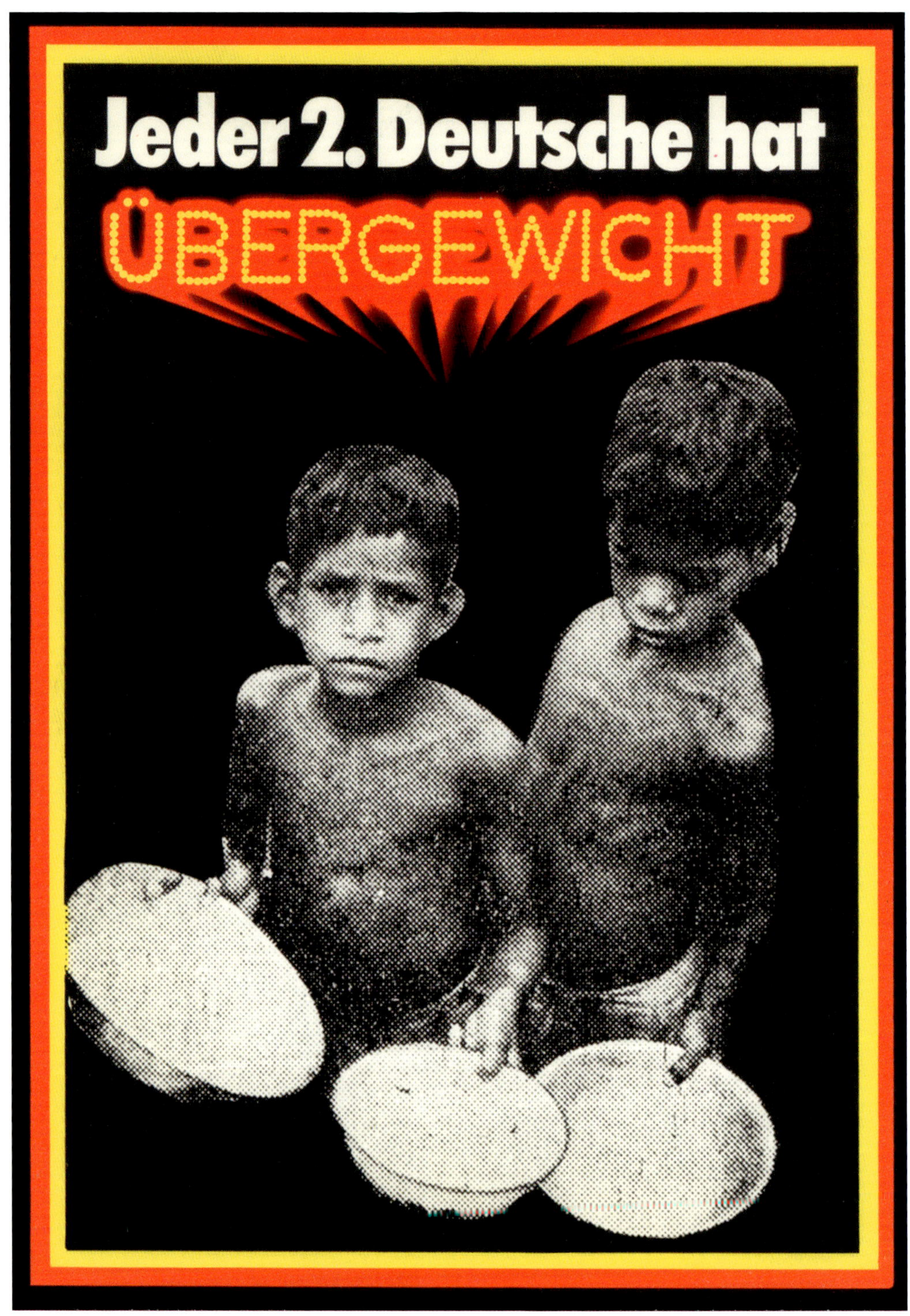

II.56 | *Jeder zweite Deutsche hat Übergewicht („Übergewicht")* | 1977

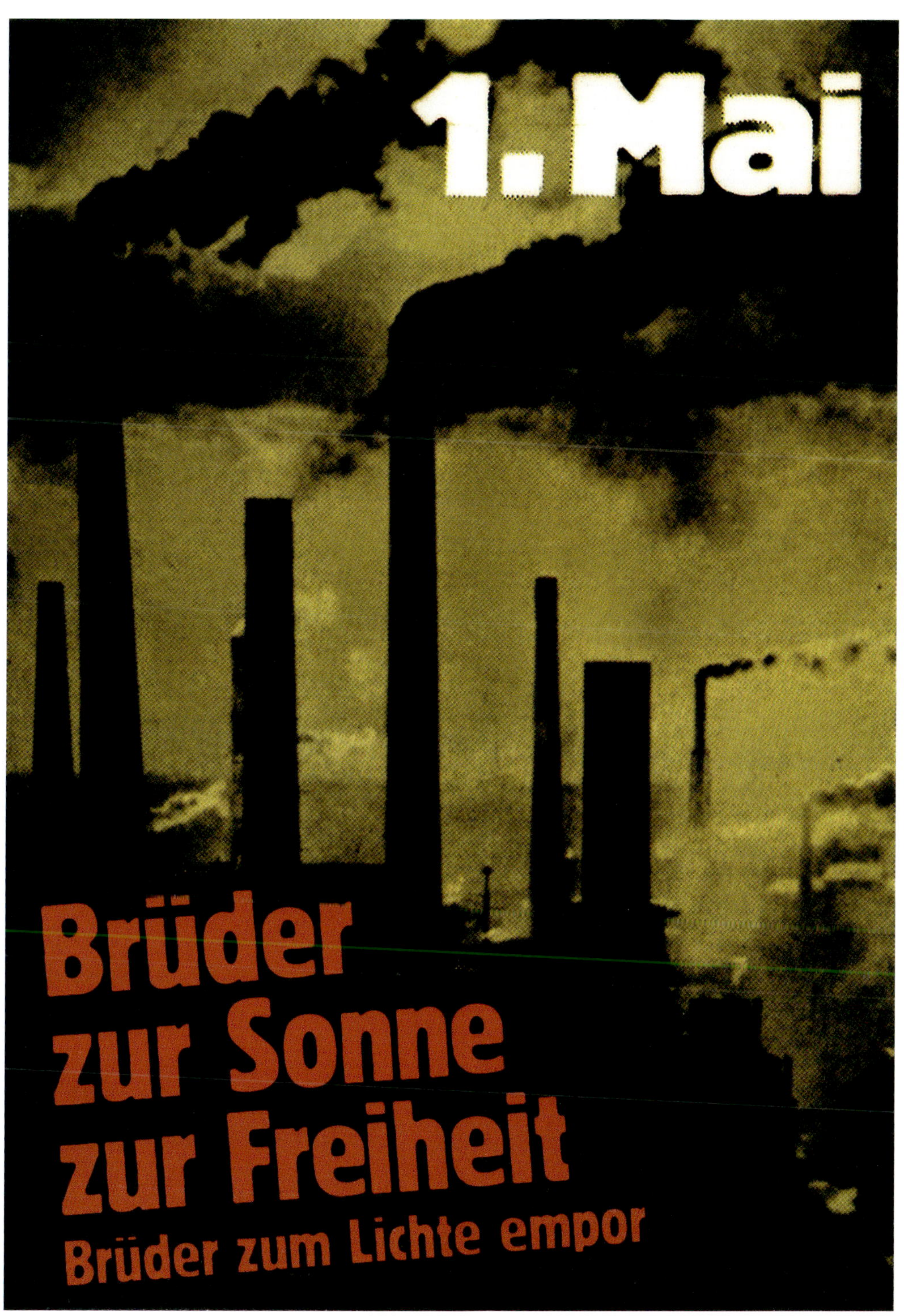

II.57 | *1. Mai: Brüder zur Sonne zur Freiheit, Brüder zum Lichte empor* („Zum Lichte empor") | 1977

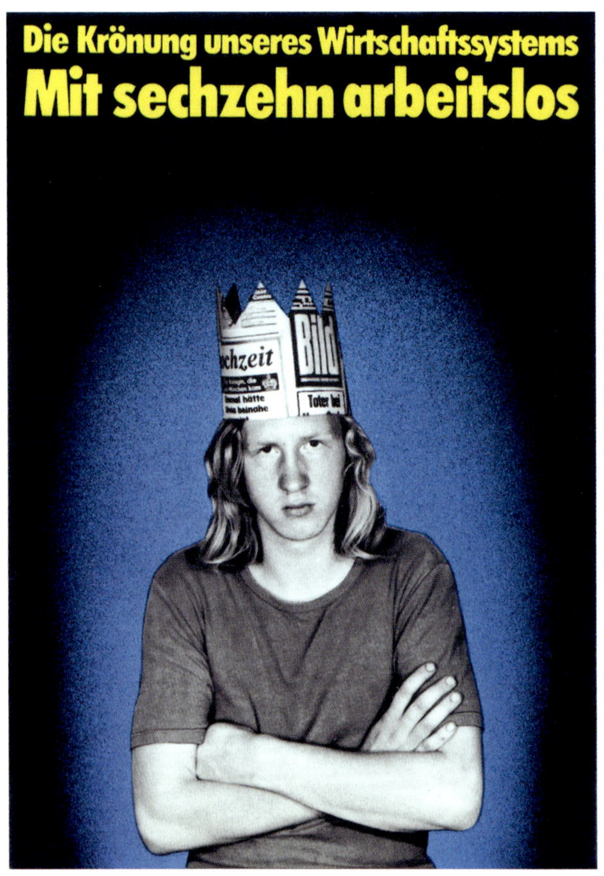

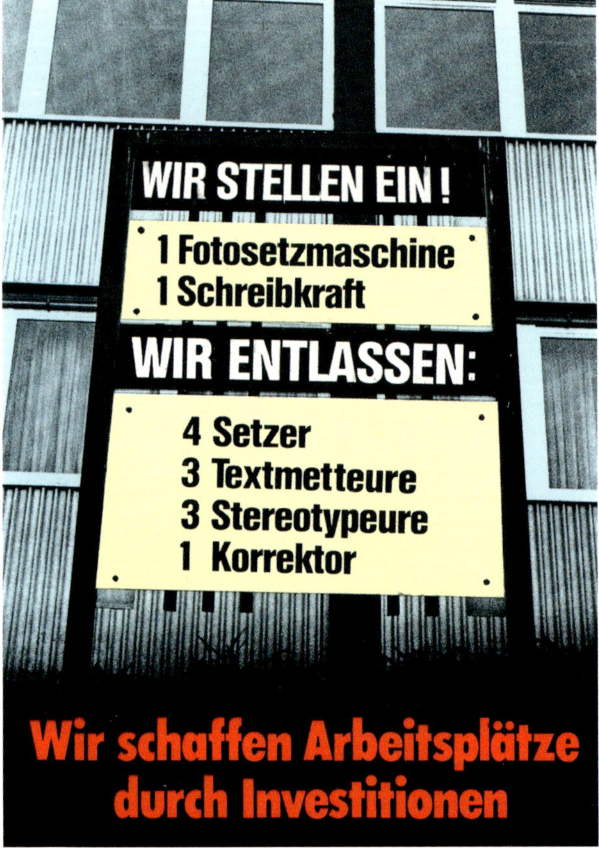

II.54 | *Die Krönung unseres Wirtschaftssystems: Mit sechzehn arbeitslos* („Mit sechzehn arbeitslos") | 1977
II.48 | *Wir schaffen Arbeitsplätze durch Investitionen* („Arbeitsplätze durch Investitionen") | 1977

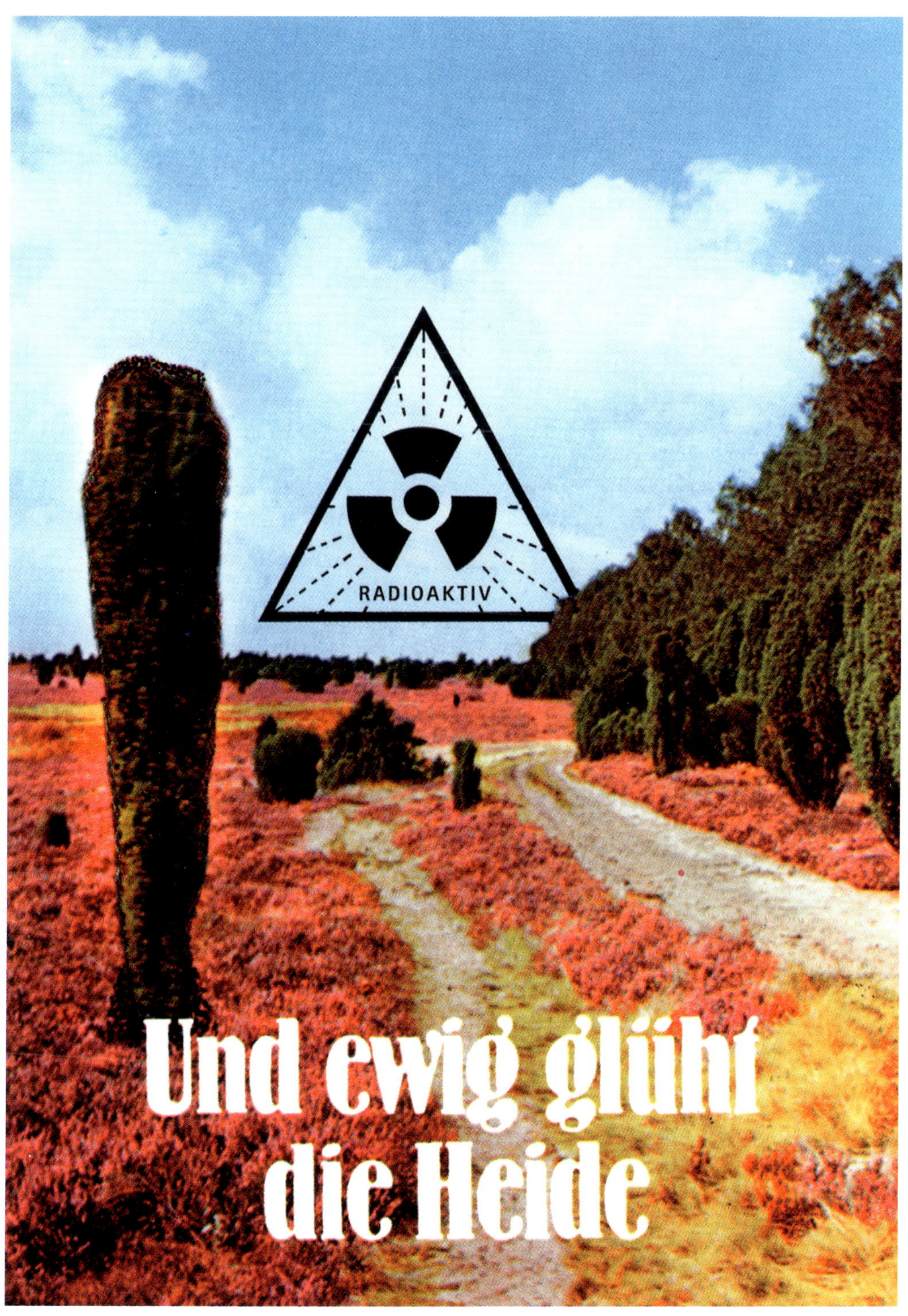

II.57 | *Und ewig glüht die Heide* („Hermann-Löns-Gedächtnis-Plakat") | 1977

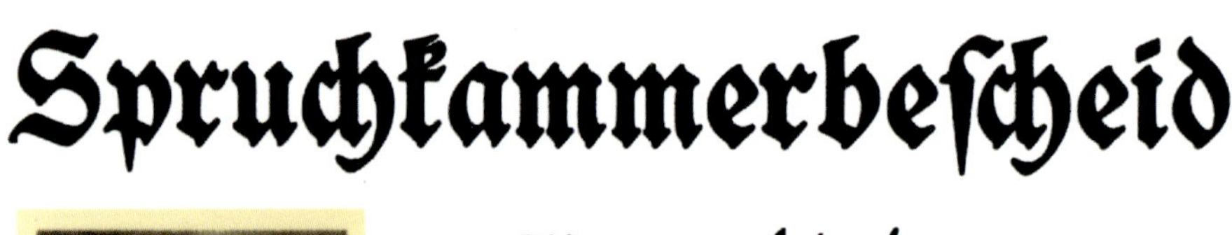

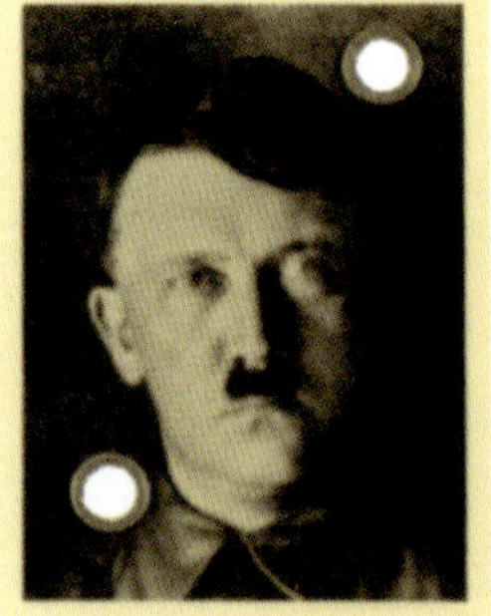

Der/die Hitler, Adolf geb. in Braunau

ist im Entnazifizierungsverfahren eingestuft worden in die Gruppe

Nr. IV Mitläufer

(V Nicht betroffen, IV Mitläufer, III Belastet, II Schuldig, I Hauptschuldig)

Joachim
Der kommisarische Landrat als Vorsitzender des Spruchausschusses

C. Fest
Der Beisitzer

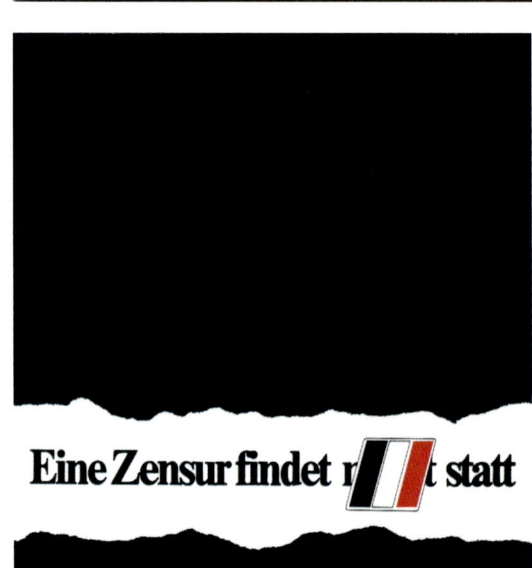

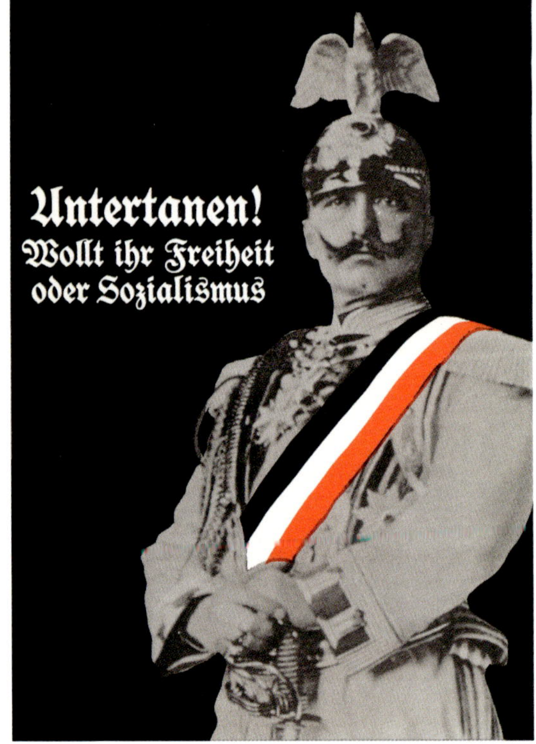

II.62 | *Spruchkammerbescheid Hitler* („Mitläufer") | 1978
II.51 | *Eine Zensur findet ~~nicht~~ statt* | 1977
II.50 | *Untertanen! Wollt ihr Freiheit oder Sozialismus* („Der Untertan!") | 1977

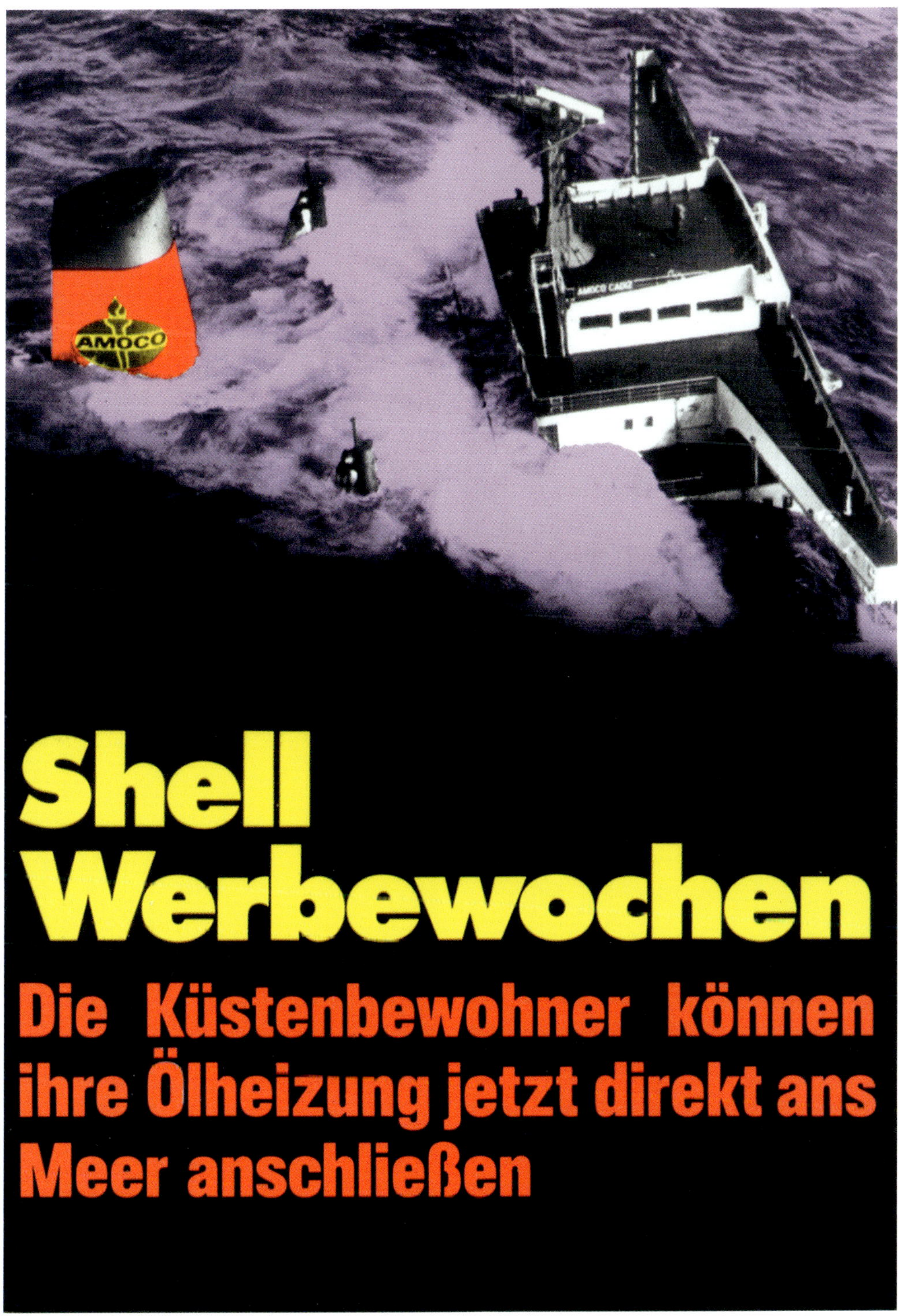

II.63 | *Shell Werbewochen: Die Küstenbewohner können ihre Ölheizung jetzt direkt ans Meer anschließen* („Ölpest") | 1978

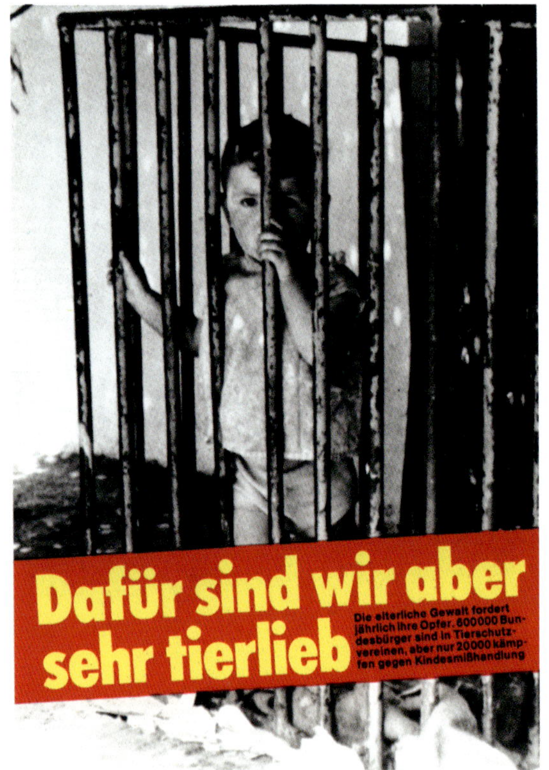

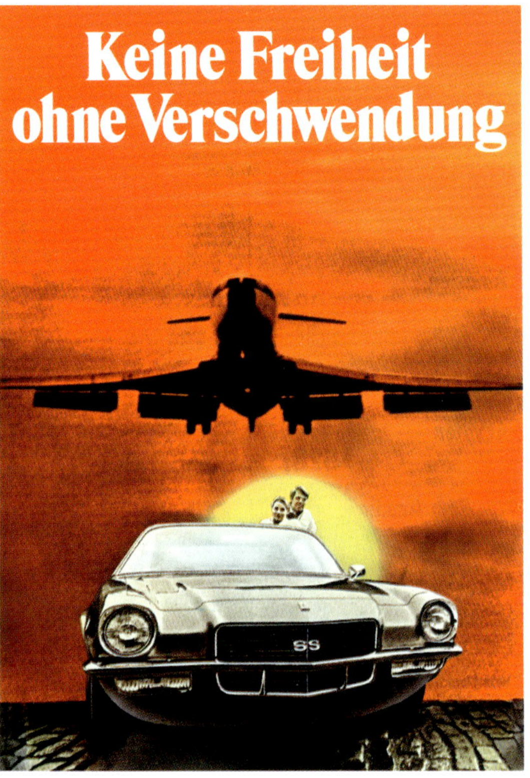

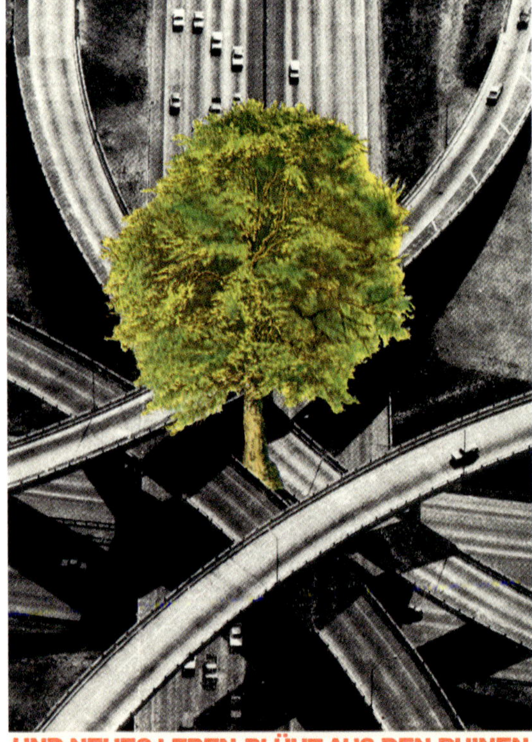

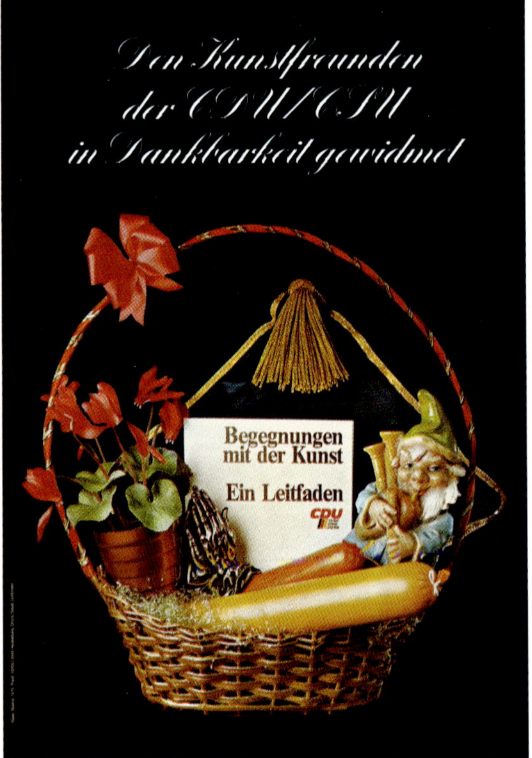

II.65 | *Dafür sind wir aber sehr tierlieb* | 1978
II.71 | *Keine Freiheit ohne Verschwendung* („Keine Freiheit ohne Verschwendung") | 1979
II.73 | *Und neues Leben blüht aus den Ruinen* („Und neues Leben blüht aus den Ruinen") | 1979
II.66 | *Den Kunstfreunden der CDU/CSU in Dankbarkeit gewidmet* („CDU Kunstfreunde") | 1979

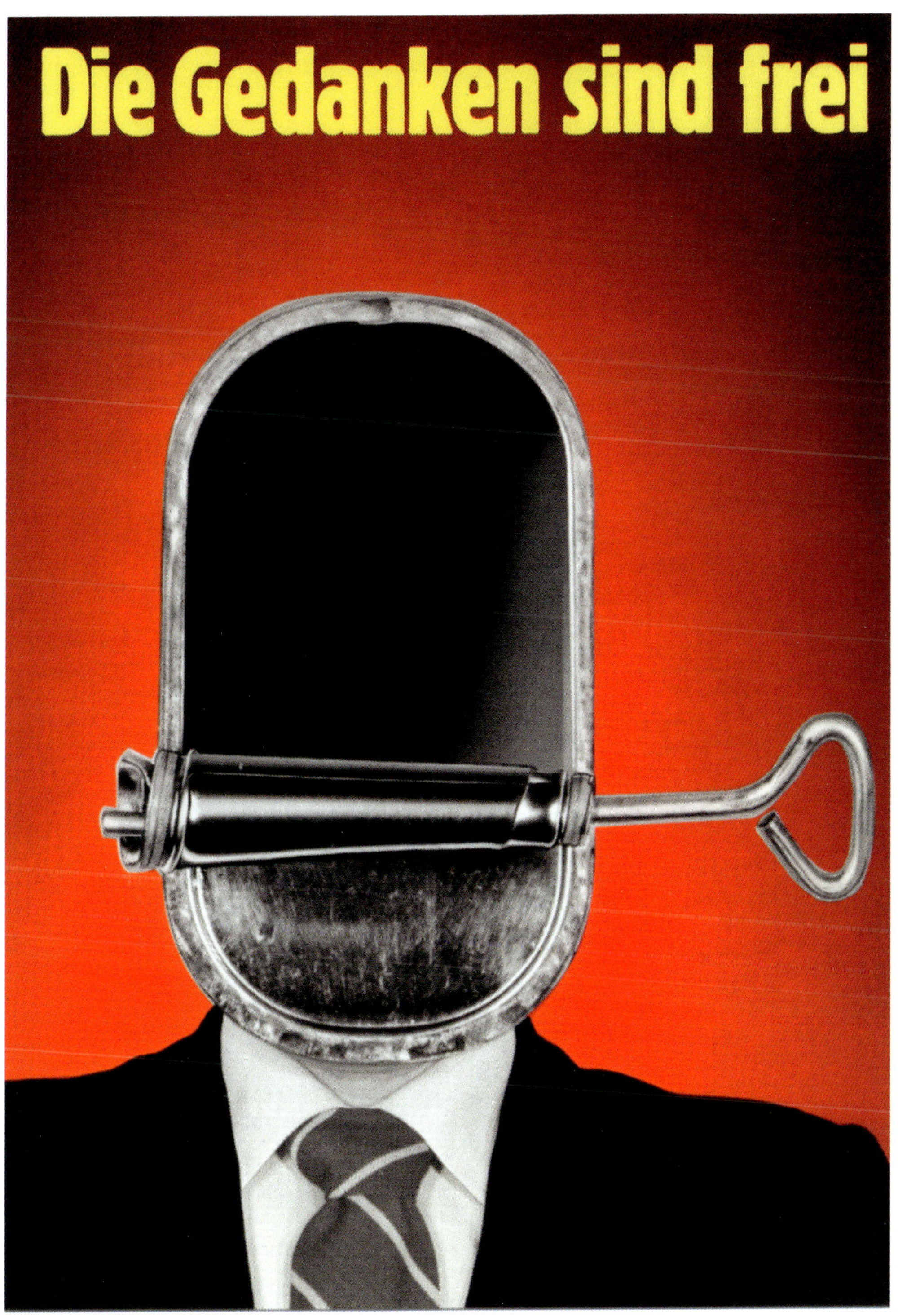

II.69 | *Die Gedanken sind frei* („Die Gedanken sind frei“) | 1979

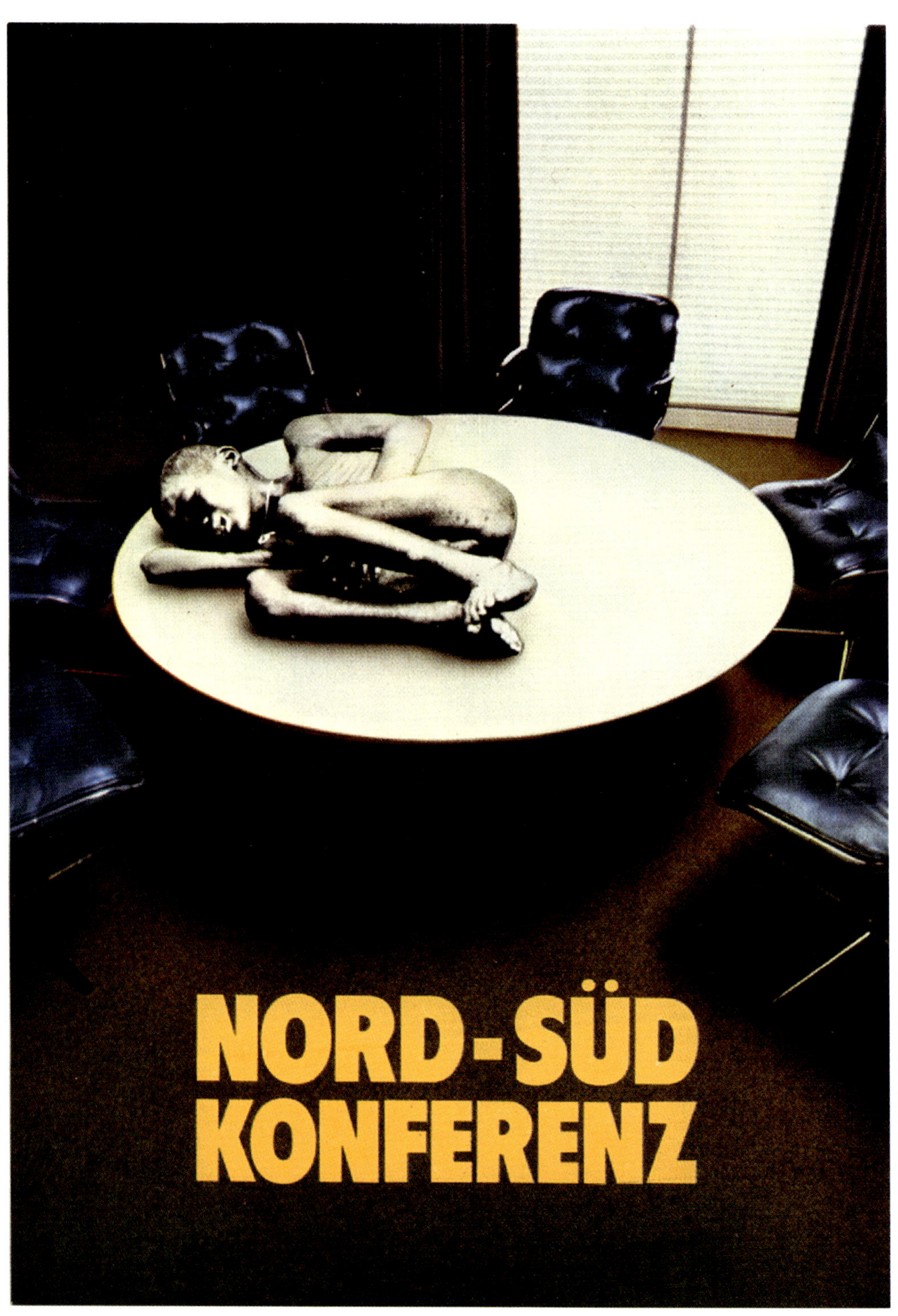

II.72 | *Nord-Süd Konferenz* („Nord-Süd Konferenz") | 1979

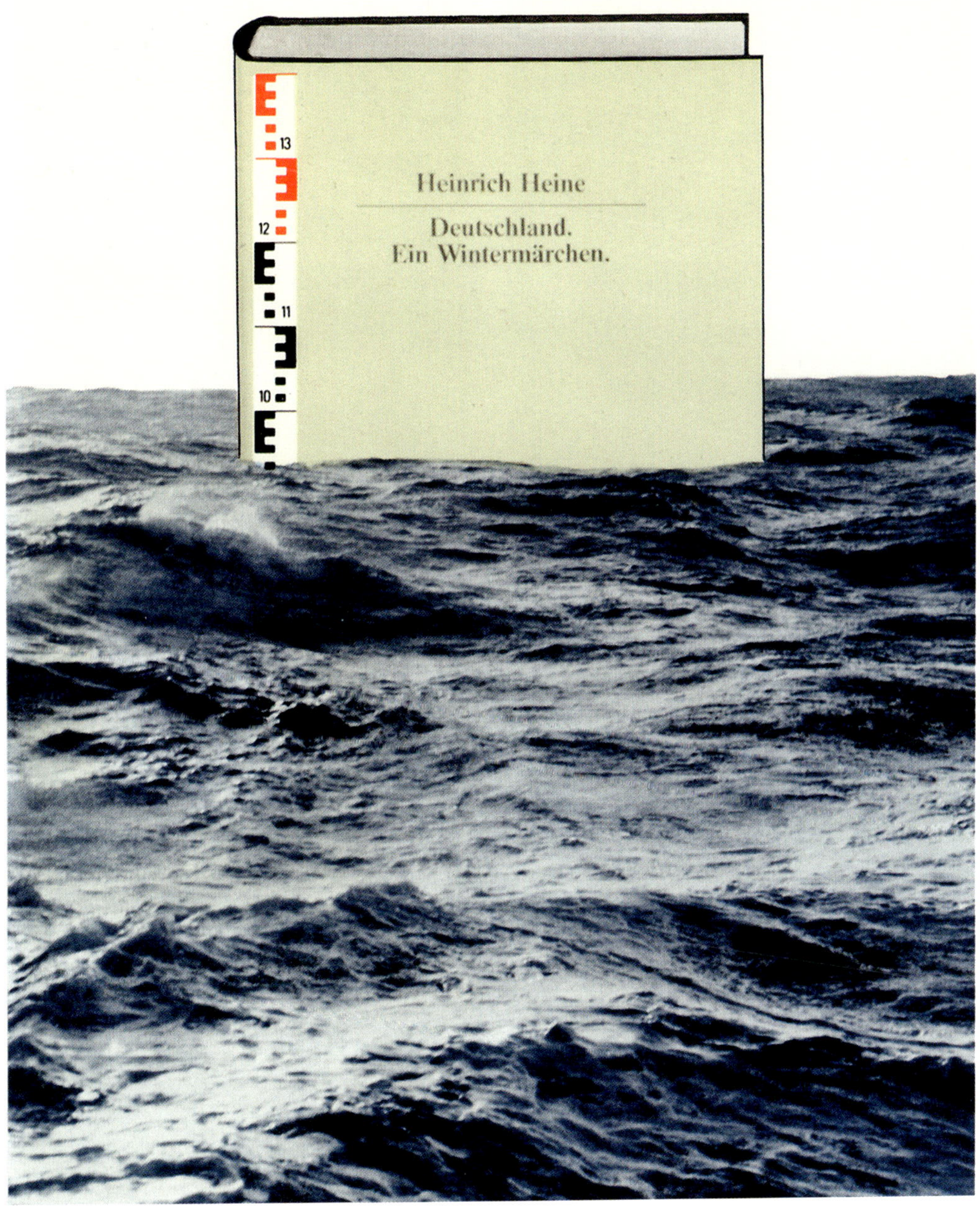

II.67 | *Die Freiheit stirbt zentimeterweise* („Die Freiheit stirbt zentimeterweise") | 1979

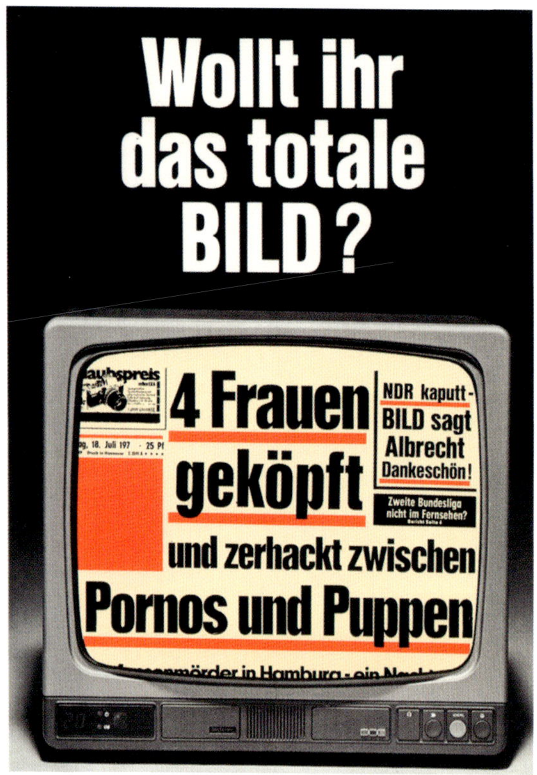

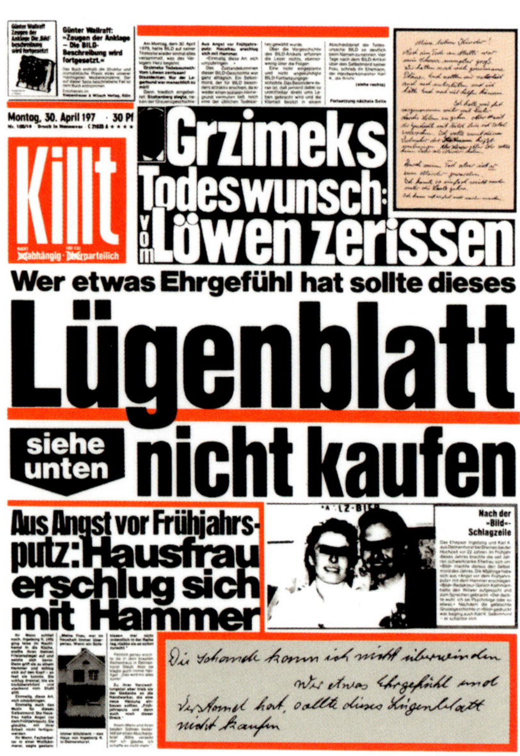

Der Bildgerichtshof hat entschieden:
Rufmord ist ein völlig
legales Verbrechen

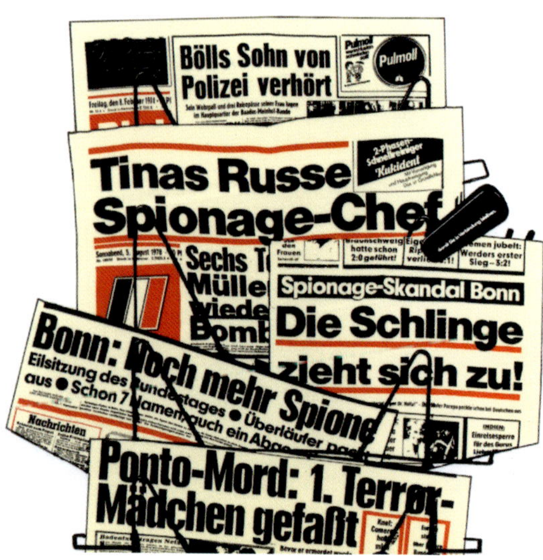

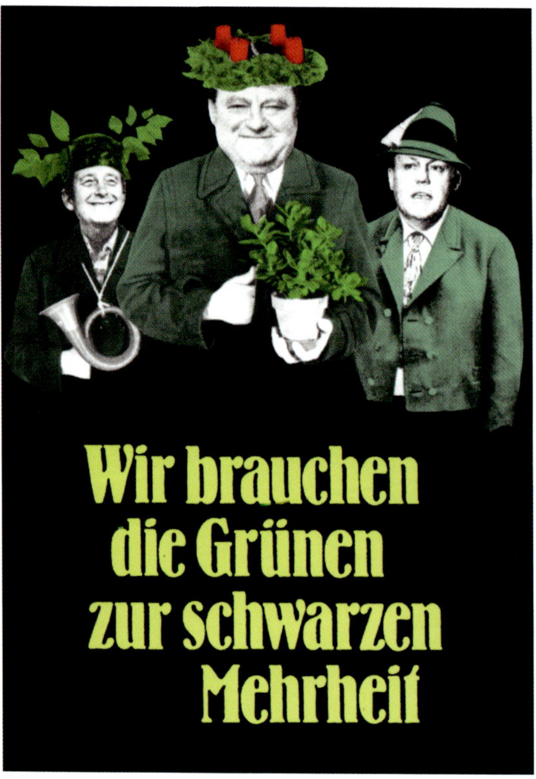

II.82 | *Wollt ihr das totale BILD?* („Wollt ihr das totale BILD?") | 1980
II.78 | *Wer etwas Ehrgefühl hat sollte dieses Lügenblatt nicht kaufen* („Lügenblatt") | 1980
II.64 | *Der BILDgerichtshof hat entschieden: Rufmord ist ein völlig legales Verbrechen* („Rufmord") | 1978
II.68 | *Wir brauchen die Grünen zur schwarzen Mehrheit* („Die Grünen") | 1979

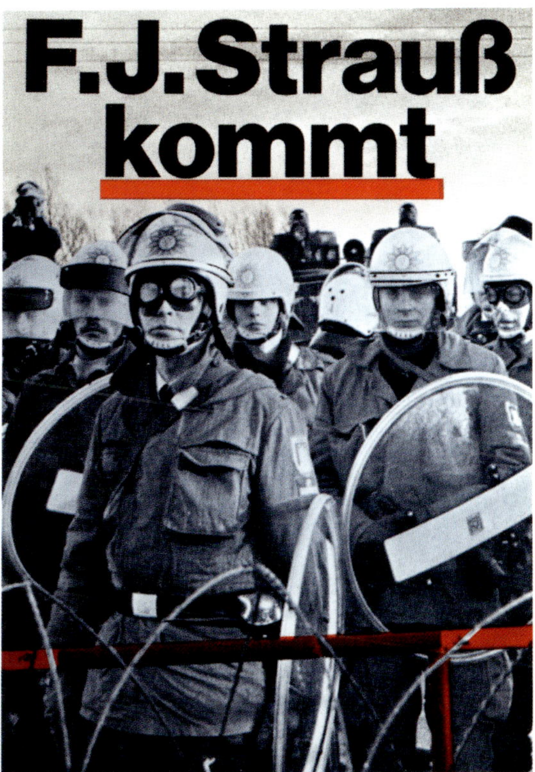

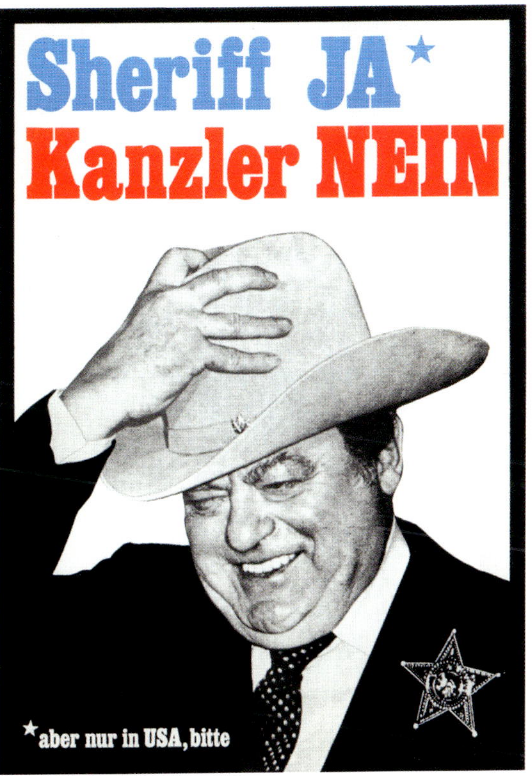

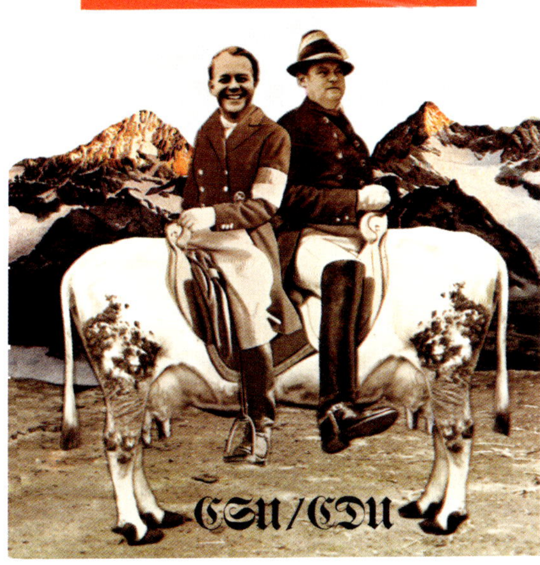

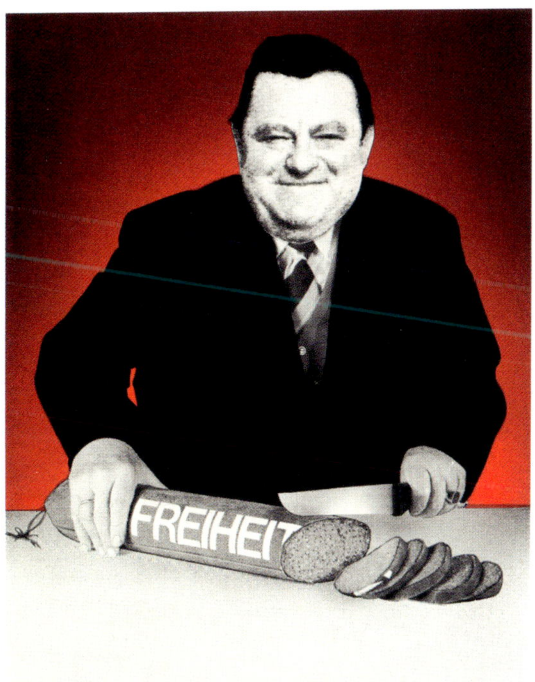

II.81 | *F.J. Strauß kommt* | 1980
II.79 | *Sheriff Ja* Kanzler Nein *aber nur in den USA, bitte* („Sheriff Ja Kanzler Nein") | 1980
II.77 | *Gemeinsam sind wir stark CDU/CSU* | 1980
II.70 | *Freiheit: Es geht um die Wurst* („Es geht um die Wurst") | 1979

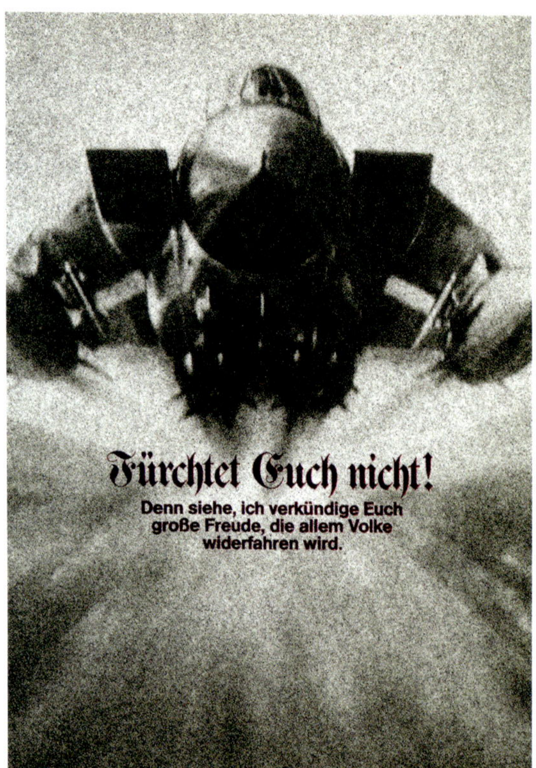

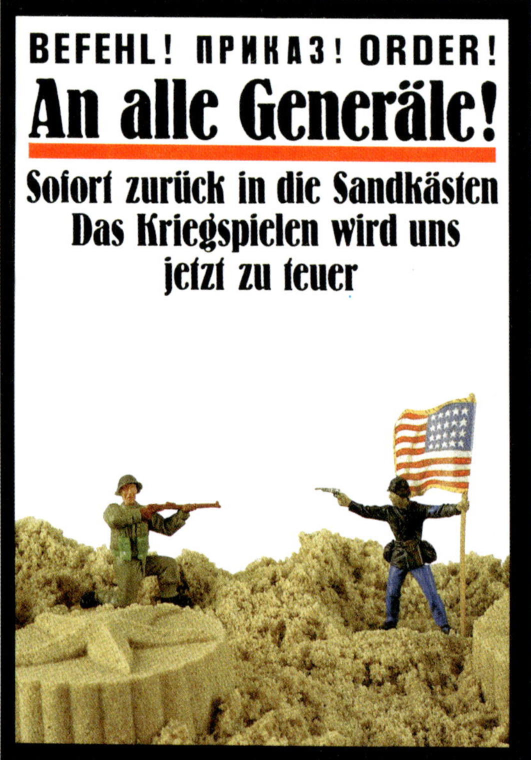

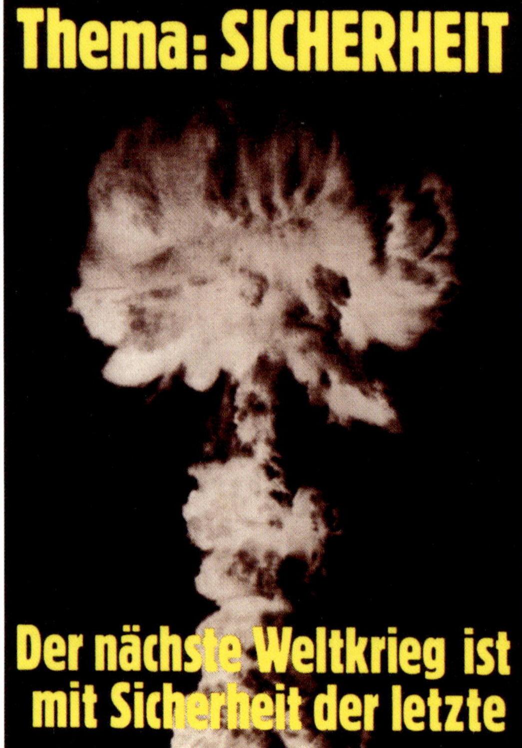

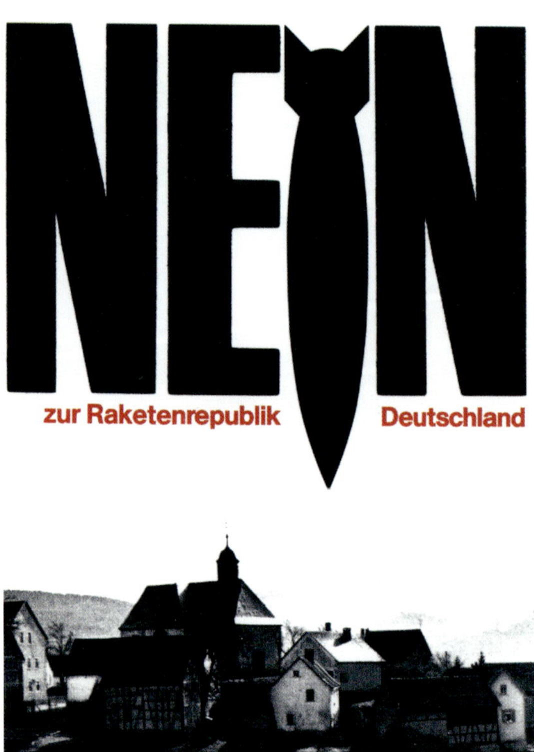

II.87 | *Fürchtet Euch nicht!* („Fürchtet Euch nicht!") | 1981
II.86 | *Befehl! Prikras! Order! An alle Generäle! Sofort zurück in die Sandkästen. Das Kriegspielen wird uns zu teuer* („An alle Generäle!") | 1981
II.90 | *Thema Sicherheit: Der nächste Weltkrieg ist mit Sicherheit der letzte* („Thema Sicherheit") | 1981
II.106 | *Nein zur Raketenrepublik Deutschland* („Raketenrepublik Deutschland") | 1983

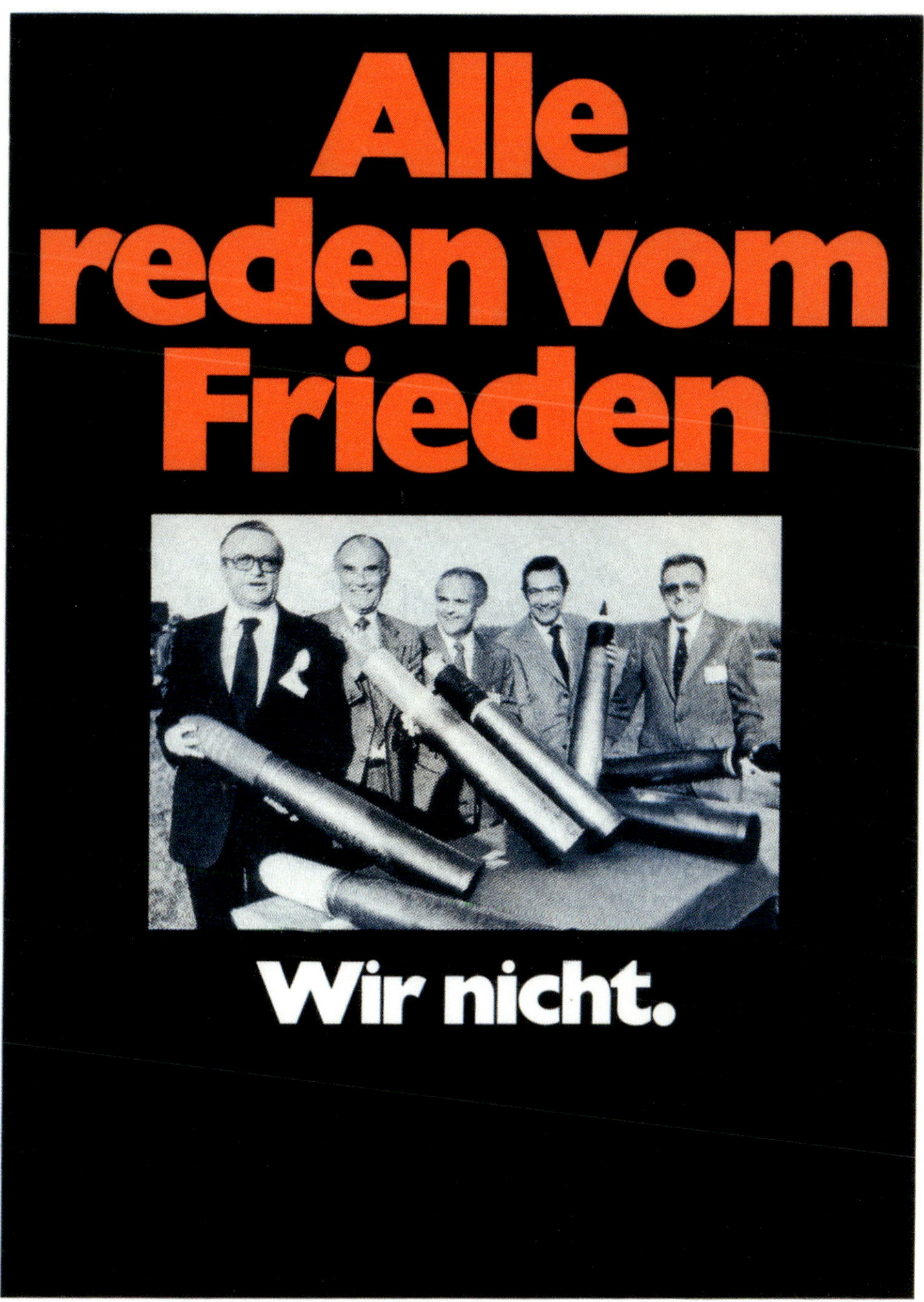

II.85 | *Alle reden vom Frieden – Wir nicht.* („Alle reden vom Frieden") | 1981

II.88 | *Im Mittelpunkt steht immer der Mensch* („Im Mittelpunkt steht immer der Mensch") | 1981

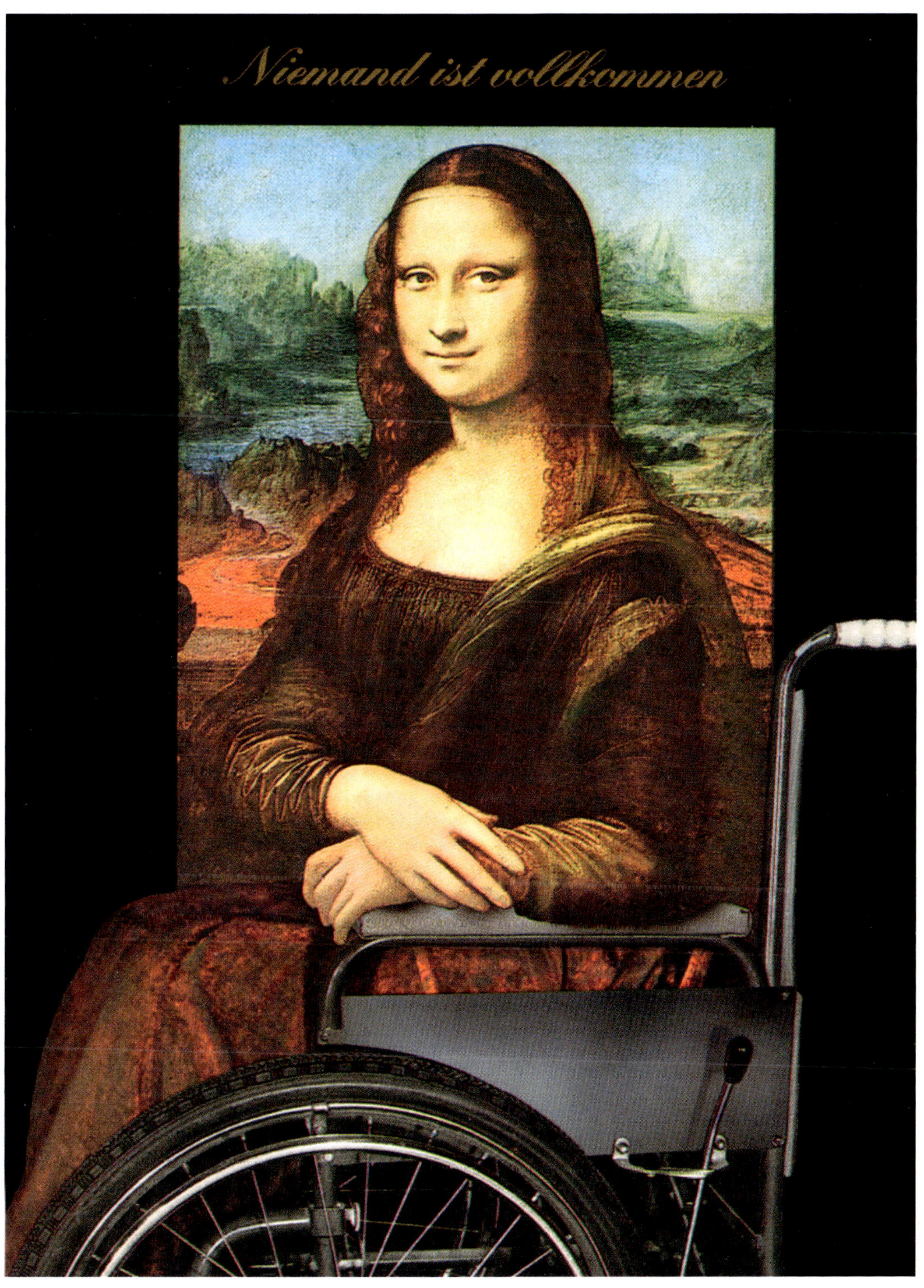

II.89 | *Niemand ist vollkommen* („Niemand ist vollkommen") | 1981

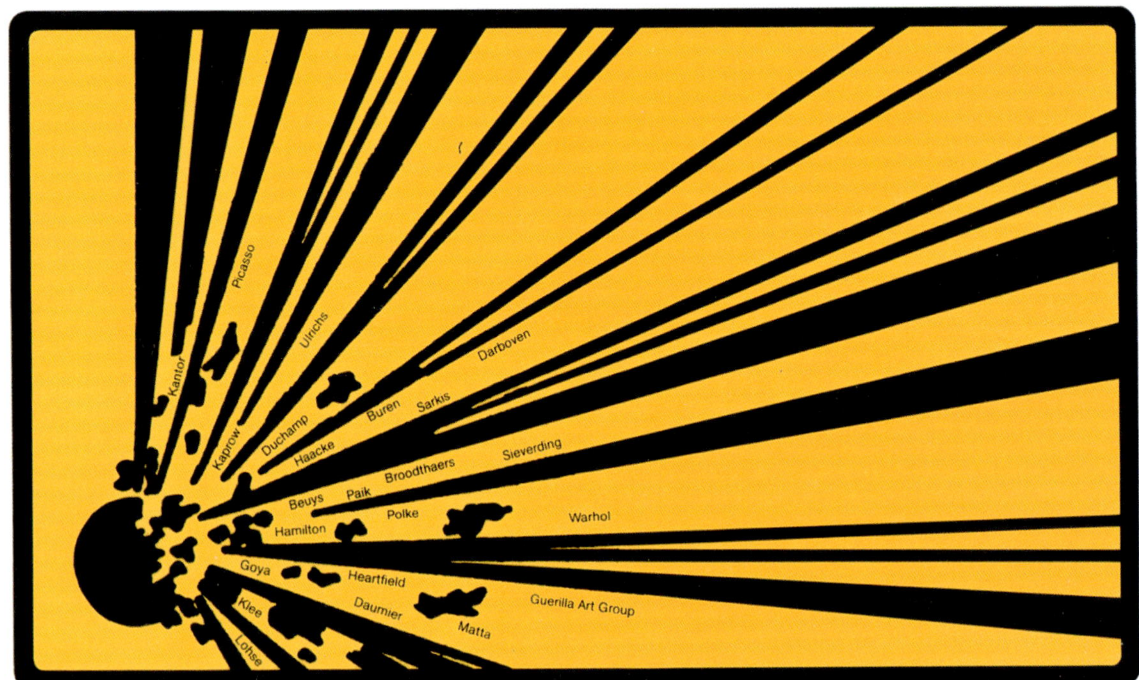

II.99 | *Vorsicht Kunst!* („Vorsicht Kunst!“) | 1982

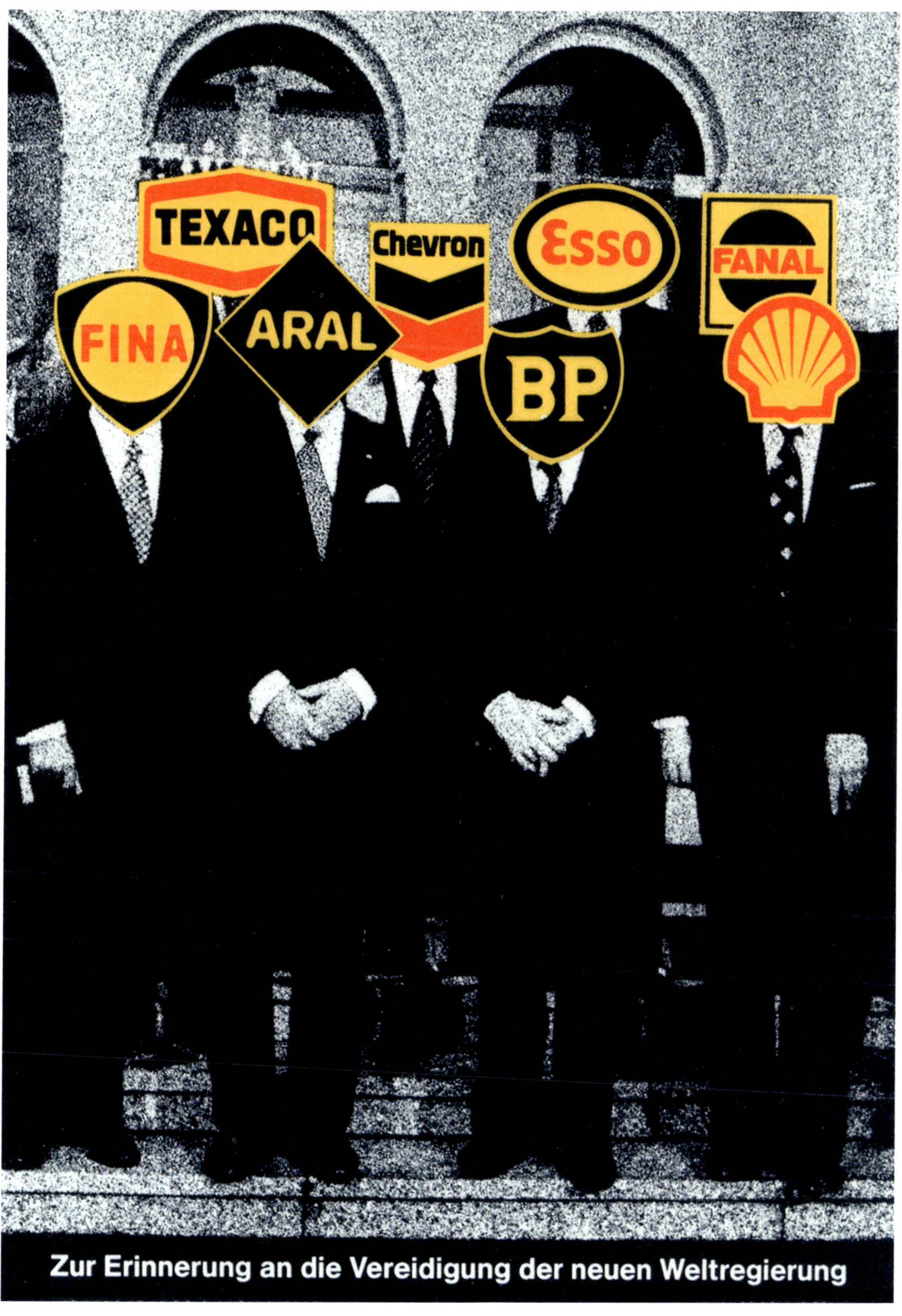

II.91 | *Zur Erinnerung an die Vereidigung der neuen Weltregierung* („Weltregierung") | 1981

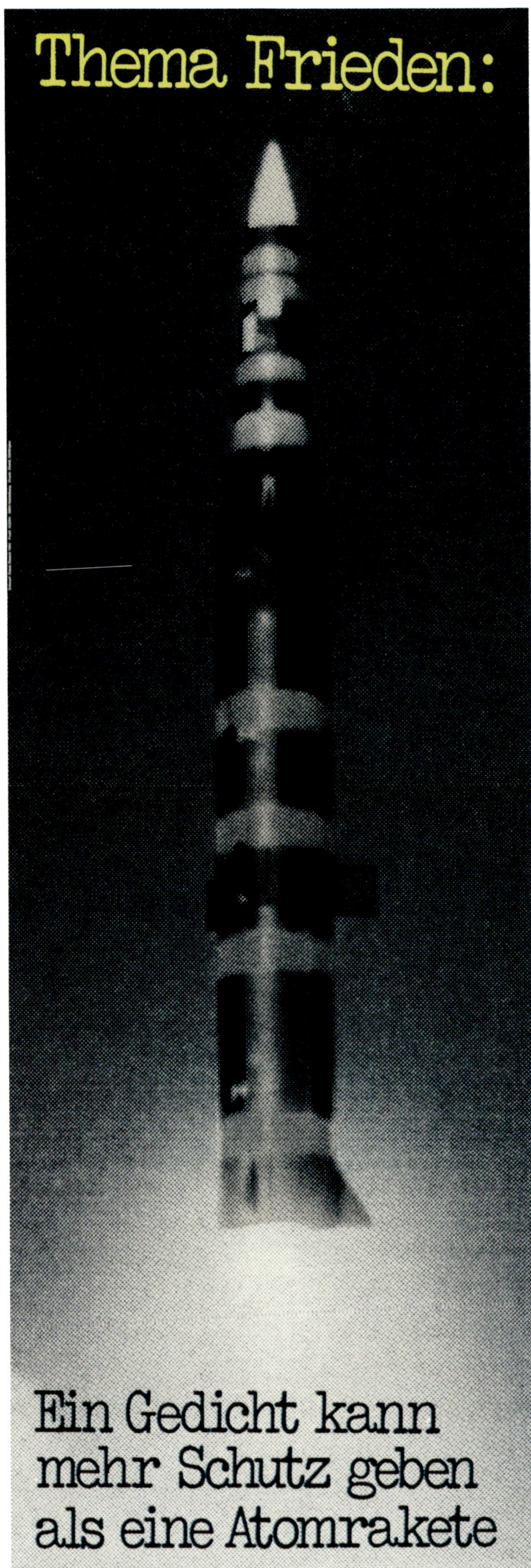

II.93 | *Thema Frieden: Ein Gedicht kann mehr Schutz geben als eine Atomrakete* („Thema Frieden“) | 1982

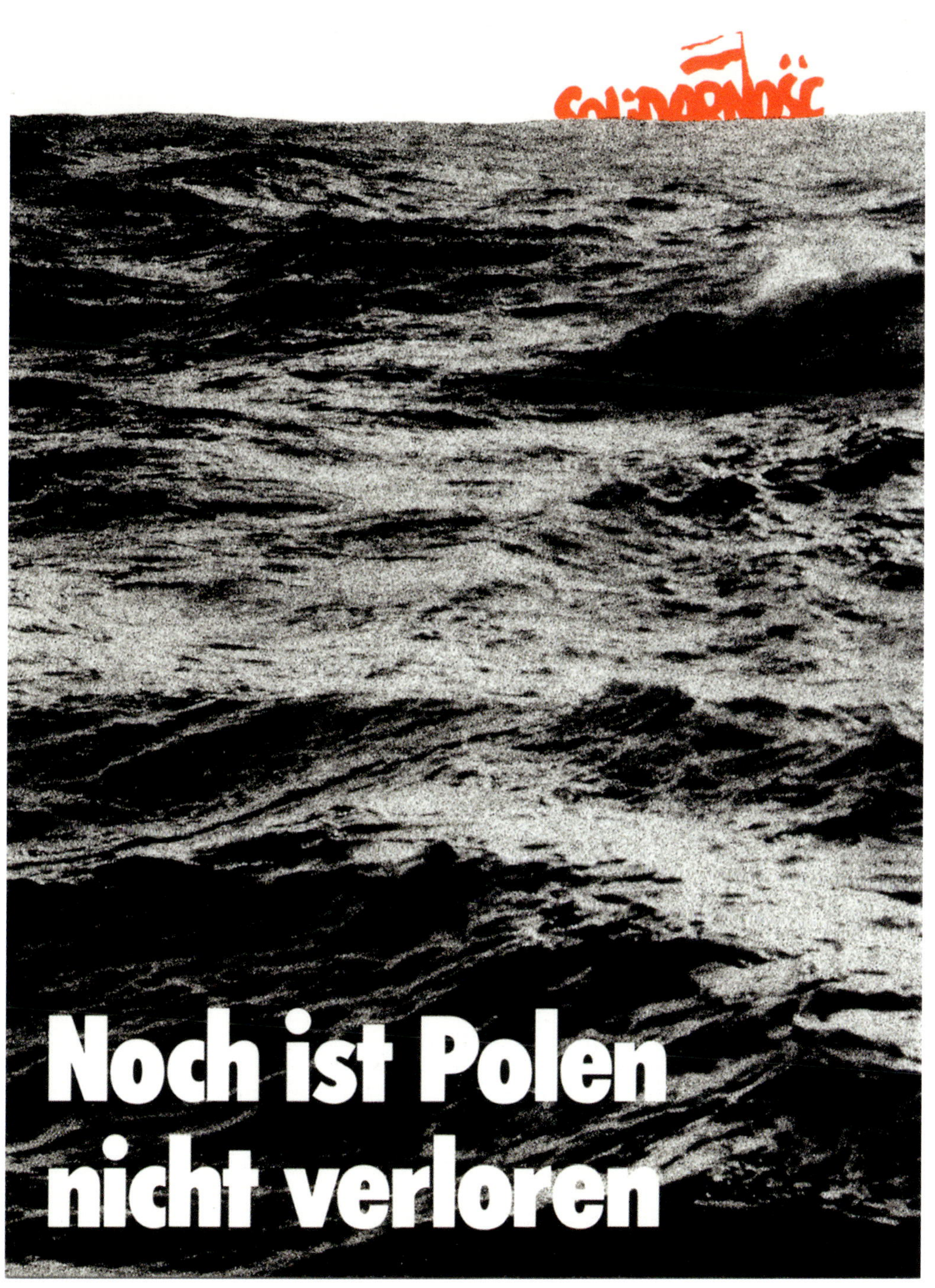

II.98 | *Solidarność. Noch ist Polen nicht verloren* („Noch ist Polen nicht verloren“) | 1982

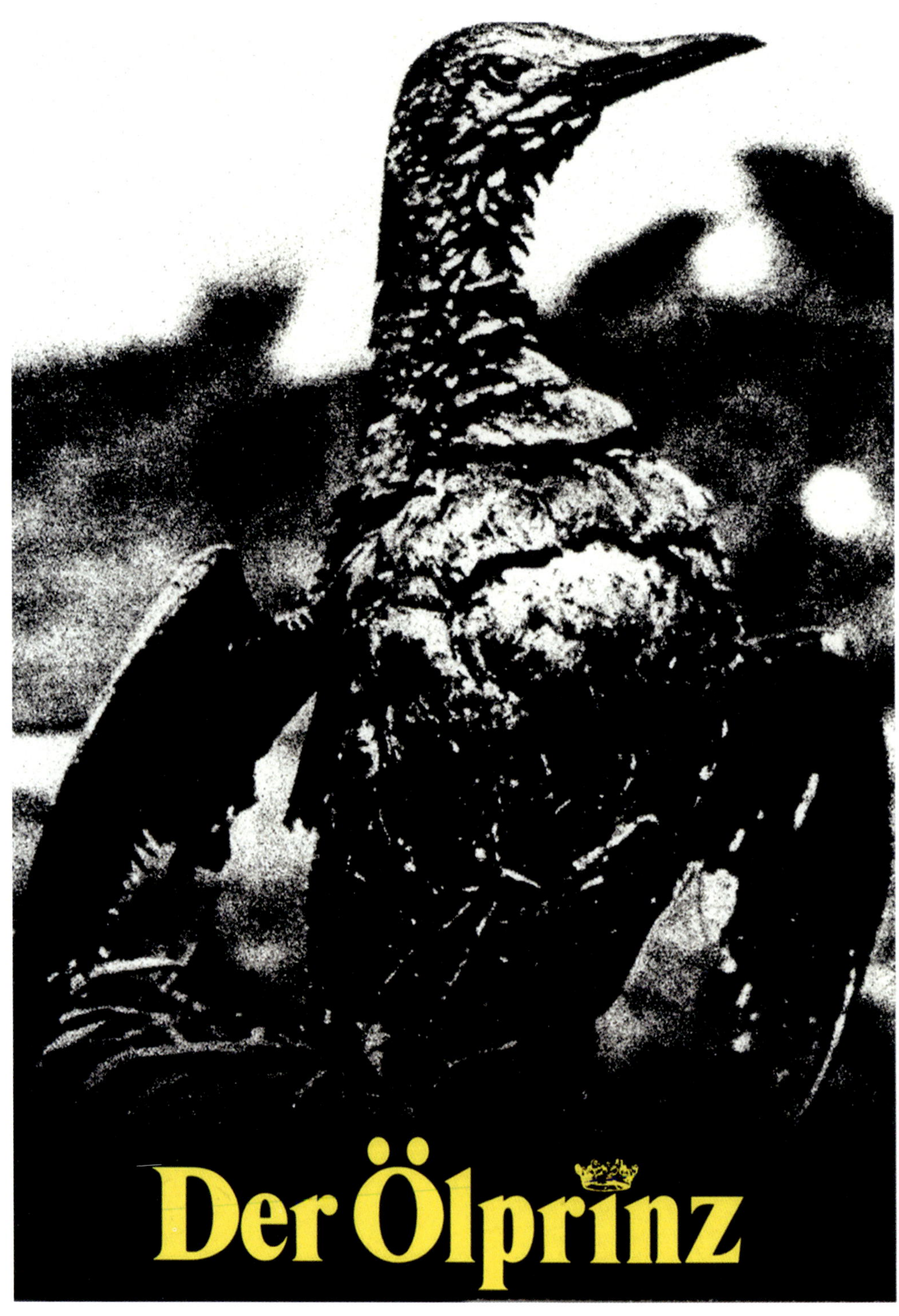

II.95 | *Der Ölprinz* („Der Ölprinz“) | 1982

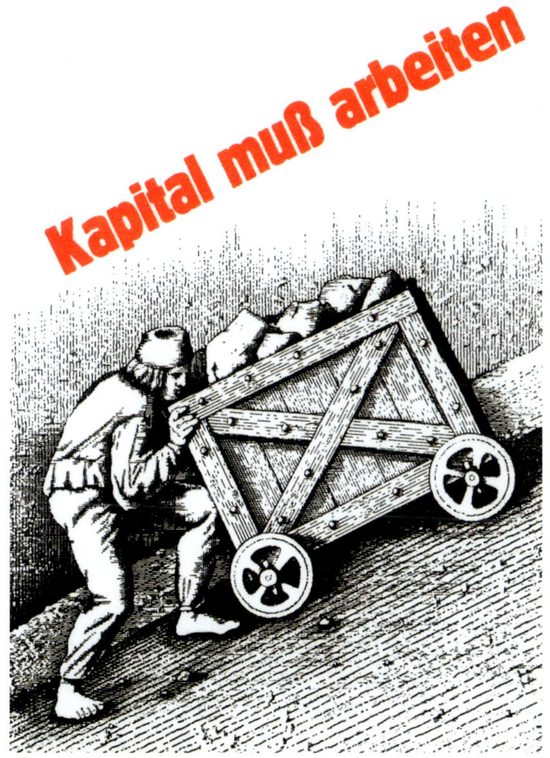

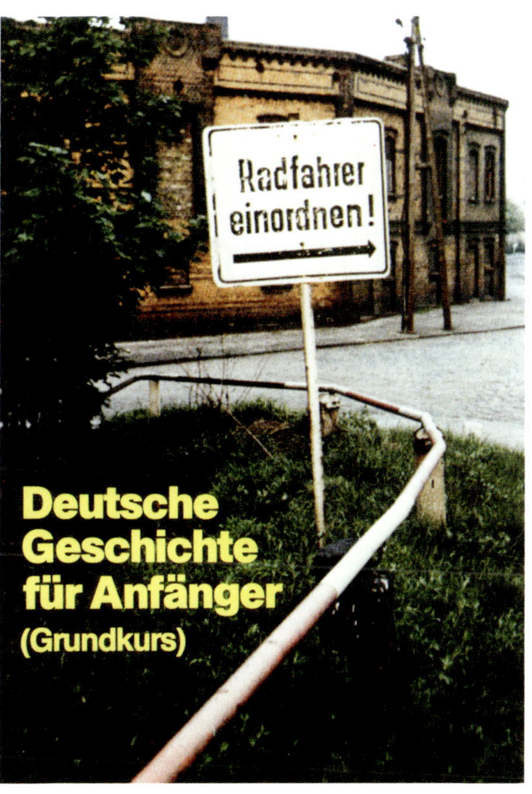

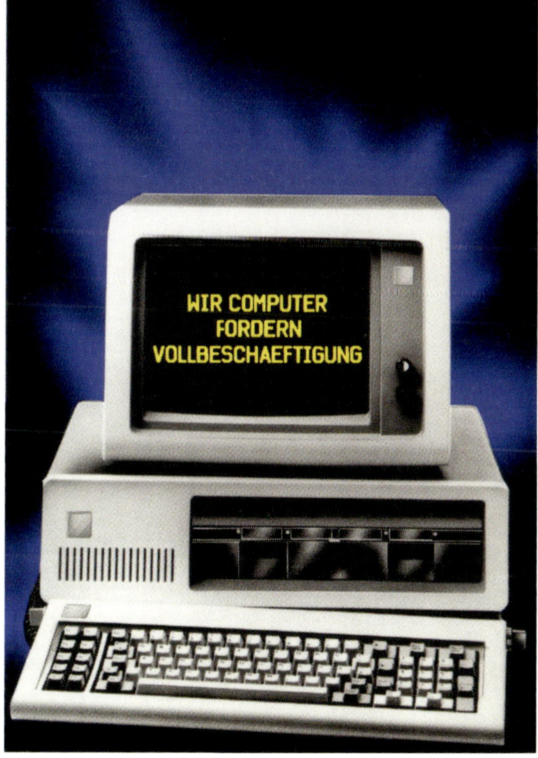

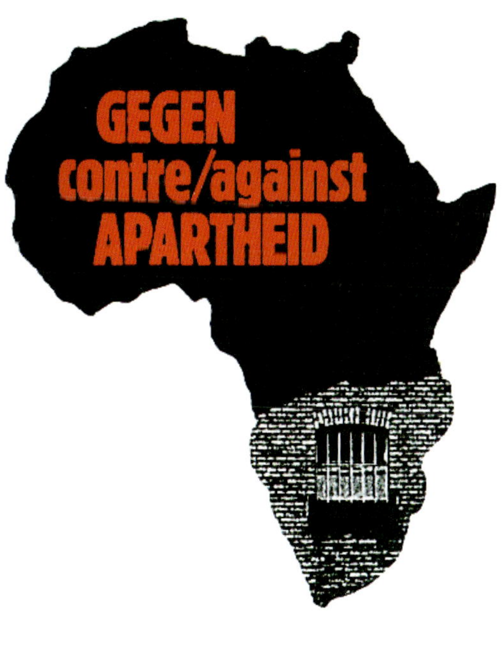

II.97 | *Kapital muß arbeiten* („Kapital muss arbeiten") | 1982
II.96 | *Deutsche Geschichte für Anfänger (Grundkurs) Radfahrer einordnen* | 1982
II.108 | *Wir Computer fordern Vollbeschaeftigung* („Vollbeschäftigung") | 1983
o. Nr. | *Gegen contre/against Apartheid* („Gegen Apartheid") | 1983

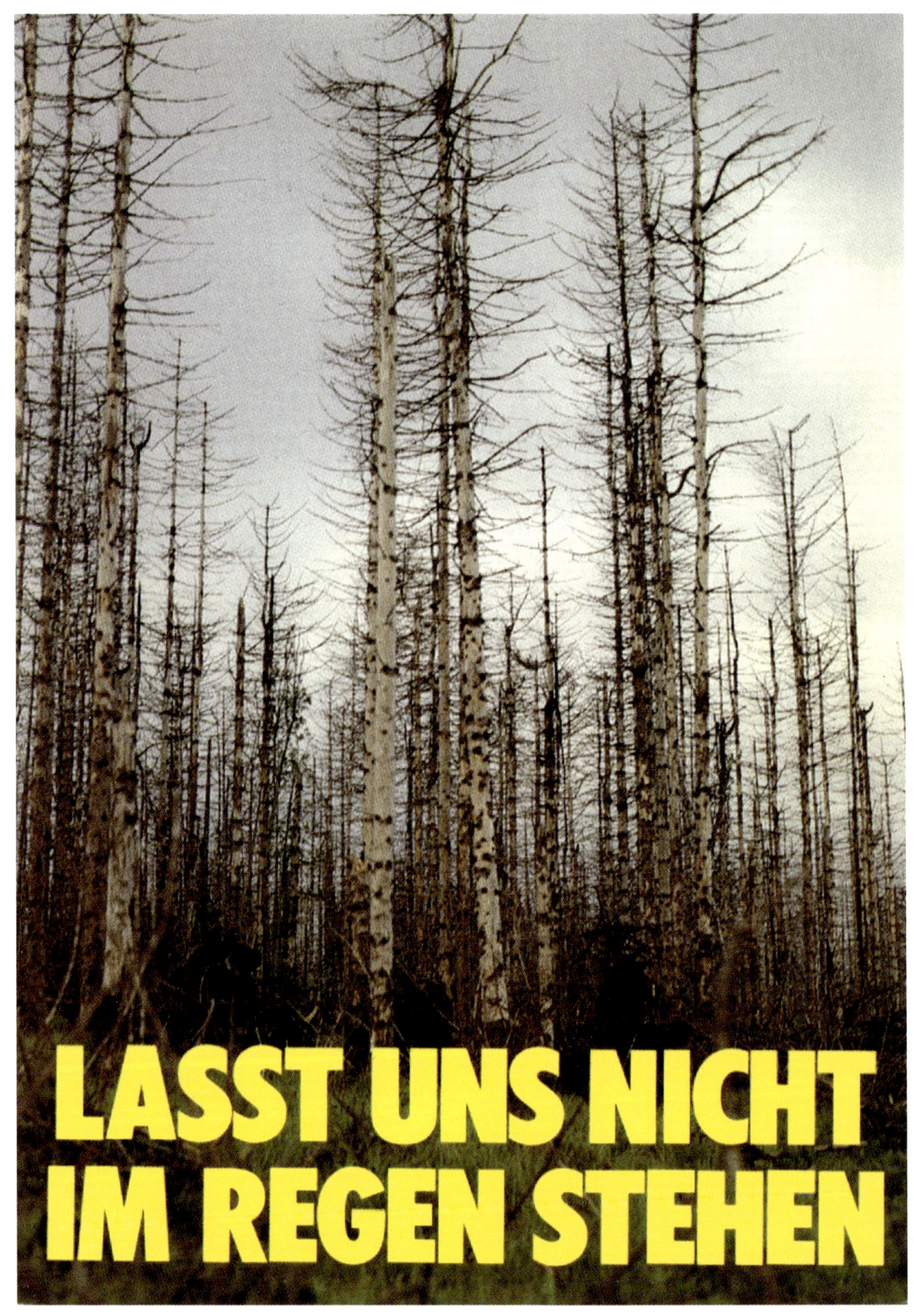

II.107 | *Lasst uns nicht im Regen stehen* („Saurer Regen“) | 1983

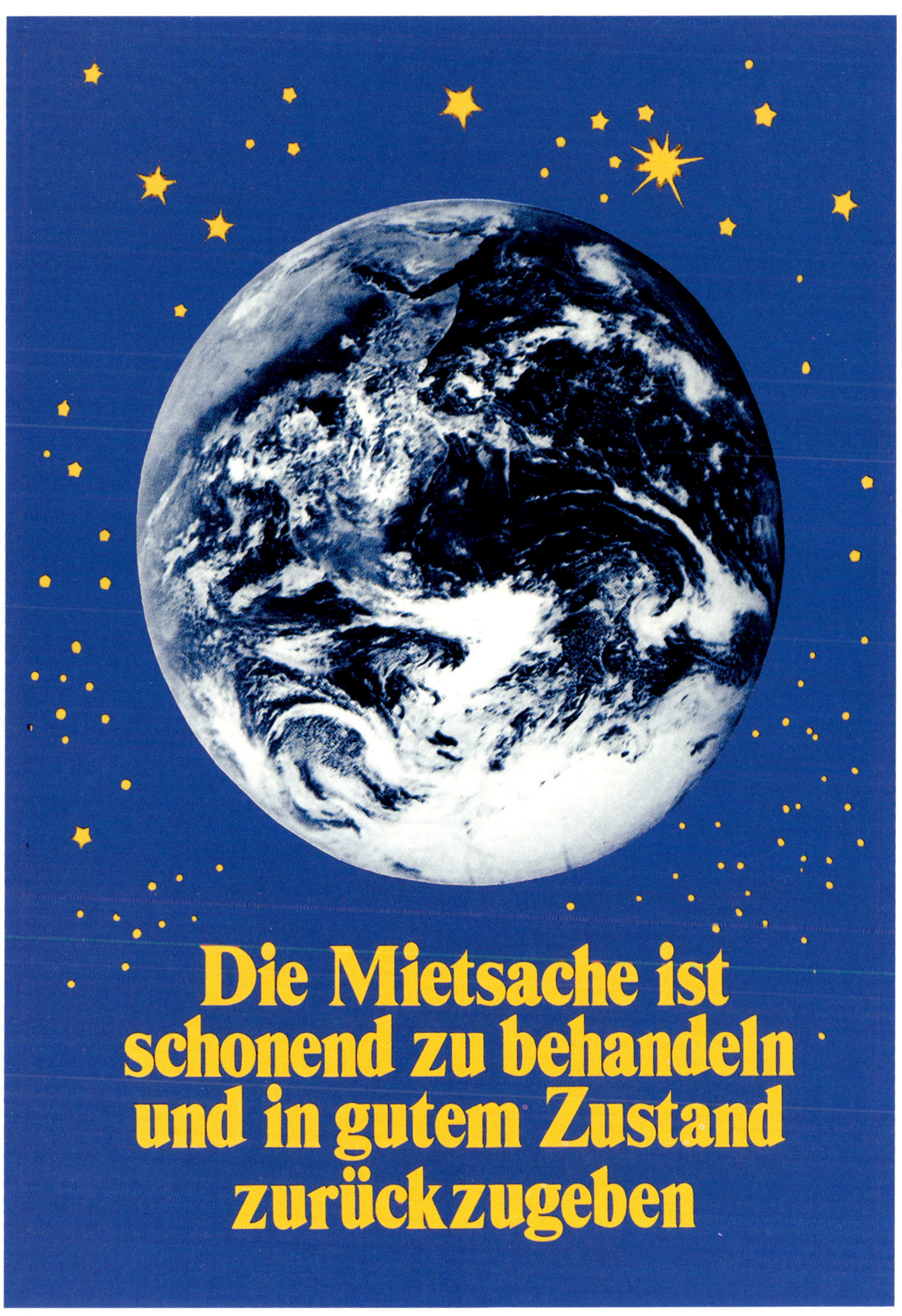

II.105 | *Die Mietsache ist schonend zu behandeln und in gutem Zustand zurückzugeben* („Mietsache") | 1983

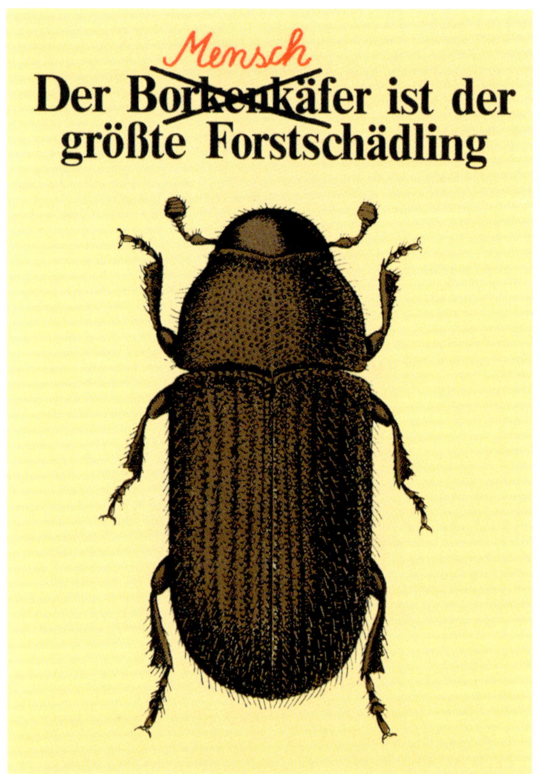

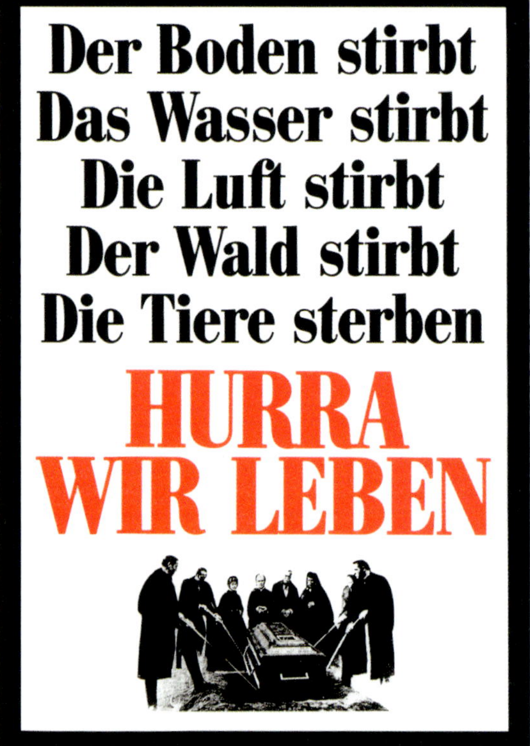

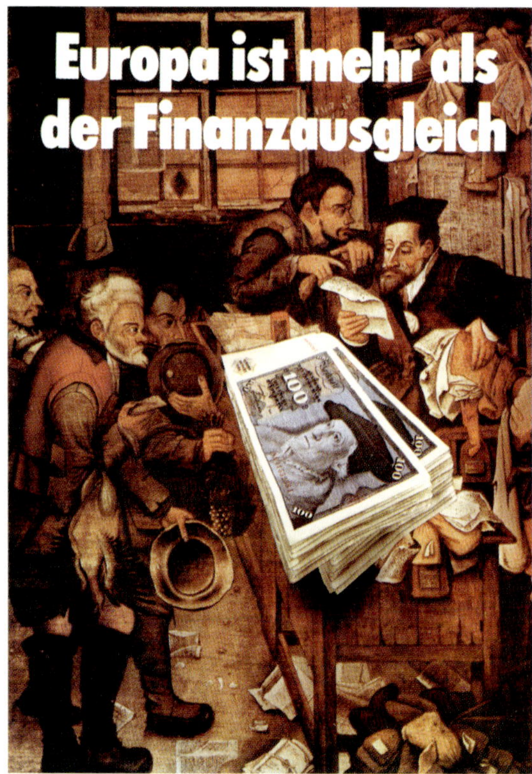

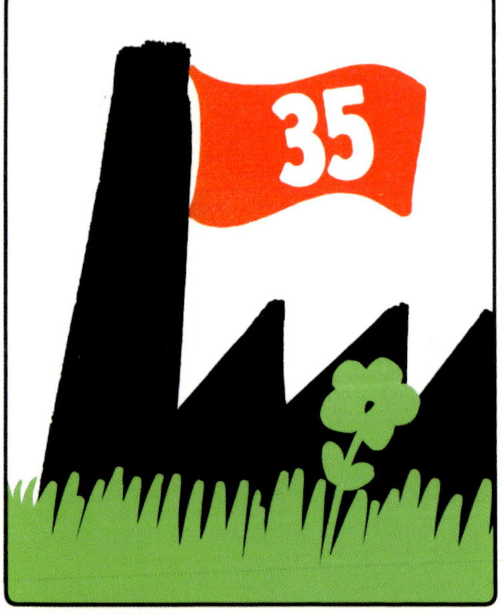

II.117 | *Der ~~Borkenkäfer~~ Mensch ist der größte Forstschädling* („Waldschädling") | 1984
II.113 | *Der Boden stirbt. Das Wasser stirbt. Die Luft stirbt. Der Wald stirbt. Die Tiere sterben. Hurra wir Leben* („Hurra wir Leben") | 1984
II.112 | *Europa ist mehr als der Finanzausgleich* („Finanzausgleich") | 1984
II.104 | *35: Endlich die Arbeit gerechter verteilen* | 1983

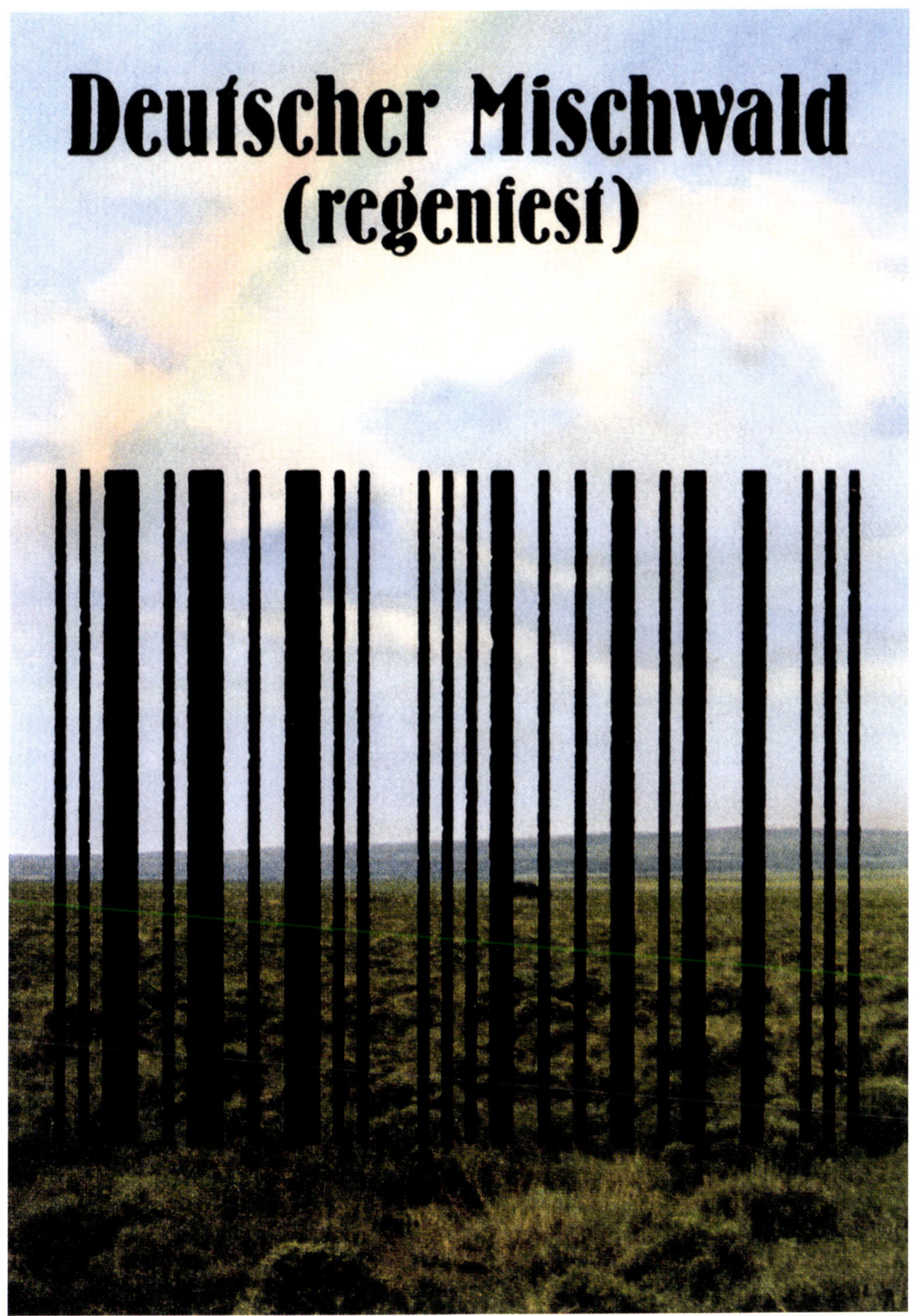

II.110 | *Deutscher Mischwald (regenfest)* („Deutscher Mischwald") | 1984

THEMA: FLASCHEN

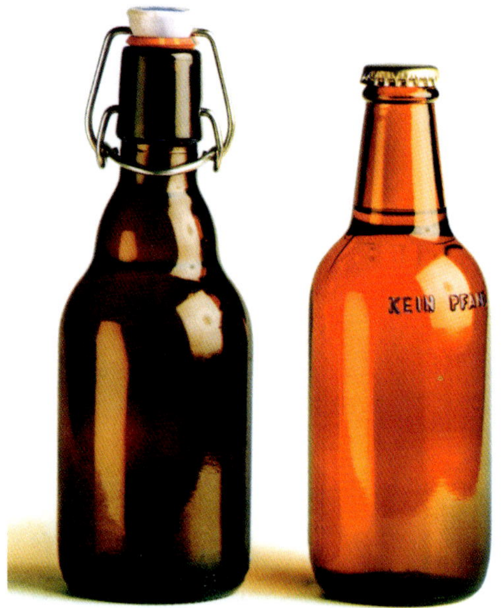

Besser Pfandflaschen zum Händler
als Einwegflaschen zum Müll

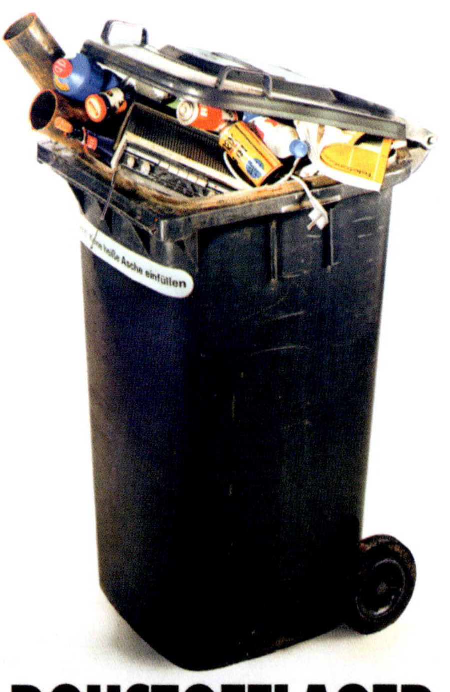

ROHSTOFFLAGER

Die Zukunft gehört
dem Auto

Eine Gemeinschaftswerbung der
europäischen Automobilindustrie

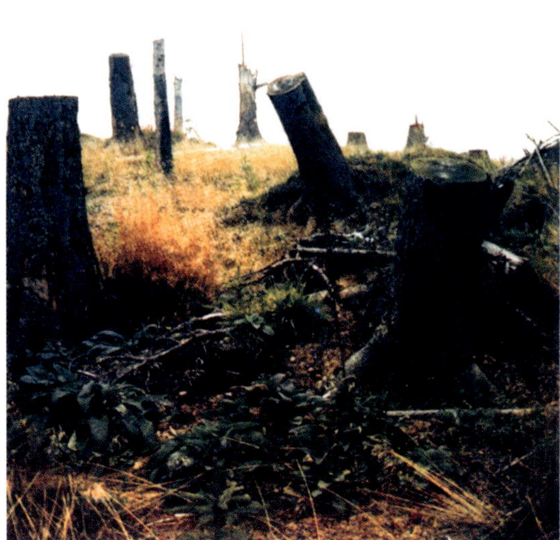

Mit dem bißchen Müll
werden wir schon fertig

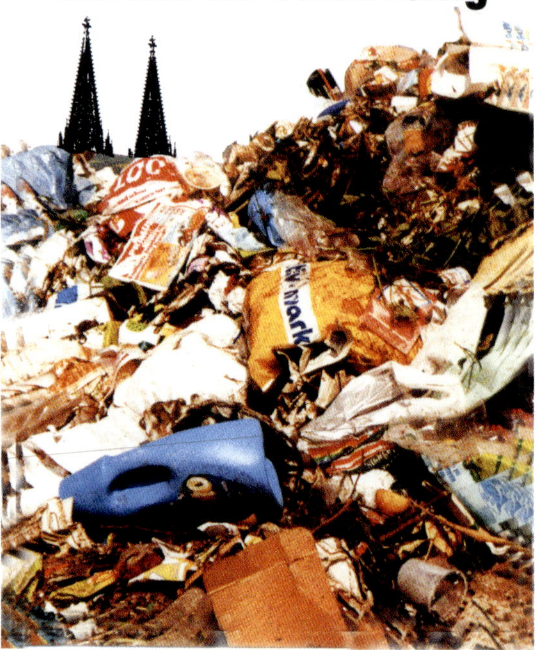

II.116 | *Thema Flaschen: Besser Pfandflaschen zum Händler als Einwegflaschen zum Müll* („Thema Flaschen") | 1984
II.115 | *Rohstofflager* | 1984
II.111 | *Die Zukunft gehört dem Auto* („Die Zukunft gehört dem Auto") | 1984
II.121 | *Mit dem bißchen* Müll werden wir schon fertig („Mit dem bißchen Müll") | 1985

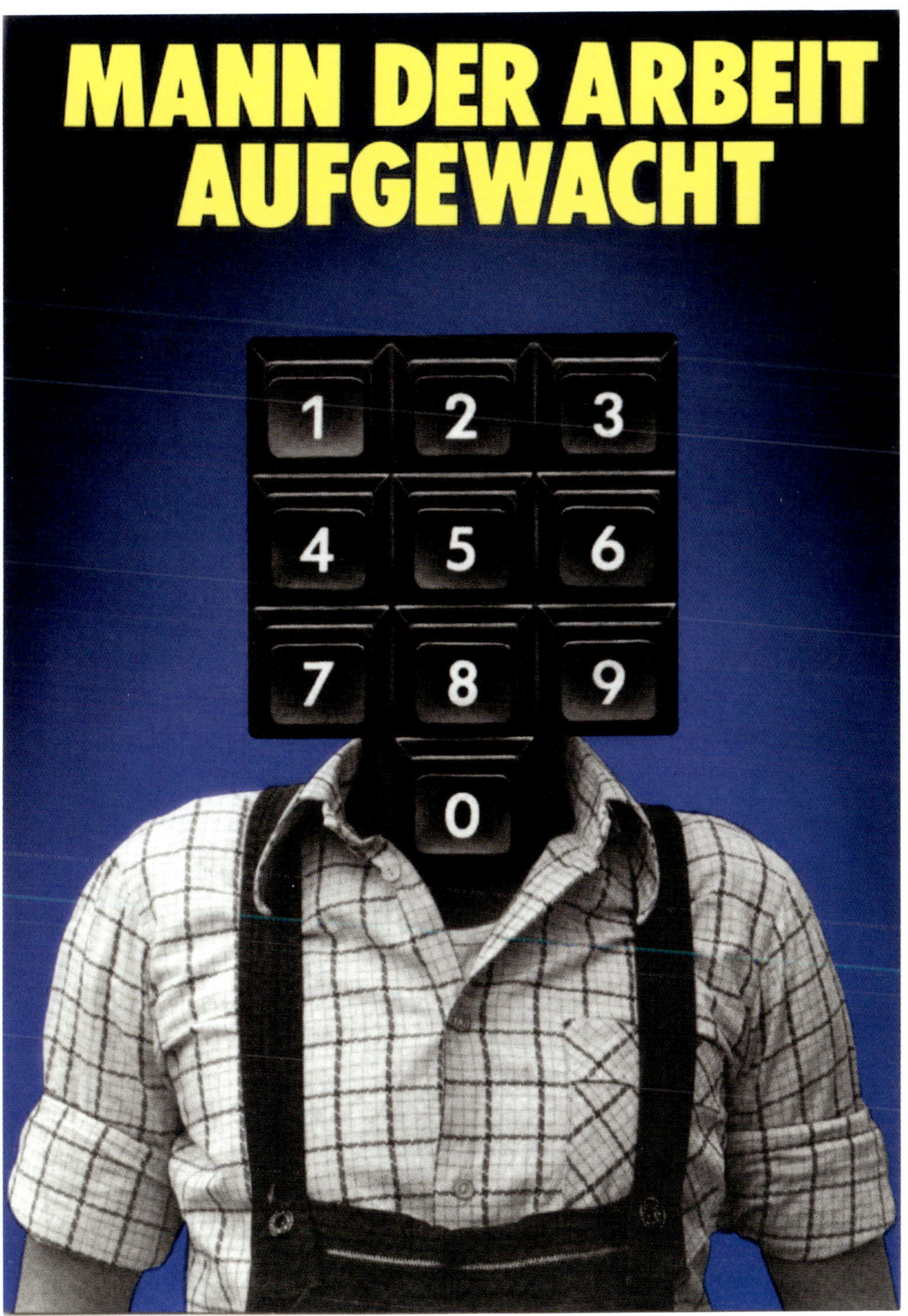

II.114 | *Mann der Arbeit aufgewacht* („Mann der Arbeit") | 1984

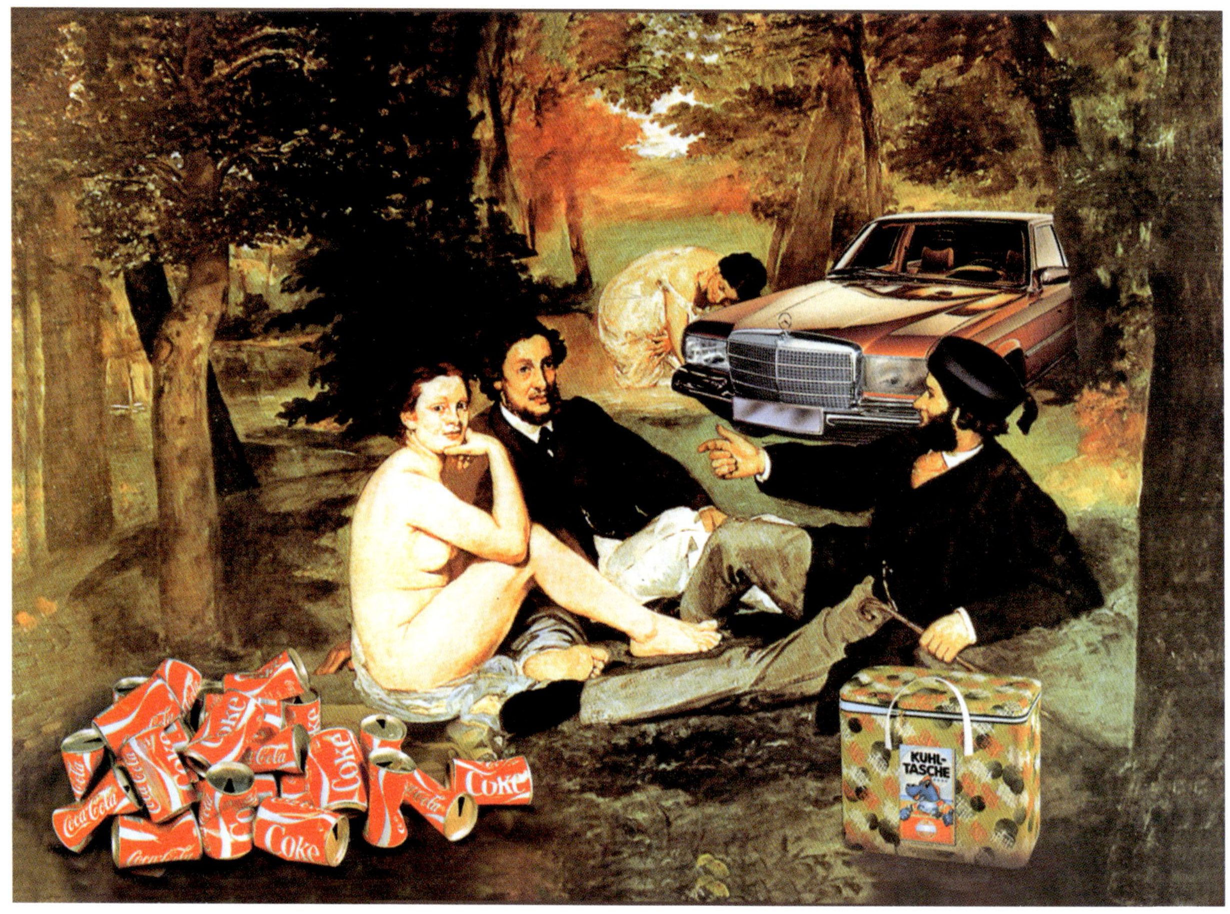

II.124 | *Ohne Titel* („Zurück zur Natur“) | 1985

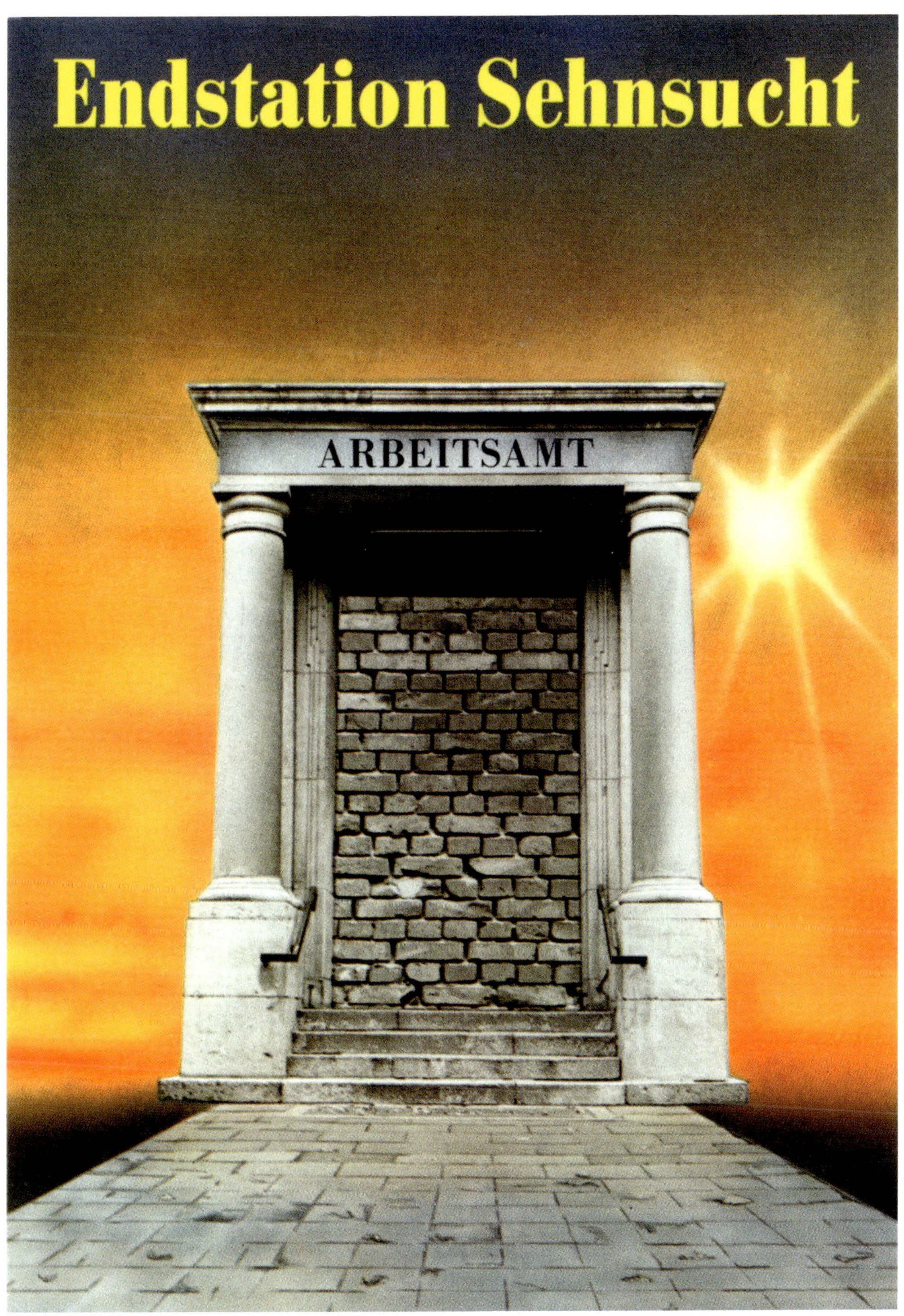

II.119 | *Endstation Sehnsucht: Arbeitsamt* („Endstation Sehnsucht“) | 1985

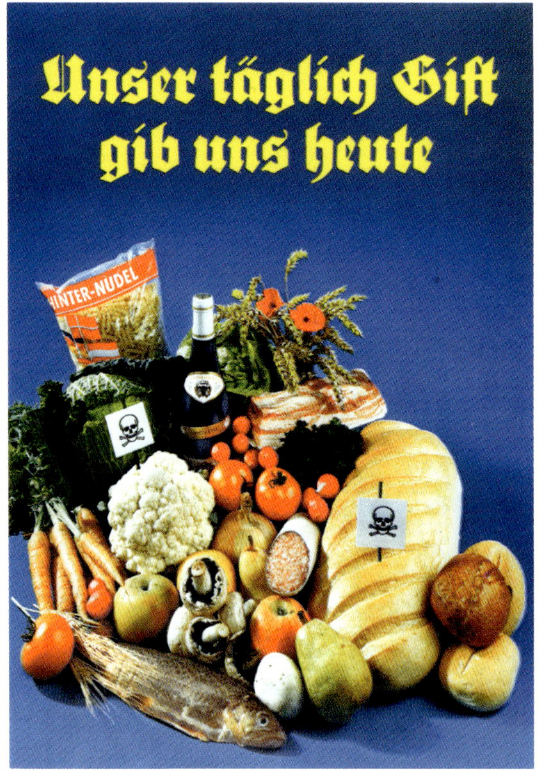

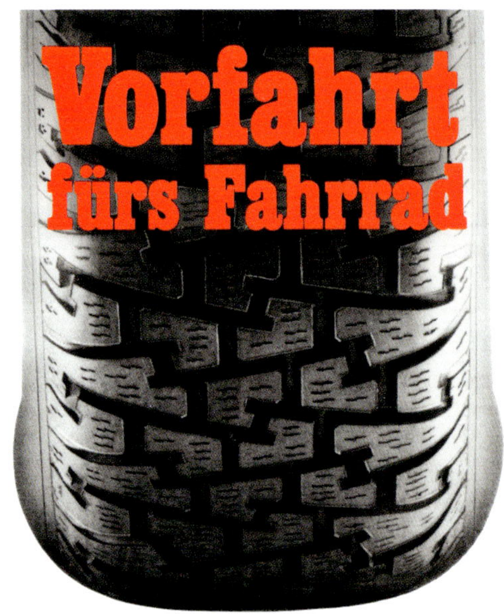

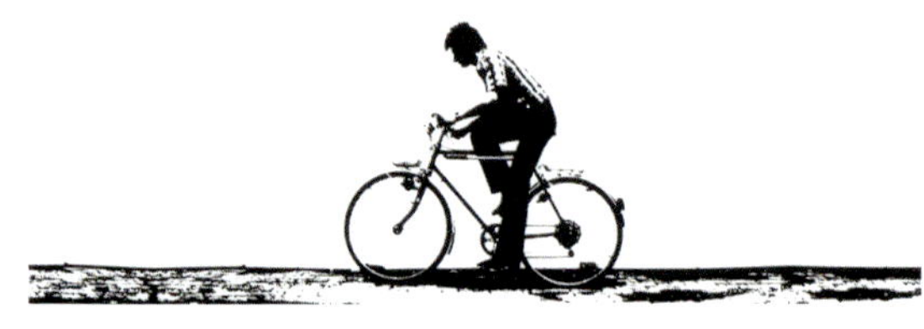

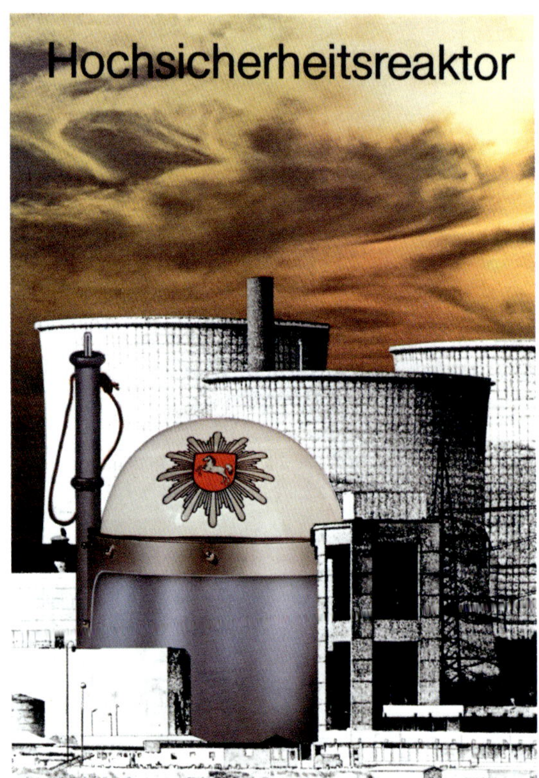

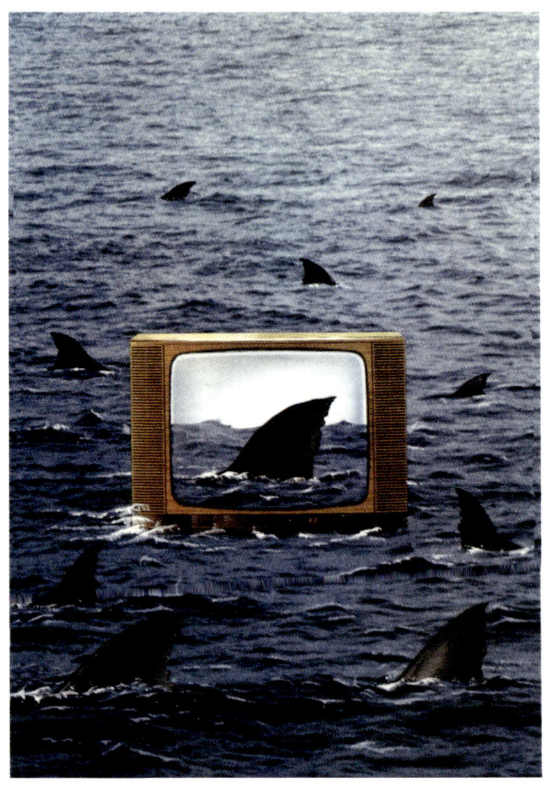

II.122 | *Unser täglich Gift gib uns heute* („Unser täglich Gift") | 1985
II.123 | *Vorfahrt fürs Fahrrad* („Vorfahrt fürs Fahrrad") | 1985
II.128 | *Hochsicherheitsreaktor* („Hochsicherheitsreaktor") | 1986
II.120 | *Ohne Titel* („Fernsehen macht frei") | 1985

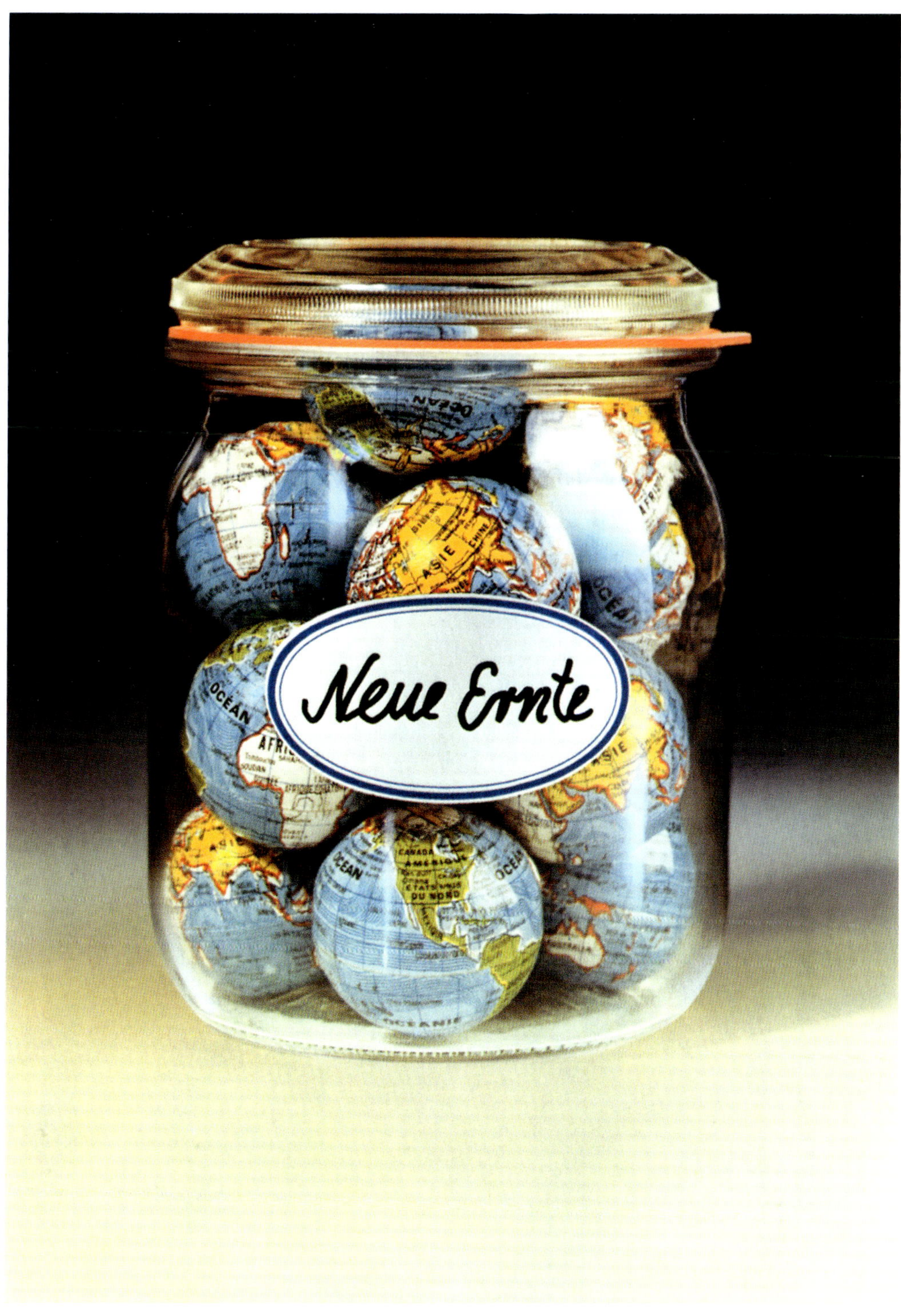

II.129 | *Neue Ernte* („Neue Ernte“) | 1986

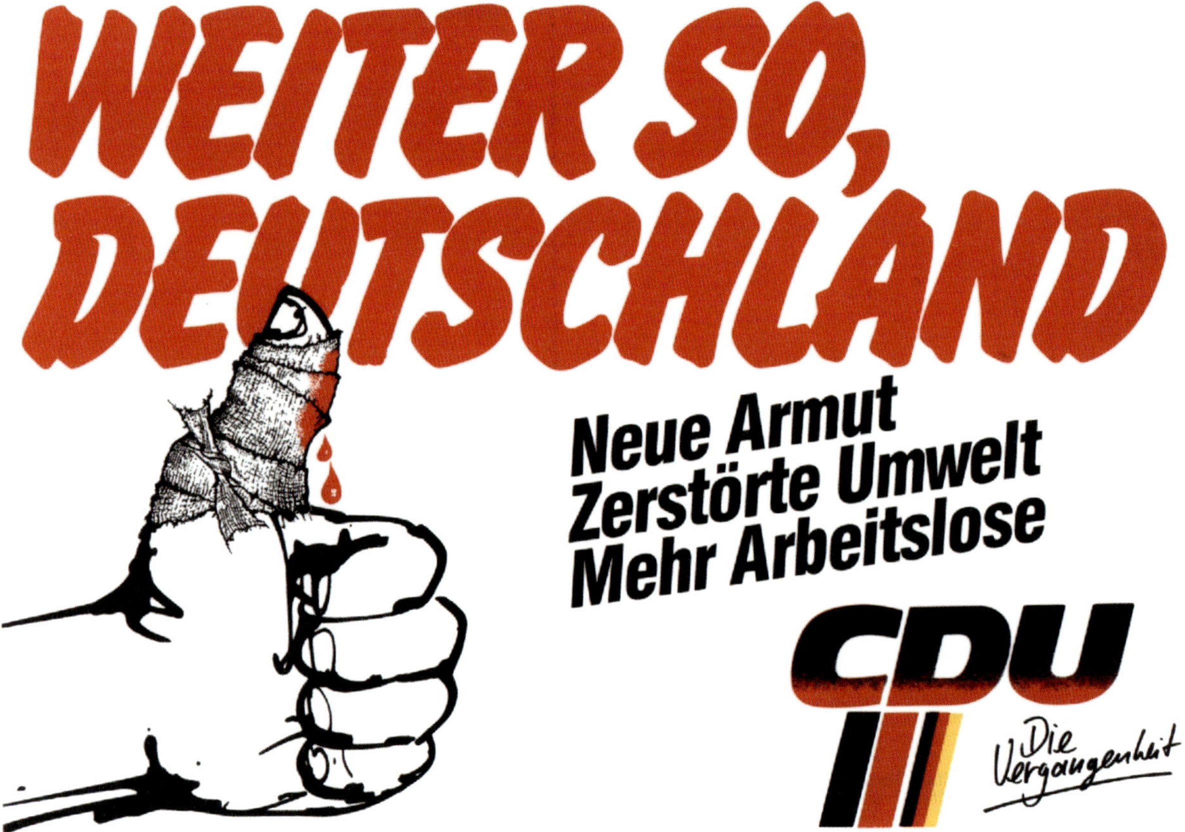

II.131 | *Weiter so, Deutschland. Neue Armut, Zerstörte Umwelt, Mehr Arbeitslose. CDU Die Vergangenheit* | 1986

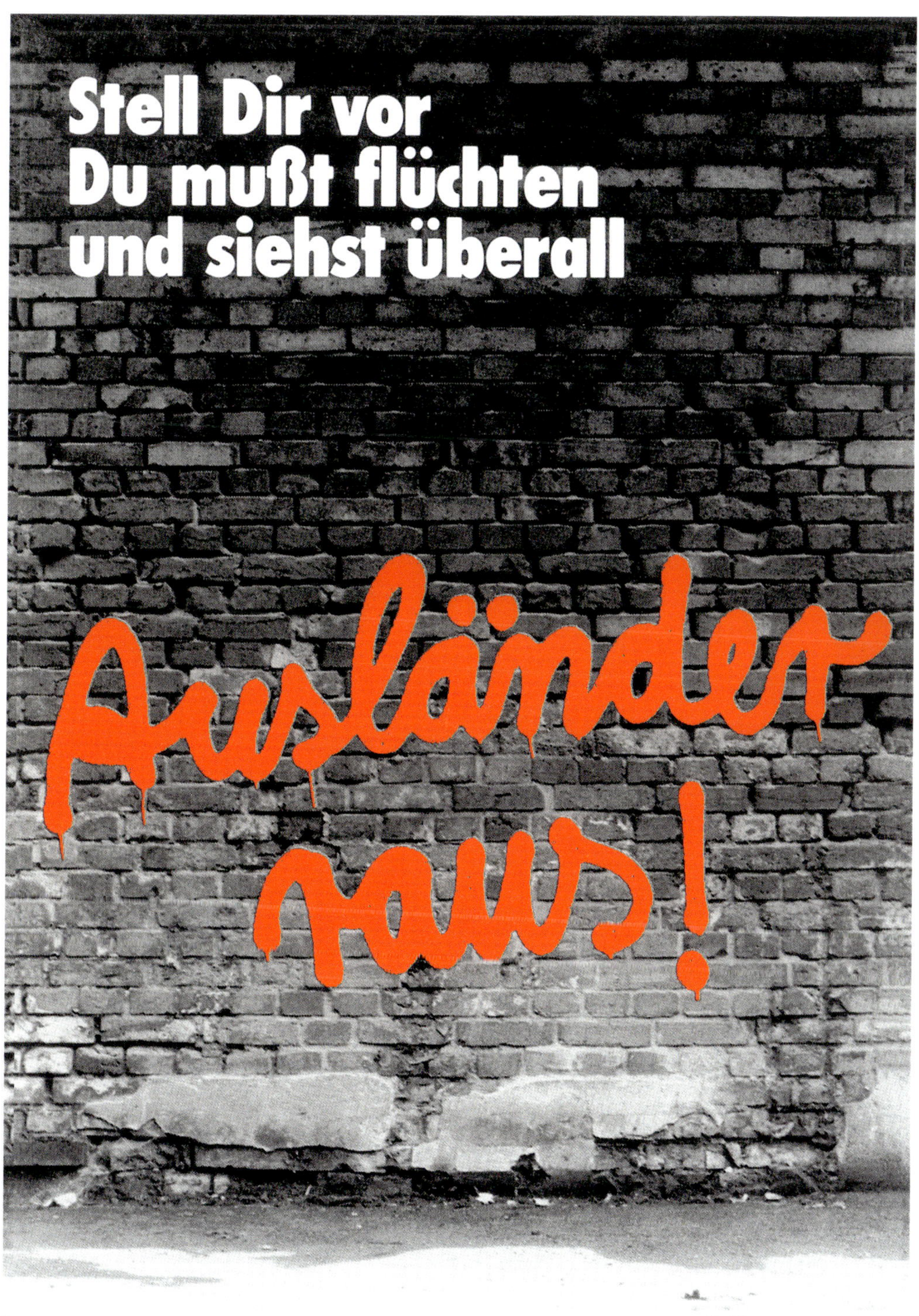

II.130 | *Stell Dir vor Du mußt flüchten und siehst überall: Ausländer raus!* („Stell Dir vor Du musst flüchten") | 1986

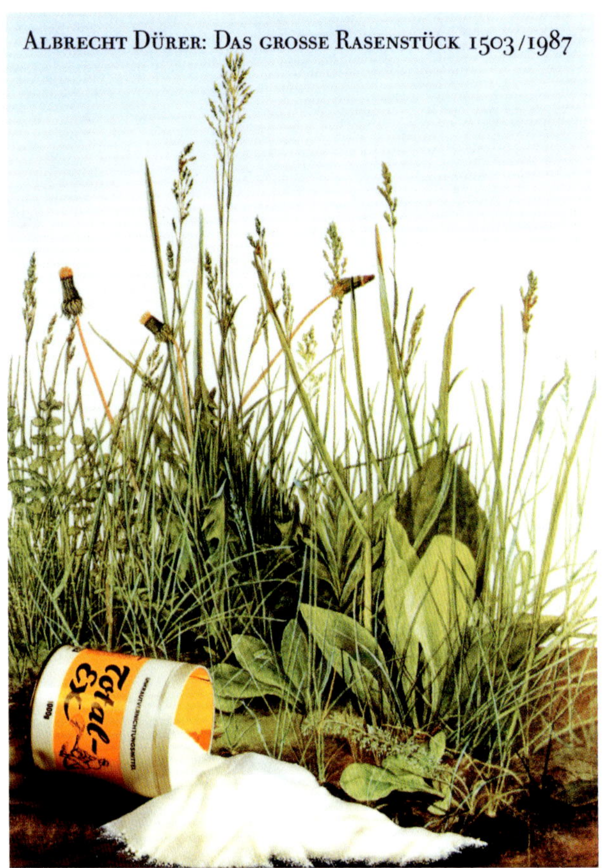

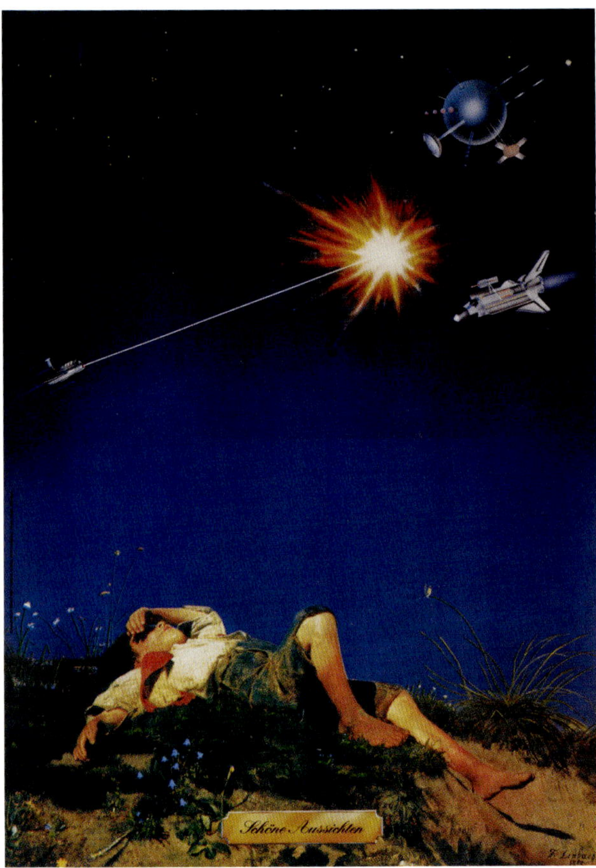

II.133 | *Albrecht Dürer: Das große Rasenstück 1503/1987* („Das große Rasenstück“) | 1987
II.132 | *Schöne Aussichten* | 1987

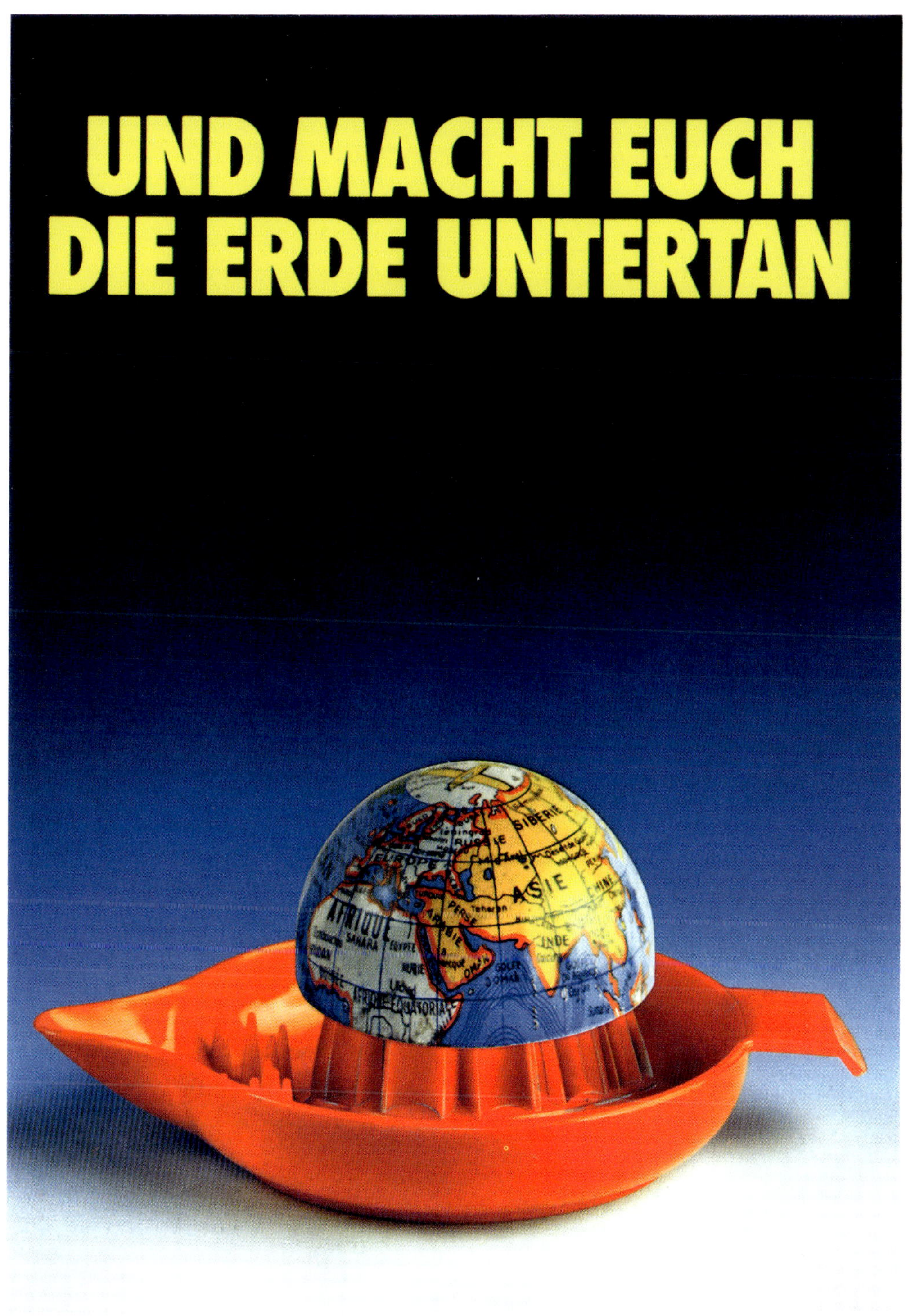

II.136 | *Und macht Euch die Erde untertan* („Und macht Euch die Erde untertan") | 1987

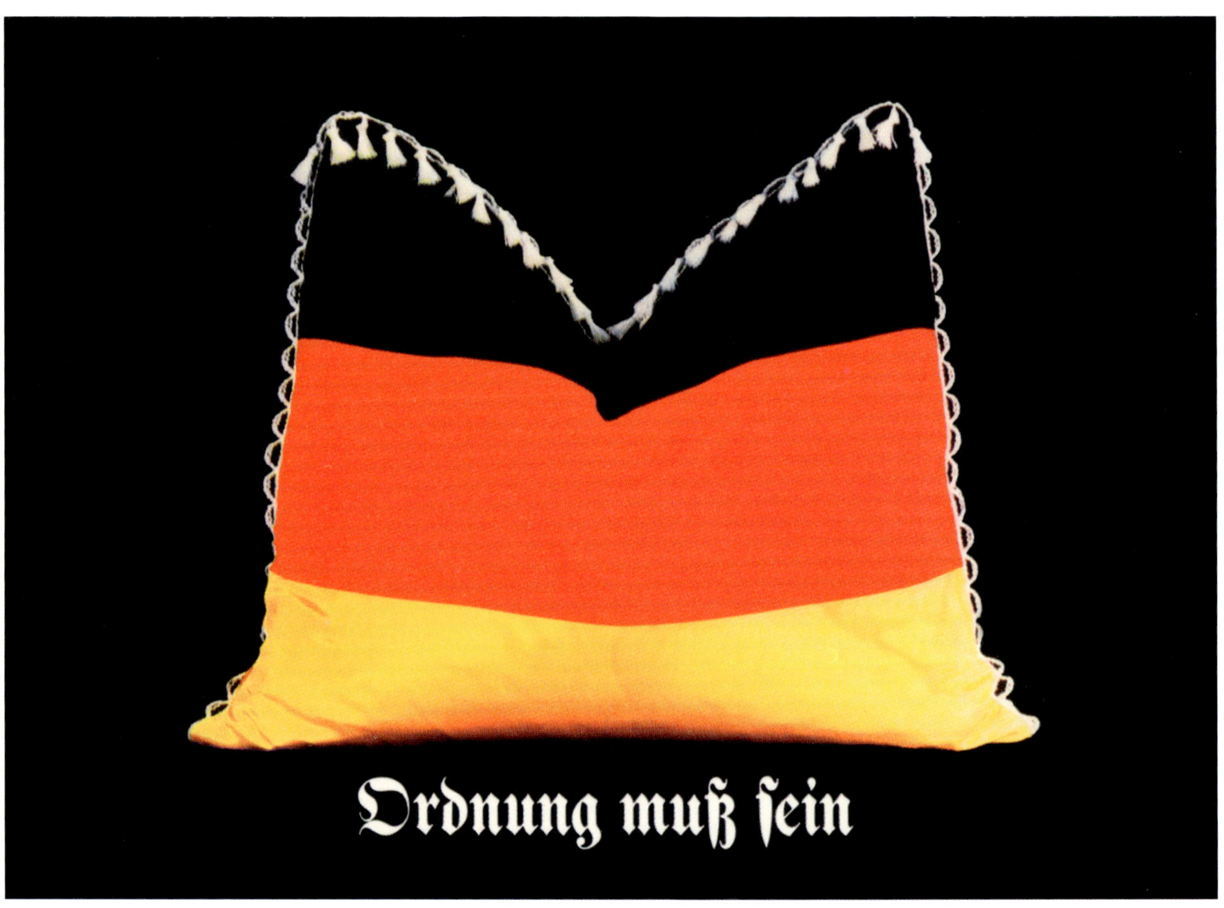

II.135 | *Ordnung muß sein* („Ordnung muss sein“) | 1987

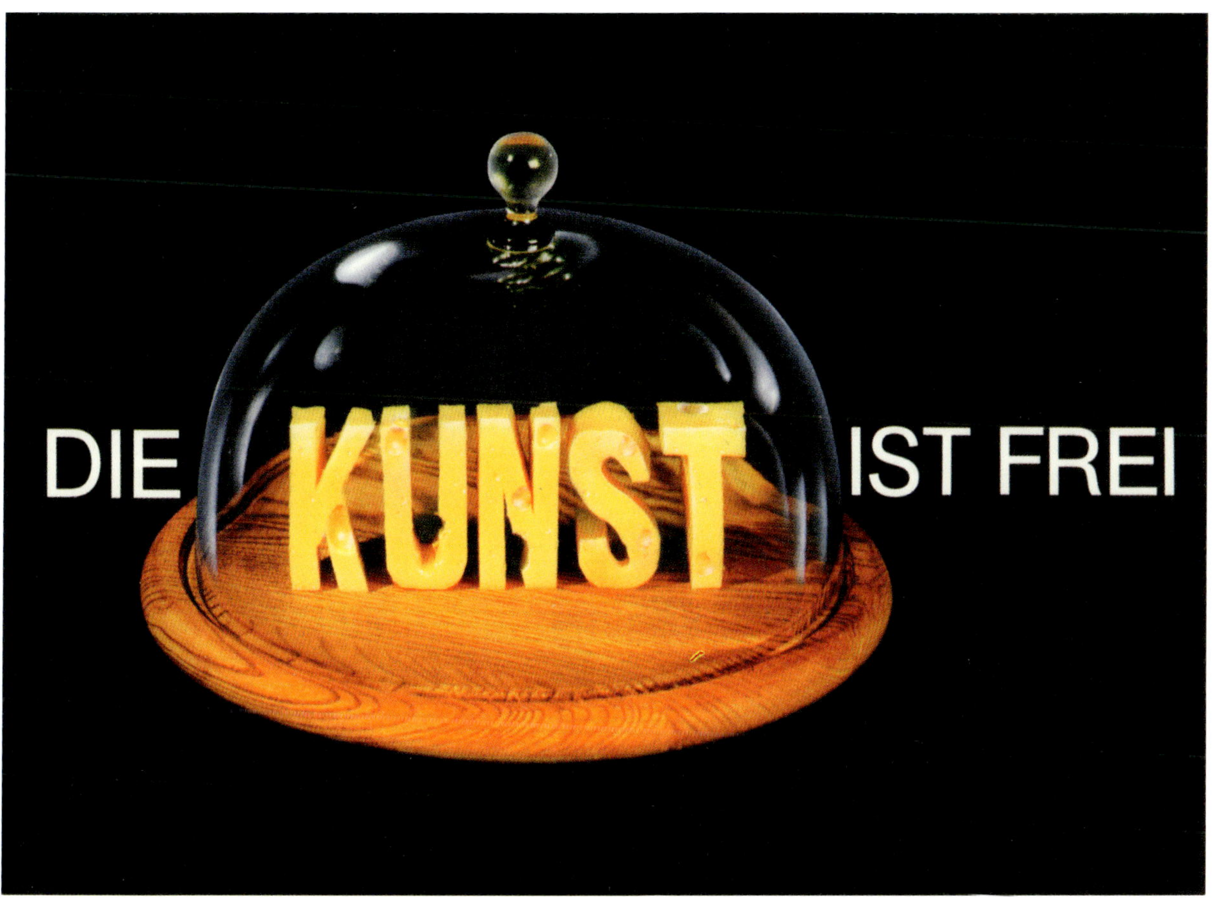

II.134 | *Die Kunst ist frei* („Die Kunst ist frei“) | 1987

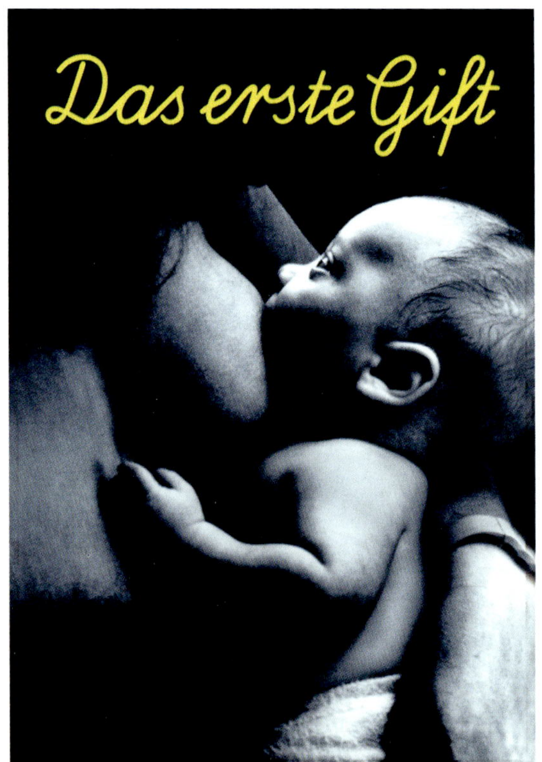

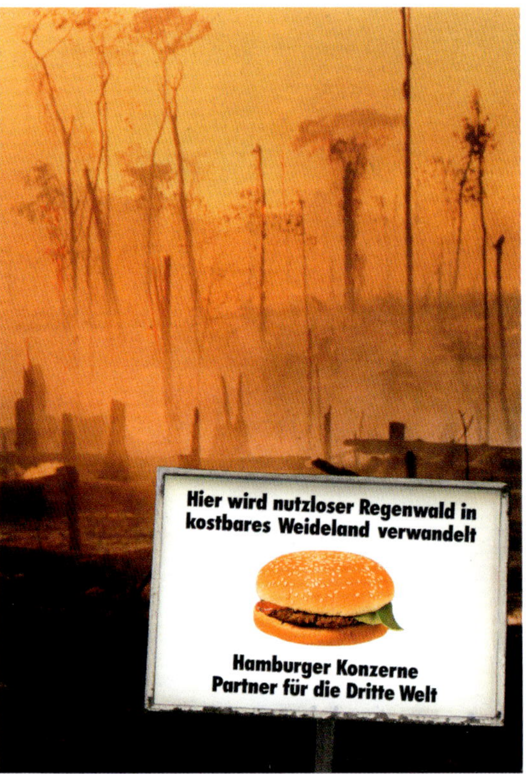

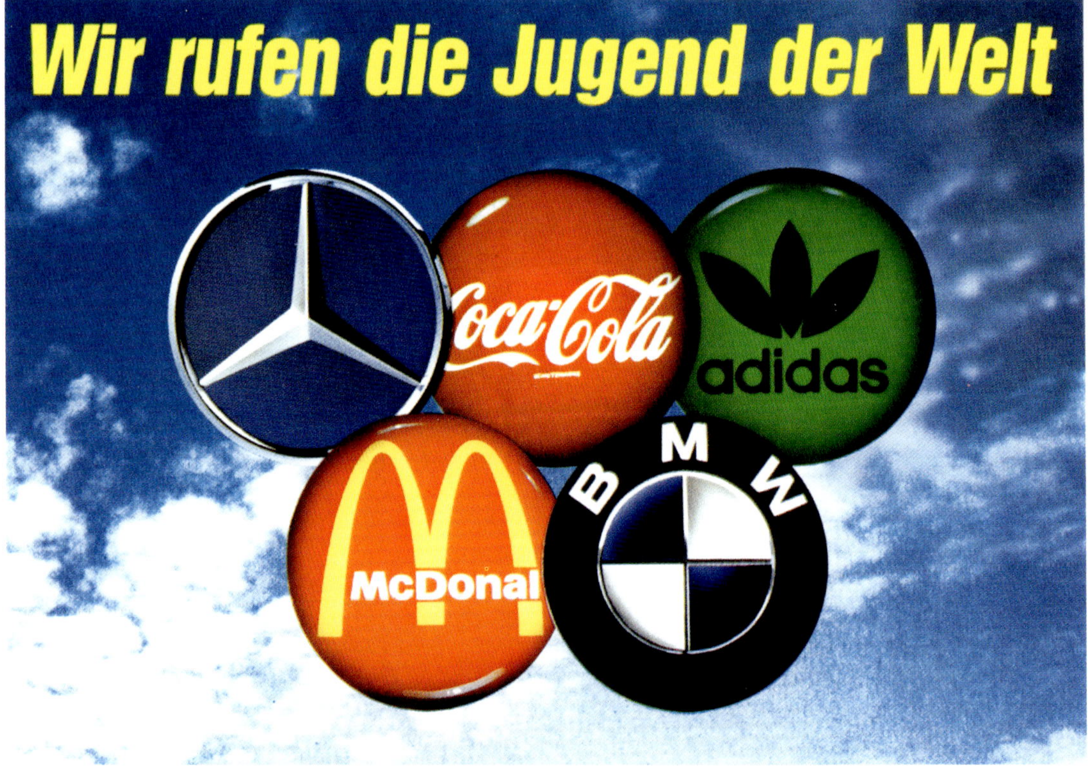

II.144 | *Das erste Gift* („Das erste Gift") | 1989
II.146 | *Hier wird nutzloser Wald in kostbares Weideland verwandelt. Hamburger Konzerne. Partner für die Dritte Welt* | 1989
II.142 | *Wir rufen die Jugend der Welt* („Zur Olympiade") | 1988

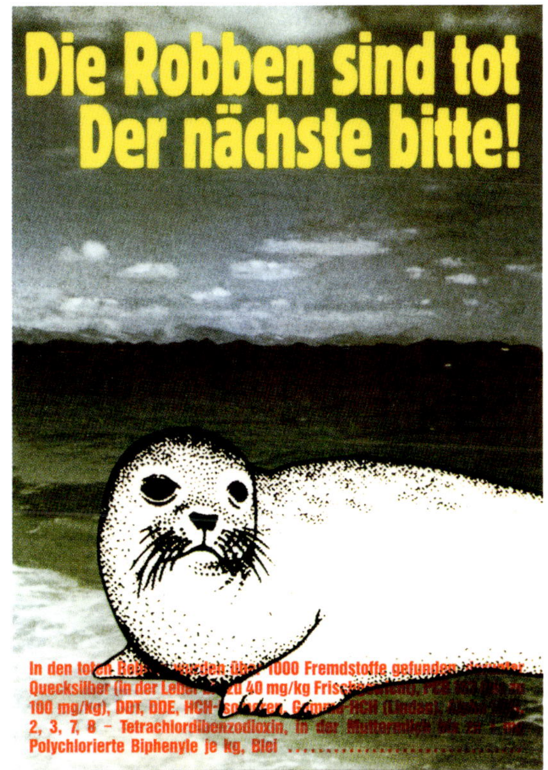

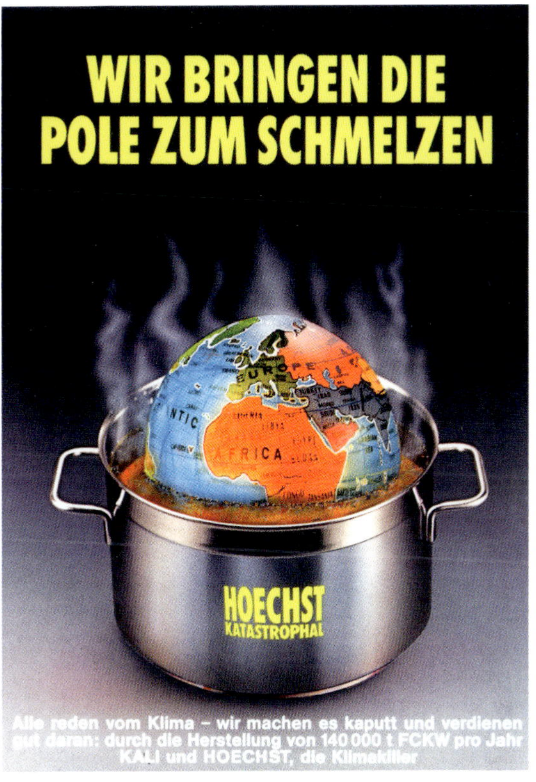

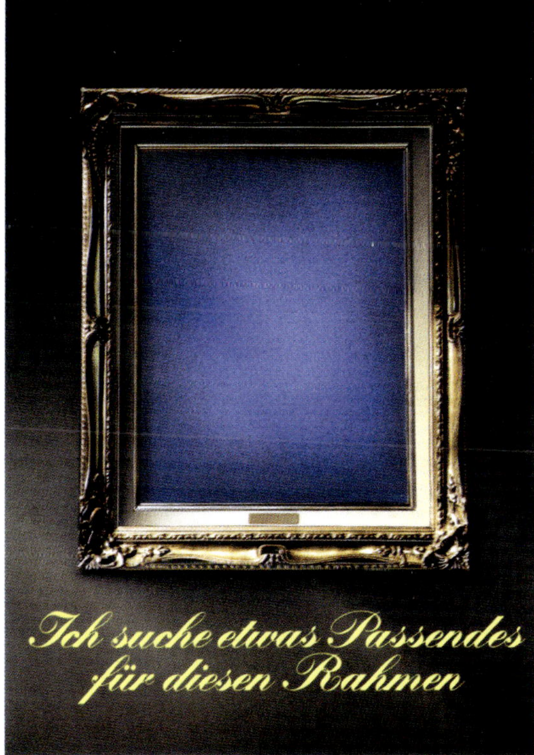

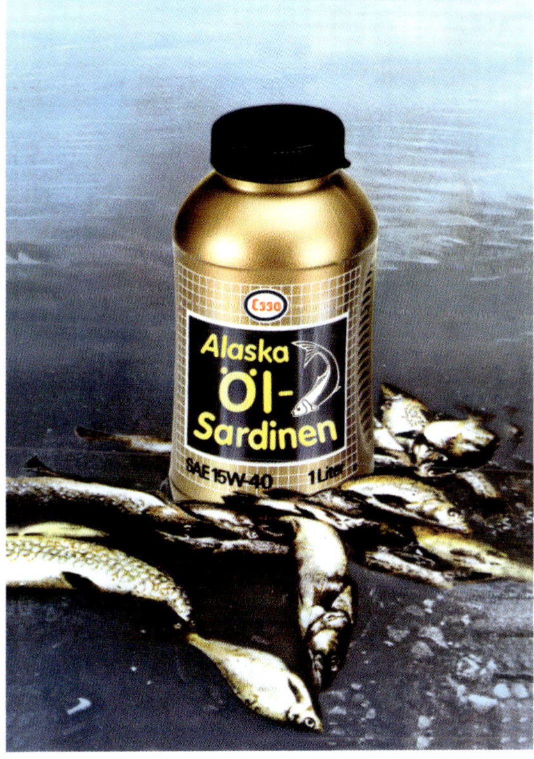

II.139 | *Die Robben sind tot. Der nächste bitte!* („Der nächste bitte!") | 1988
II.141 | *Wir bringen die Pole zum Schmelzen. Hoechst katastrophal* („Hoechst katastrophal") | 1988
II.140 | Ich suche etwas Passendes für diesen Rahmen („Es darf ruhig etwas mehr kosten") | 1988
II.143 | *Esso: Alaska Ölsardinen* („Alaska Ölsardinen") | 1989

Alle reden vom Klima
Wir ruinieren es:

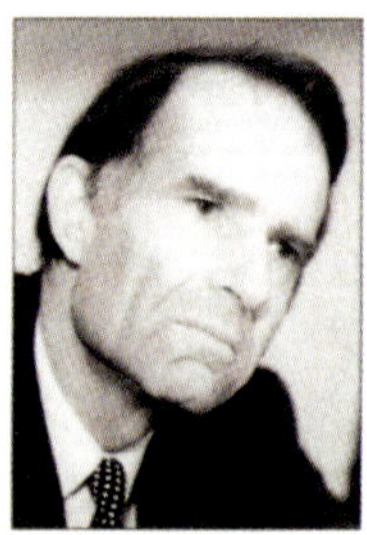

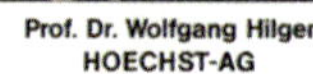

Prof. Dr. Wolfgang Hilger
HOECHST-AG

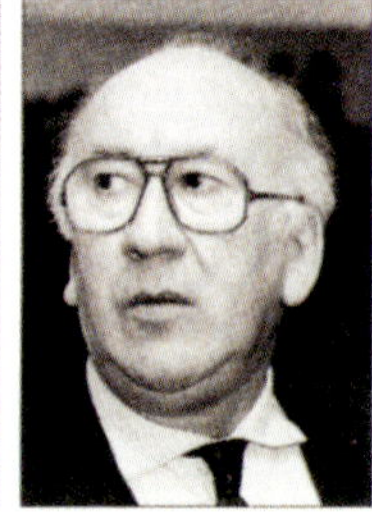

Konsul Cyril van Lierde
KALI-CHEMIE

Absolute Spitze bei Ozonzerstörung und Treibhauseffekt: Verantwortlich für die deutsche Produktion des Ozon- und Klimakillers FCKW. Rufen Sie an: HOECHST AG 0 69/30 50, KALI-CHEMIE 05 11/8570.

Eine Information von GREENPEACE

Bundesumweltminister Klaus Töpfer weigert sich immer noch, die Produktion von FCKW zu verbieten.

II.137 | *Alle reden vom Klima. Wir ruinieren es: ... eine Information von Greenpeace* („Alle reden vom Klima“) | 1988

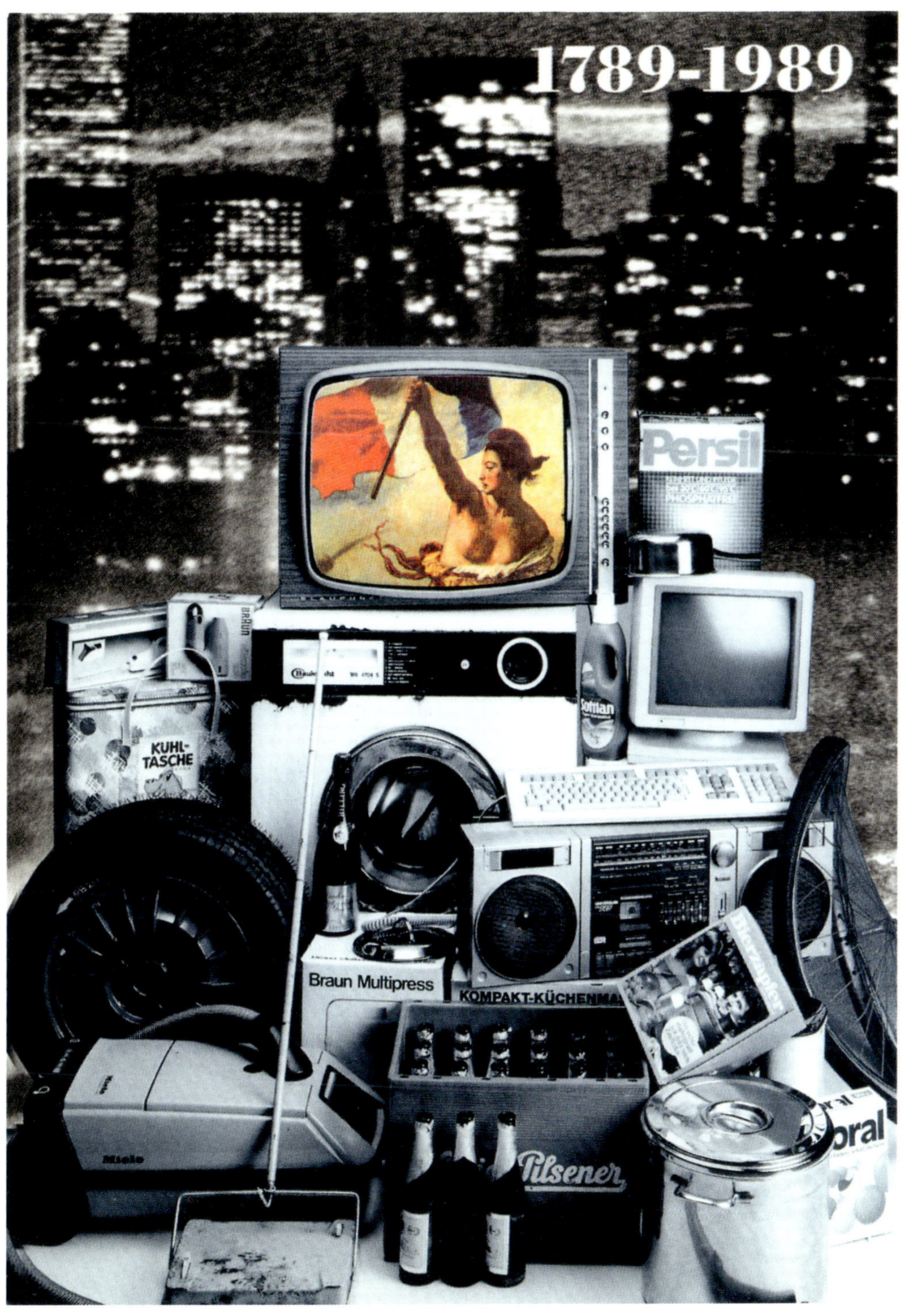

II.138 | *1789-1989* („Auf der Barrikade“) | 1988

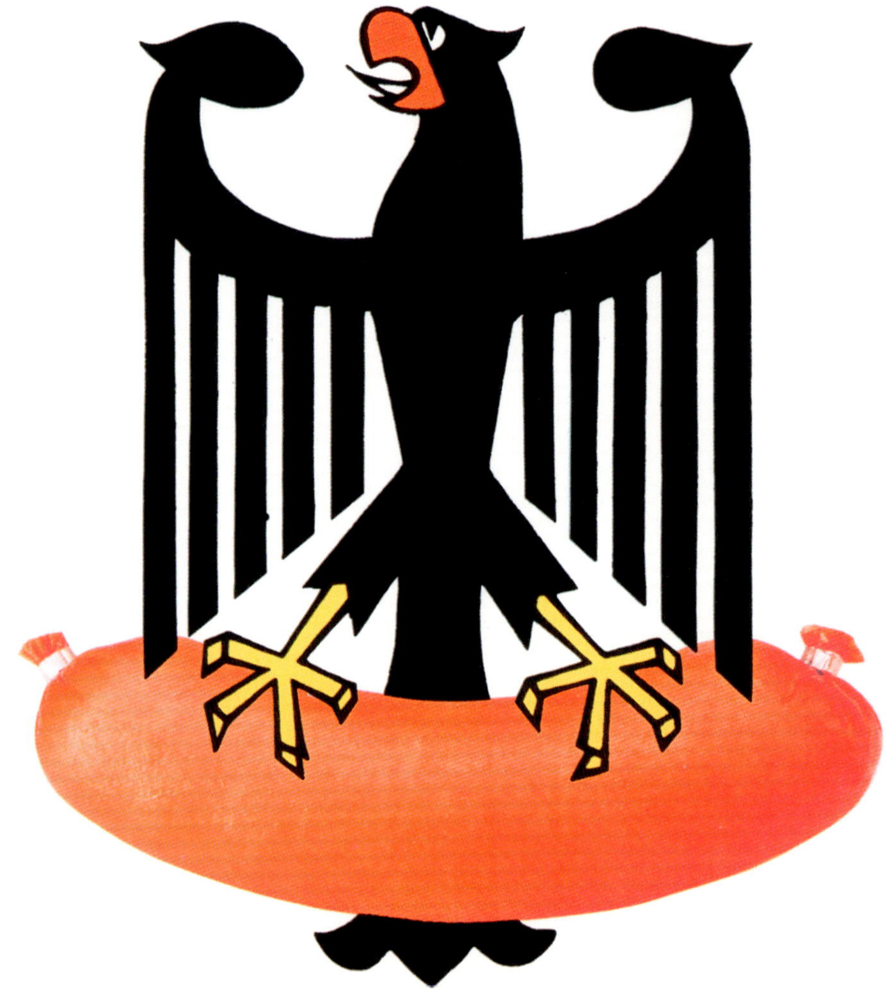

II.145 | *Ohne Titel* („Freiheitlich demokratische Grundordnung") | 1989

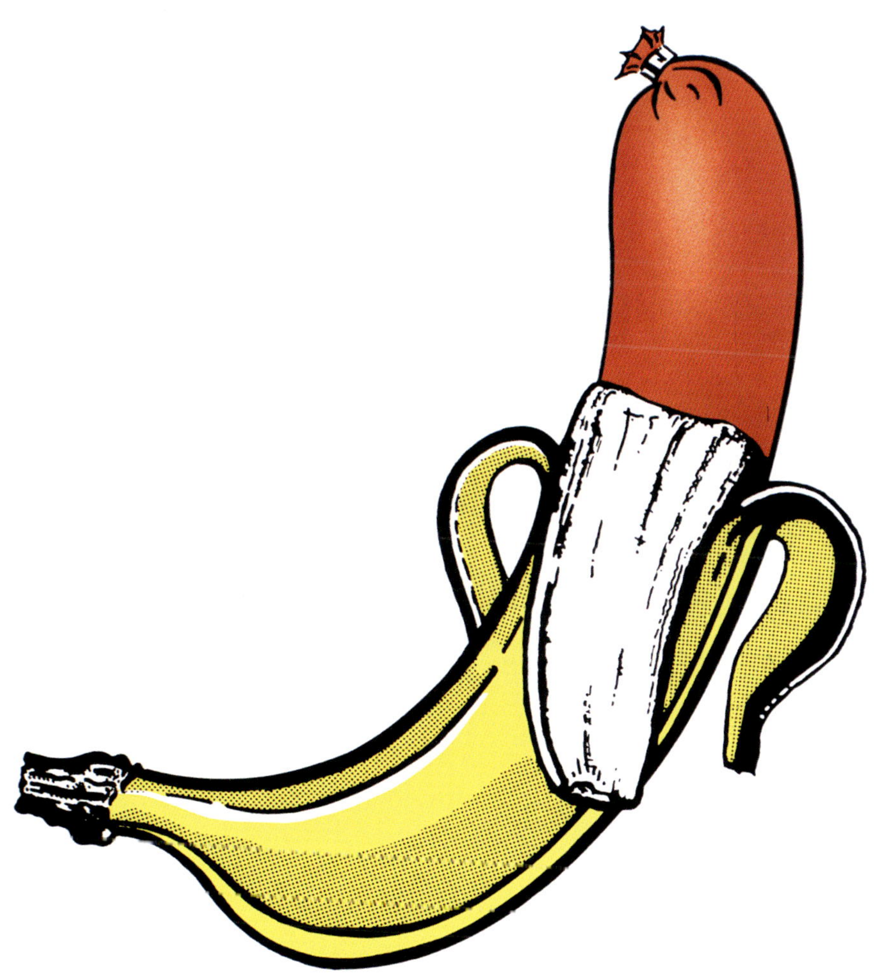

Jetzt wächst zusammen, was zusammen gehört

II.1148 | *Jetzt wächst zusammen, was zusammen gehört* („Banane“) | 1990

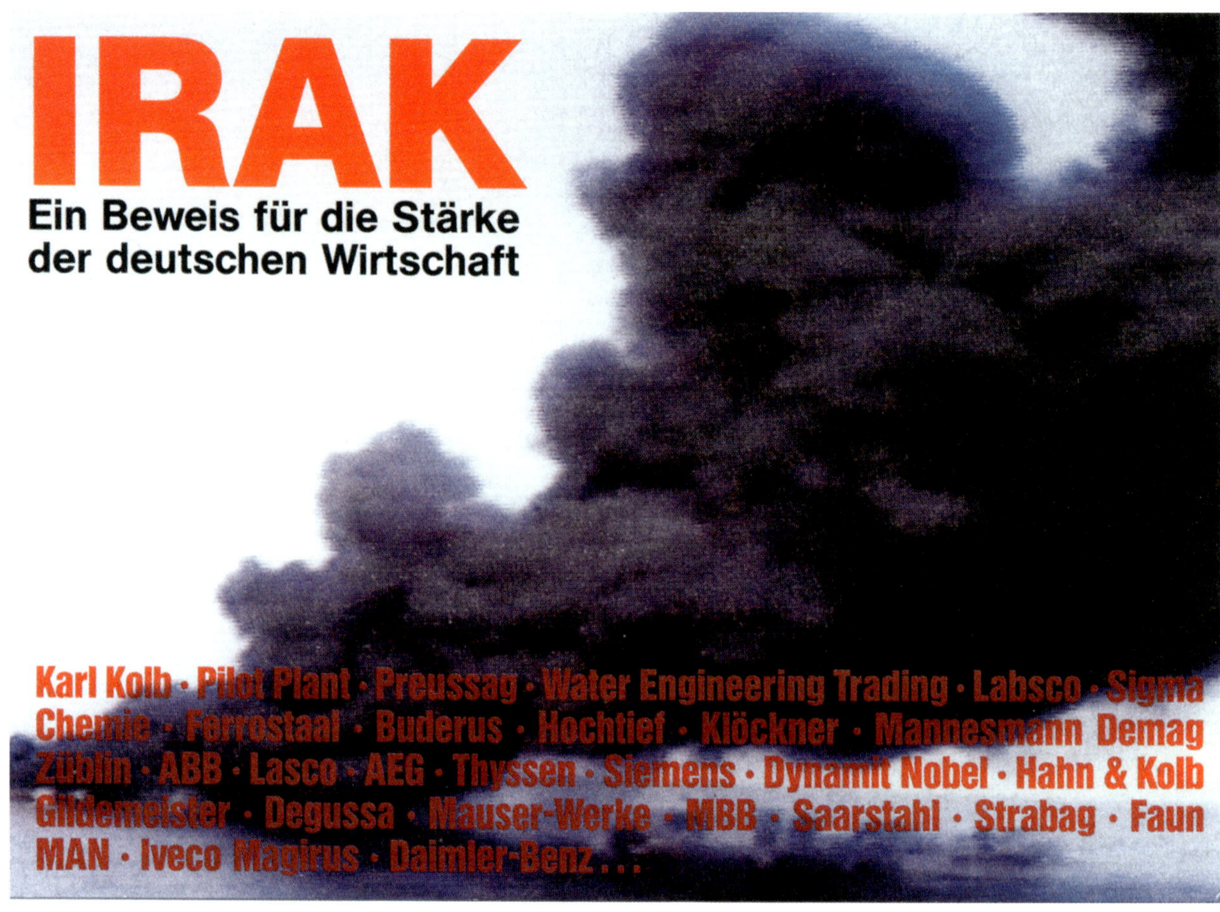

II.154 | *Irak: Ein Beweis für die Stärke der deutschen Wirtschaft* („Irak") | 1991

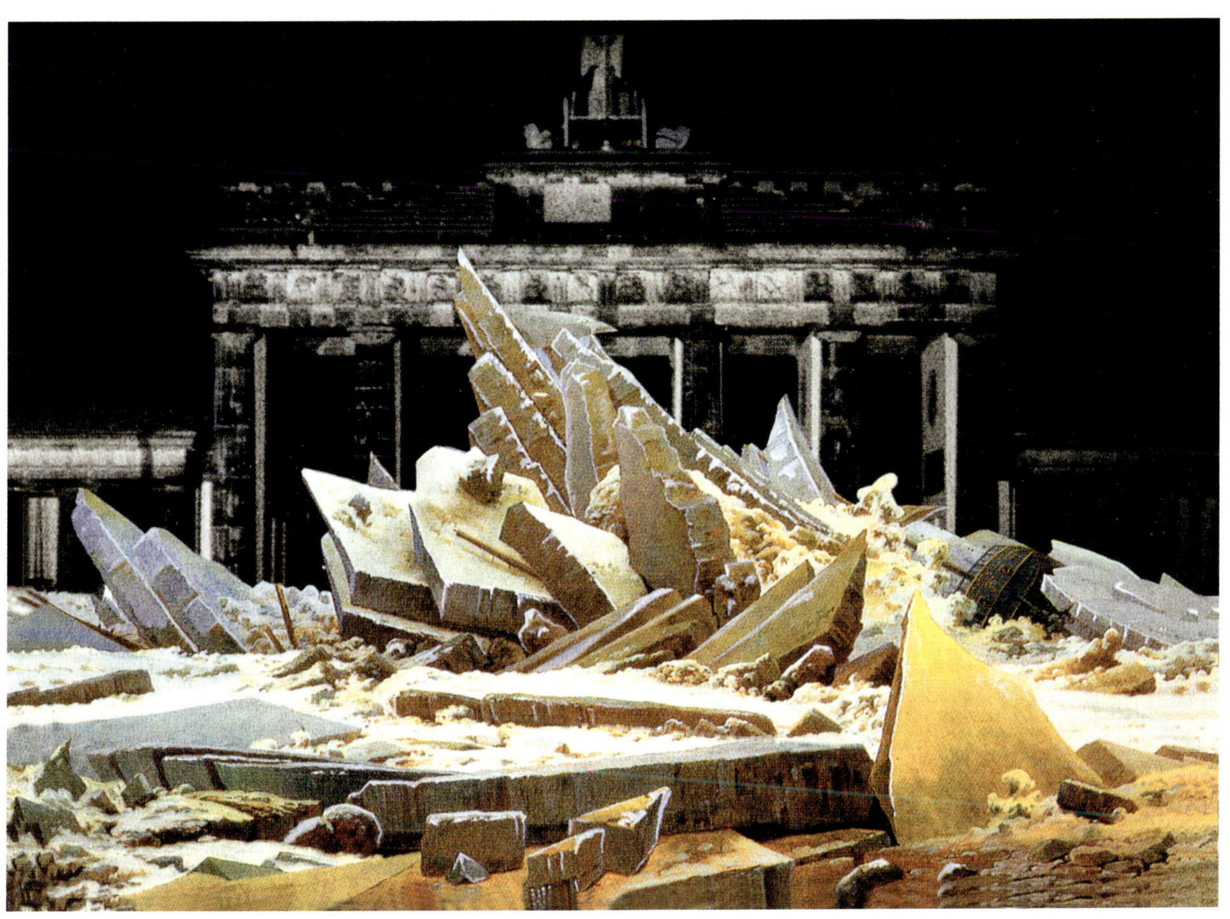

II.1147 | *Ohne Titel* („Brandenburger Tor – Rückseite") | 1990

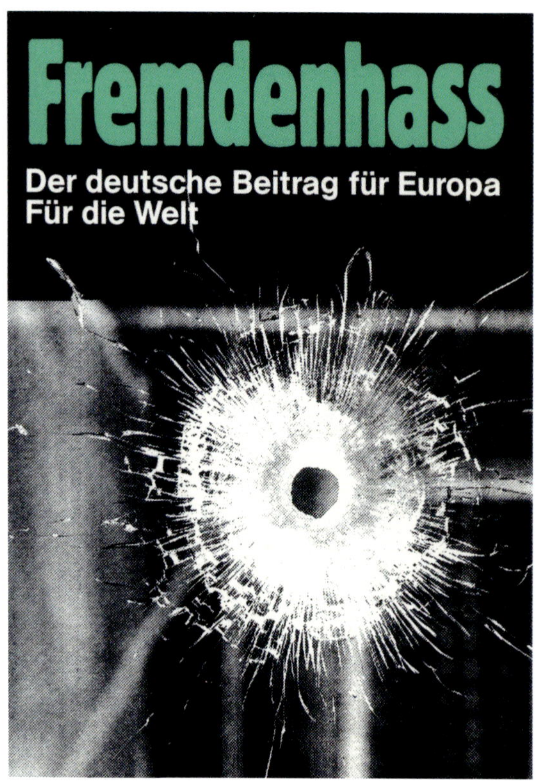

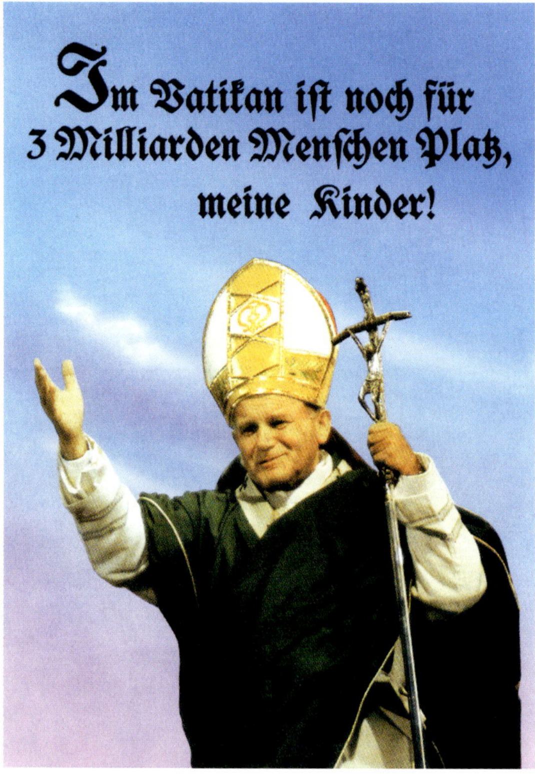

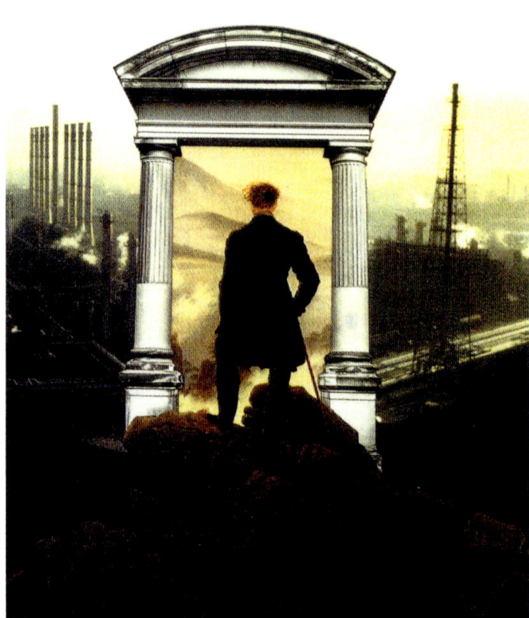

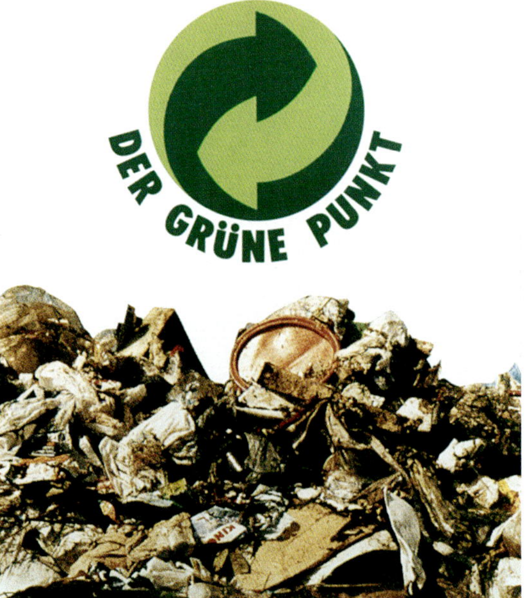

II.153 | *Fremdenhass. Der deutsche Beitrag für Europa. Für die Welt* („Fremdenhass") | 1991
II.152 | *Im Vatikan ist noch für 3 Milliarden Menschen Platz, meine Kinder!* („Der Quartiermeister") | 1991
II.155 | *Komm ins Offene. Freund* („Komm ins Offene. Freund") | 1991
o. Nr. | *Der größte Schwindel seit der Farbe Grün* („Der grüne Punkt") | 1992

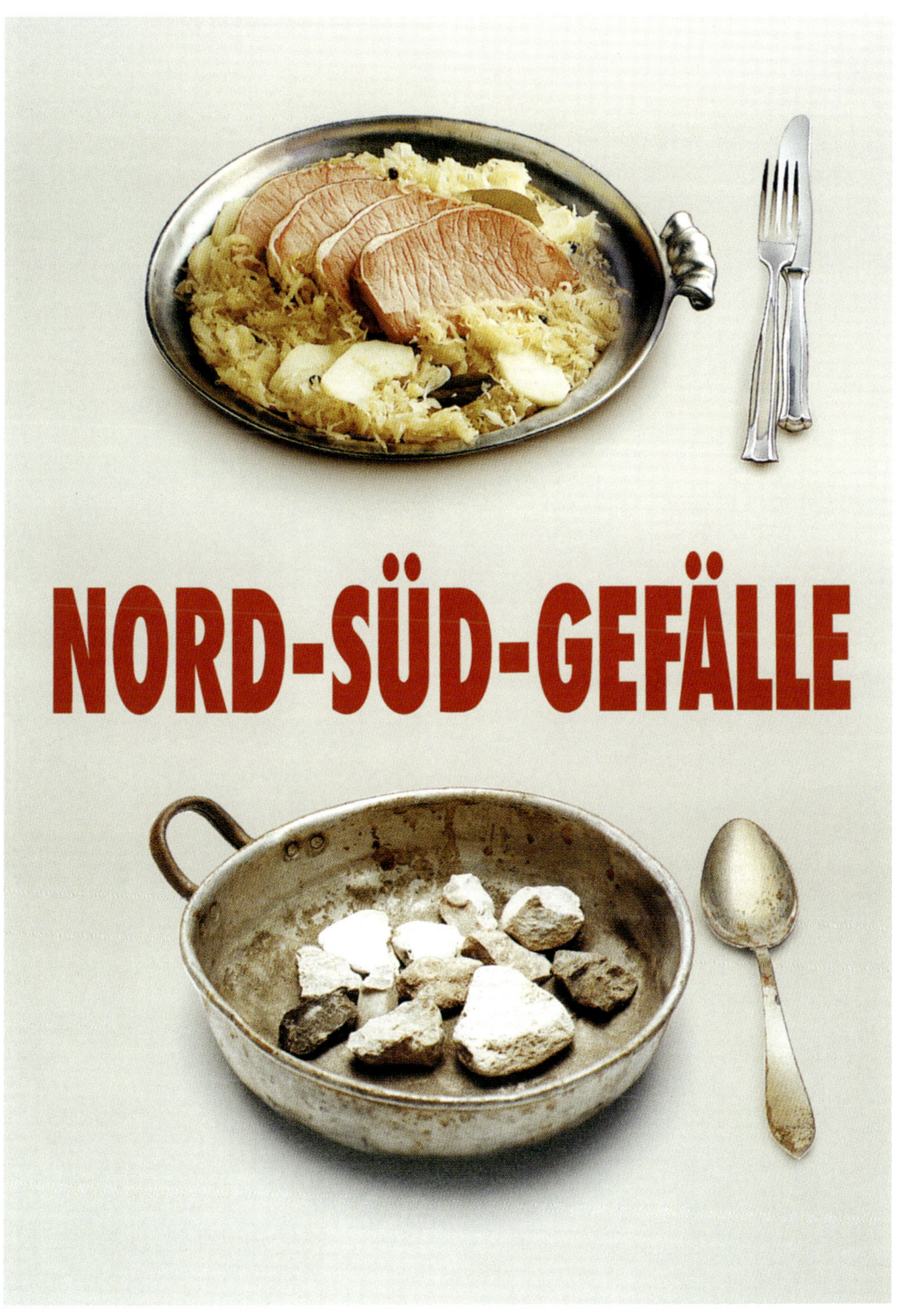

II.156 | *Nord-Süd-Gefälle* („Nord-Süd-Gefälle") | 1991

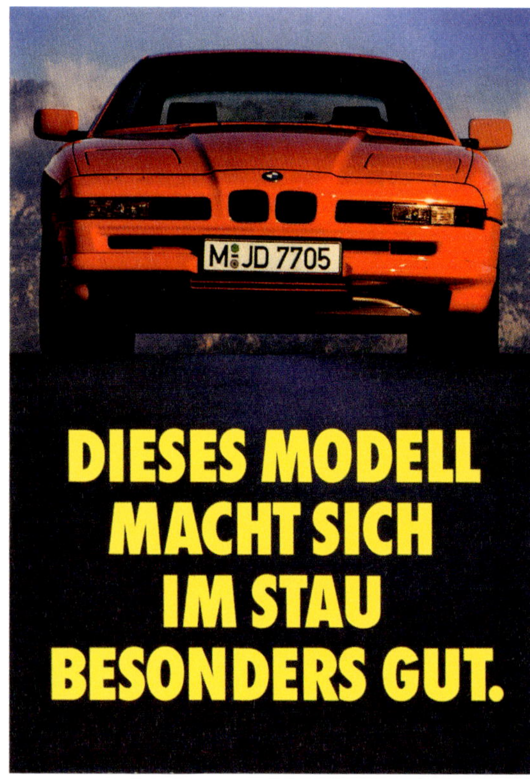

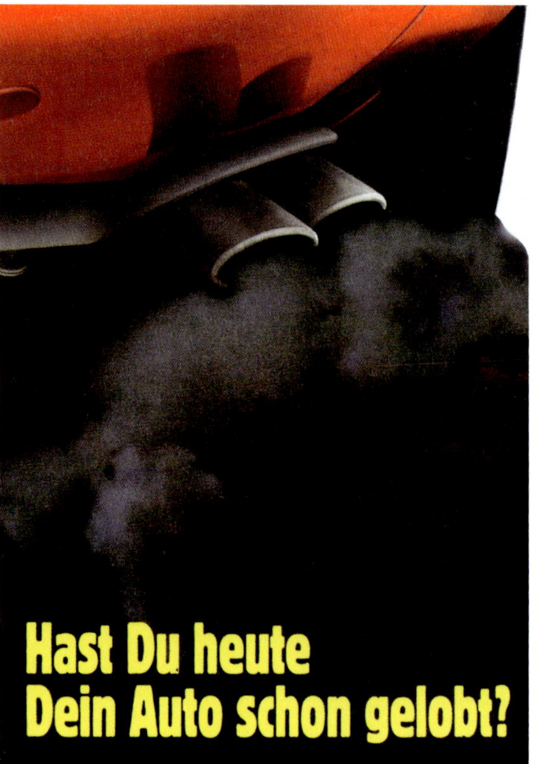

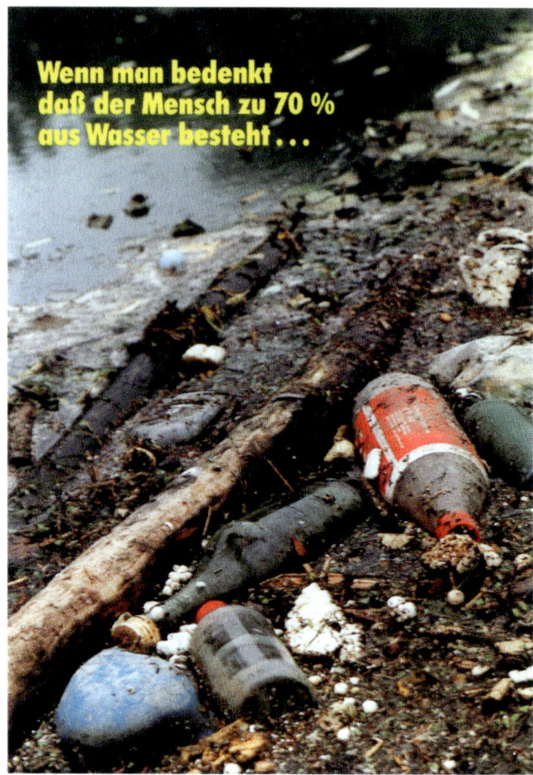

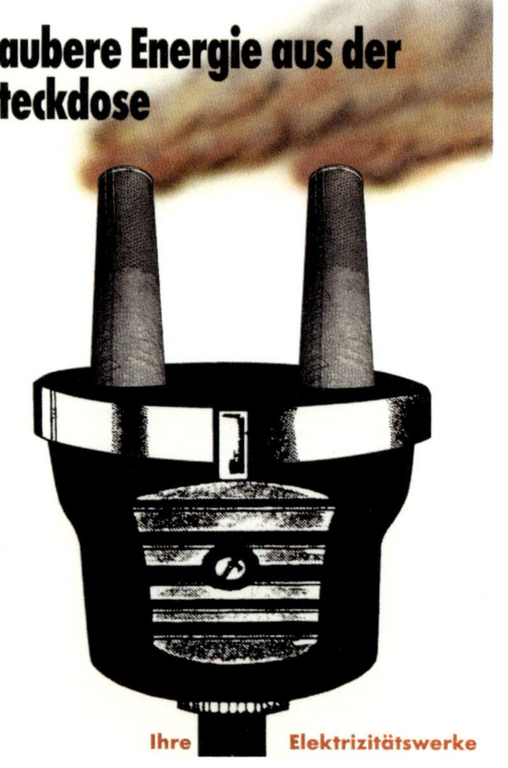

II.157 | *Dieses Modell macht sich im Stau besonders gut.* („Stauberater“) | 1991
II.151 | *Hast Du heute Dein Auto schon gelobt?* („Beziehungskiste“) | 1991
II.163 | *Wenn man bedenkt, daß der Mensch zu 70% aus Wasser besteht …* („Wenn man bedenkt“) | 1992
II.162 | *Saubere Energie aus der Steckdose. Ihre Elektrizitätswerke* | 1992

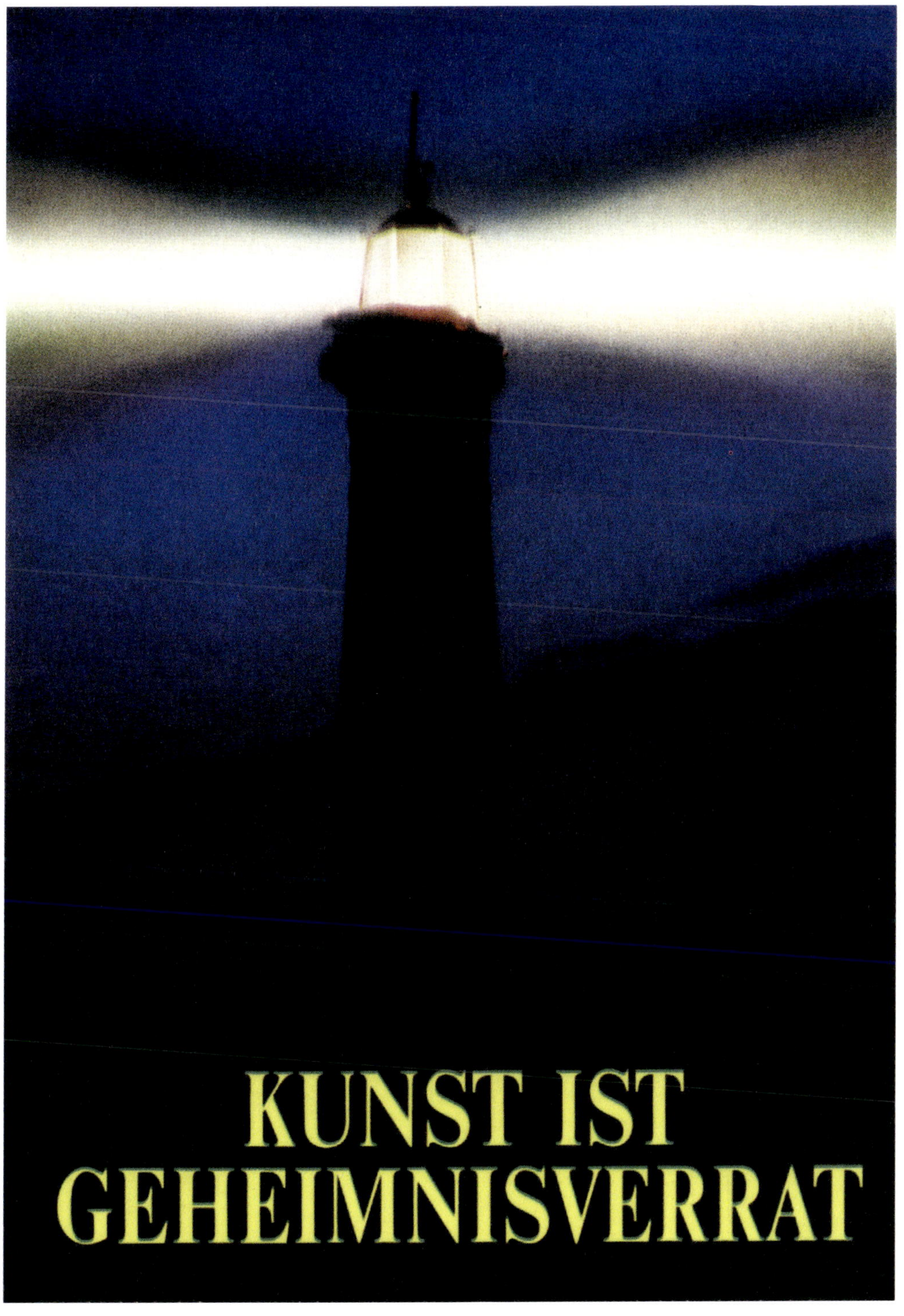

II.160 | *Kunst ist Geheimnisverrat* („Geheimnisverrat") | 1992

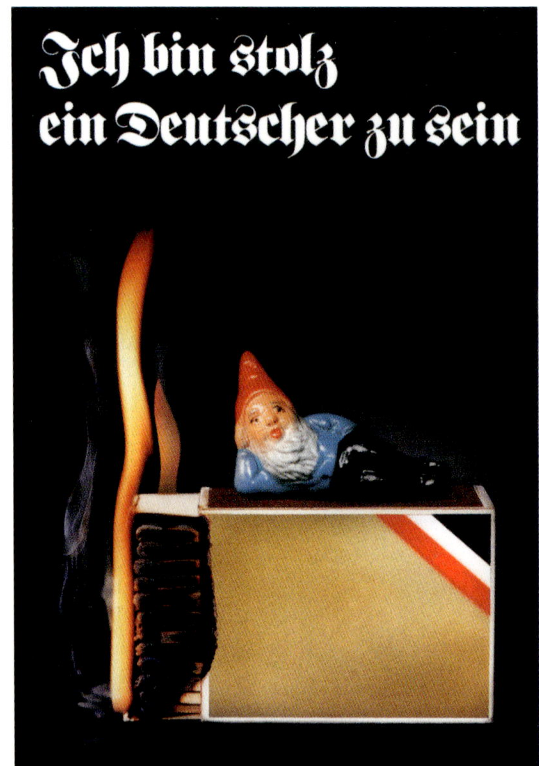

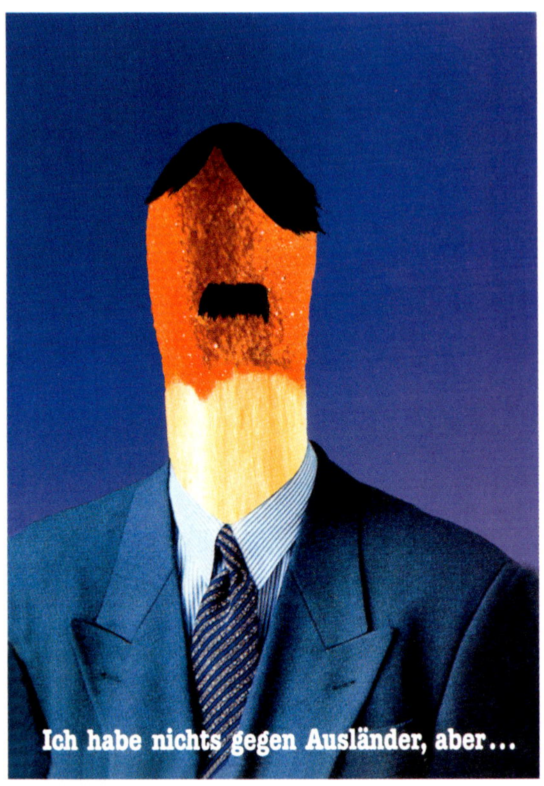

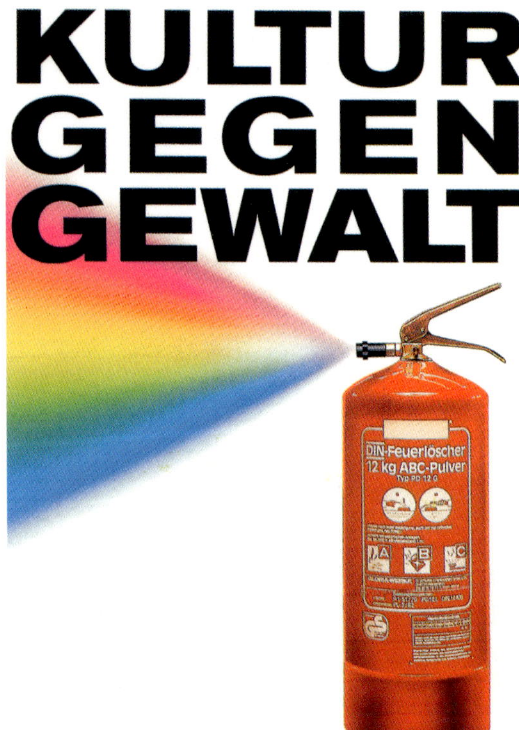

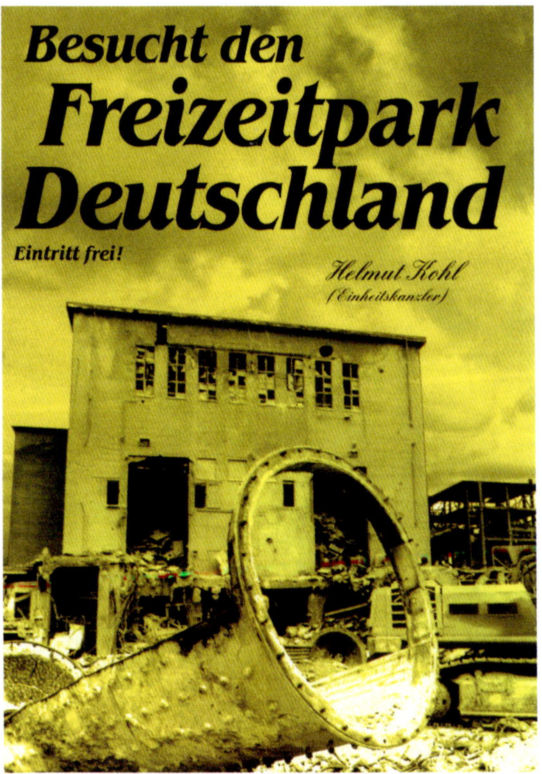

II.166 | *Ich bin stolz ein Deutscher zu sein* („Ich bin stolz ein Deutscher zu sein“) | 1993
II.170 | *Ich habe nichts gegen Ausländer* („Ich habe nichts gegen Ausländer“) | 1994
II.161 | *Kultur gegen Gewalt* („Kultur gegen Gewalt“) | 1992
II.164 | *Besucht den Freizeitpark Deutschland. Eintritt frei. Helmut Kohl* („Besucht den Freizeitpark Deutschland“) | 1993

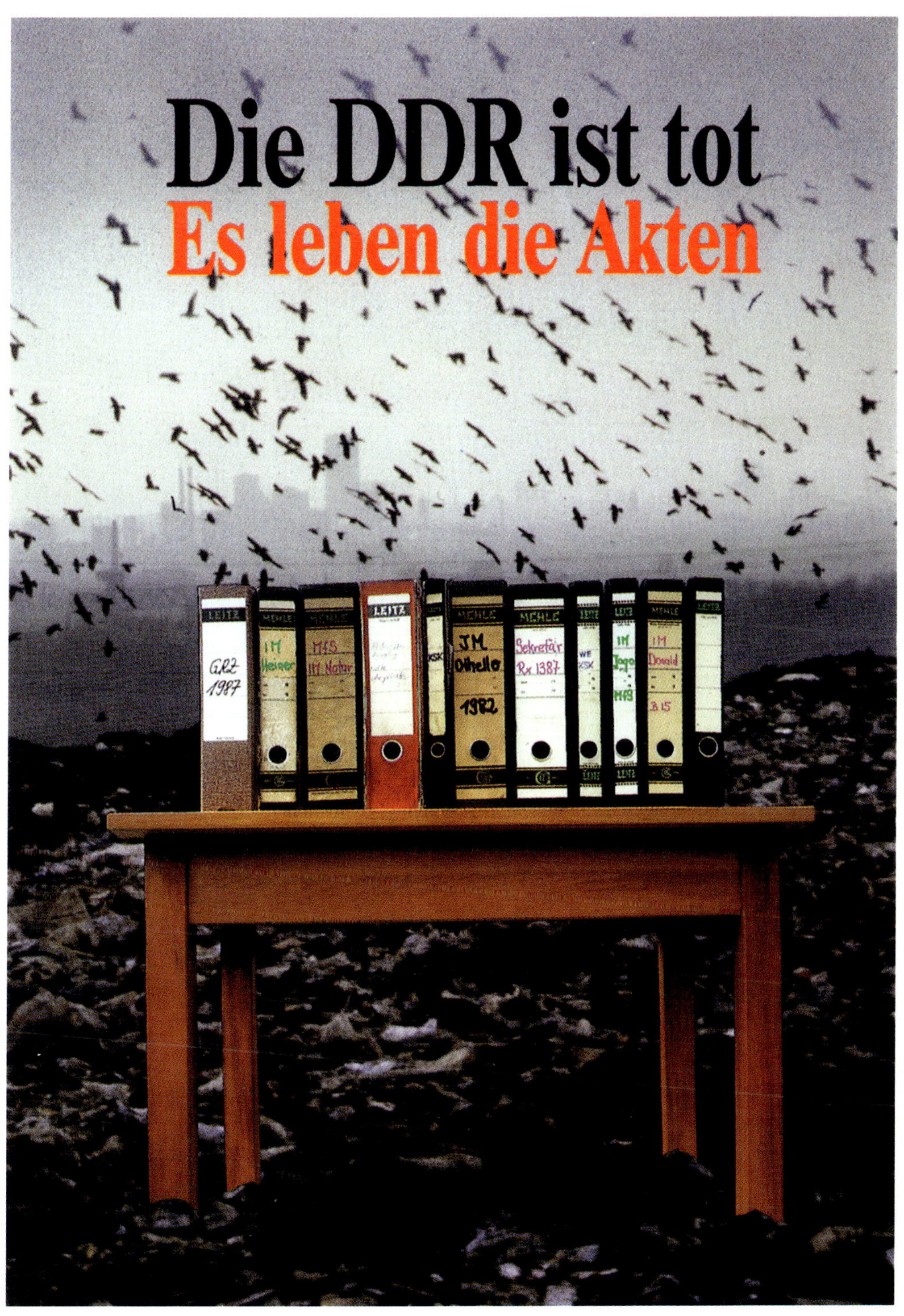

II.159 | *Die DDR ist tot, es leben die Akten* („Akteneinsicht“) | 1992

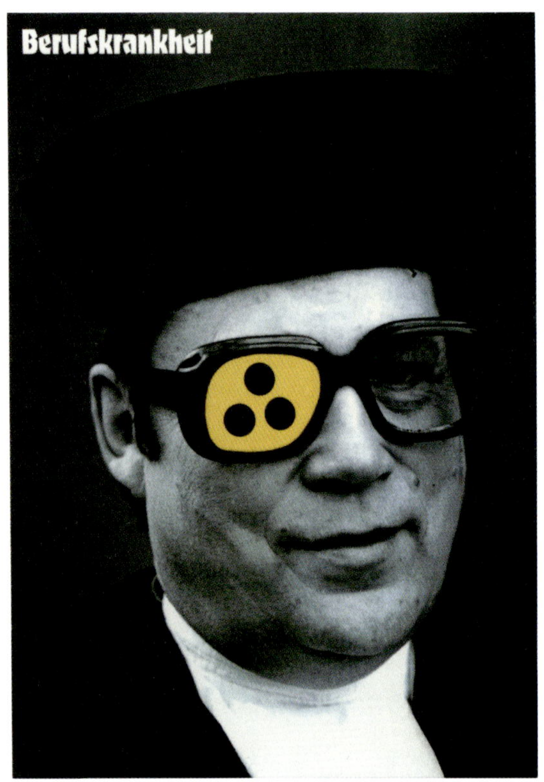

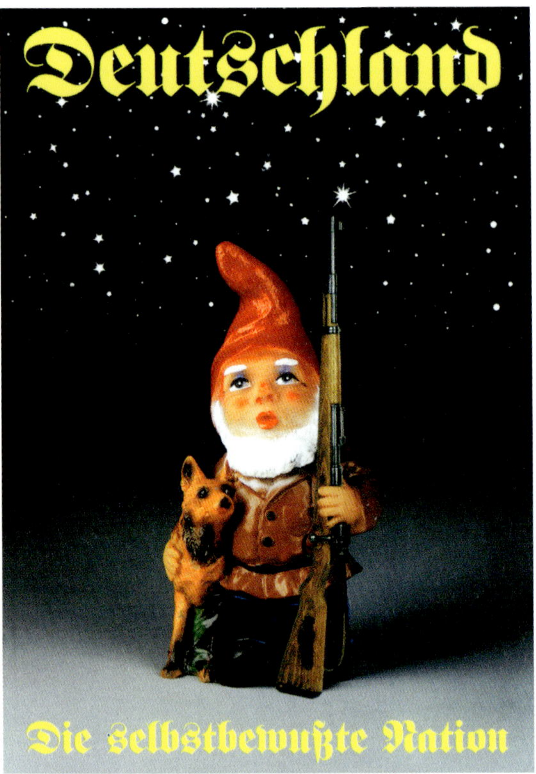

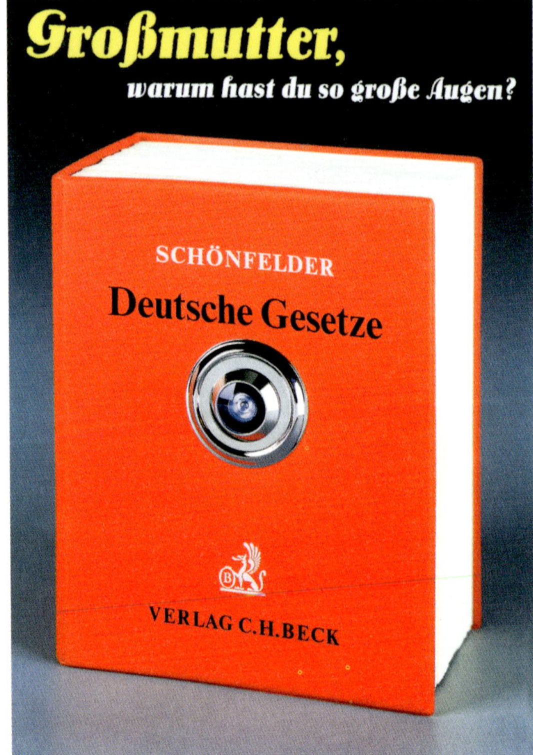

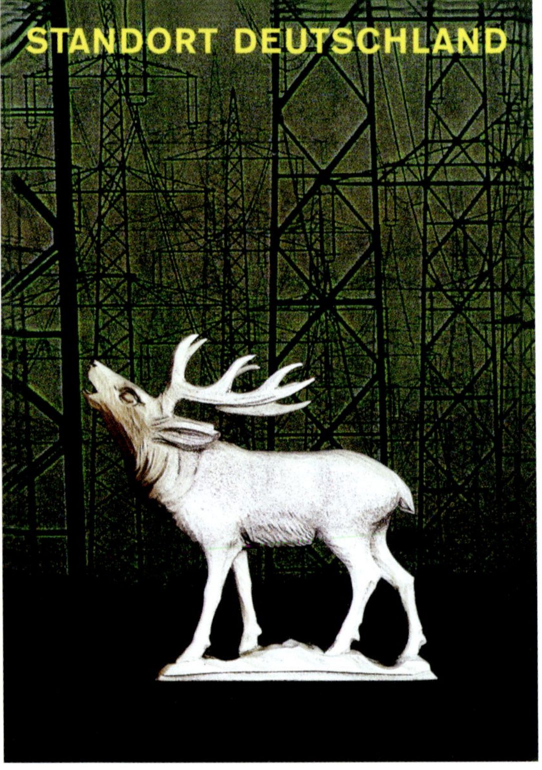

II.168 | *Berufskrankheit* („Berufskrankheit“) | 1994
II.171 | *Deutschland. Die selbstbewußte Nation* („Die selbstbewusste Nation“) | 1995
II.176 | *Großmutter, warum hast Du so große Augen?* („Der große Lauschangriff“) | 1995
II.178 | *Standort Deutschland* („Standort Deutschland“) | 1995

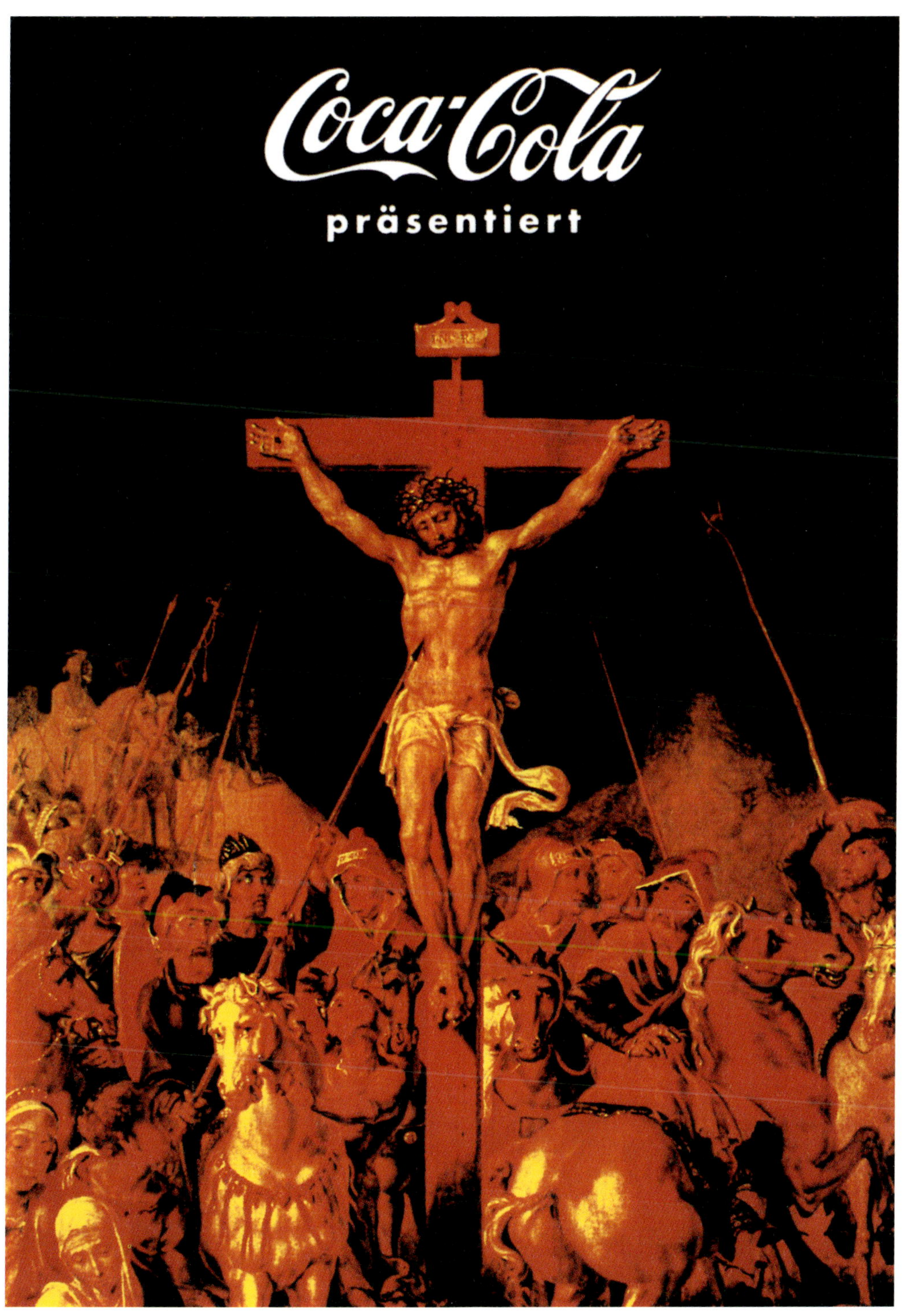

II.169 | *Coca-Cola präsentiert* („Coca-Cola“) | 1994

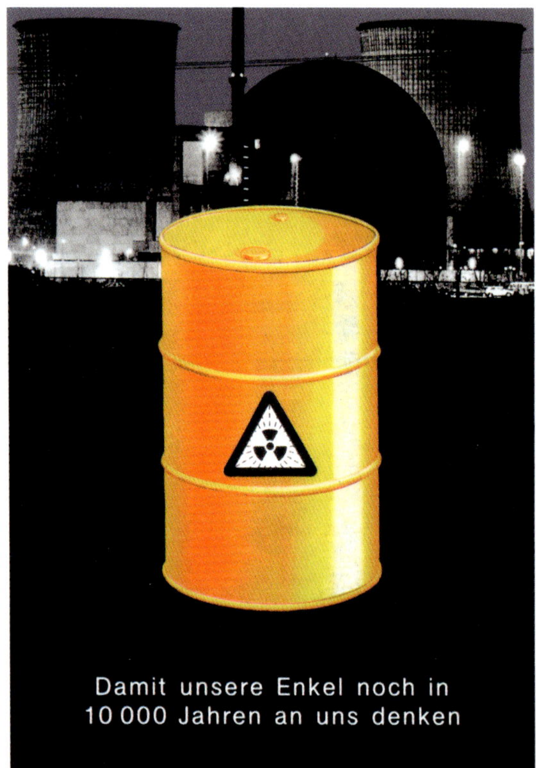

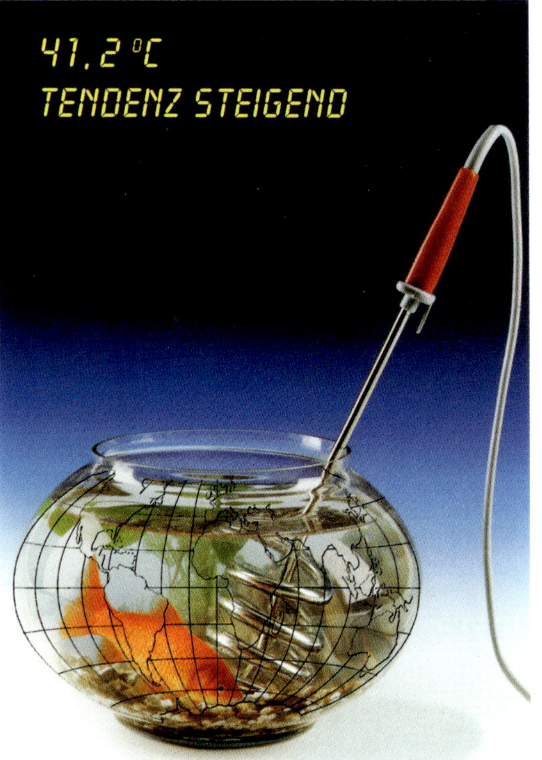

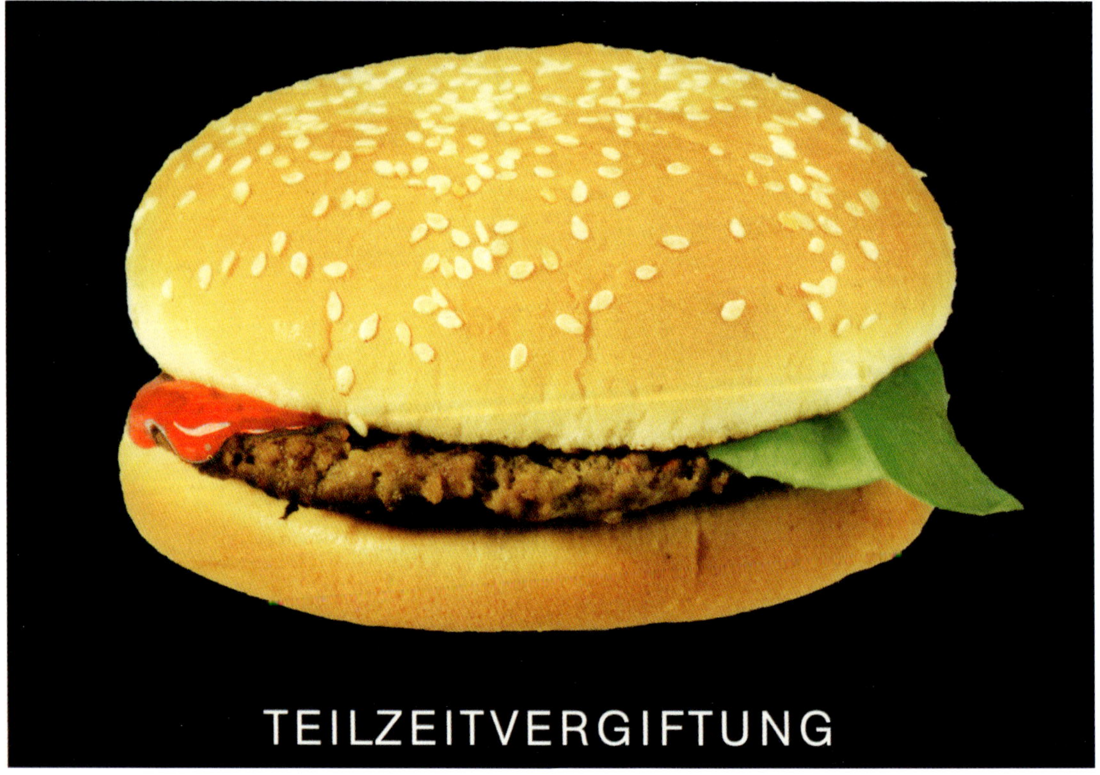

II.172 | *Damit unsere Enkel noch in 10000 Jahren an uns denken* („Generationenvertrag") | 1995
II.175 | *41,2 °C Tendenz steigend* („Tendenz steigend") | 1995
II.174 | *Teilzeitvergiftung* | 1995

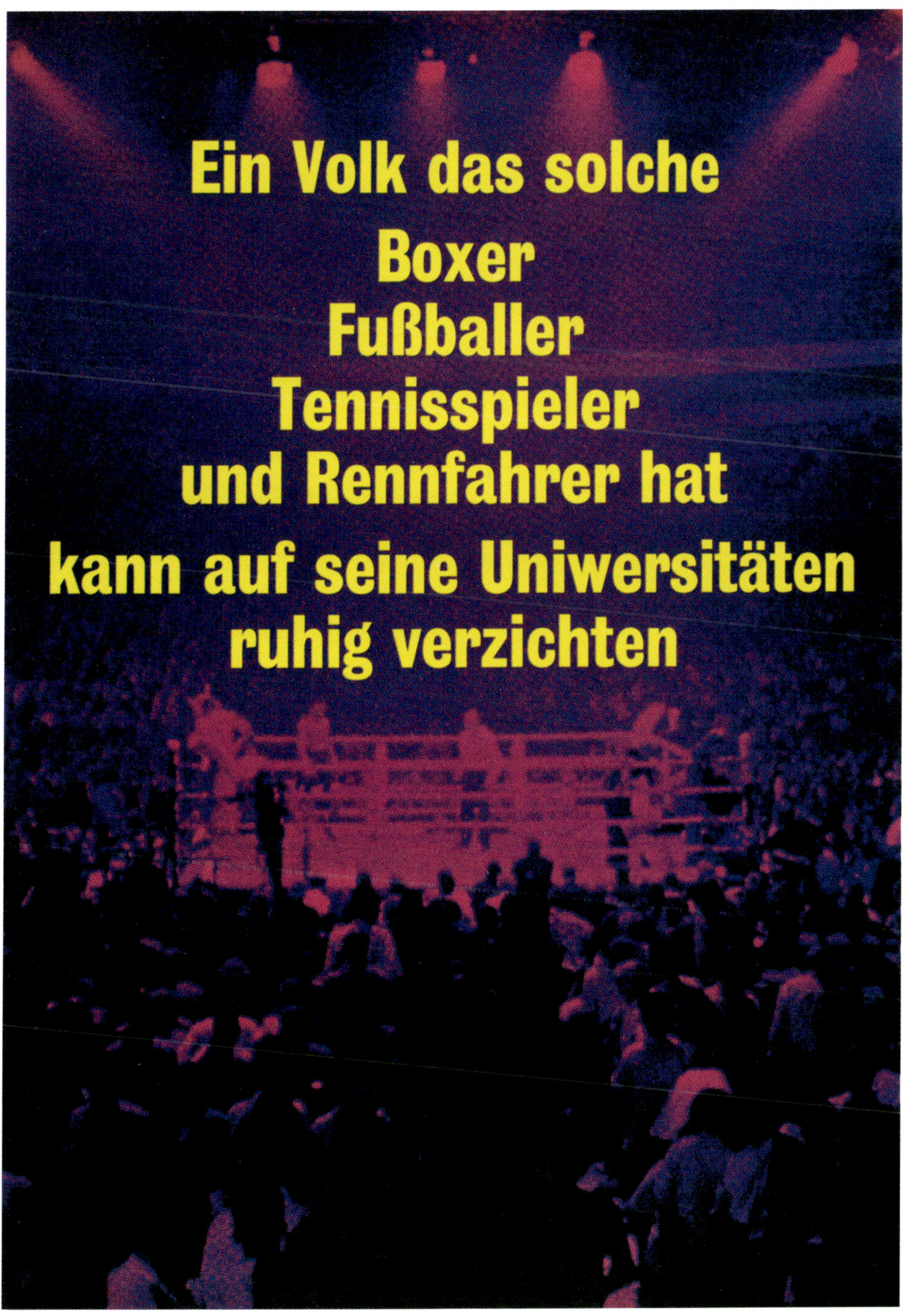

II.183 | *Ein Volk, das solche Boxer, Fußballer, Tennisspieler und Rennfahrer hat, kann auf seine Uniwersitäten verzichten* („Universitäten") | *1997*

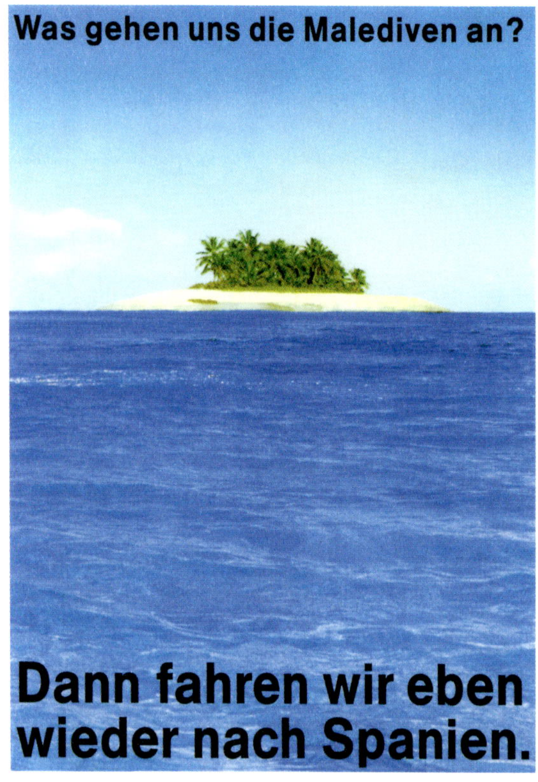

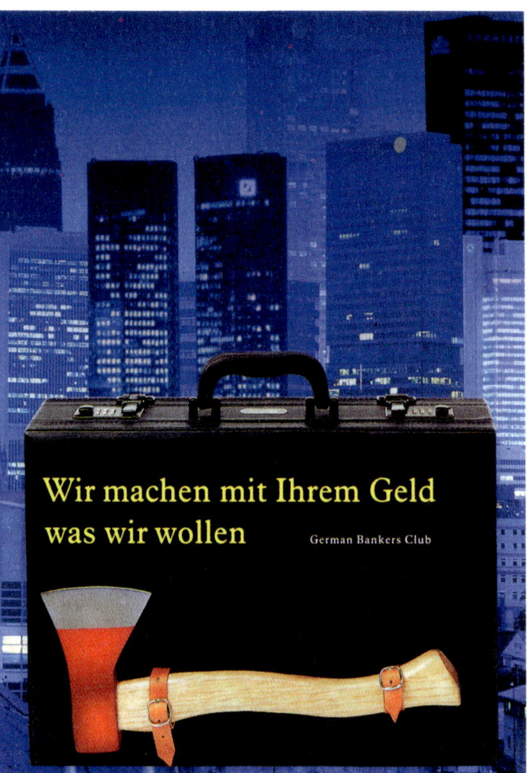

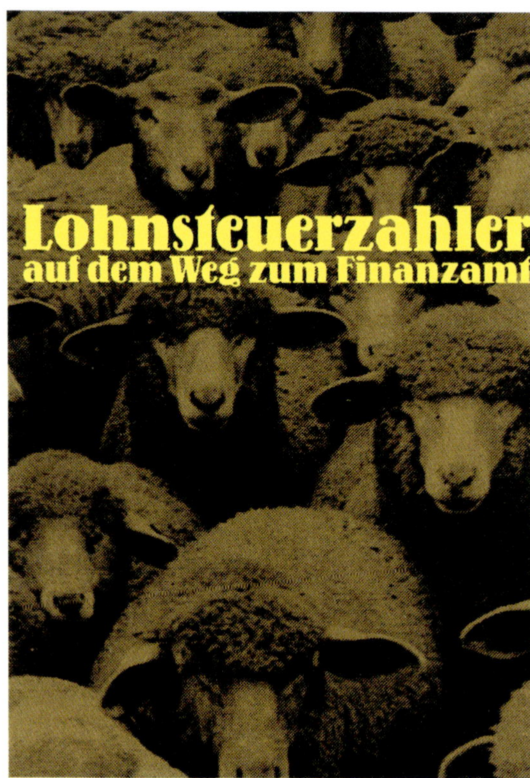

II.173 | *Was gehen uns die Malediven an? Dann fahren wir eben wieder nach Spanien.* („Land unter") | 1995
II.180 | *Wir machen mit Ihrem Geld was wir wollen. German Bankers Club* („German Bankers Club") | *1997*
II.177 | *Lohnsteuerzahler auf dem Weg zum Finanzamt* („Lohnsteuerzahler") | 1995

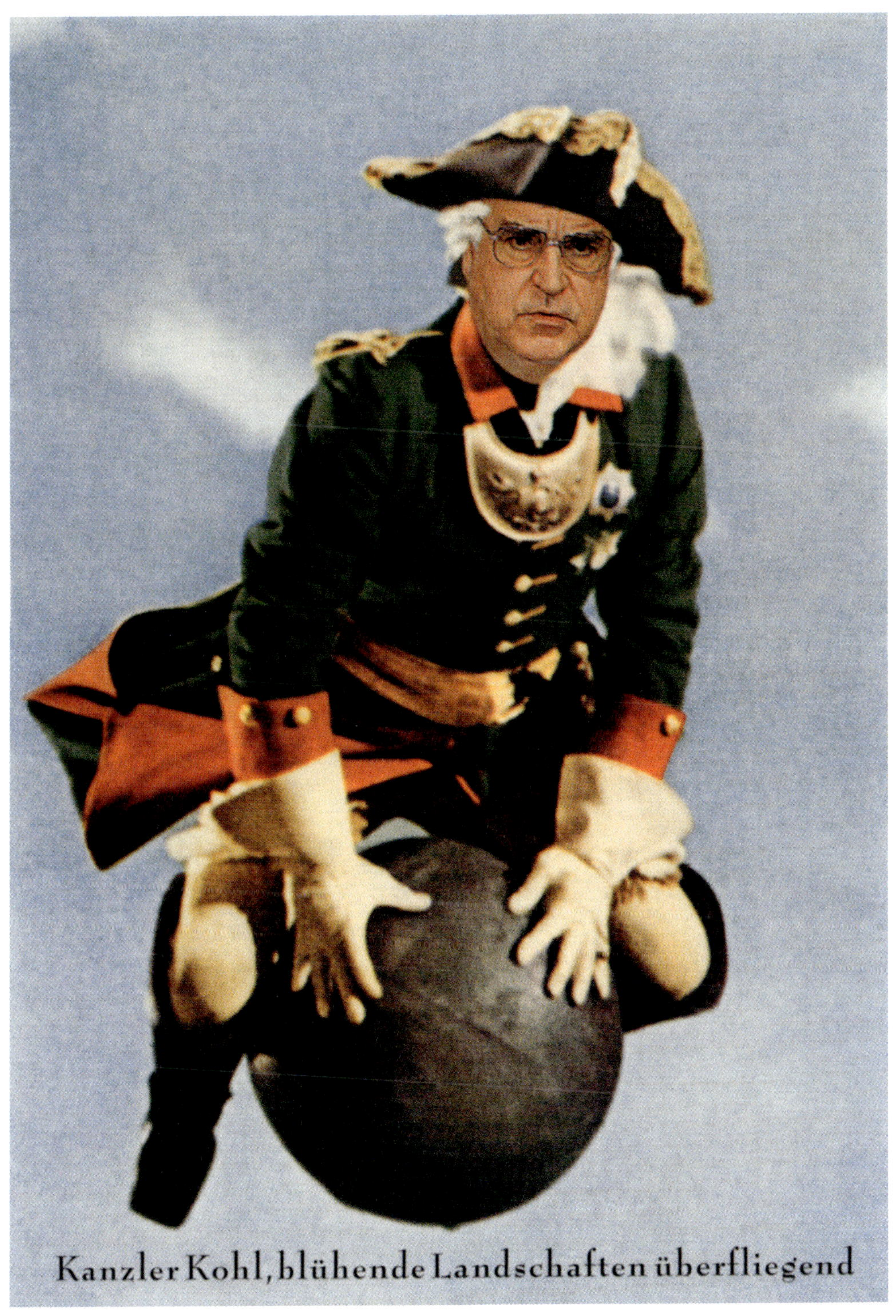

II.179 | *Kanzler Kohl, blühende Landschaften überfliegend* („Der Lügenbaron") | *1997*

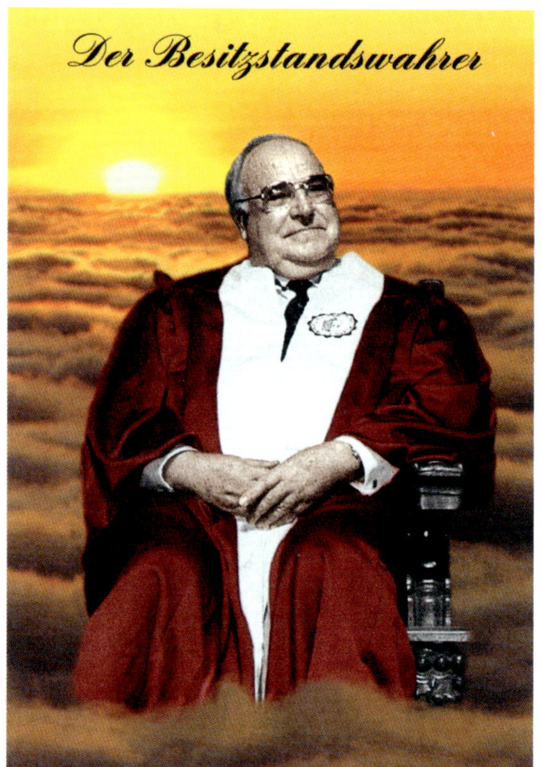

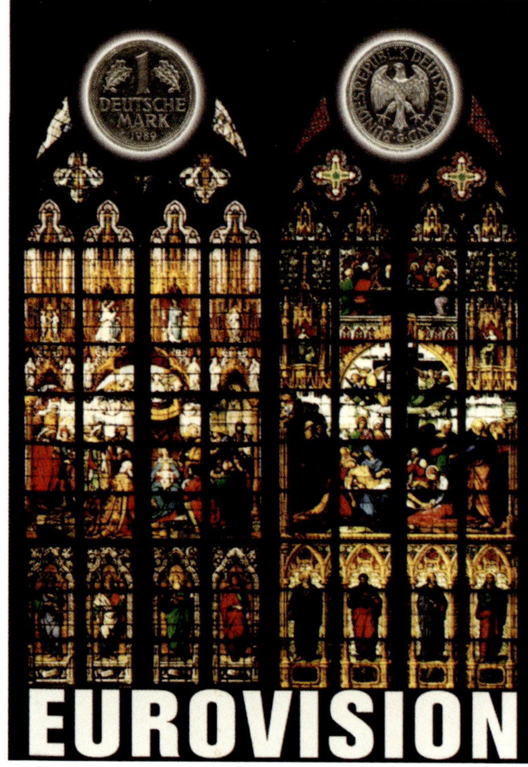

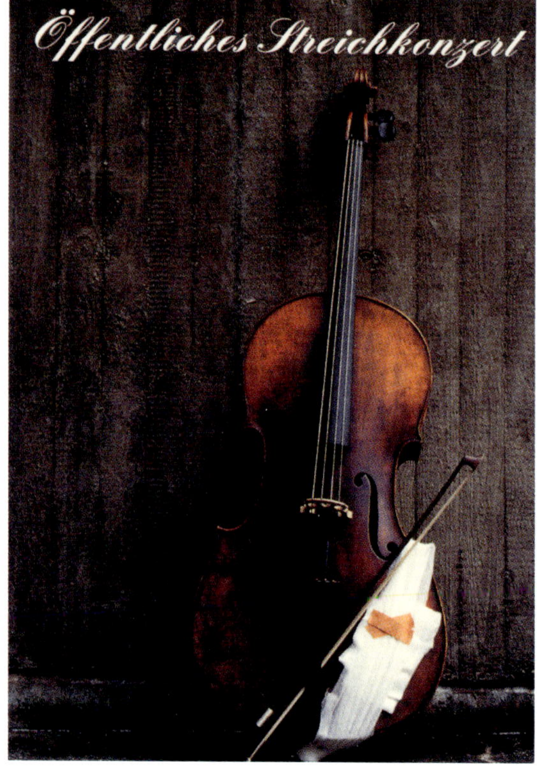

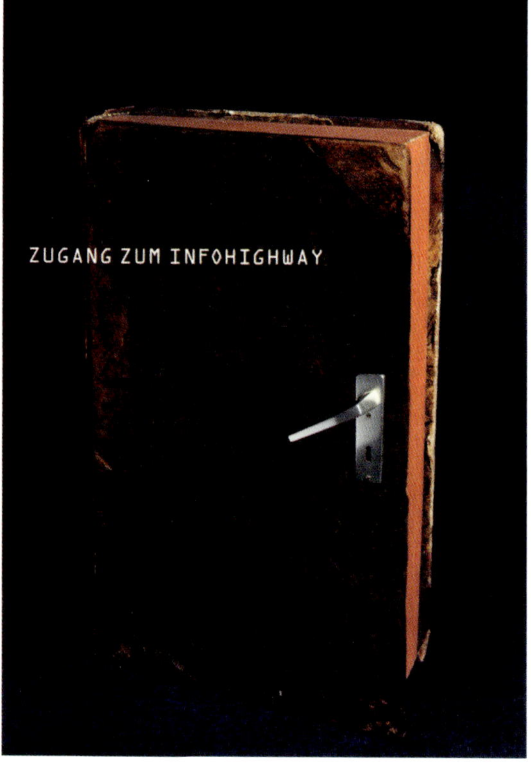

II.184 | *Der Besitzstandswahrer* | 1998
II.187 | *Eurovision* („Eurovision") | 1998
II.182 | Öffentliches Streichkonzert („Öffentliches Streichkonzert") | 1997
II.181 | *Zugang zum Infohighway* („Zugang zum Infohighway") | 1997

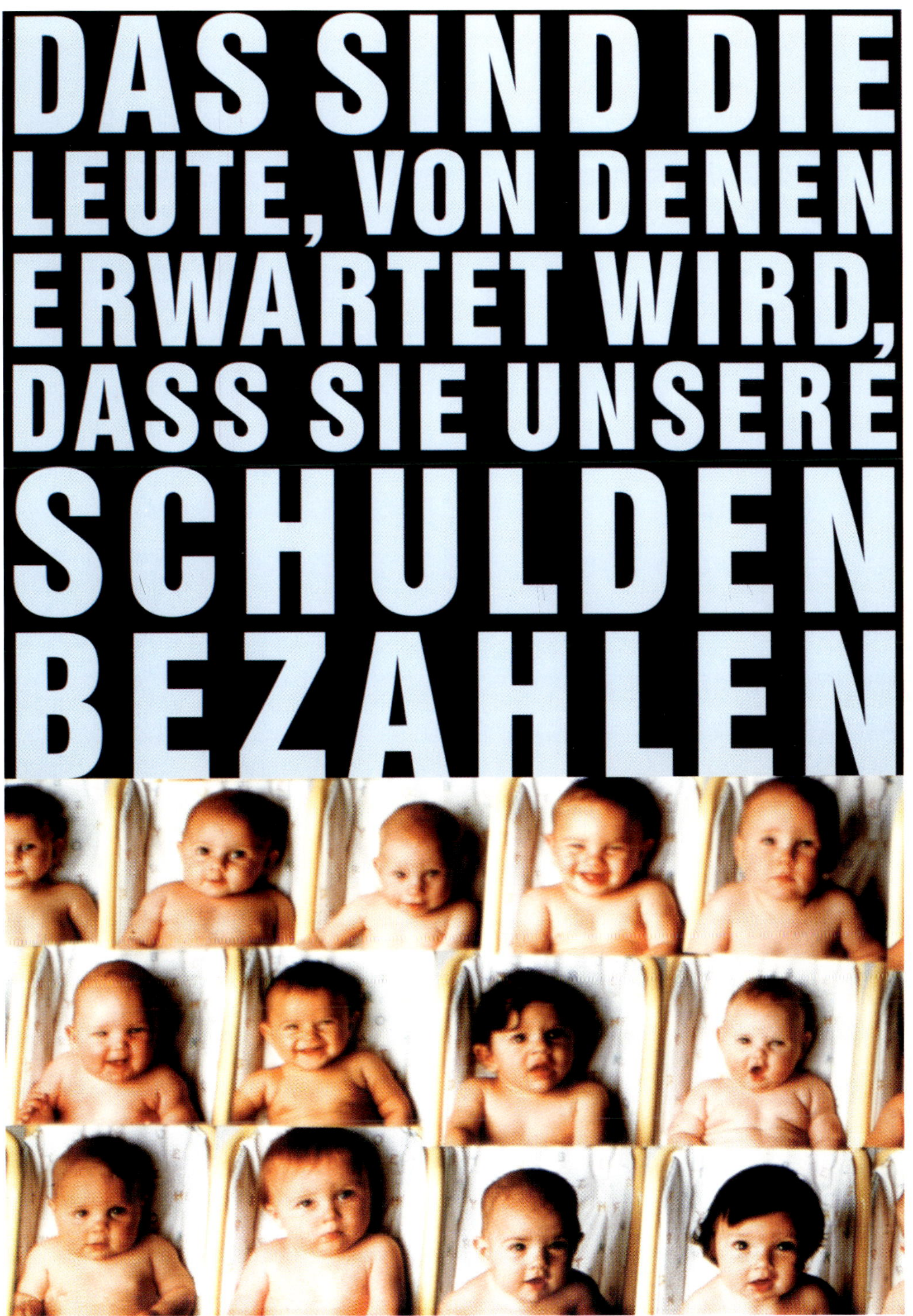

II.185 | *Das sind die Leute, von denen erwartet wird, dass sie unsere Schulden bezahlen* („Das sind die Leute") | 1998

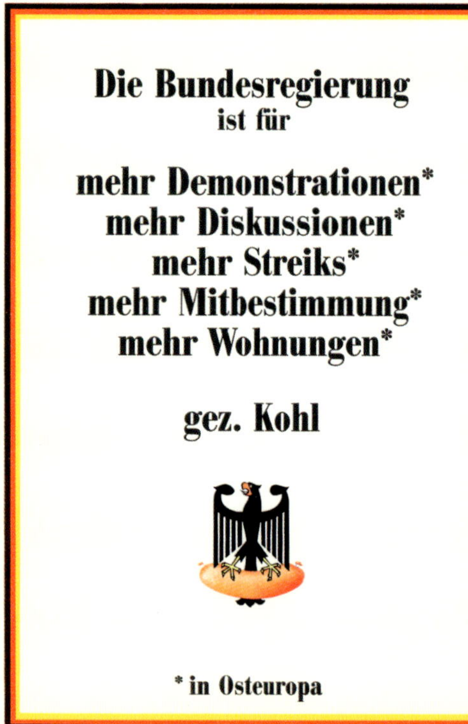

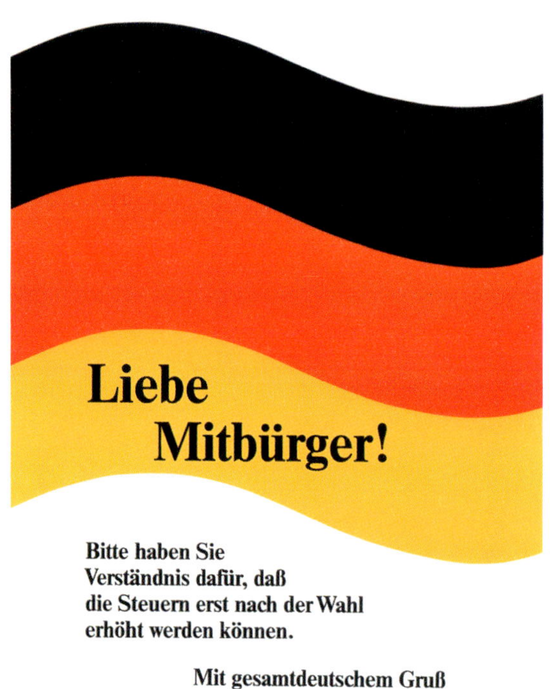

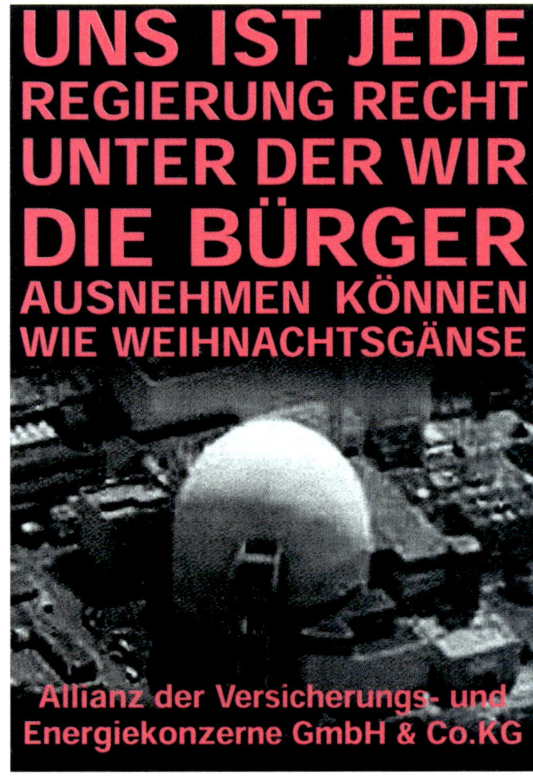

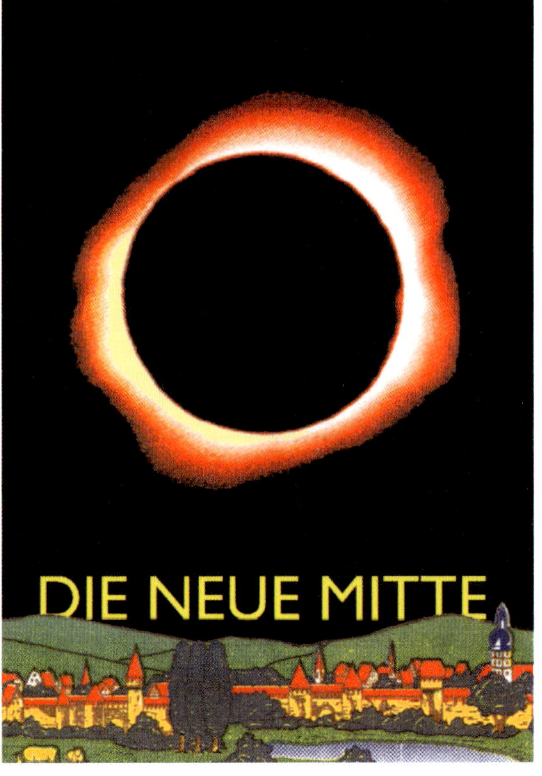

II.186 | *Die Bundesregierung ist für mehr Demonstrationen*, mehr Diskussionen*, mehr Streiks*, mehr Mitbestimmung*, mehr Wohnungen*. Gez. Kohl *in Osteuropa* | 1998
II.188 | *Liebe Mitbürger! Bitte haben Sie Verständnis dafür, daß die Steuern erst nach der Wahl erhöht werden können.* | 1998
II.189 | *Uns ist jede Regierung recht unter der wir die Bürger ausnehmen können wie Weihnachtsgänse* („Konzernphilosophie") | 1999
II.190 | *Die Neue Mitte* | 1999

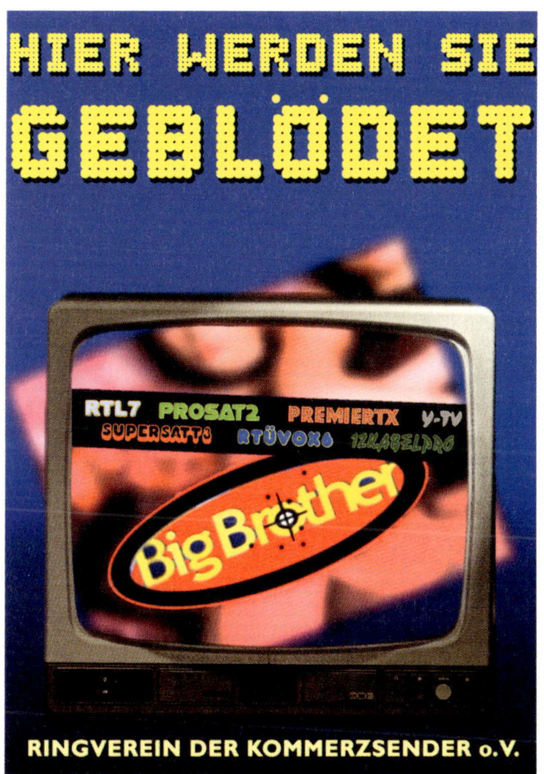

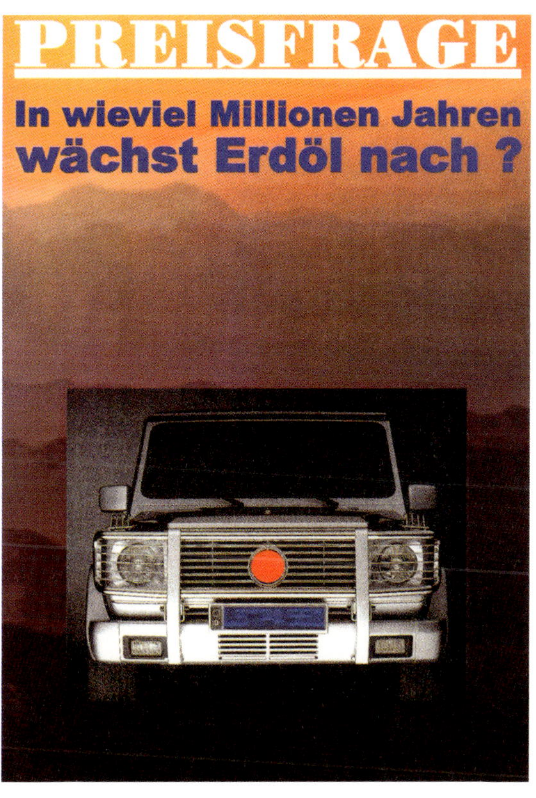

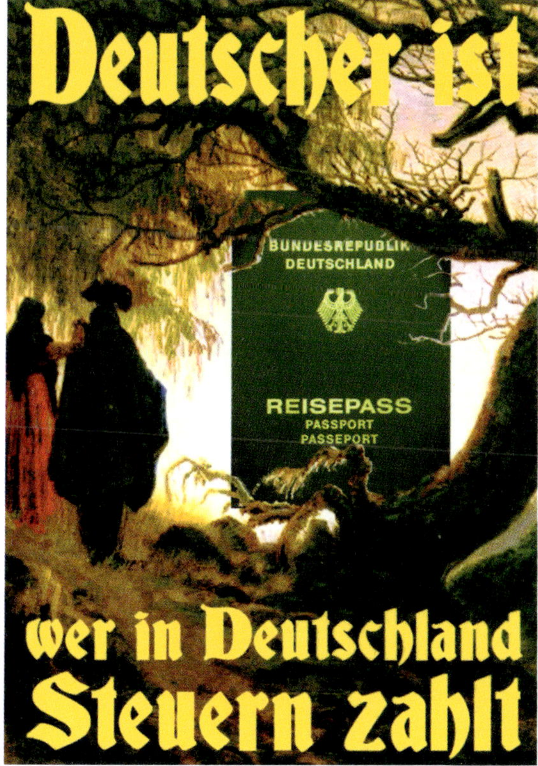

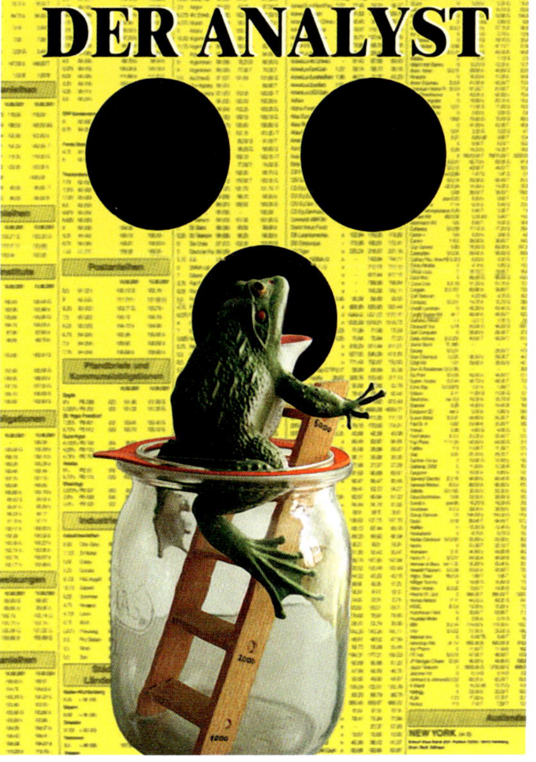

II.192 | *Hier werden Sie geblödet* („Leidkultur") | 2000
II.193 | *Preisfrage: In wieviel Millionen Jahren wächst Erdöl nach?* („Preisfrage") | 2000
II.191 | *Deutscher ist – wer in Deutschland Steuern zahlt* („Staatsbürgerschaft") | 2000
II.195 | *Der Analyst* („Der Analyst") | 2001

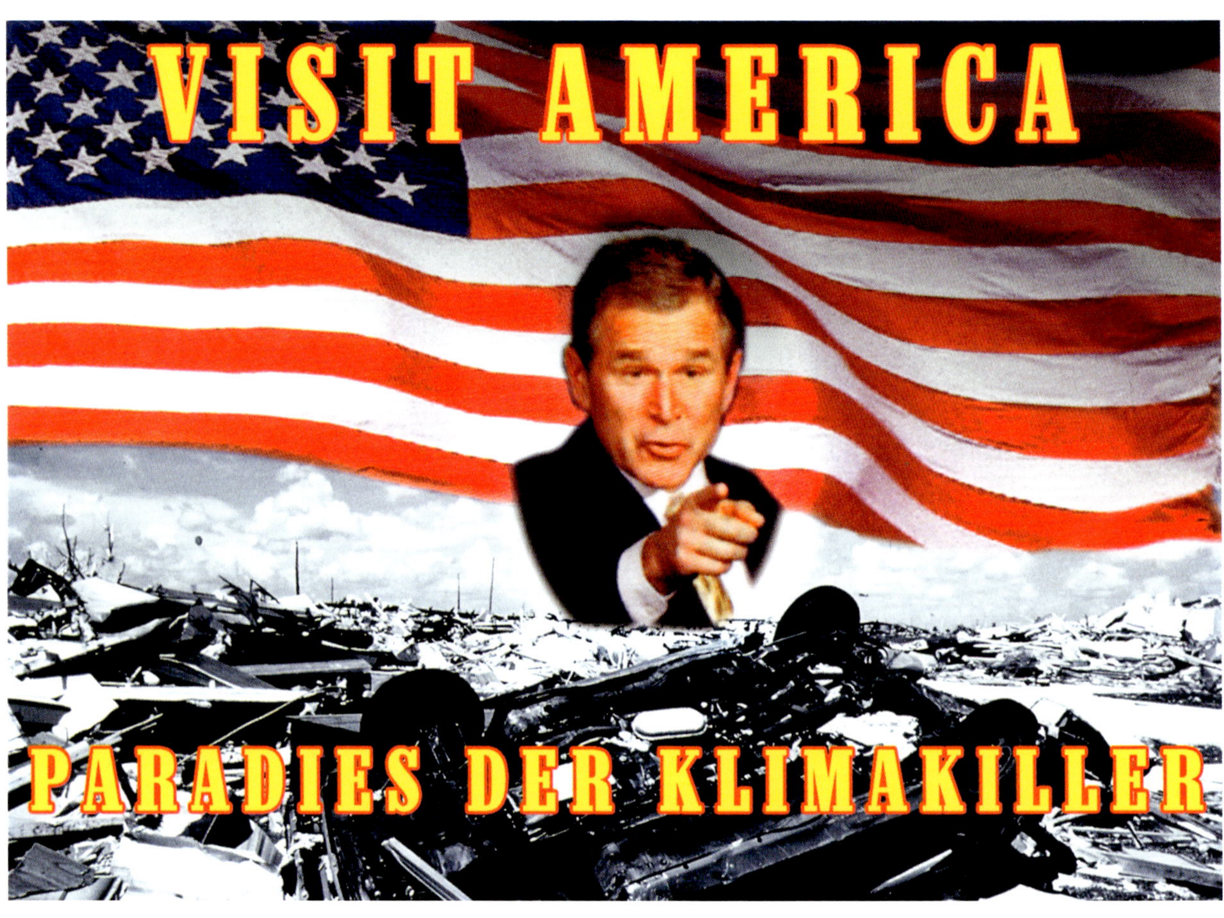

II.196 | *Visit America. Paradies der Klimakiller* („Visit America“) | 2001

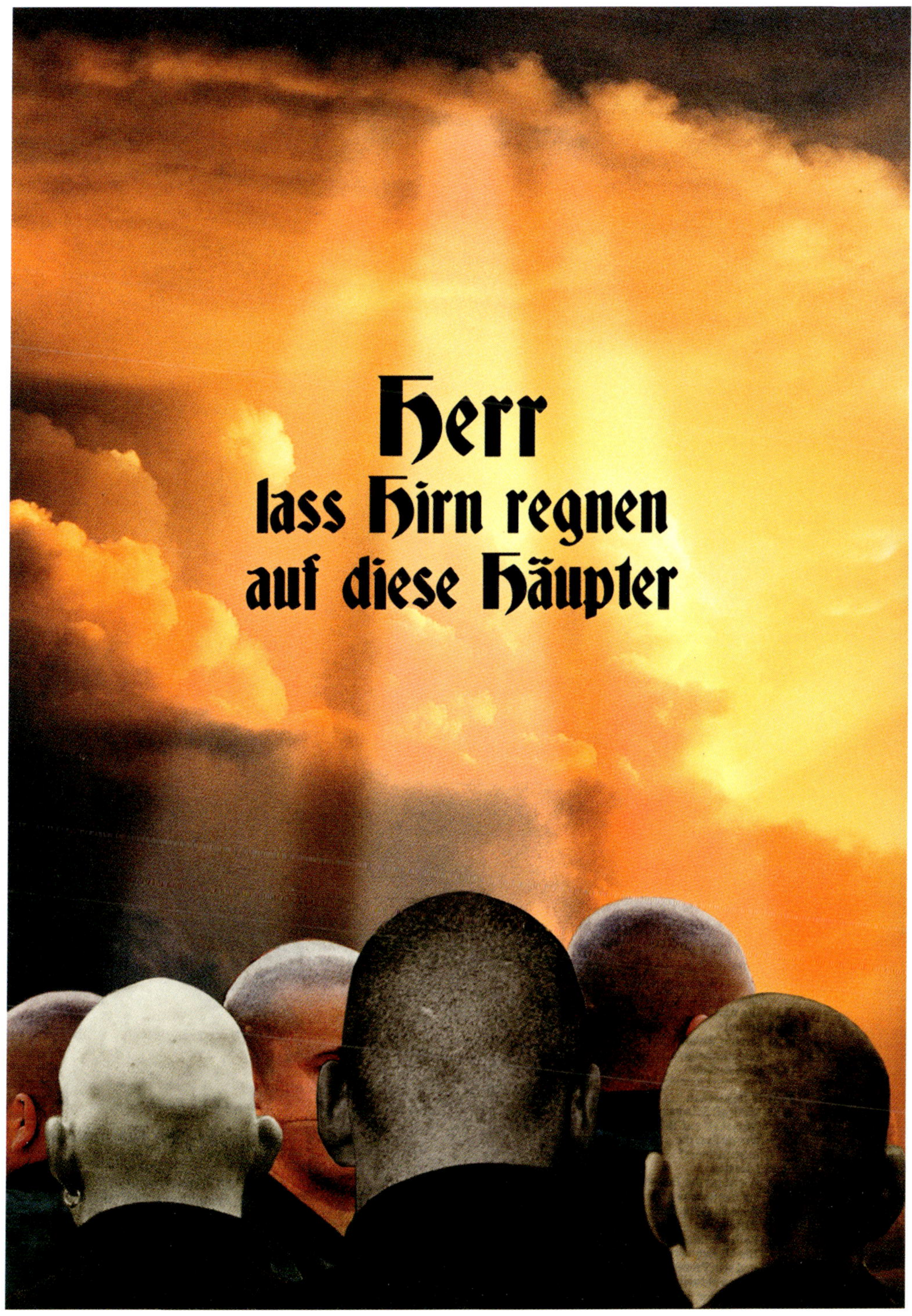

II.199 | *Herr, lass Hirn regnen auf diese Häupter* („Erleuchtung") | 2002

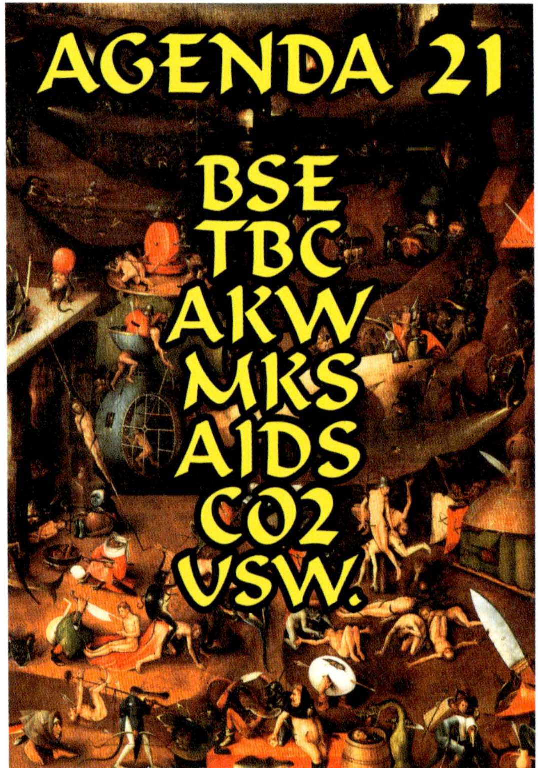

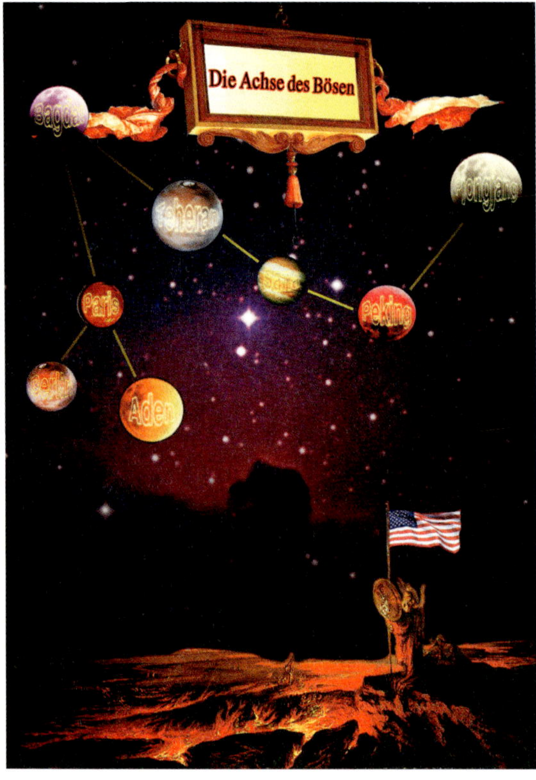

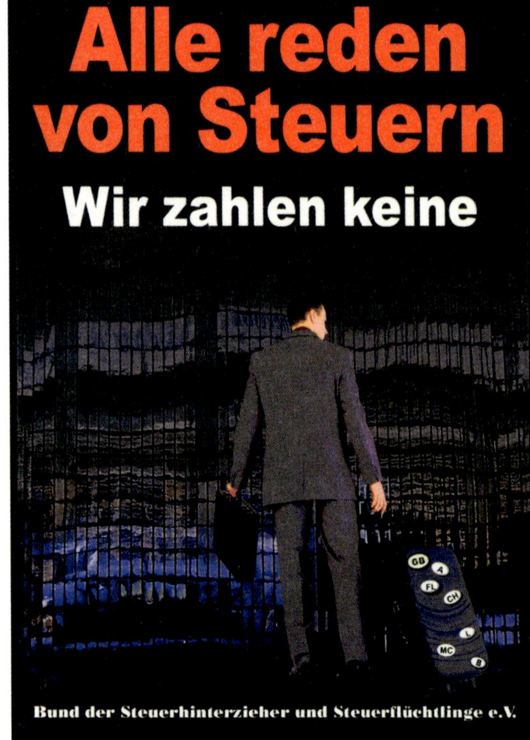

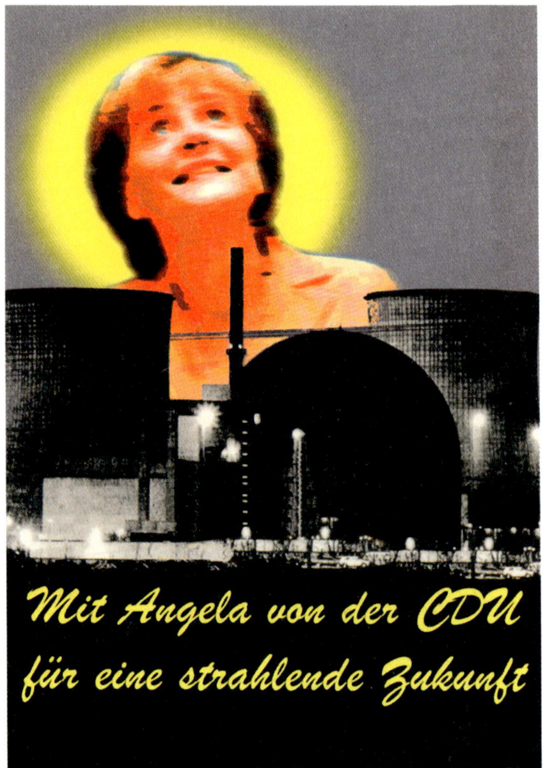

II.198 | *Agenda 21: BSE TBC AKW MKS AIDS CO2 usw.* („Agenda 21") | 2002
II.197 | *Die Achse des Bösen* („Die Achse des Bösen") | 2002
II.200 | *Alle reden von Steuern: Wir zahlen keine* („Thema: Steuern") | 2003
II.201 | *Mit Angela von der CDU für eine strahlende Zukunft* | 2004

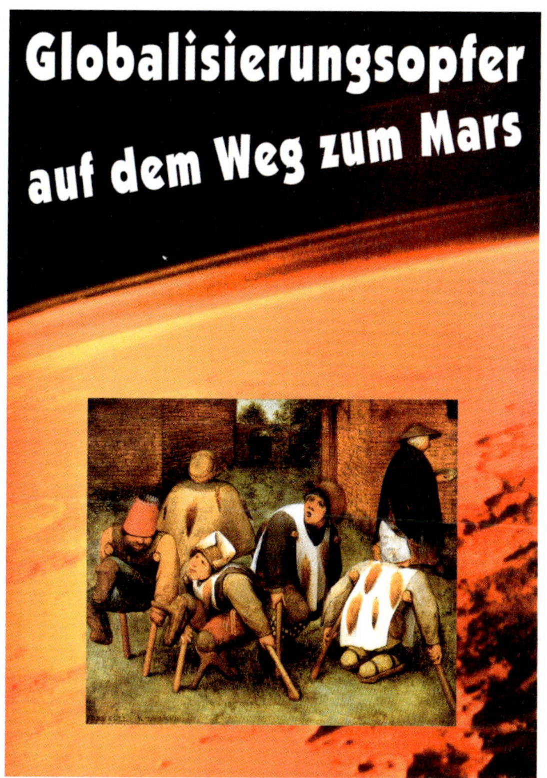

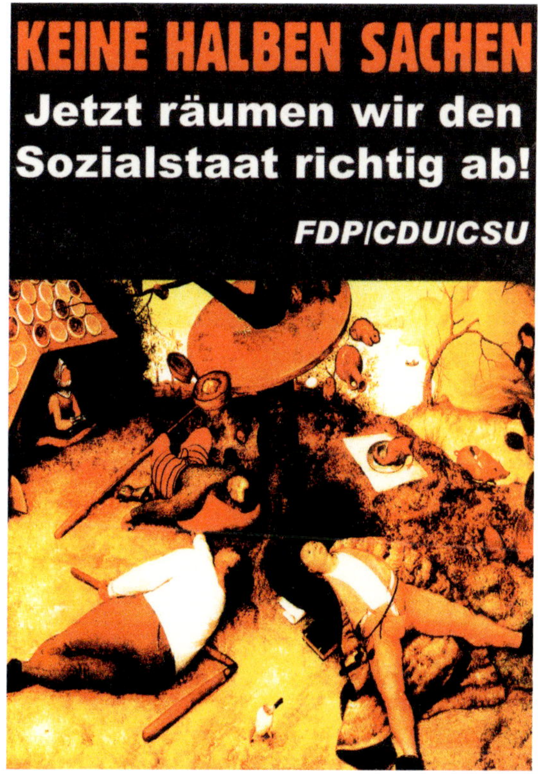

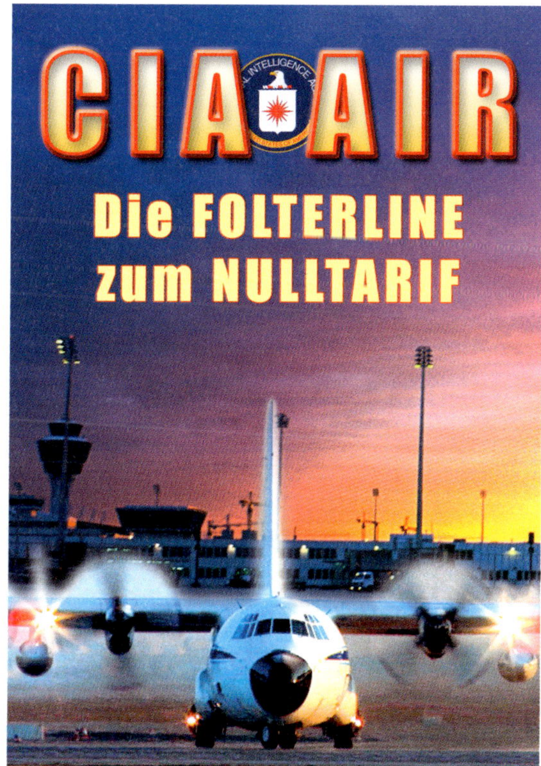

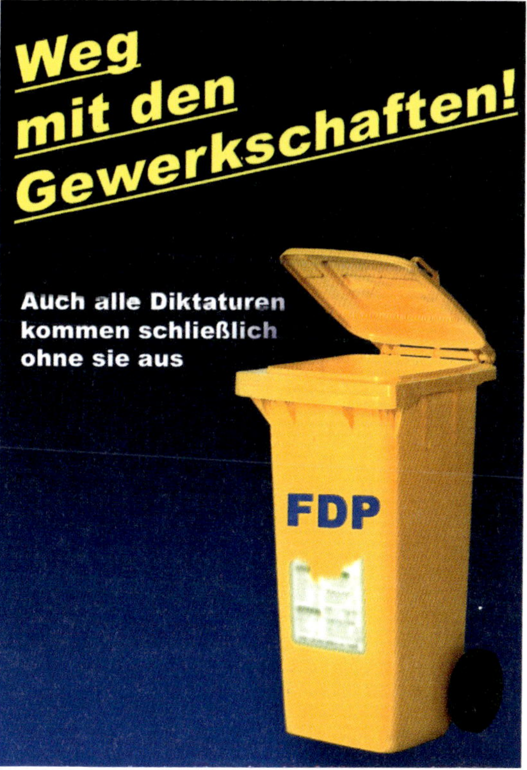

II.202 | *Globalisierungsopfer auf dem Weg zum Mars* („Thema: Globalisierung") | 2004
II.206 | *Keine halben Sachen. Jetzt räumen wir den Sozialstaat richtig ab* | 2005
II.204 | *CIA-AIR. Die Folterlinie zum Nulltarif* („CIA-AIR") | 2005
II.207 | *Weg mit den Gewerkschaften! Auch alle Diktaturen kommen schließlich ohne sie aus* | 2005

Gegendarstellung
Gegendarstellung
Gegendarstellung
Gegendarstellung
Gegendarstellung
Gegendarstellung
Gegendarstellung
Gegendarstellung
Gegendarstellung
Wie lange wollen wir uns eigentlich den
Terror von BILD noch gefallen lassen ?

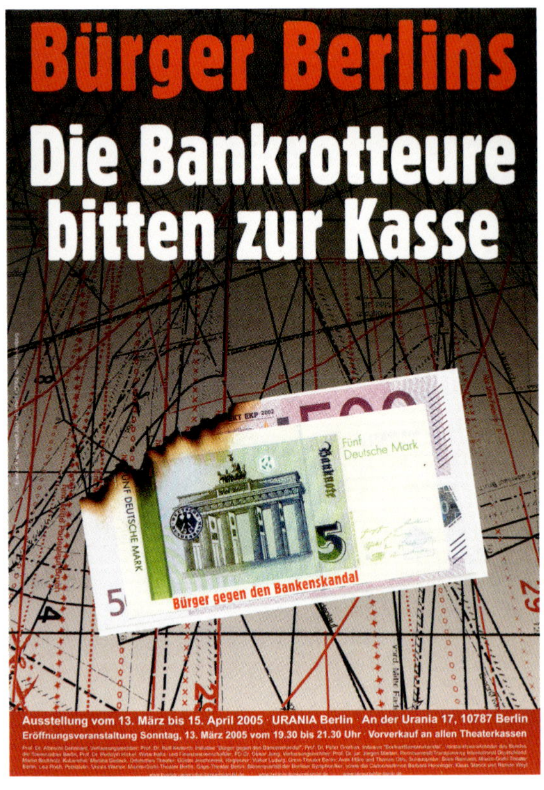

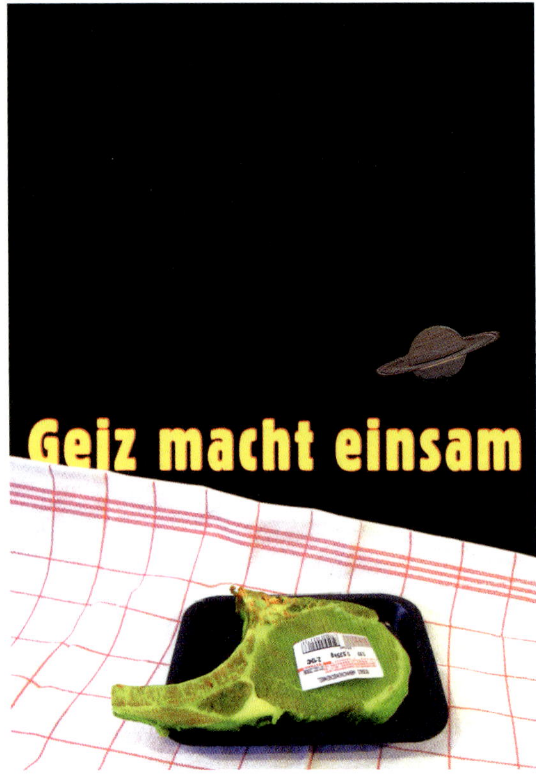

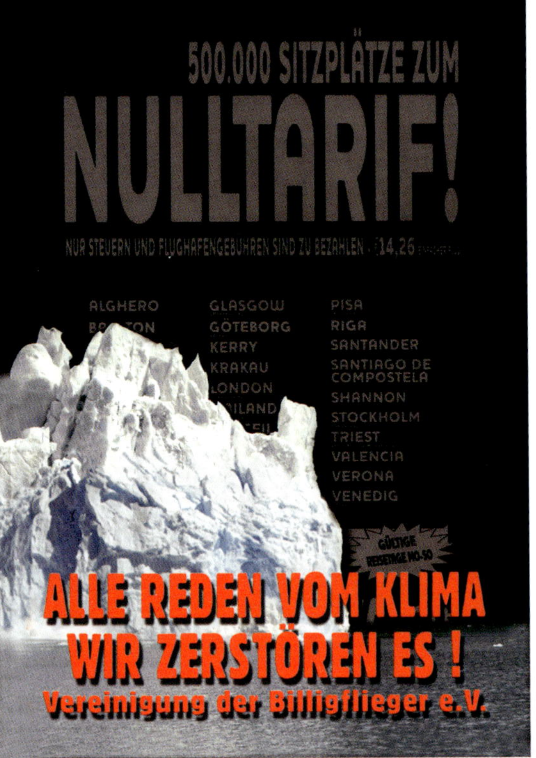

II.205 | *Gegendarstellung. Wie lange wollen wir uns eigentlich den Terror von BILD noch gefallen lassen?* | 2005
II.203 | *Bürger Berlins – Die Bankrotteure bitten zur Kasse* („Bürger Berlins") | 2005
II.208 | *Geiz macht einsam* | 2006
II.209 | *500.000 Sitzplätze zum Nulltarif! Alle reden vom Klima: Wir zerstören es.* („Billigflieger") | 2007

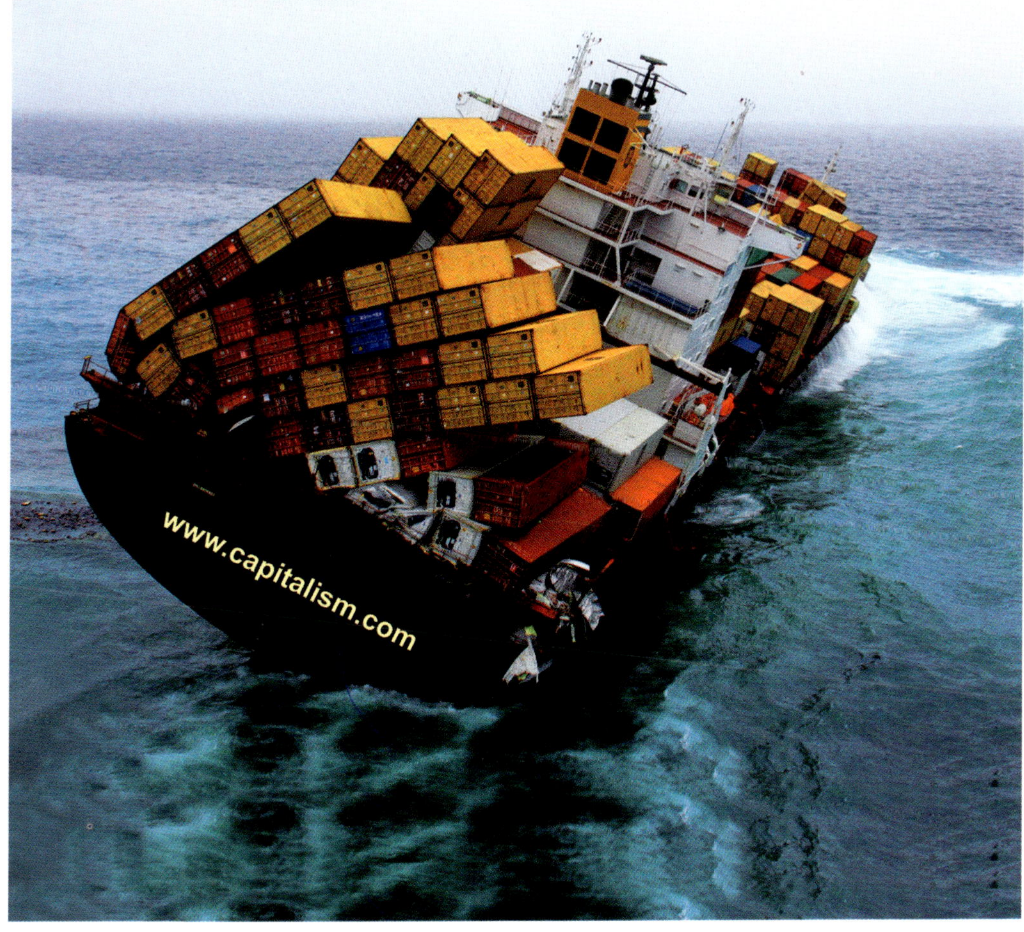

II.211 | *Auf großer Fahrt* („www.capitalismus.de") | 2011

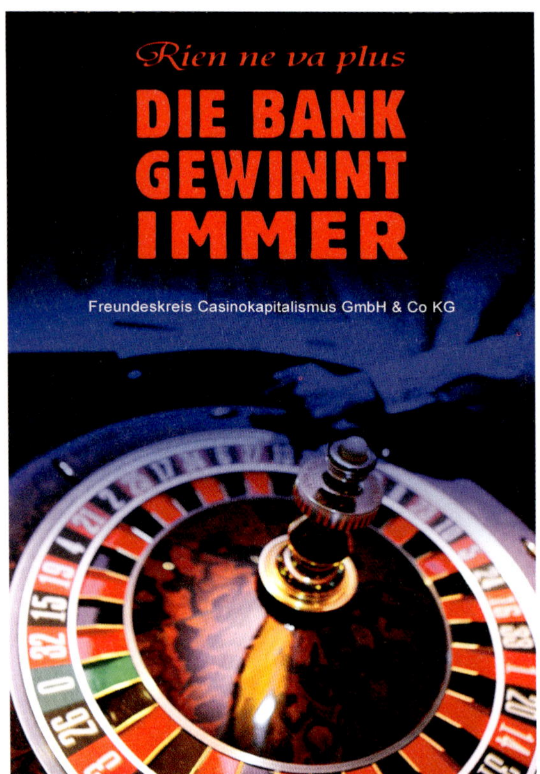

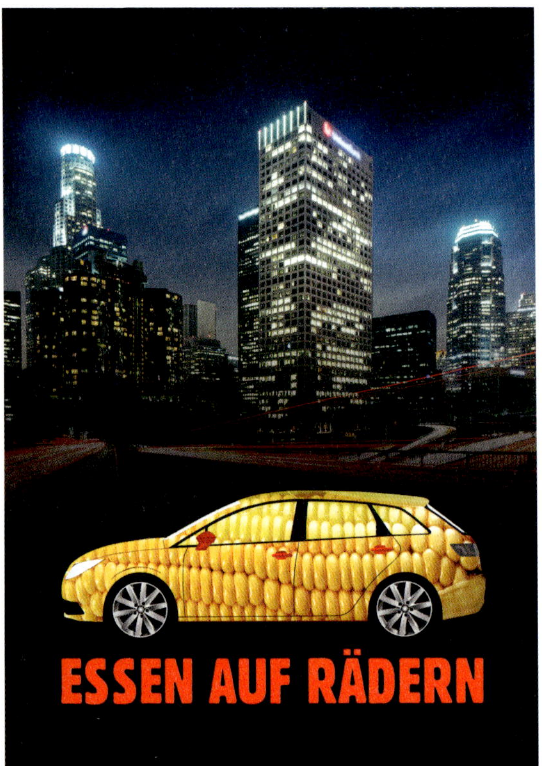

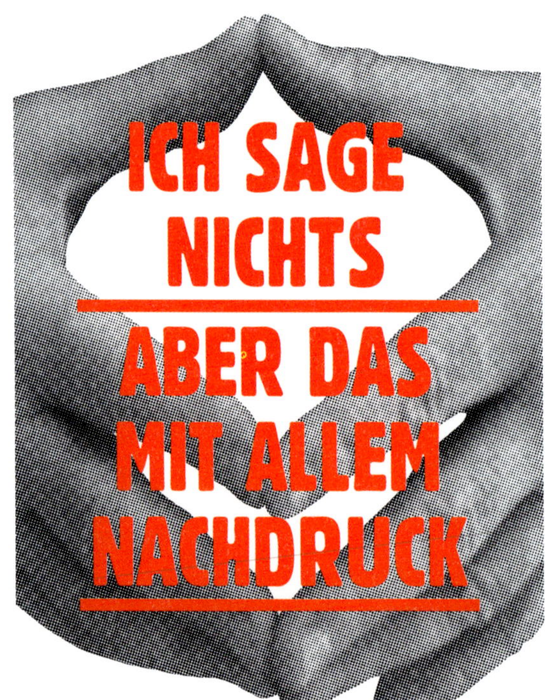

II.210 | *Rien ne va plus. Die Bank gewinnt immer* („Casinokapitalismus") | 2009
II.212 | *Essen auf Rädern* („Essen auf Rädern") | 2012
II.224 | *Ich sage nichts. Aber das mit allem Nachdruck* („Aus der Reihe: Demokratie-Verweigerer") | 2017

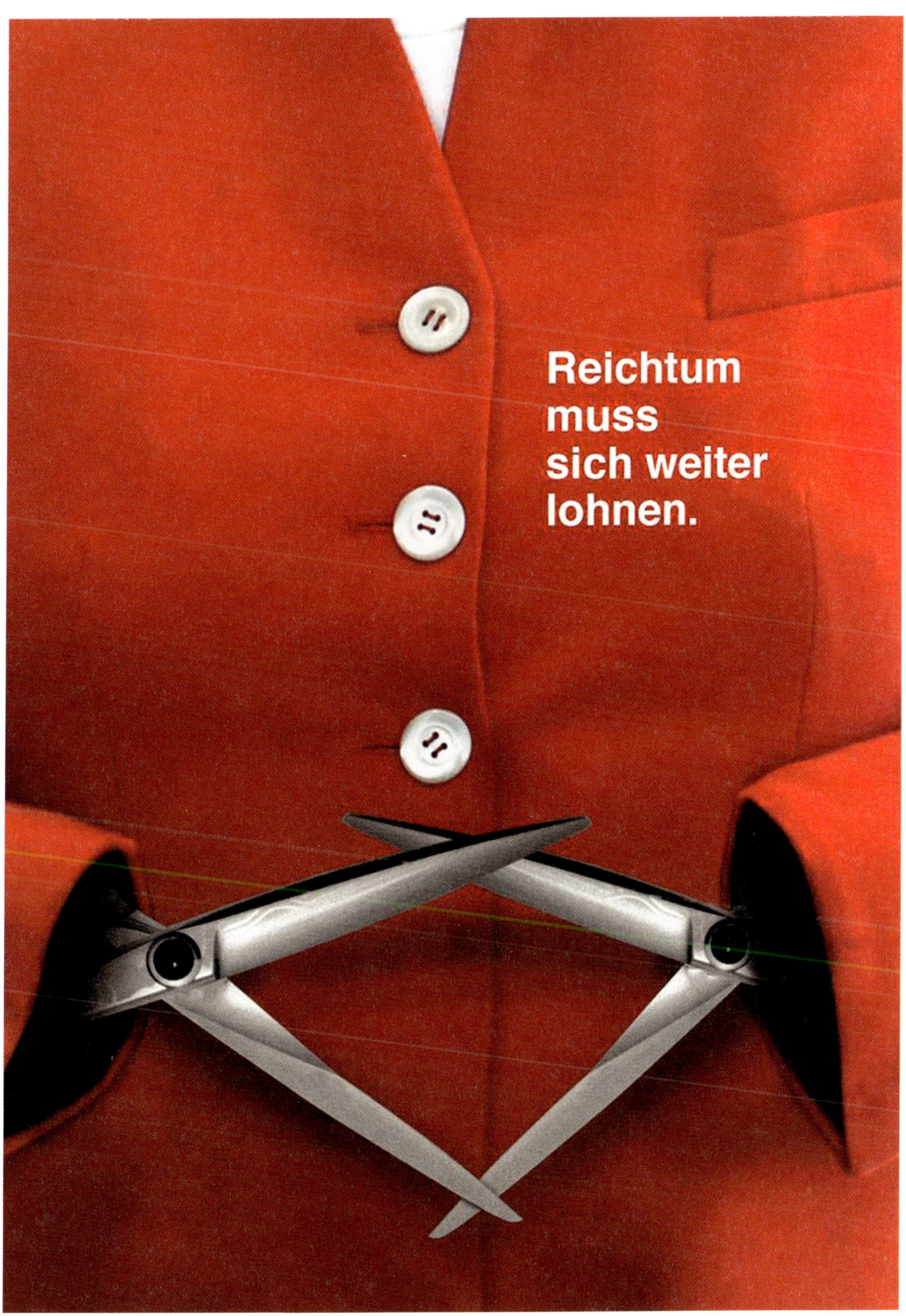

II.215 | *Reichtum muss sich wieder lohnen* („Thema: Reichtum") | 2013

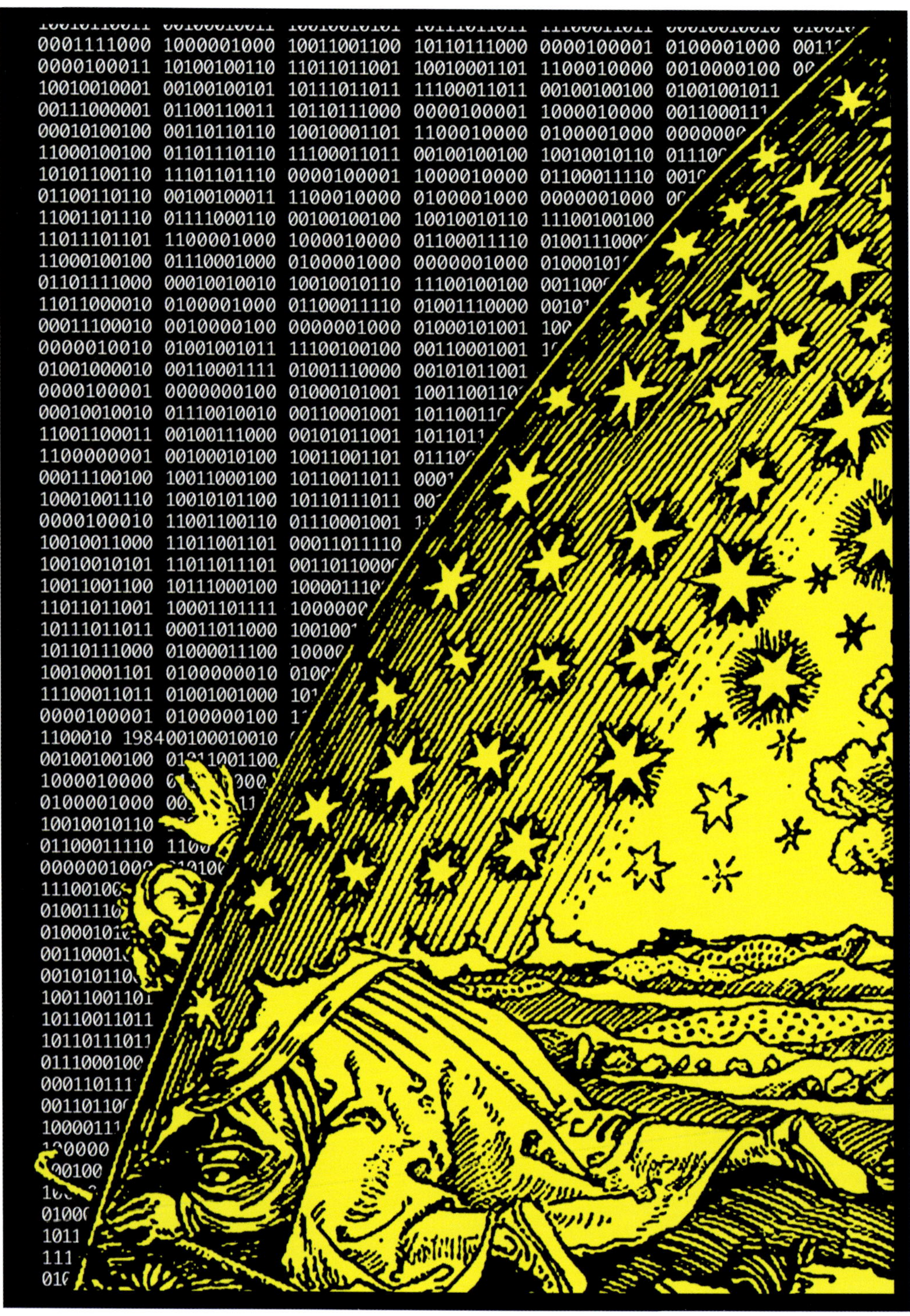

II.213 | *Ohne Titel* („Generalverdacht") | 2013

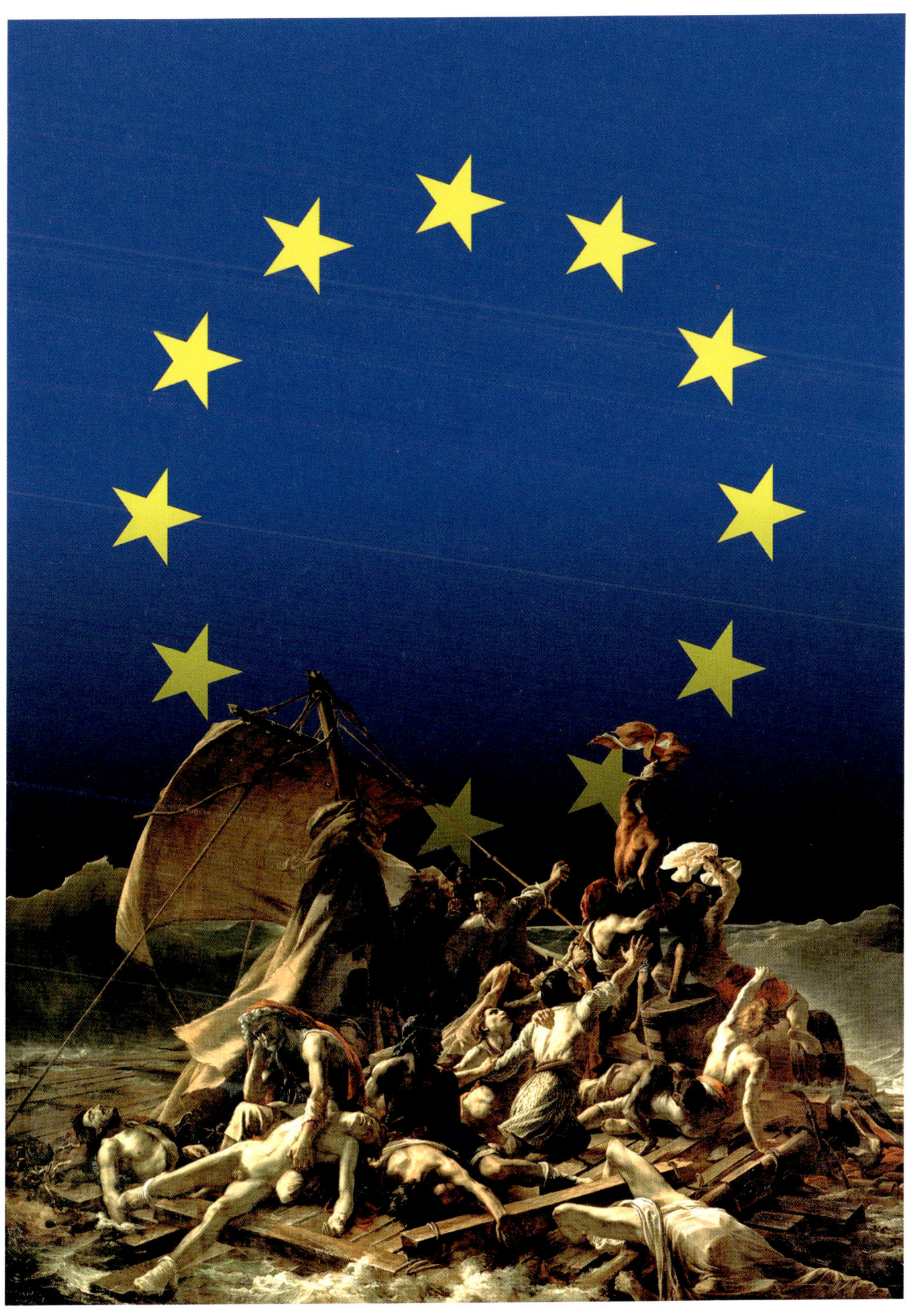

II.218 | *Ohne Titel* („Lampedusa") | 2014

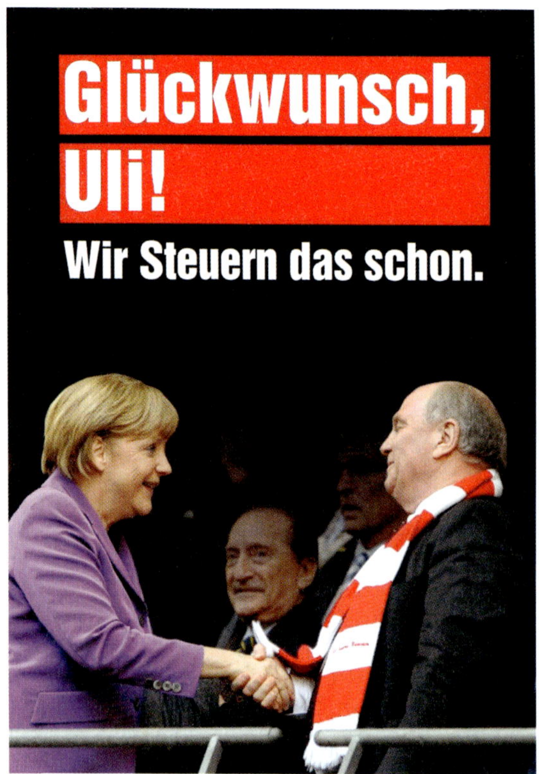

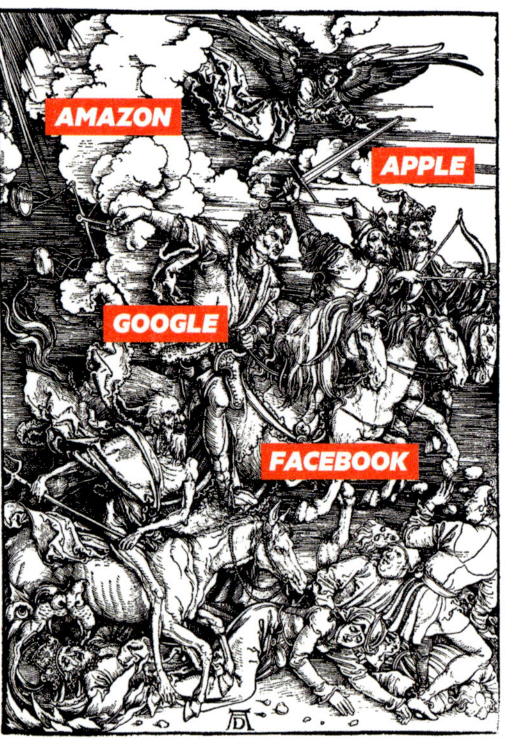

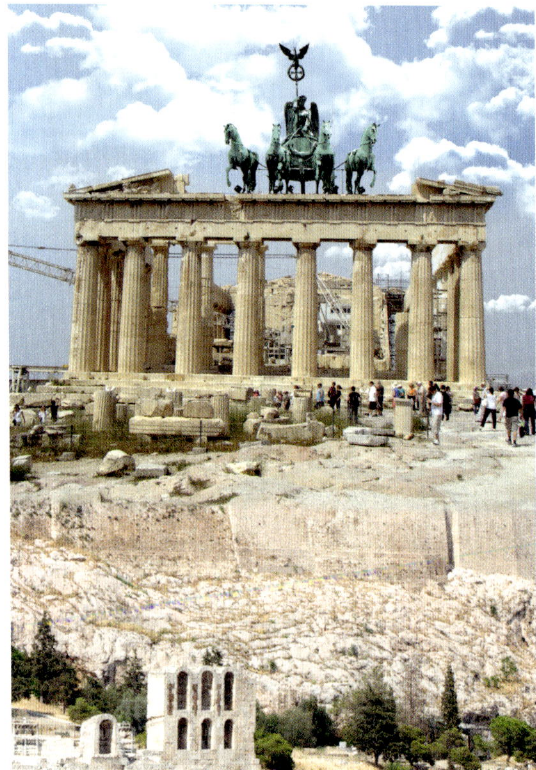

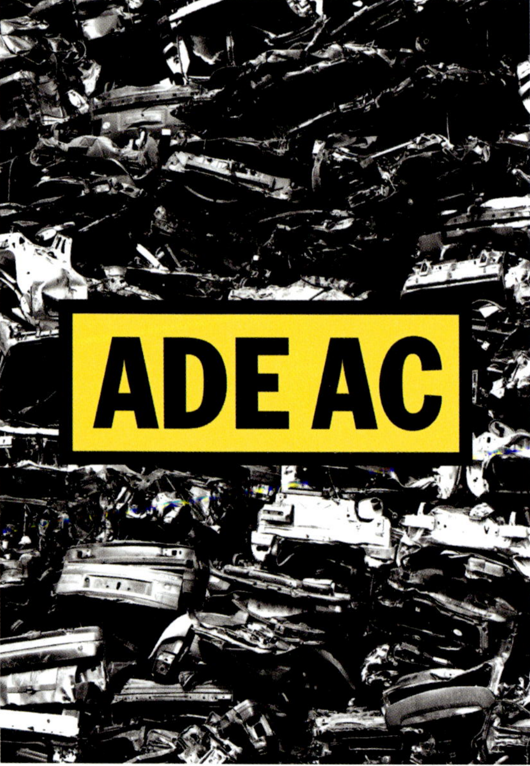

II.214 | *Glückwunsch Uli! Wir Steuern das schon* („Steuerkarte“) | 2013
II.217 | *Amazon Apple Google Facebook* („Die apokalyptischen Reiter“) | 2014
II.221 | *Ohne Titel* („Zukunft Europa“) | 2015
II.216 | *ADE AC* („*ADE AC*“) | 2014

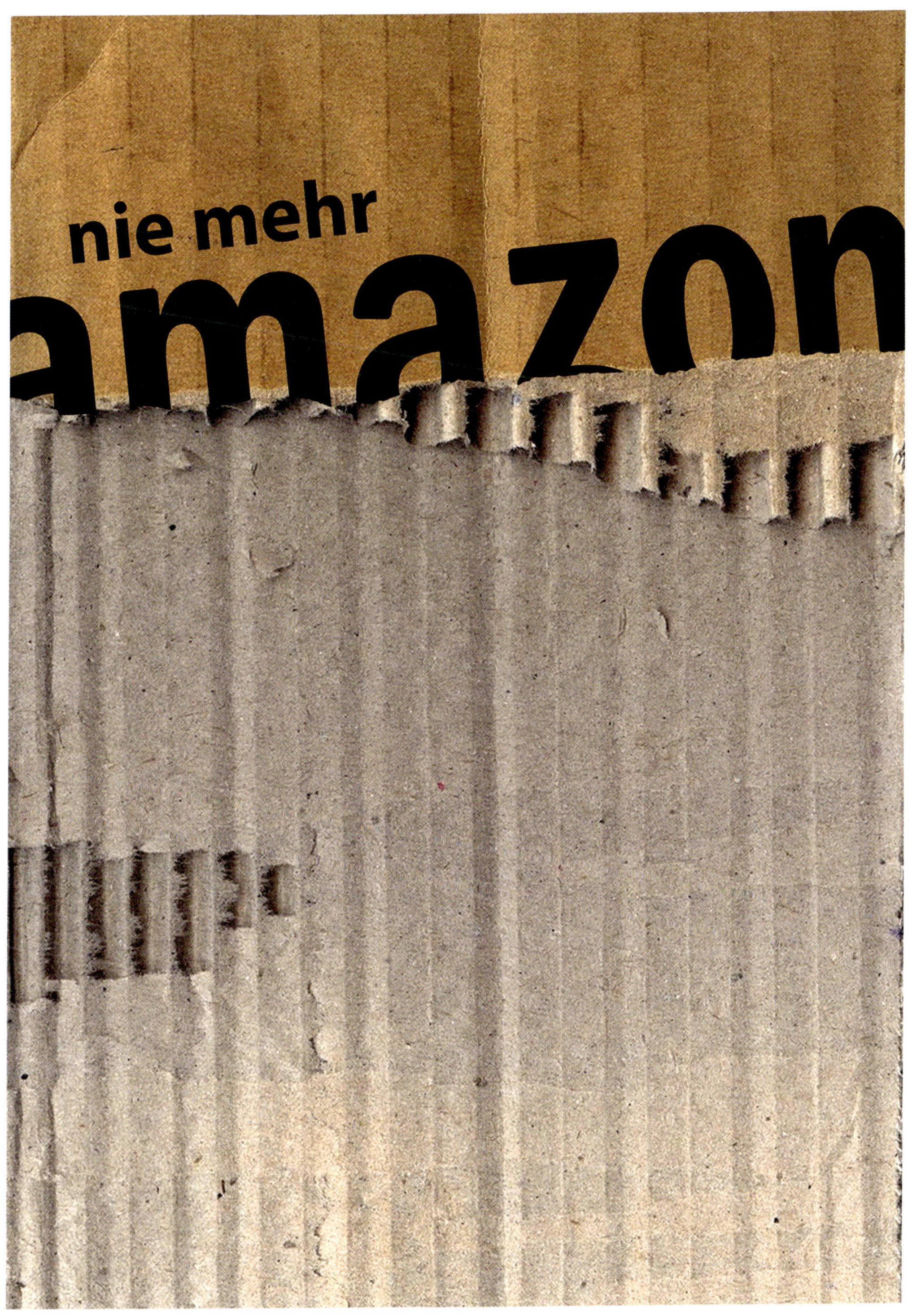

II.219 | *Nie mehr Amazon* („Nie mehr Amazon") | 2014

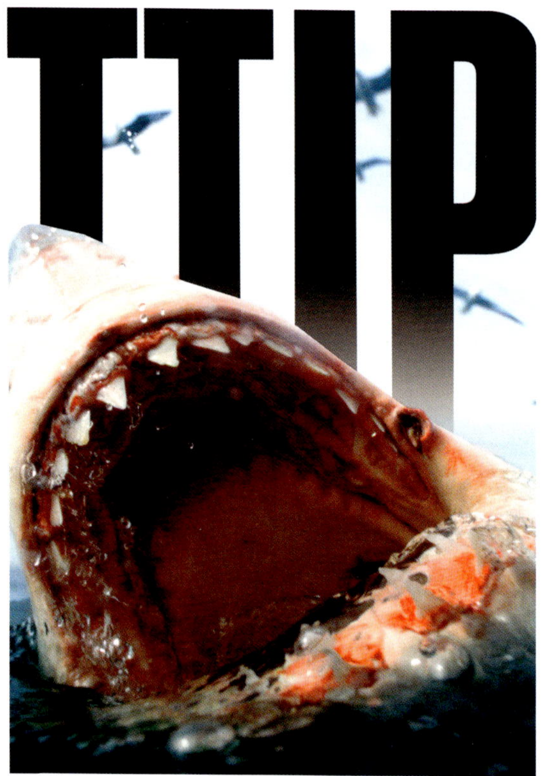

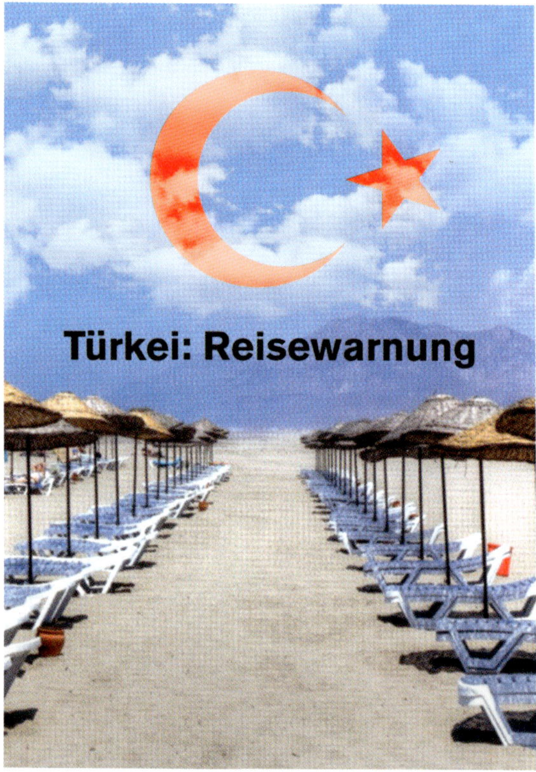

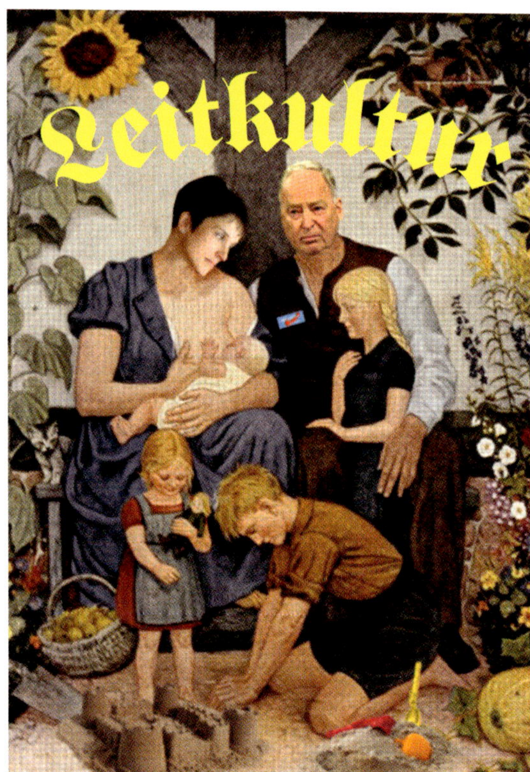

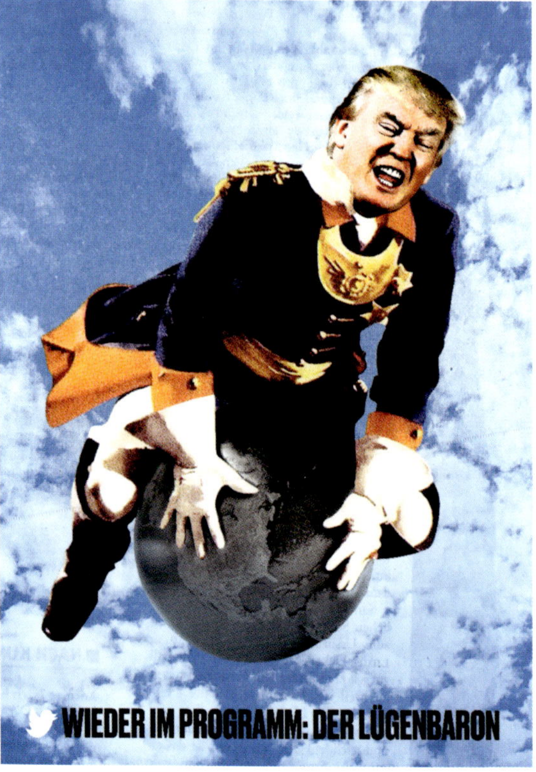

II.220 | *TTIP* („Thema Freihandel: TTIP die Zähne zeigen") | 2015
II.223 | *Türkei: Reisewarnung* („Reisewarnung") | 2016
II.222 | *Leitkultur* („Leitkultur") | 2016
II.225 | *Wieder im Programm: Der Lügenbaron* („Der Lügenbaron") | 2017

STEUERN
VON
ALLEN

II.226 | *Steuern von allen: Apple, Starbucks, Google, Pfizer, Ikea, Microsoft* („Steuergerechtigkeit") | 2017

Veranstaltungsplakate für:

Ausstellungen, Theater und Film, „Aktion für mehr Demokratie“, Solidaritätskampagnen

Klaus Staeck arbeitet im eigenen Auftrag. Trotzdem gibt es immer wieder Gelegenheit auch für andere als für politische Themen zu arbeiten. So entwirft er – und dies sind Gefälligkeitsarbeiten – Plakate für das Theater oder den Film, für Ausstellungen sowohl für seine eigenen als auch für die anderer Künstler. Staeck zeigt hier oft eine andere Seite seiner Möglichkeiten, aus dem bissigen Satiriker wird ein einfühlsamer Gestalter, der sich die Inhalte intensiv erschließt und dann einen visuellen Kommentar in Plakatform setzt. So entstehen auch Arbeiten, die man auf den ersten Blick nicht dem Œuvre von Klaus Staeck zurechnen würde.

Einen Eindruck vermitteln beispielhaft die Theater- und Filmplakate auf den Seiten 208 bis 210. Der wichtigste Teil dieser Plakate jedoch entstand für Veranstaltungen, die Klaus Staeck selbst organisierte oder deren politischen Inhalten er eher nahesteht. Im Laufe der Jahre entstanden hunderte dieser Blätter. Zumeist gibt es einen Rahmen, der das Motto der Veranstaltung trägt und Raum lässt für spezielle Eindrucke, so variieren Ort, Zeit und beteiligte Personen. Diese Plakate wurden sehr selten gezeigt, beispielhaft hier belegt auf den Seiten 212 bis 213.

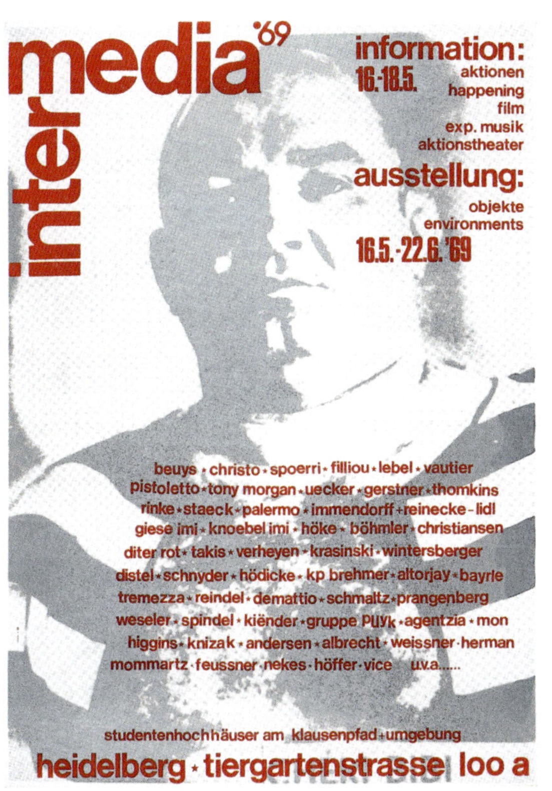

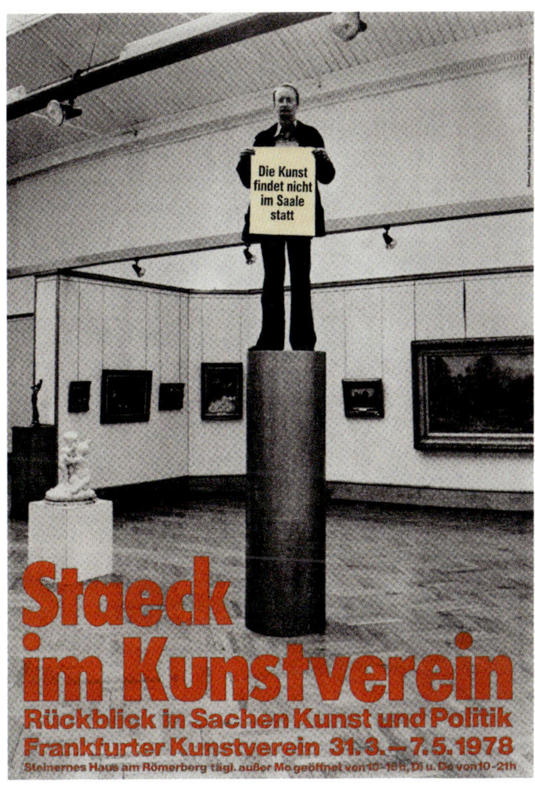

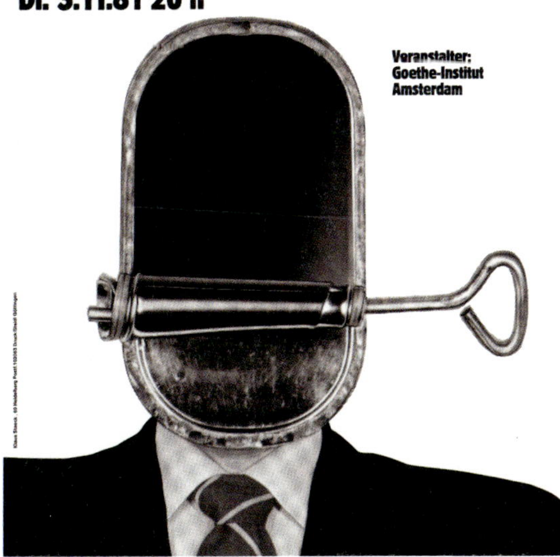

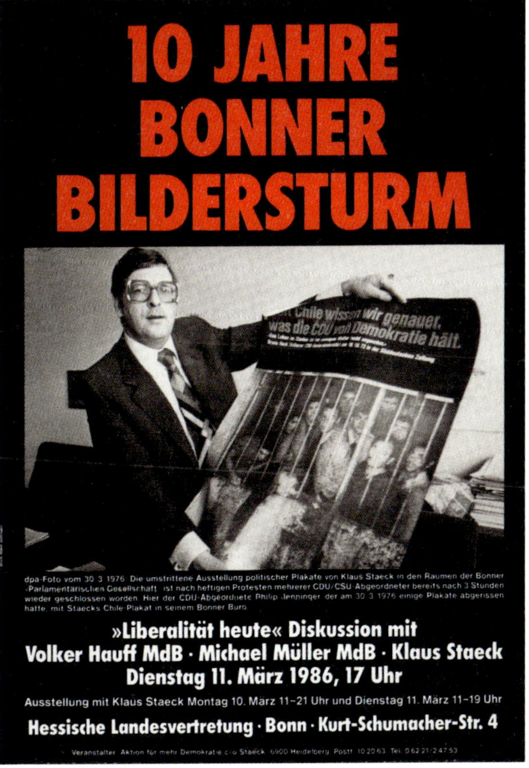

II.2 | *Intermedia '69* | 1969
II.60 | *Die Kunst findet nicht im Saale statt: Staeck im Kunstverein* | 1978
II.83 | *Klaus Staeck Ausstellung: Politische Plakate* | 1981
II.127 | *10 Jahre Bonner Bildersturm. Aktion für mehr Demokratie* | 1986

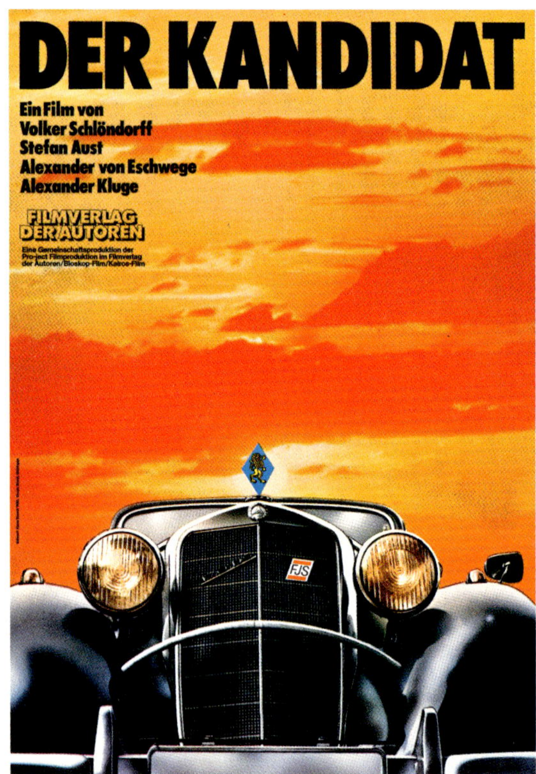

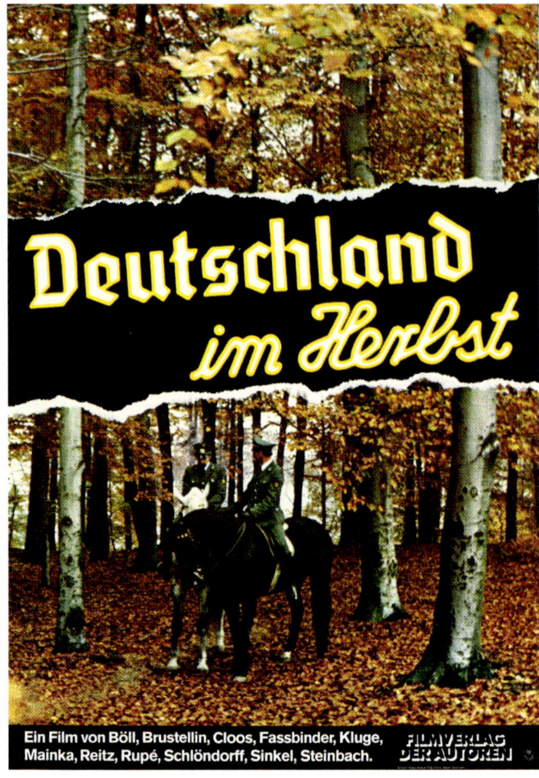

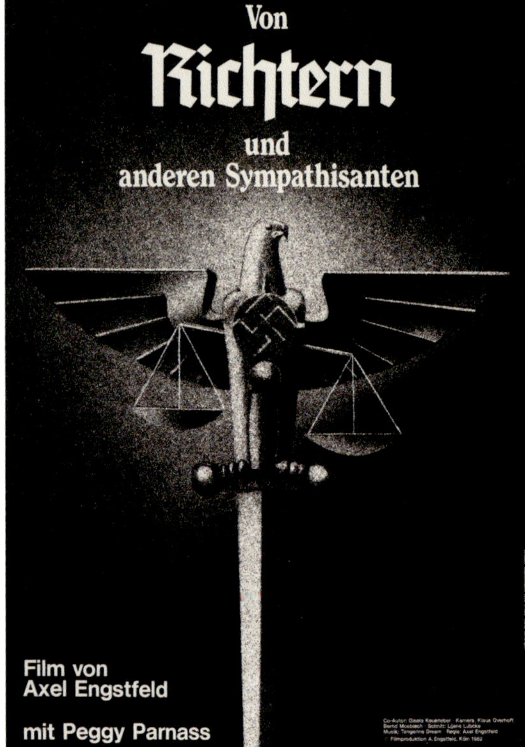

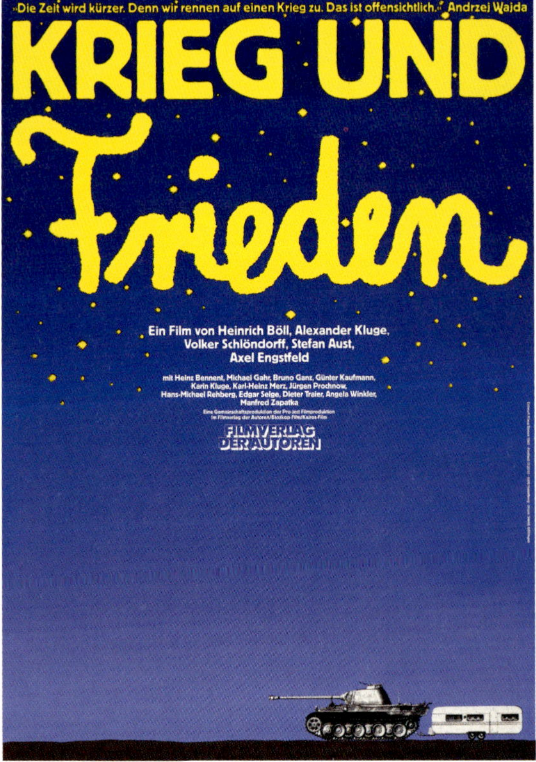

II.74 | *Der Kandidat. Filmverlag der Autoren* | 1980
II.59 | *Deutschland im Herbst. Filmverlag der Autoren* | 1978
II.92 | *Von Richtern und anderen Sympathisanten. Ein Film von Axel Engstfeld* | 1982
II.102 | *Krieg und Frieden. Filmverlag der Autoren* | 1983

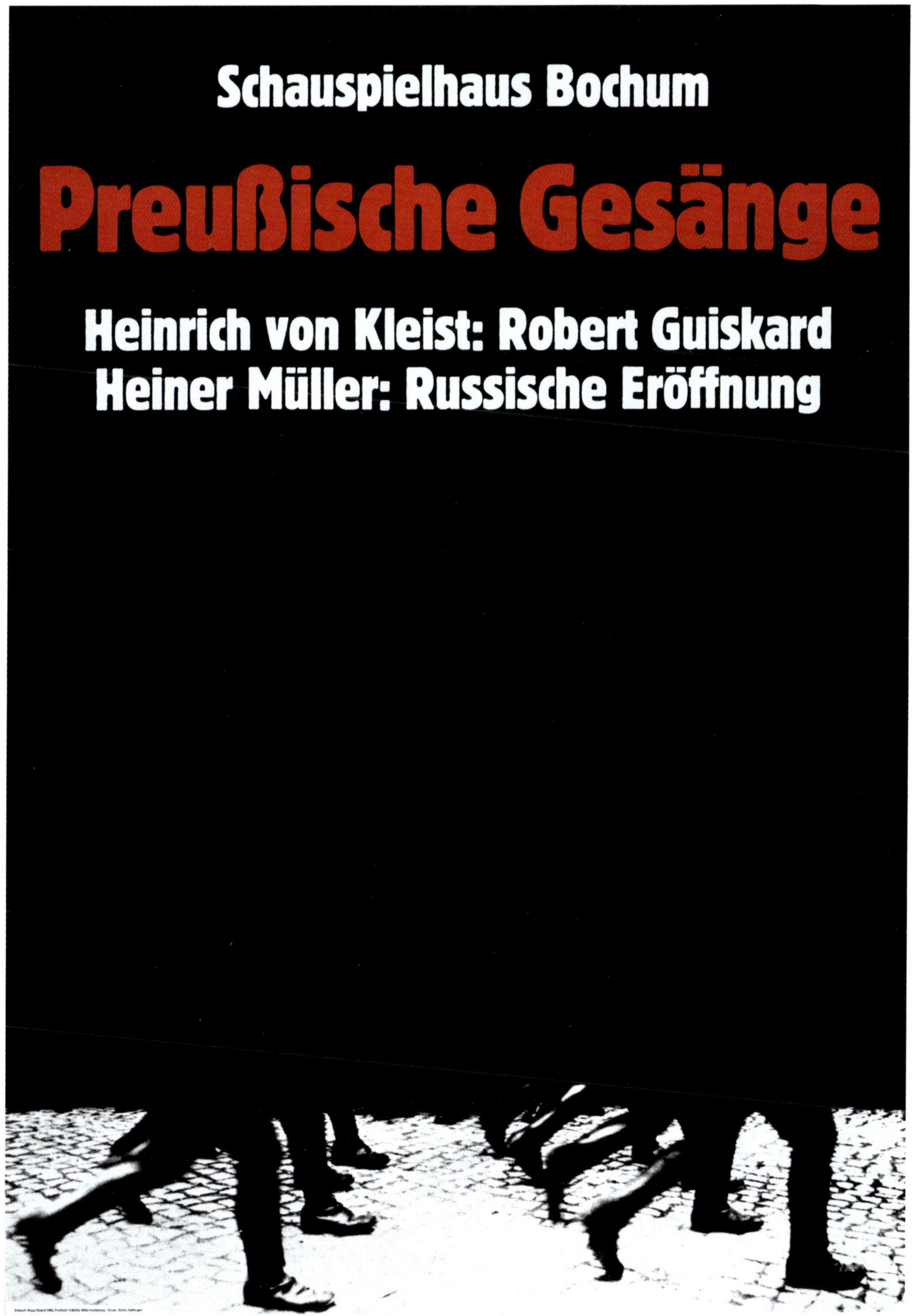

II.118 | *Schauspielhaus Bochum: Preußische Gesänge* | 1985

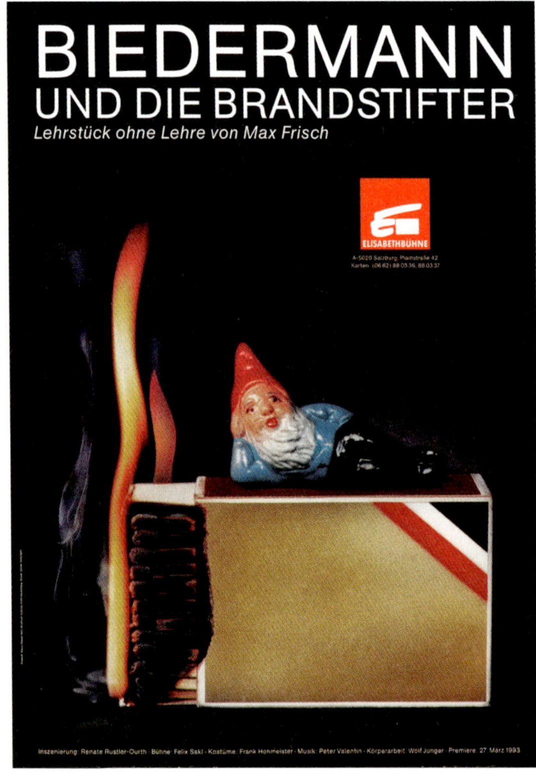

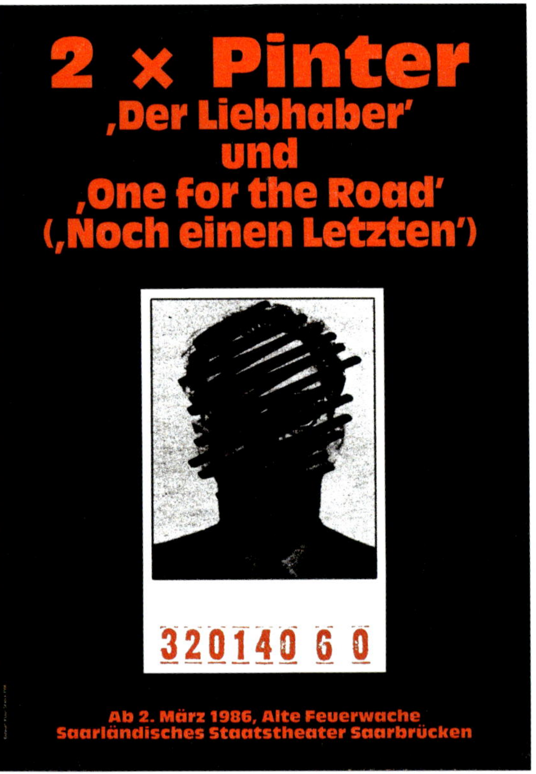

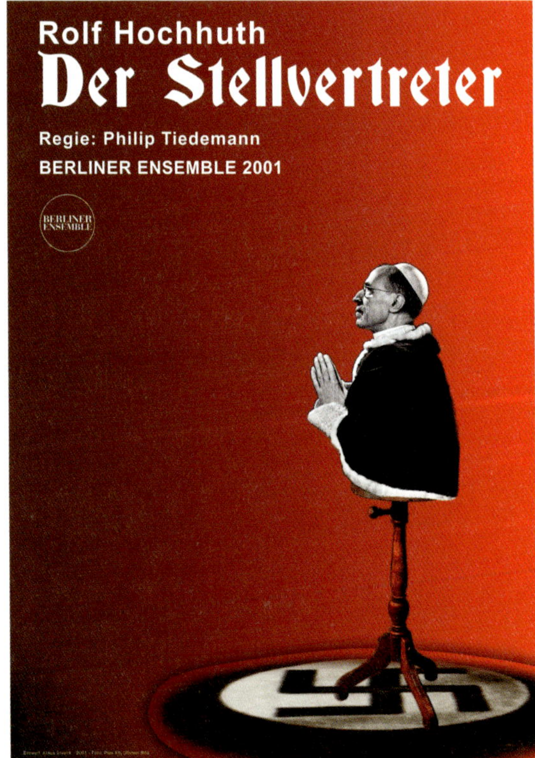

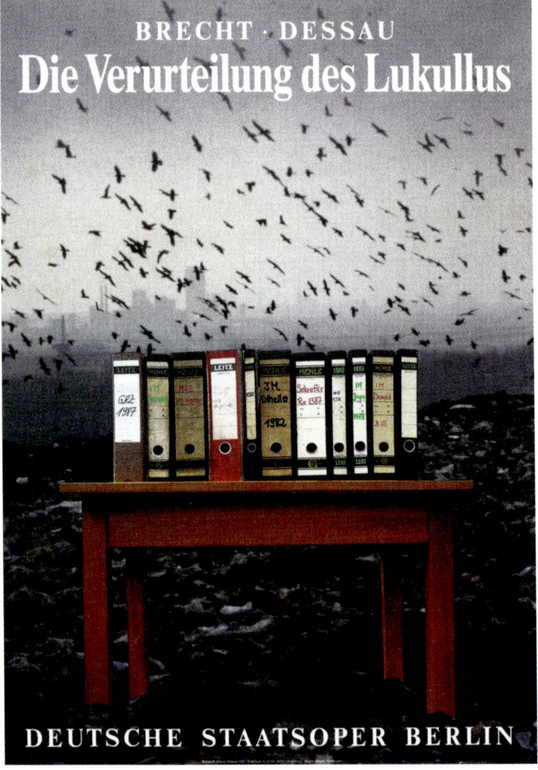

II.109 | *Biedermann und die Brandstifter. Elisabethbühne Salzburg* | 1983
II.125 | *2 x Pinter: „Der Liebhaber" und „One for the Road" („Noch einen Letzten")* | 1986
II.194 | *Der Stellvertreter. Berliner Ensemble* | 2001
II.158 | *Die Verurteilung de Lukullus. Deutsche Staatsoper Berlin* | 1992

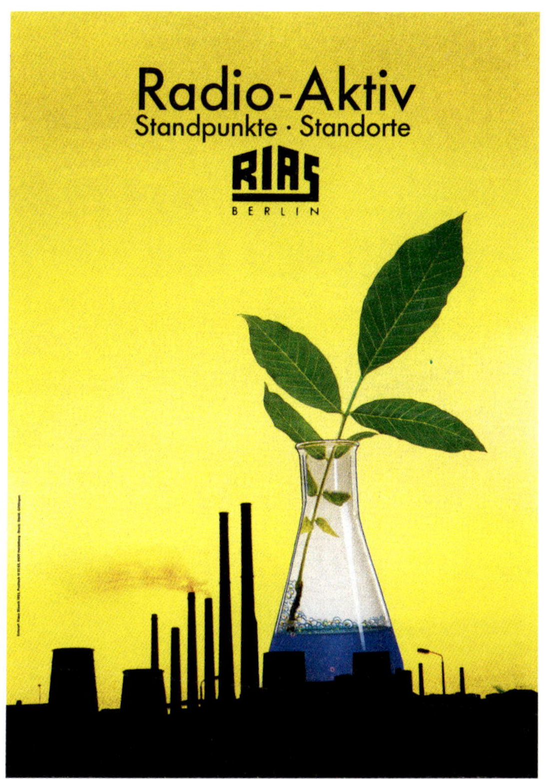

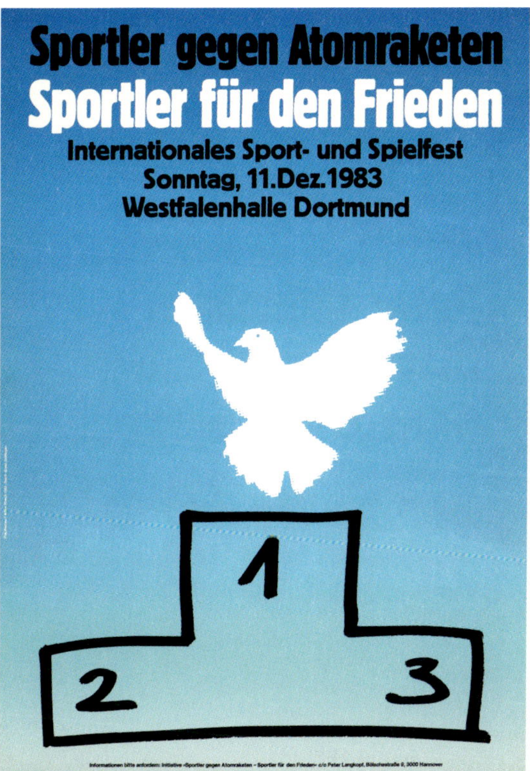

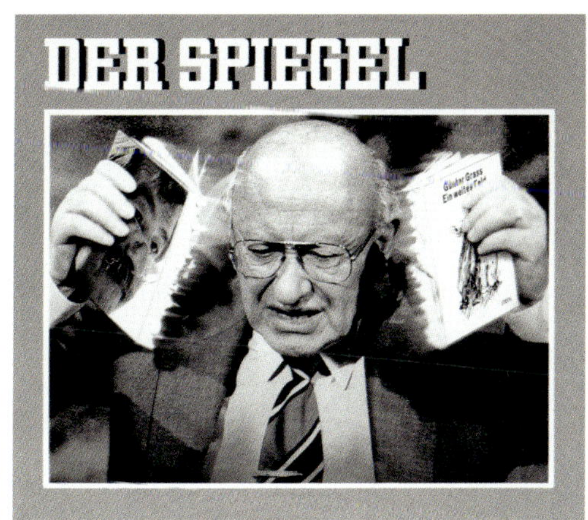

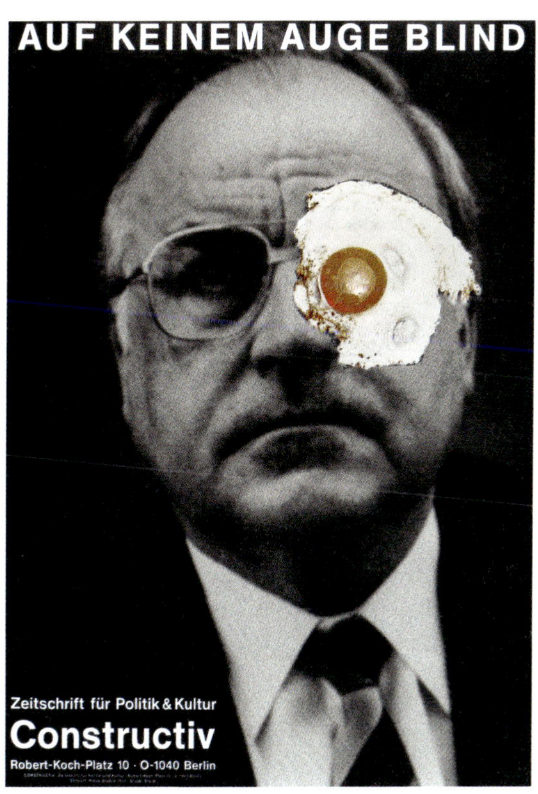

II.165 | *Radio-Aktiv. Standpunkte Standorte. RIAS Berlin* | 1993
II.103 | *Sportler gegen Atomraketen. Sportler für den Frieden* | 1983
II.167 | *Vom Umgang mit Büchern. Eine deutsche Fortsetzungsgeschichte* | 1994
II.150 | *Auf keinem Auge blind. Zeitschrift für Politik & Kultur: Constructiv* | 1991

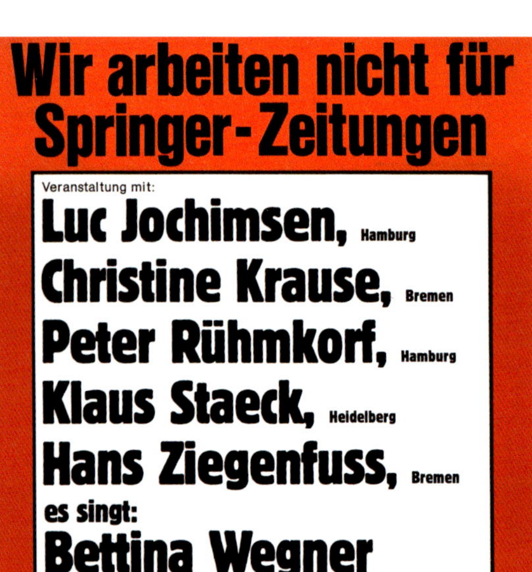

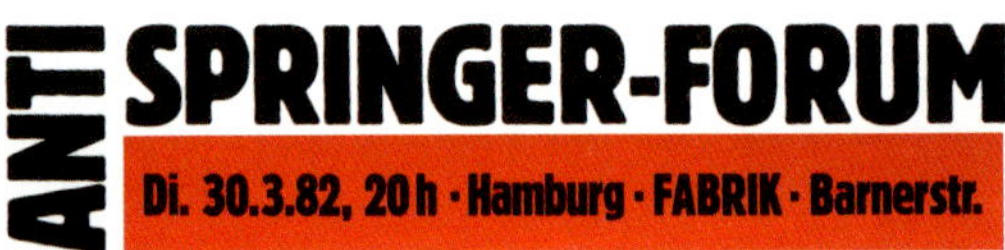

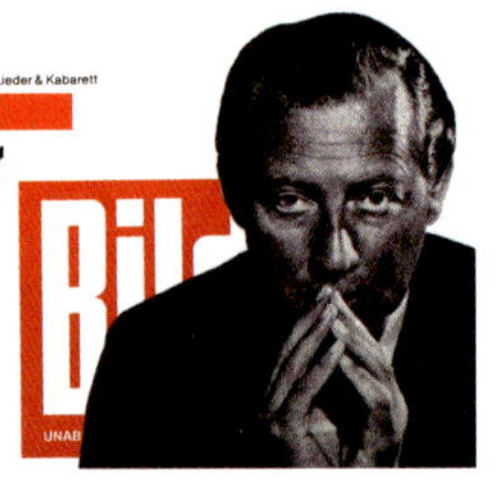

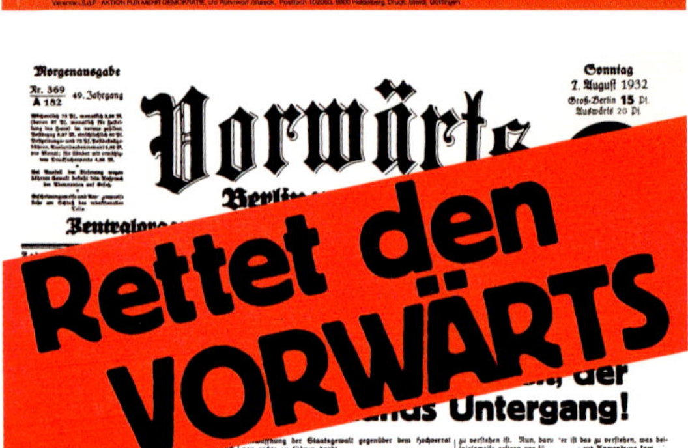

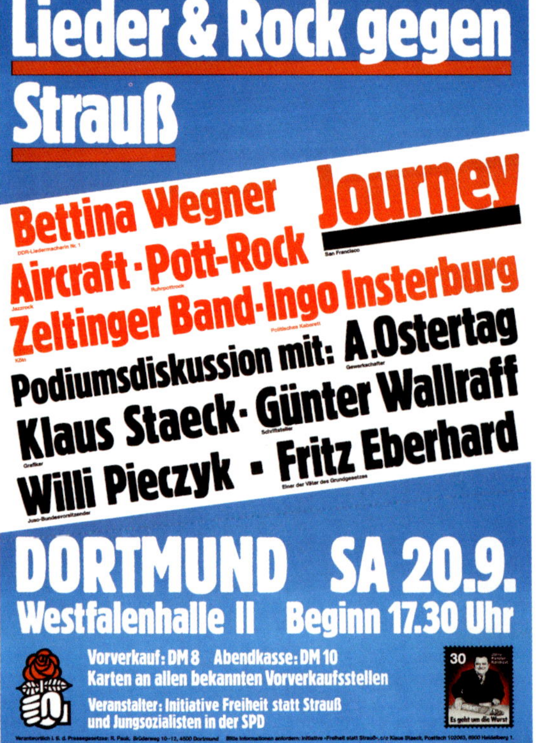

II.84 | *Wir arbeiten nicht für Springer-Zeitungen. Bremen* | 1981
II.94 | *Anti-Springer-Forum* | 1982
II.100 | *Rettet den Vorwärts. Aktion für mehr Demokratie* | 1982
II.75 | *Lieder & Rock gegen Strauß* | 1980

Großveranstaltung der »Aktion für mehr Demokratie«

BRINGT DIE BIRNE AUS DER FASSUNG

Solidarität statt Ellenbogen

Dieter Hildebrandt · Gerhard Polt · Biermösl Blosn
Uschi Flacke · Thomas Freitag · Hans Scheibner
Hanns Dieter Hüsch · Lore Lorentz · Bettina Wegner
Rigo Winterstein Quintett · Michael Naura Quintett
Peter Rühmkorf · Albert Mangelsdorff · Ortiga/Chile
Günter Wallraff · Klaus Staeck · Oskar Lafontaine
Martin Hirsch · Carola Stern · Lothar Zimmermann
Ernesto Cardenal · Peter Härtling · Hans Schuierer
Moderation: Werner Schneyder

Gäste: Klaus Traube · Freimut Duve, MdB · Michael Müller, MdB · Peter Heinemann, MdL · Franz-Josef Kemper, Sportwissenschaftler · Hans Meinolf, Betriebsrat Mannesmann · Adi Ostertag, Gewerkschaftssekretär Johannes Gorlas, Gewerkschafter · Prof. Dr. Ulrich Klug · Volker Schlöndorff, Regisseur Eva Rühmkorf · Harald Naegeli · Adolf Winkelmann, Filmemacher · Ingrid Bachér, Schriftstellerin · Anke Brunn, Wissenschaftsministerin · Will Quadflieg, Schauspieler · Hansgünter Heyme · Dr. Jürgen Schmude, MdB

Sa 13. Dez. 86 ESSEN
Grugahalle · Beginn 17 Uhr

Eintritt: Vorverkauf DM 16,00 · Abendkasse DM 20,00 · Schriftliche Kartenbestellungen (Vorauskasse) an »Aktion für mehr Demokratie«, c/o Klaus Staeck, Postfach 10 20 63, 6900 Heidelberg · Achtung! Mitfahrmöglichkeiten in Sonderbussen sowie weitere Informationen beim Veranstalter erfragen!

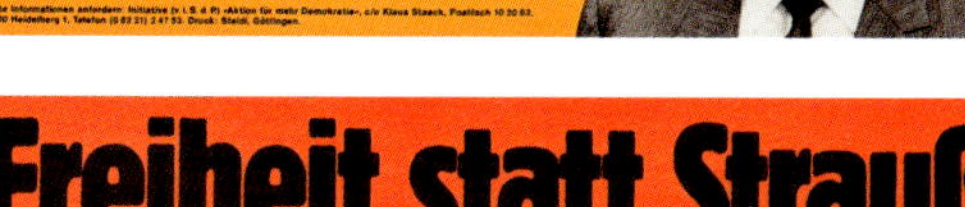

Großveranstaltung der »Aktion für mehr Demokratie«
Für Frieden, Liberalität und soziale Gerechtigkeit

VERTEIDIGT DIE REPUBLIK

Dieter Hildebrandt · Hanns Dieter Hüsch · Duo Z
Bettina Wegner · Hans Scheibner · Inti Illimani
Lilienthal · Ina Deter · Cochise
Heinrich Böll · Jo Leinen · Leonhard Mahlein
Helga Schuchardt · Luise Rinser · Klaus Staeck
Lew Kopelew · Ahmet Bayaz · Ernesto Cardenal
Moderation: Barbara Dickmann

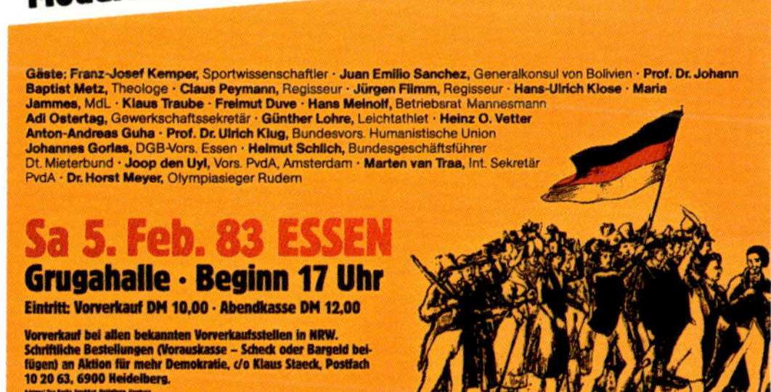

Gäste: Franz-Josef Kemper, Sportwissenschaftler · Juan Emilio Sanchez, Generalkonsul von Bolivien · Prof. Dr. Johann Baptist Metz, Theologe · Claus Peymann, Regisseur · Jürgen Flimm, Regisseur · Hans-Ulrich Klose · Maria Jammes, MdL · Klaus Traube · Freimut Duve · Hans Meinolf, Betriebsrat Mannesmann Adi Ostertag, Gewerkschaftssekretär · Günther Lohre, Leichtathlet · Heinz O. Vetter Anton-Andreas Guha · Prof. Dr. Ulrich Klug, Bundesvors. Humanistische Union Johannes Gorlas, DGB-Vors. Essen · Helmut Schlich, Bundesgeschäftsführer Dt. Mieterbund · Joop den Uyl, Vors. PvdA, Amsterdam · Marten van Traa, Int. Sekretär PvdA · Dr. Horst Meyer, Olympiasieger Rudern

Sa 5. Feb. 83 ESSEN
Grugahalle · Beginn 17 Uhr

Eintritt: Vorverkauf DM 10,00 · Abendkasse DM 12,00

Vorverkauf bei allen bekannten Vorverkaufsstellen in NRW. Schriftliche Bestellungen (Vorauskasse – Scheck oder Bargeld beifügen) an Aktion für mehr Demokratie, c/o Klaus Staeck, Postfach 10 20 63, 6900 Heidelberg.

Freiheit statt Strauß
Aktion für mehr Demokratie

Bettina Wegner
Kinderlieder für Erwachsene

Diskussion
"Meinungsfreiheit im Wahlkampf"
mit:
Bernt Engelmann · Klaus Staeck
Horst Schuster · Rudi Schöfberger
Knut Becker · Gert Heidenreich

Knut Becker liest eigene Texte zum Wahlkampf

Di 2.9.80 20 Uhr
Hofbräuhaus, Festsaal
München

Eintritt DM 5.- ermäßigt DM 4.-

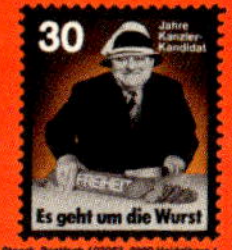

Politik & Kultur live

Lutz Görner · Uschi Flacke
Kuroband mit Chuck Cornish
Dieter Hildebrandt
Adi Ostertag
Klaus Staeck · Klaus Zwickel
Moderation: Detlef Prinz

Gäste: Uli Schmidt, Vizepräsident des Landtags in Nordrhein-Westfalen · Ernst Welteke, SPD-Fraktionsvorsitzender des Hessischen Landtags · Otto König, 1. Bevollmächtigter der IG Metall

Dienstag, 27. November 1990 · 19 Uhr
SPROCKHÖVEL · GLÜCKAUFHALLE

Eintritt DM 8,00 · Schüler, Studenten, Arbeitslose DM 5,00

Vorverkauf

Aktion für mehr Demokratie und SPD

II.126 | *Großveranstaltung der „Aktion für mehr Demokratie": Bringt die Birne aus der Fassung* in Essen | 1986
II.101 | *Verteidigt die Republik. Aktion für mehr Demokratie* | 1983
II.76 | *Freiheit statt Strauß. Aktion für mehr Demokratie* | 1980
II.149 | *Politik & Kultur live … Dieter Hildebrandt … Aktion für mehr Demokratie* | 1990

Postkarten und Collagen

René Grohnert

1870 wurde auf dem späteren Gebiet des Deutschen Reichs und in Luxemburg die sogenannte „Correspondenzkarte“ eingeführt. In Österreich-Ungarn und der Schweiz waren solche Karten bereits ein Jahr zuvor in Umlauf gekommen. Der Grund für die Einführung der Postkarte war vor allem das billigere Porto. Ab 1878 konnte man aus fast allen Ländern der Welt Postkarten bekommen und solche auch dorthin verschicken. Diese Karten hatten Vordrucke für Absender und Adresse und das Mitteilungsfeld auf der Rückseite. Ab 1896 setzte sich die Ansichtskarte durch. Von nun an erschienen Bilder und Bildchen aller Art auf den Karten. Als Träger politischer Bildinhalte wurde die Postkarte zunächst im Ersten Weltkrieg genutzt.

Postkarten sind preiswert, man kann sie einstecken und zu Hause an beliebigen Orten platzieren – und wenn man lange genug draufgeschaut hat, kommt eine neue Postkarte. Diese Vorteile der Karte haben auch Klaus Staeck bewogen, sie in großer Zahl und zum Teil großen Auflagen herauszubringen. Seine Postkarten wurden zum einen als Kommunikationsmittel genutzt und verschickt, fanden aber auch auf dem Weg über die direkte Weitergabe ihre Abnehmer. Die Motive der Postkarten von Klaus Staeck wiederholen zu Teilen die der Plakate, andere gibt es nur als Postkarte.

Die große Zeit der Postkarte als Kommunikationsmittel scheint spätestens seit der Einführung des Smartphones vorbei, als fast nostalgisches Überbleibsel gibt es jetzt die eCards. Trotzdem hat die Postkarte ein Revival erlebt, sie wurde zu einem beliebten Souvenir und findet sich heute wieder in allen einschlägigen Läden.

Die Postkarte ist das auflagenstärkste Medium der Edition Staeck. Wie viele Motive im Laufe der Jahre aufgelegt wurden, lässt sich nur schätzen. Die Gesamtauflage aller Druckerzeugnisse gibt Klaus Staeck im Überschlag mit rund 28.000.000 an.

Für Klaus Staeck ist das Postkartenformat eine ideale Möglichkeit, um auf seinen zahlreichen Bahnfahrten kreativ zu arbeiten. Schere, Klebestift und eine Zeitung sind immer dabei. So entstanden im Laufe der Jahre mehr als eintausend Original-Collagen im Postkartenformat.

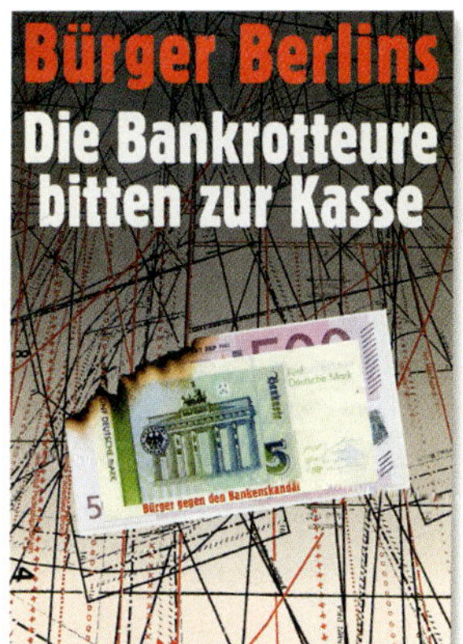

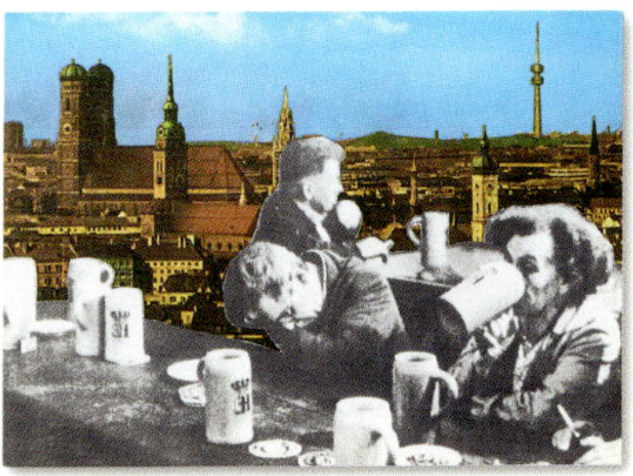

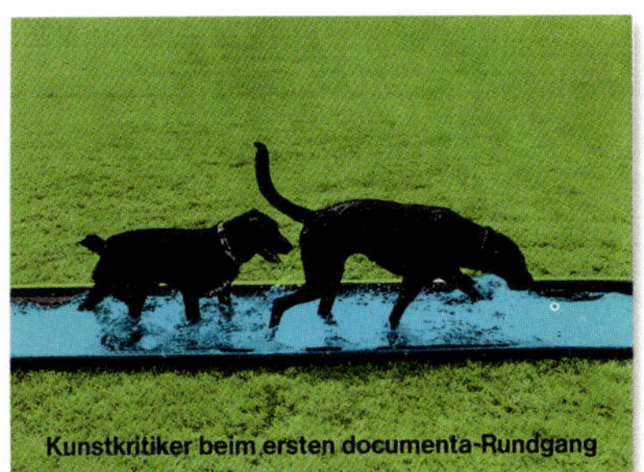

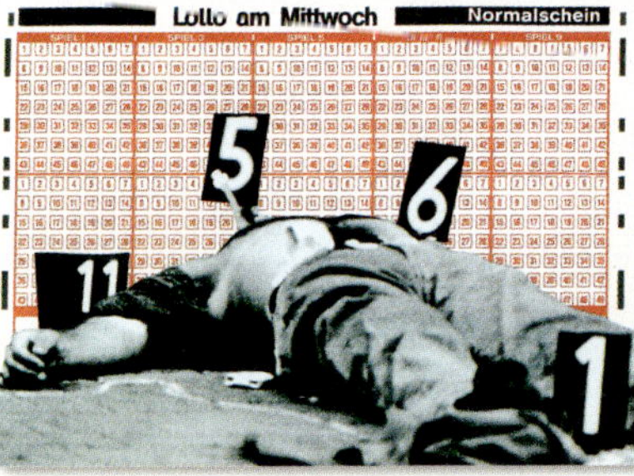

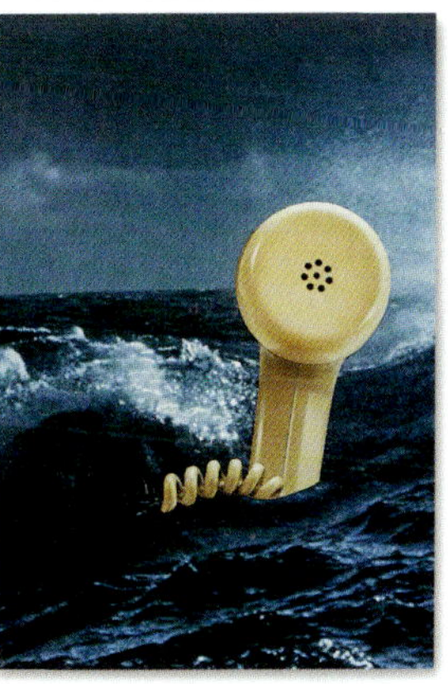

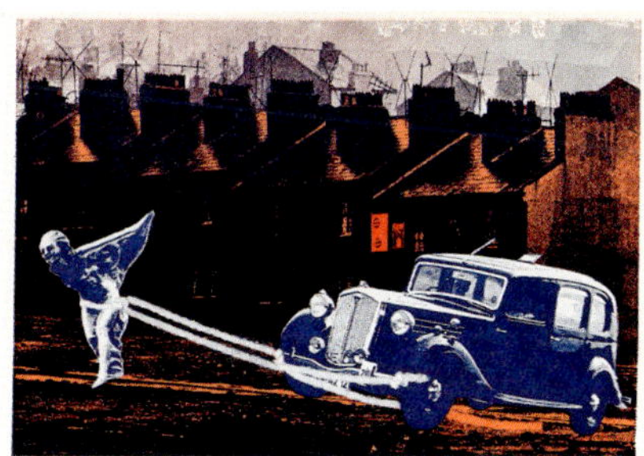

FLICK ▾ COLLECTION
FREIER EINTRITT
GUTSCHEIN
FÜR EHEM. ZWANGSARBEITER DER FLICK KG

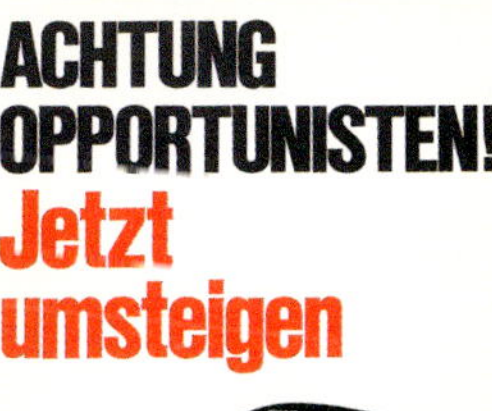

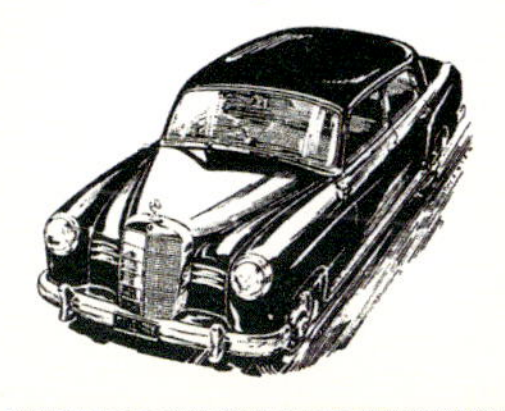

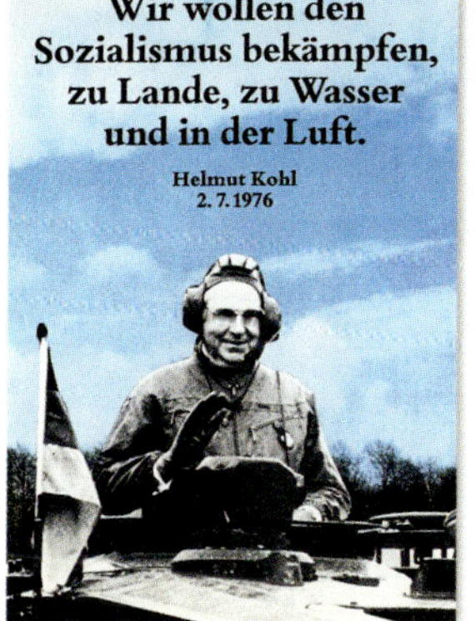

Auswahl an Postkarten

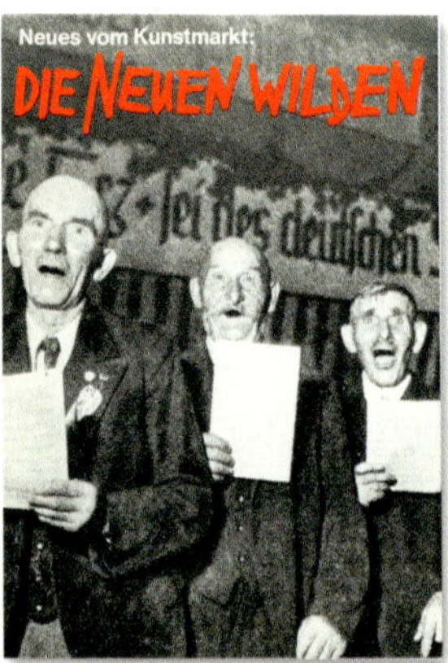

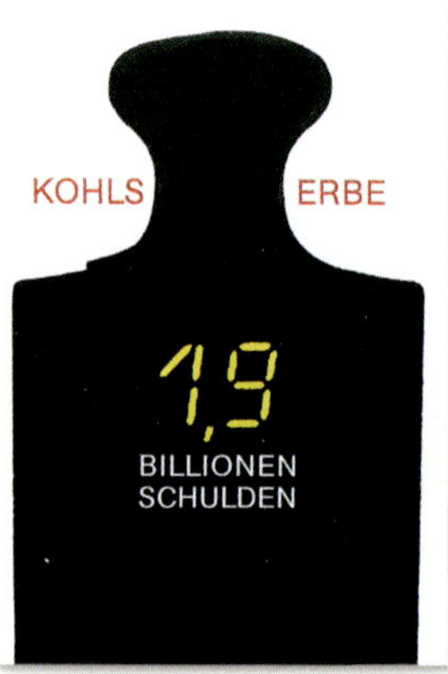

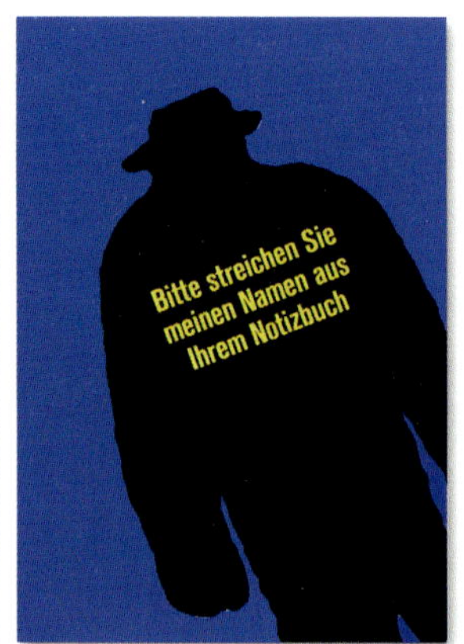

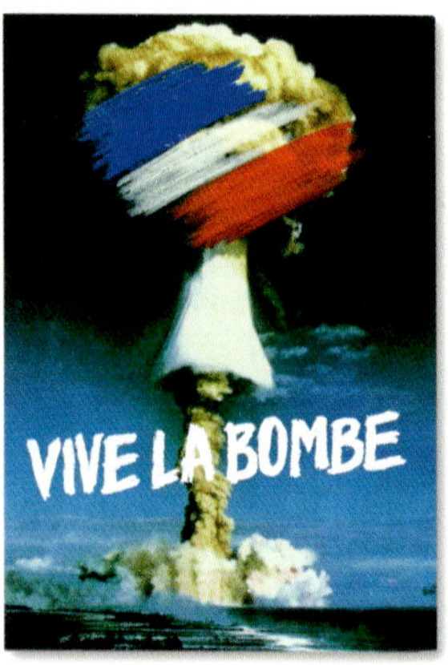

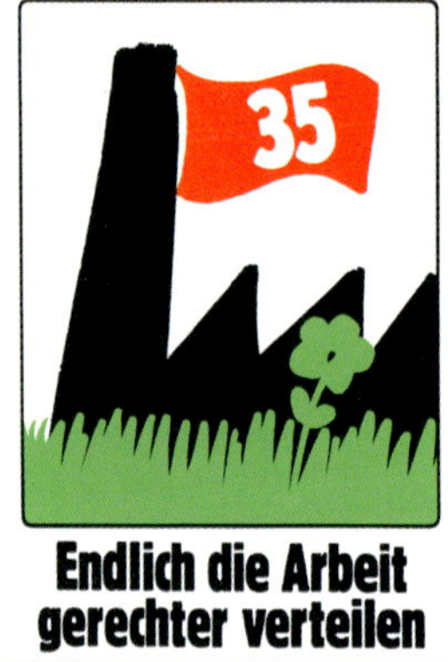

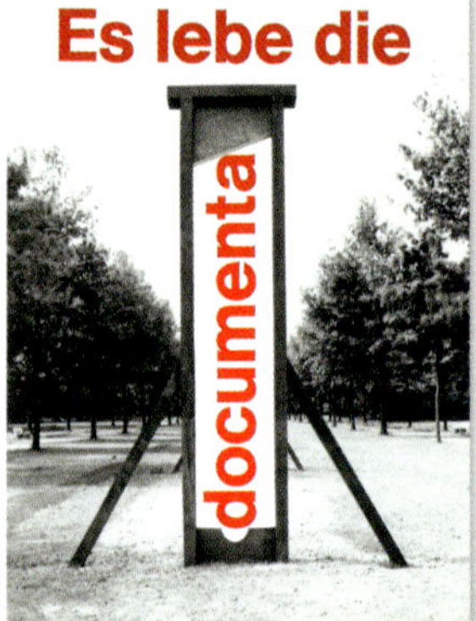

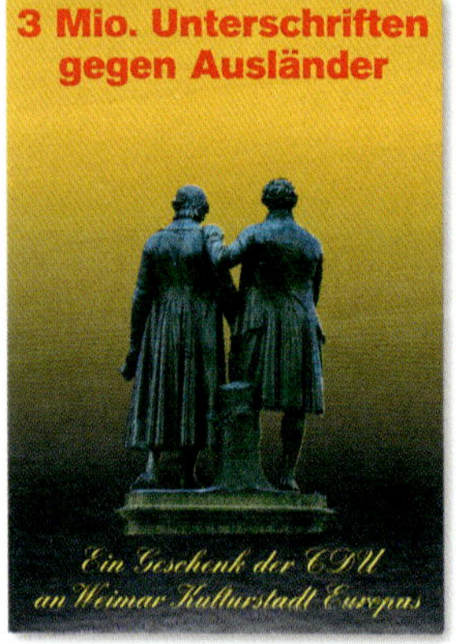

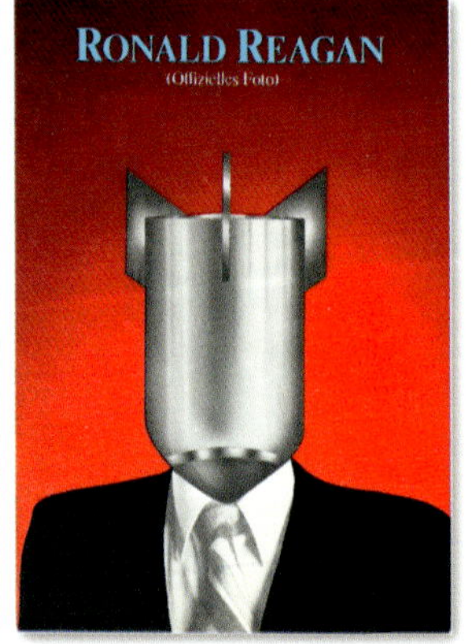

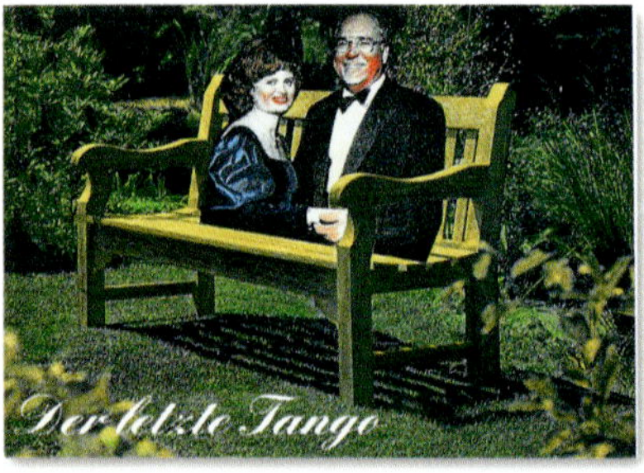

Auswahl an Postkarten

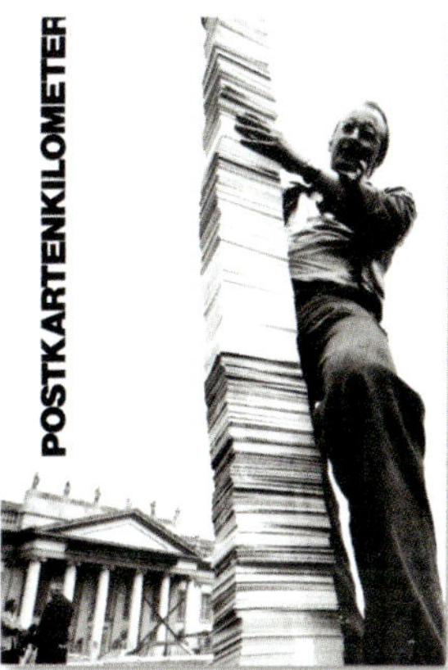

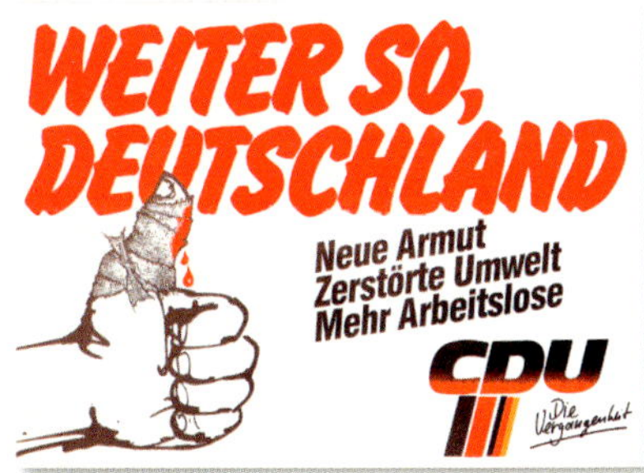

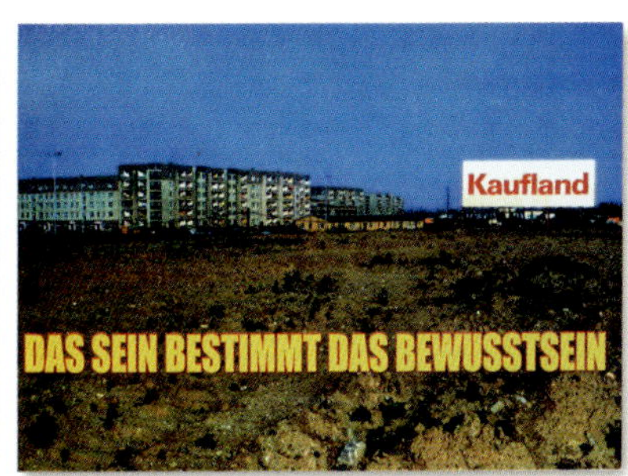

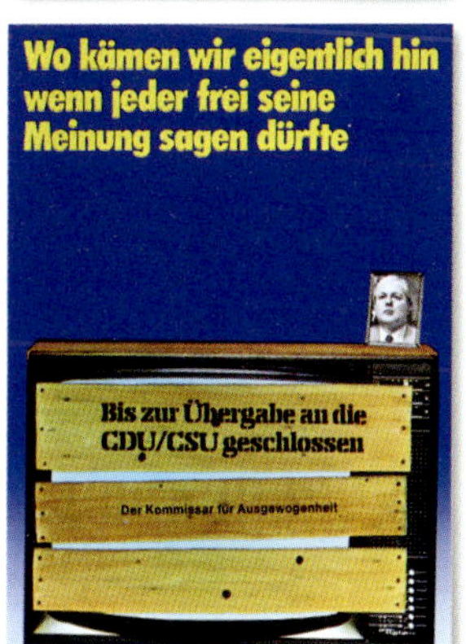

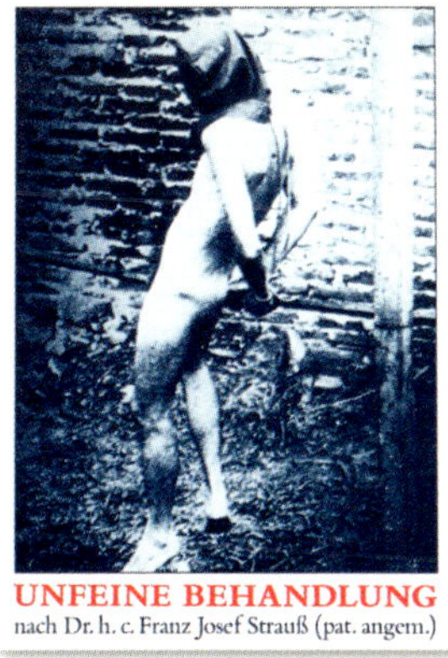

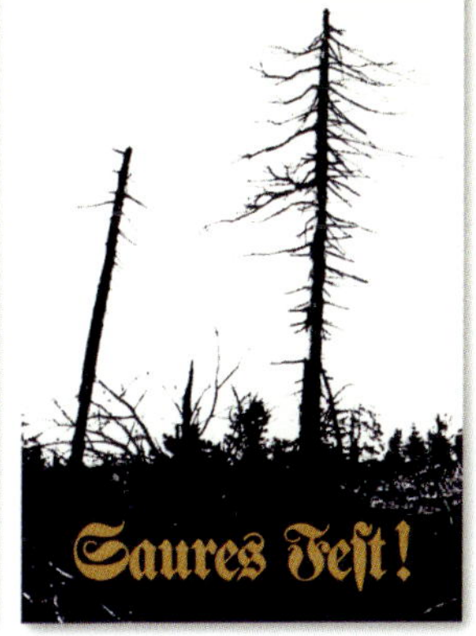

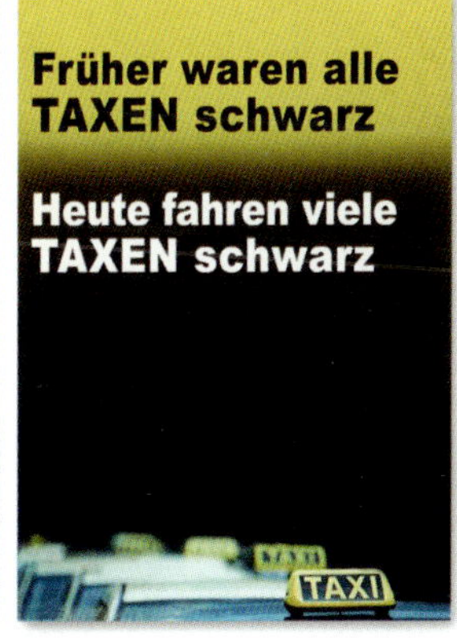

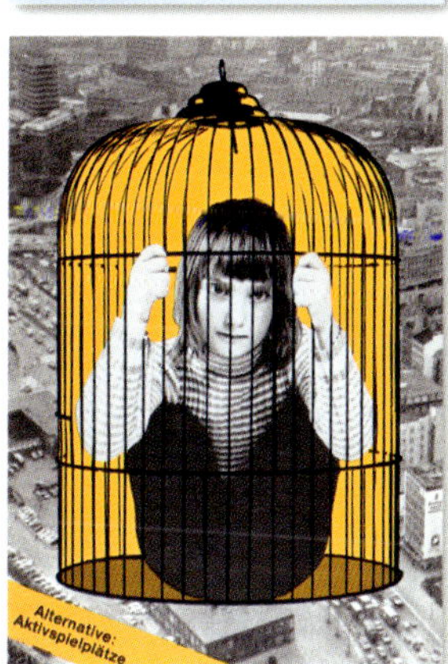

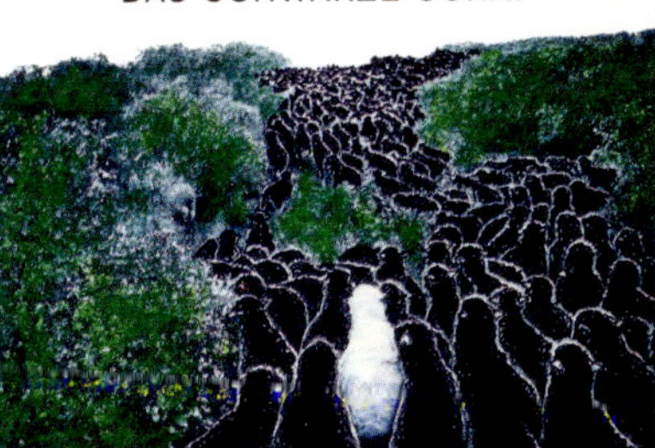

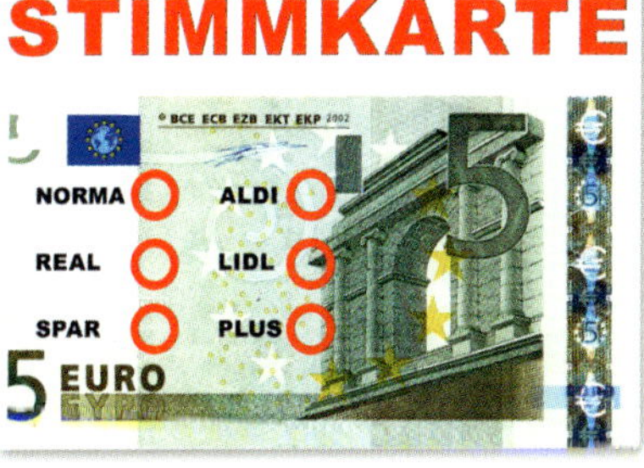

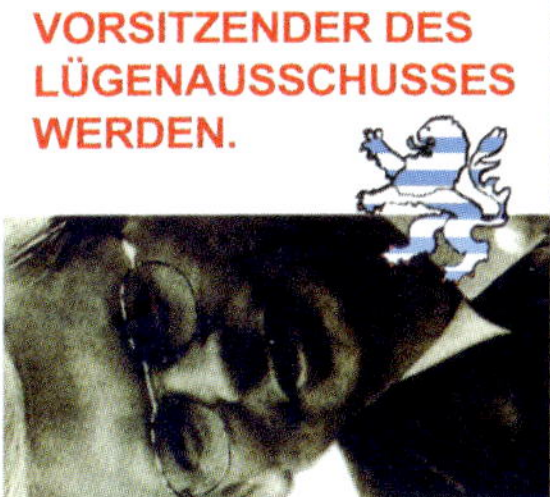

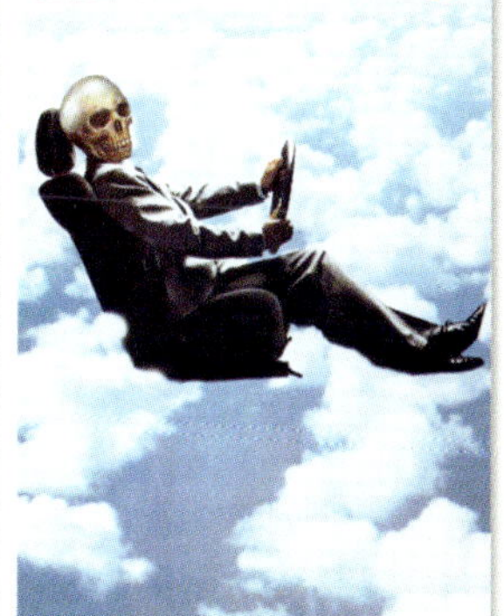

Auswahl an Postkarten

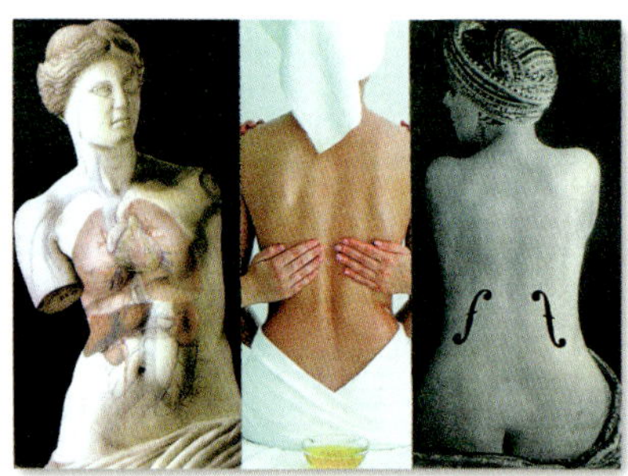

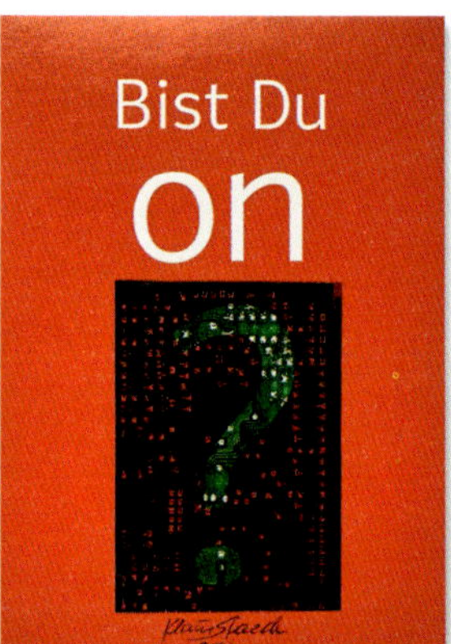

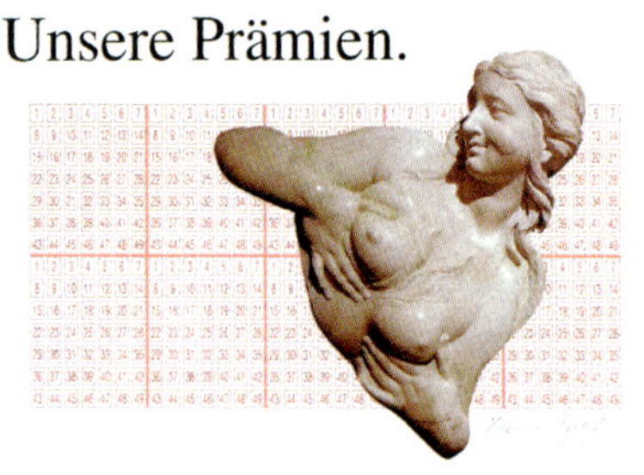

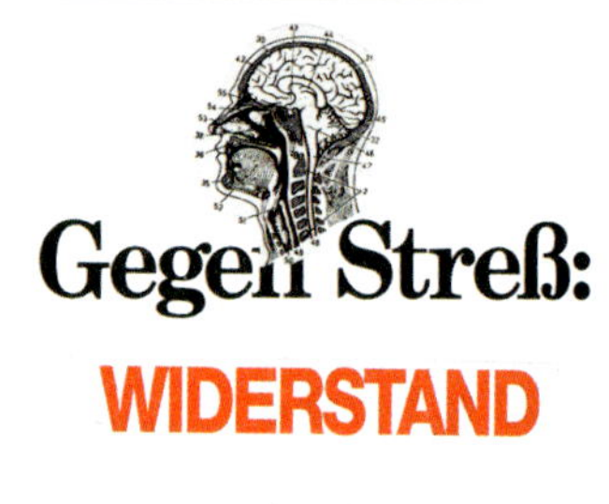

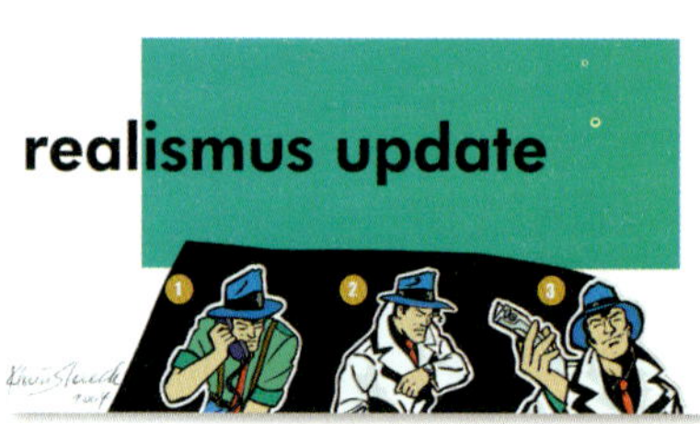

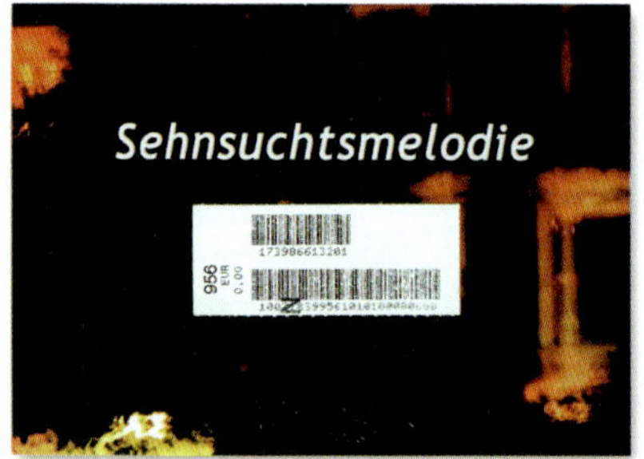

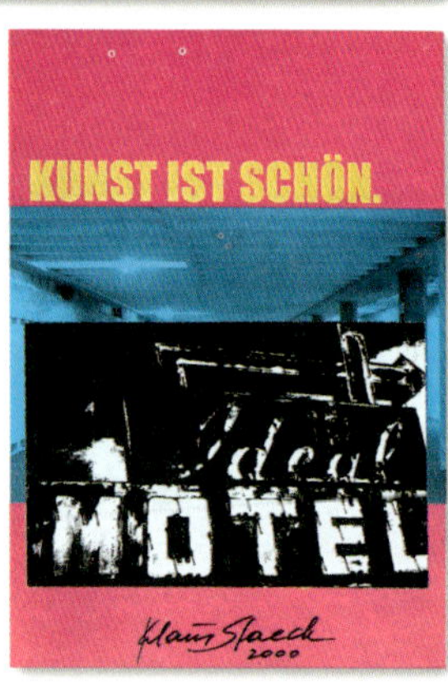

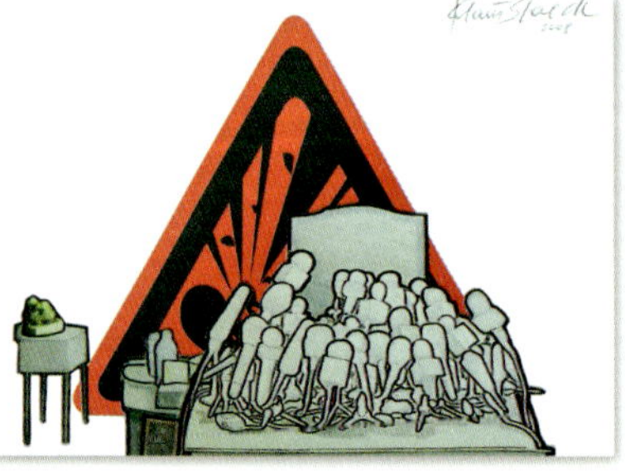

Auswahl Original Collagen

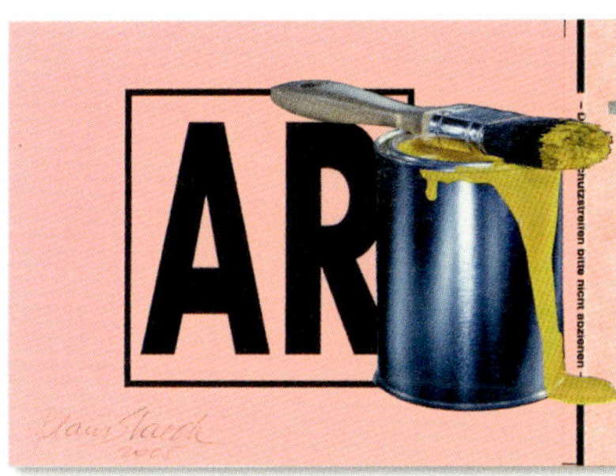

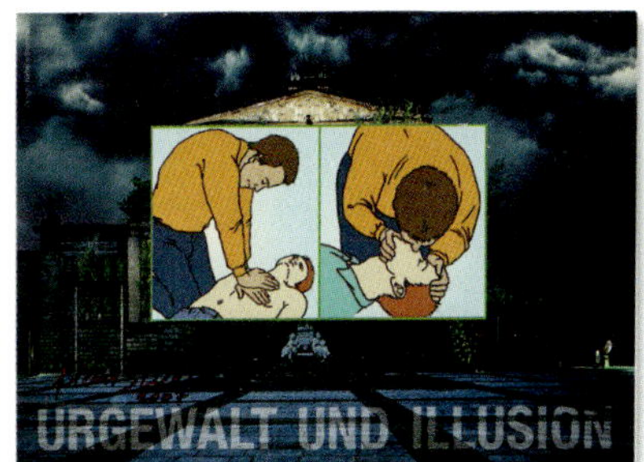

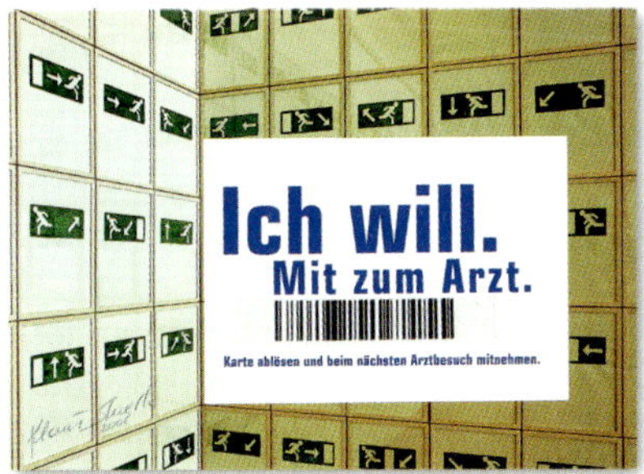

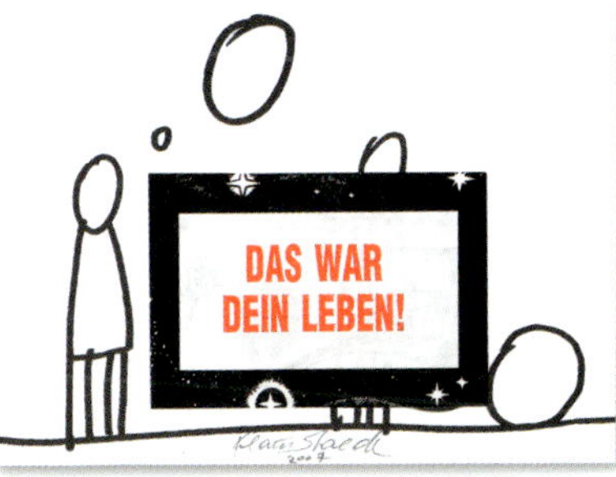

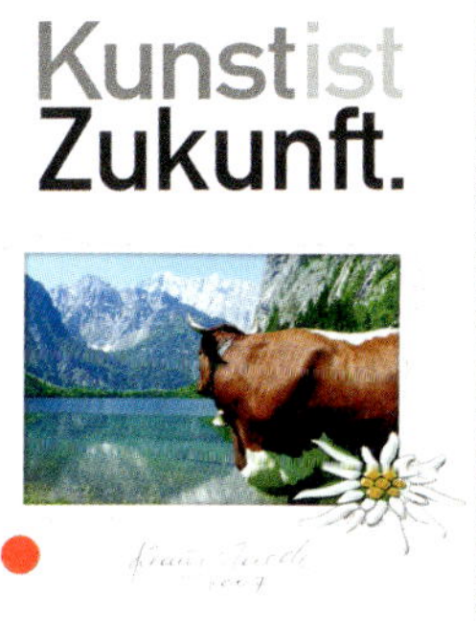

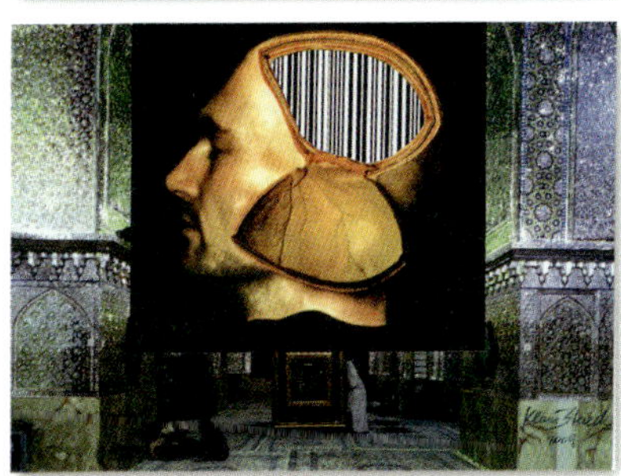

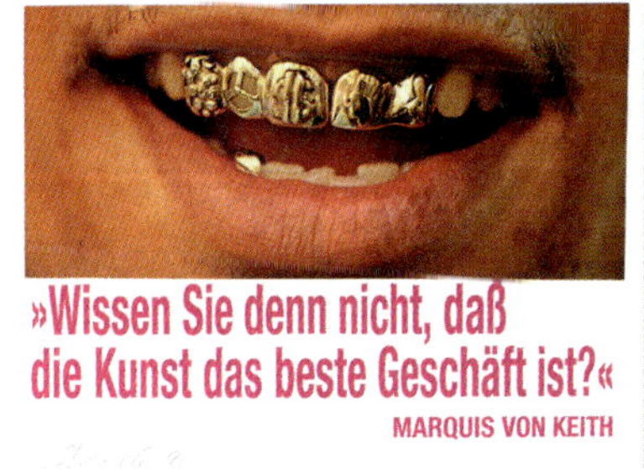

Auswahl Original Collagen

Objekte / Multiples / Installationen

René Grohnert

Neben Klaus Staecks Grafiken, Plakaten, Postkarten u.v.m. sind im Laufe der Jahre immer wieder auch Objekte und Installationen als Einzelstücke oder Multiples in Kleinauflage entstanden. Das Prinzip der gestalterischen und verbalen Kopplung nutzte Staeck auch hier. Oft spielt in seinen Arbeiten Vorder- und Hintergründiges zusammen, lässt einen sofortigen Zugang zu und eröffnet dann später mit einem „Aha", „Ach so" oder „Ach ja" weitere Erkenntnisse.

Bei seinen Objekten wird gelegentlich auch Staecks juristische Bildung deutlich. Für *Strafrechtsform* (1969; Abb. S. 225) benutzte er ein Standardwerk des Deutschen Zivil-, Straf- und Verfahrensrechts und schnitt aus der Mitte des Buches eine quadratische Vertiefung heraus, die durch zwei senkrechte Metallstäbe eine Gefängniszelle symbolisiert. Die unmittelbare Verbindung zwischen gedrucktem Gesetz und den möglichen Folgen bei dessen grober Missachtung ist eine Drohung oder der Verweis auf bestehende Ungerechtigkeiten. Noch zwei weitere Male kam das Standardwerk als Objektträger zum Einsatz: *Beschleunigungsgesetz* (1992; Abb. S. 225) kommt mit einem integrierten Stempelhalter mit den wichtigsten Stempeln daher. Bei *Der große Lauschangriff* (1996; Abb. S. 225) ist das ganze Buch durchbohrt; ein „Türspion" erlaubt einen Durchblick und die Assoziation mit der Diskussion, die ab Mitte der 1990er Jahre über den sogenannten großen Lauschangriff geführt wurde: Erstmals sollte es dem Staat unter bestimmten Umständen ermöglicht werden, auch private Wohnungen auszuspähen. Die Diskussion wurde heftig geführt; die eine Seite argumentierte mit dem Datenschutz, die andere mit erfolgreicher Strafverfolgung. Staeck nutzte das Objekt auch als Plakatmotiv: *Großmutter, warum hast Du so große Augen?* (*Der große Lauschangriff*, 1996; Abb. S. 182). Schließlich wurden im Jahre 1998 durch Einfügungen in Art. 13 des Grundgesetzes die Grundlagen für den großen Lauschangriff gelegt.

Ein weiterer Gegenstand, der mehrfach in Staecks Werk vorkommt, ist ein Schlagring. Als Handwaffe benutzt, kann er schwere Verletzungen hervorrufen, weswegen er hierzulande verboten ist, sich aber bestens als Sinnträger für unmittelbare Gewalt und Gewaltausübung eignet. Das Objekt *Christliches Abendland* (1969; Abb. S. 223) versinnbildlicht den Zwiespalt zwischen kultureller Leistung und Brutalität. Der Steg, über den die Seiten des fiktiven Streichinstruments gespannt sind, ist kein wohlgeformtes Holzblättchen, sondern ein Schlagring. Ebenfalls im Jahr 1969 entstand die Druckgrafik *A.P. New York III* (1969; Abb. S. 59). Wie ein UFO schwebt ein riesiger Schlagring über der Silhouette New Yorks. Auch die *Schnabeltasse für pensionierte Diktatoren* (1970; Abb. S. 222) greift das Schlagring-Motiv auf: Das Objekt zeigt ein kleines Ölkännchen mit einem Schlagring-Griff.

Der Sack mit dem Aufdruck *Sand fürs Getriebe* (1988; Abb. S. 228) ist dank seiner Riemenhalterung bereit zur Mitnahme und enthält gleichsam die Aufforderung, den Sand ins gut geölte Getriebe der gesellschaftlichen Ungerechtigkeiten zu streuen. Und wenn auf einem kleinen Spielzeugpanzer statt eines Geschützturmes und einer Kanone eine Kaffeemühle montiert ist und der Titel *Konversion* (1989; Abb. S. 229) lautet, dann kommentiert Staeck damit lakonisch die Idee, aus militärischen Gütern zivile Nutzungen abzuleiten. Nach Ende des Kalten Krieges ging es dabei nicht nur um die Umnutzung alter Bestände der aufzulösenden Nationalen Volksarmee der DDR, sondern letztlich um einen praktischen Weg der Abrüstung.

Mit Flucht, Fluchtursachen und Migration beschäftigt sich Staeck schon seit 1969 – auch in der Installation *Christliches Abendmahl* (1982; Abb. S. 226). Das Bild eines Tisches mit übervollem Buffet, an dem sich wohlgekleidete Geschäftsmänner bedienen, wird durch einen Holztisch in den Raum hinein erweitert. Auf dem Tisch stehen Teller, auf denen lediglich Steine aufgehäuft sind; die dazugestellten Tischkarten tragen die Namen der ärmsten Länder der Welt. 1992 beschäftigte sich Staeck in der Installation *Festung Europa* (1992; Abb. S. 227) mit einer Frage, die sich Deutschland seit 2015 verschärft stellt: Wie umgehen mit den hunderttausenden Flüchtlingen, die Deutschland und Europa erreichen?

Objekte, Multiples und Installationen nehmen im Kanon von Staecks politischer Kunst einen speziellen Platz ein. Ihre Aufgabe ist es nicht, im öffentlichen Raum zu wirken, sondern einzudringen in das „Kunstghetto" und den privaten Raum, um dort zu wirken, wo manifeste politische Stellungnahmen eher selten vorkommen.

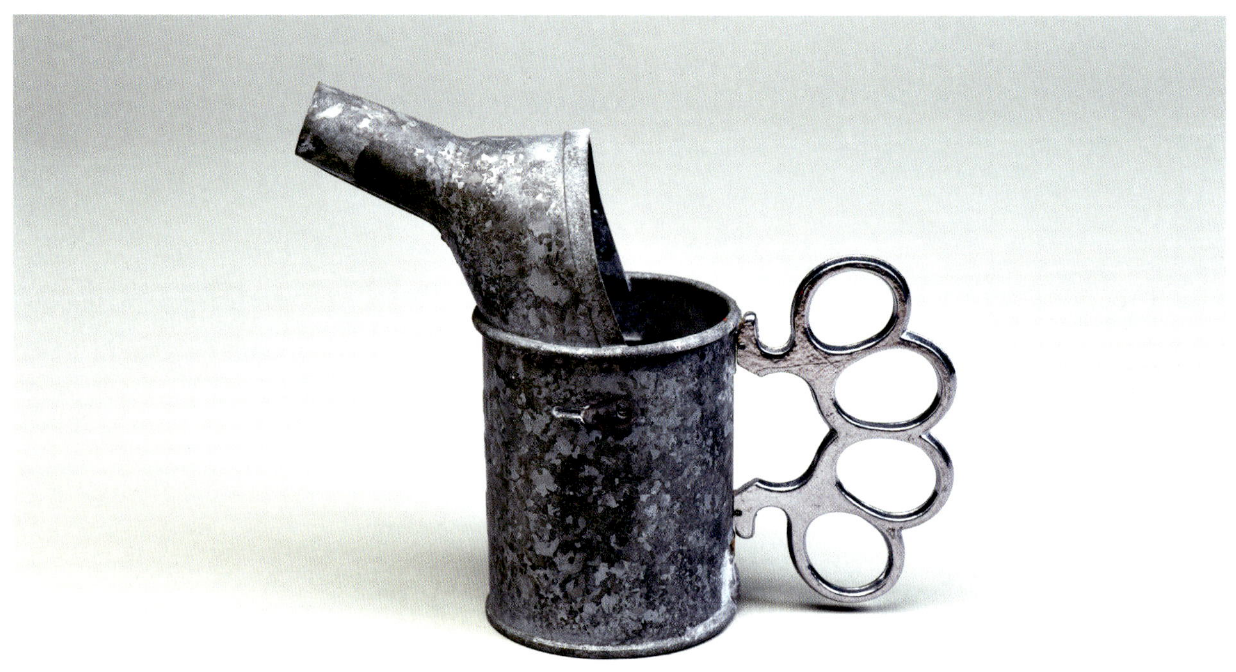

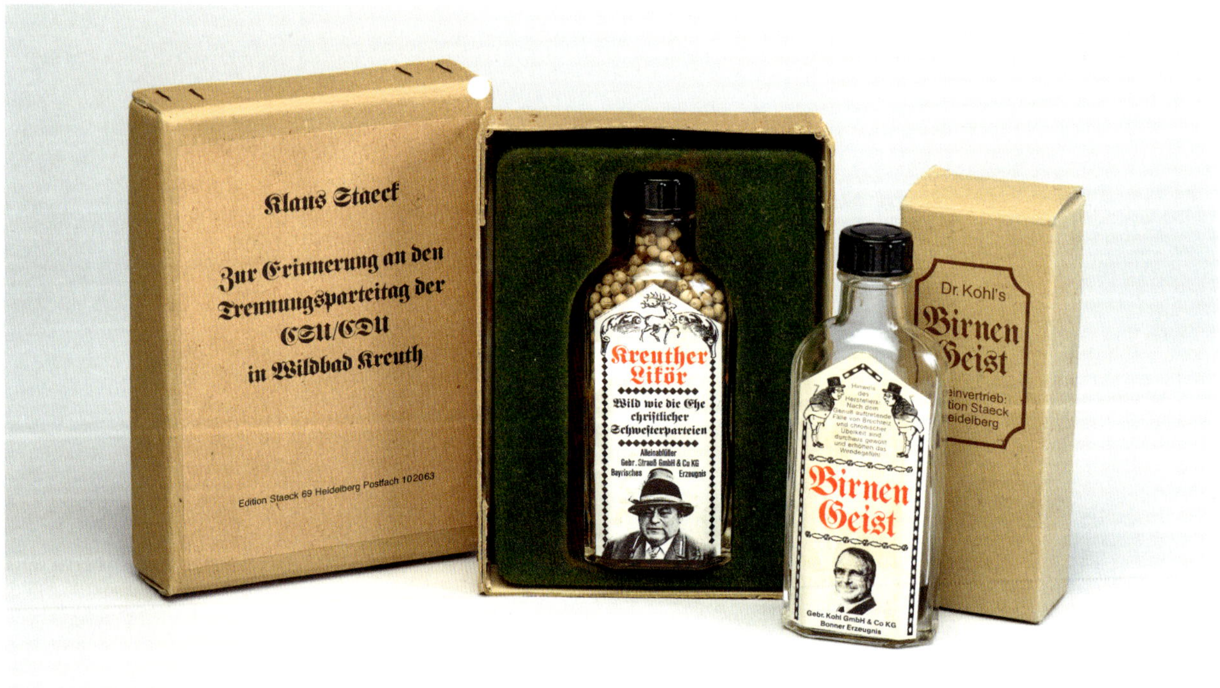

IV.4 | *Schnabeltasse für pensionierte Diktatoren* | 1970
IV.6 | *Kreuther-Likör* | 1976

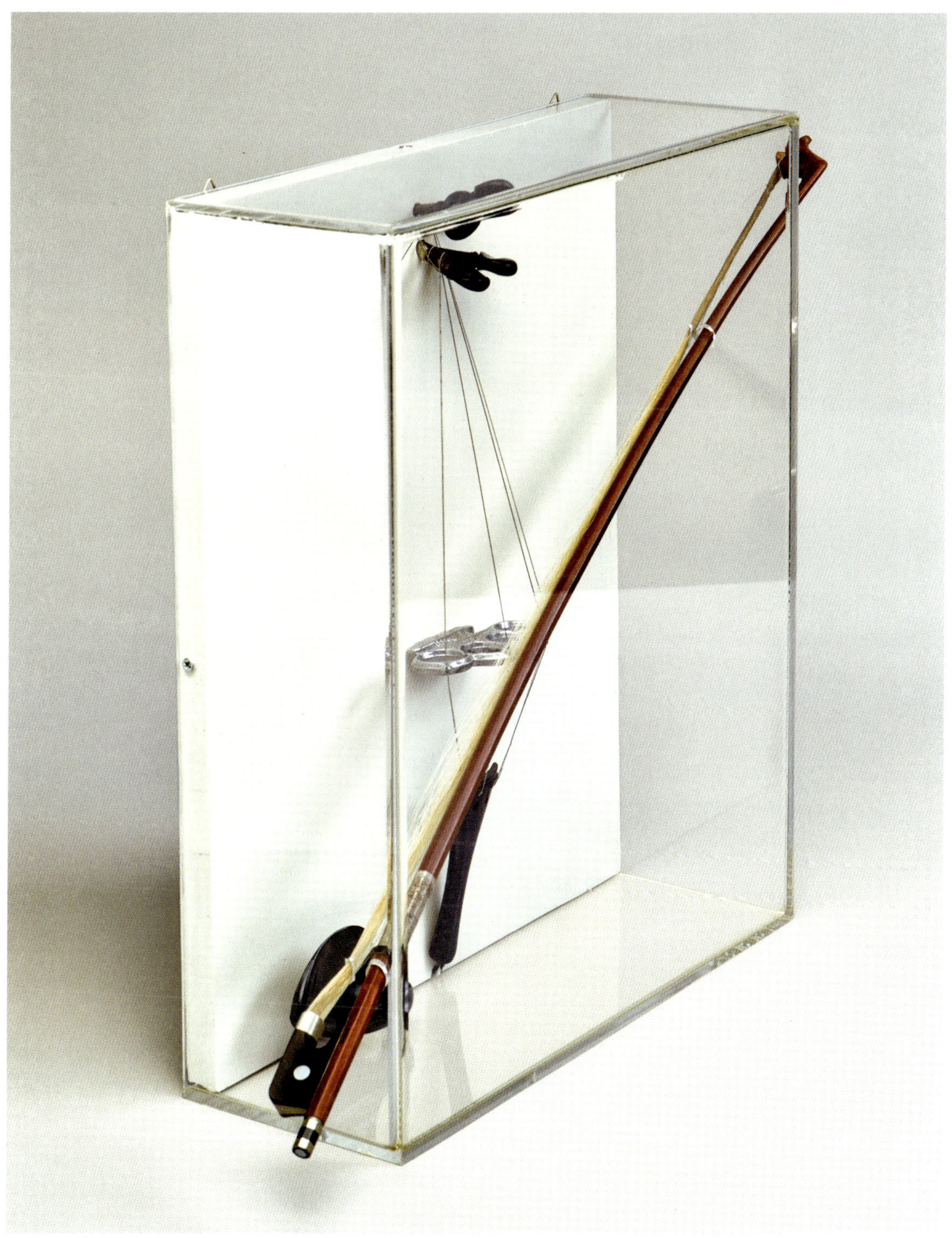

IV.1 | *Christliches Abendland* | 1969

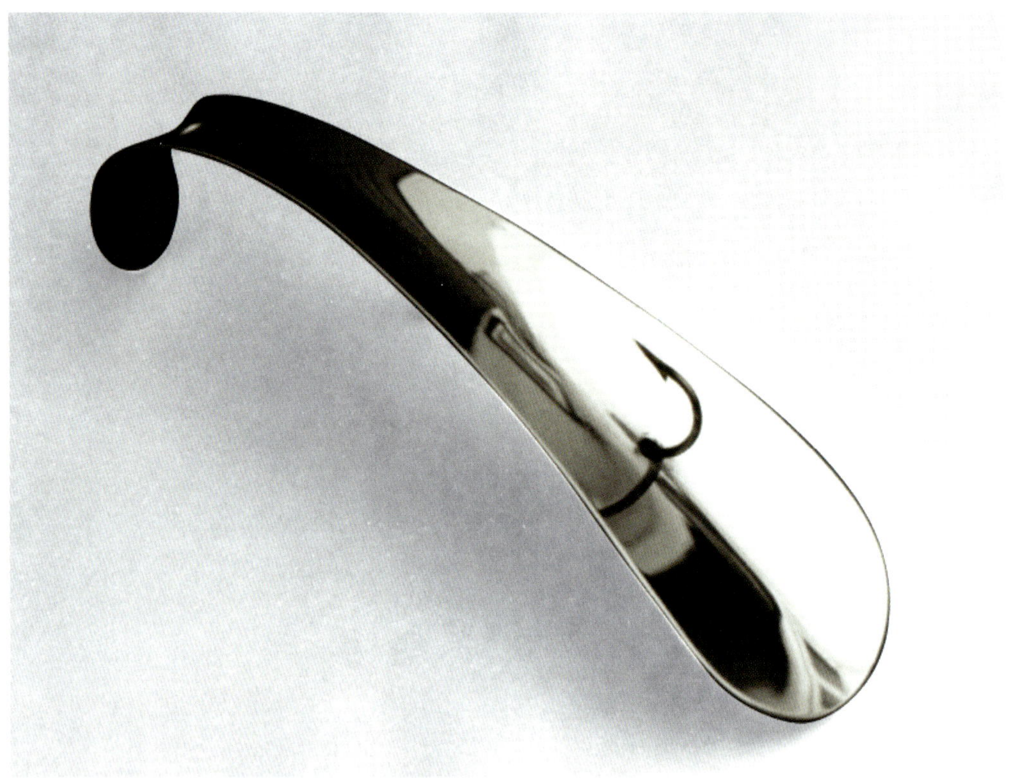

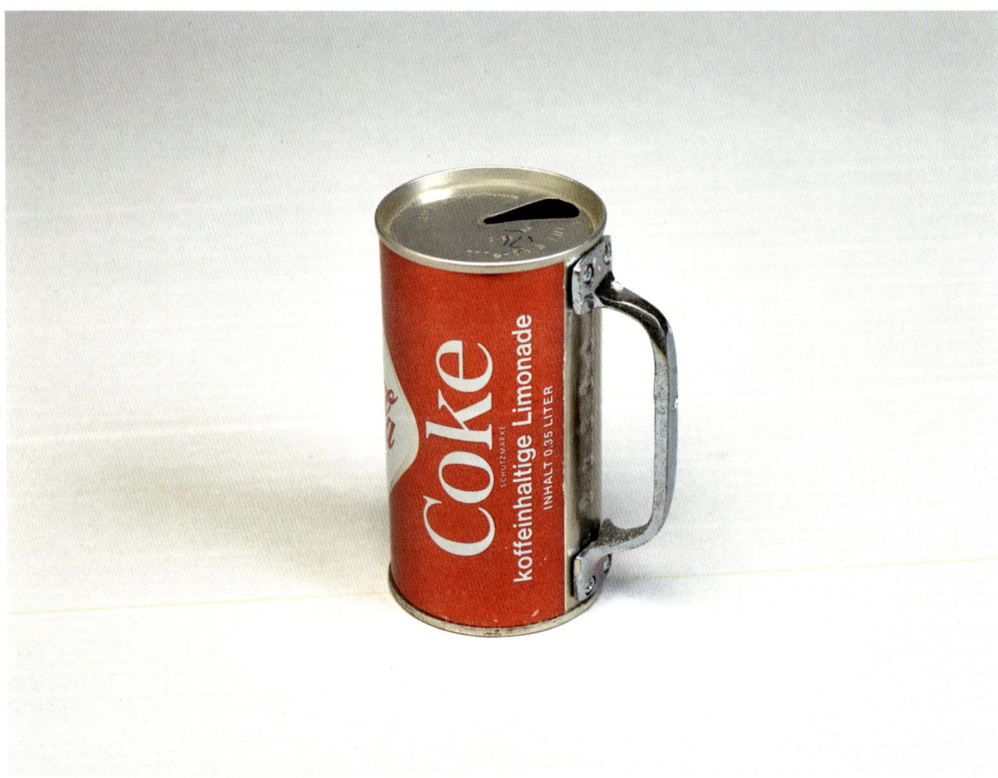

IV.5 | *Spanischer Schuhlöffel* | 1970
IV.3 | *Volkssammelbüchse* | 1969

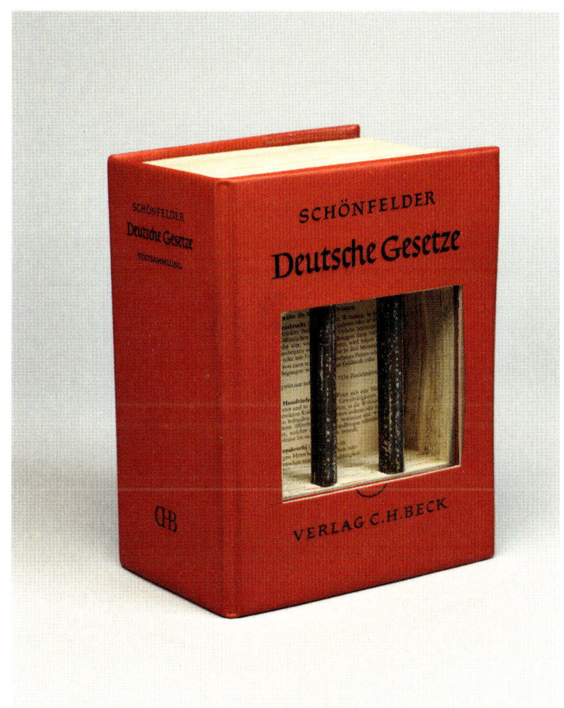

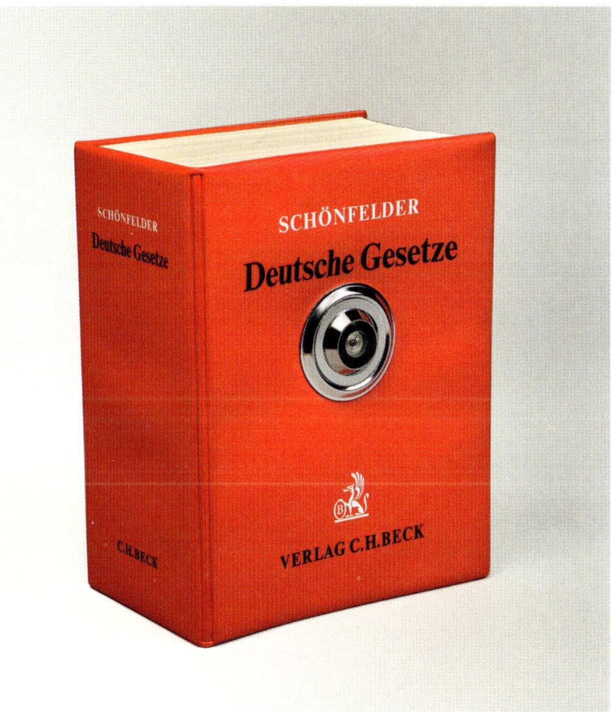

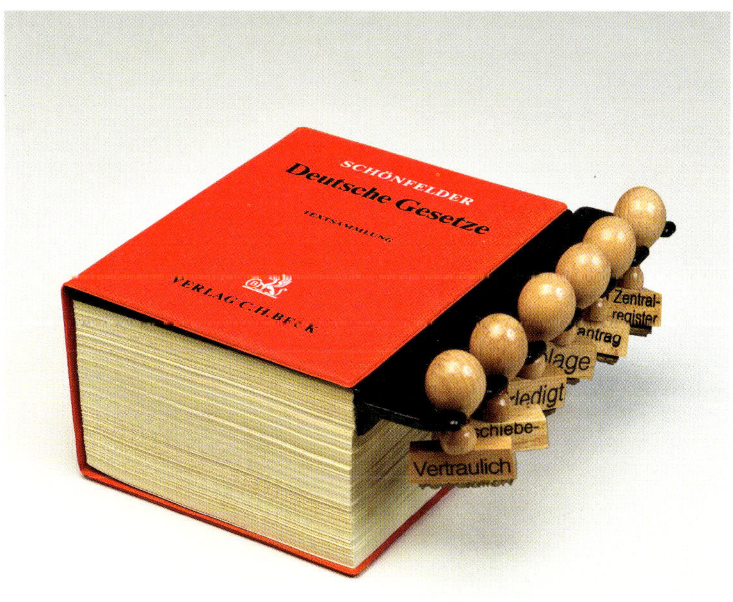

IV.2 | *Strafrechtsreform* | 1969
IV.16 | *Der große Lauschangriff* | 1996
IV.14 | *Beschleunigungsgesetz* | 1992

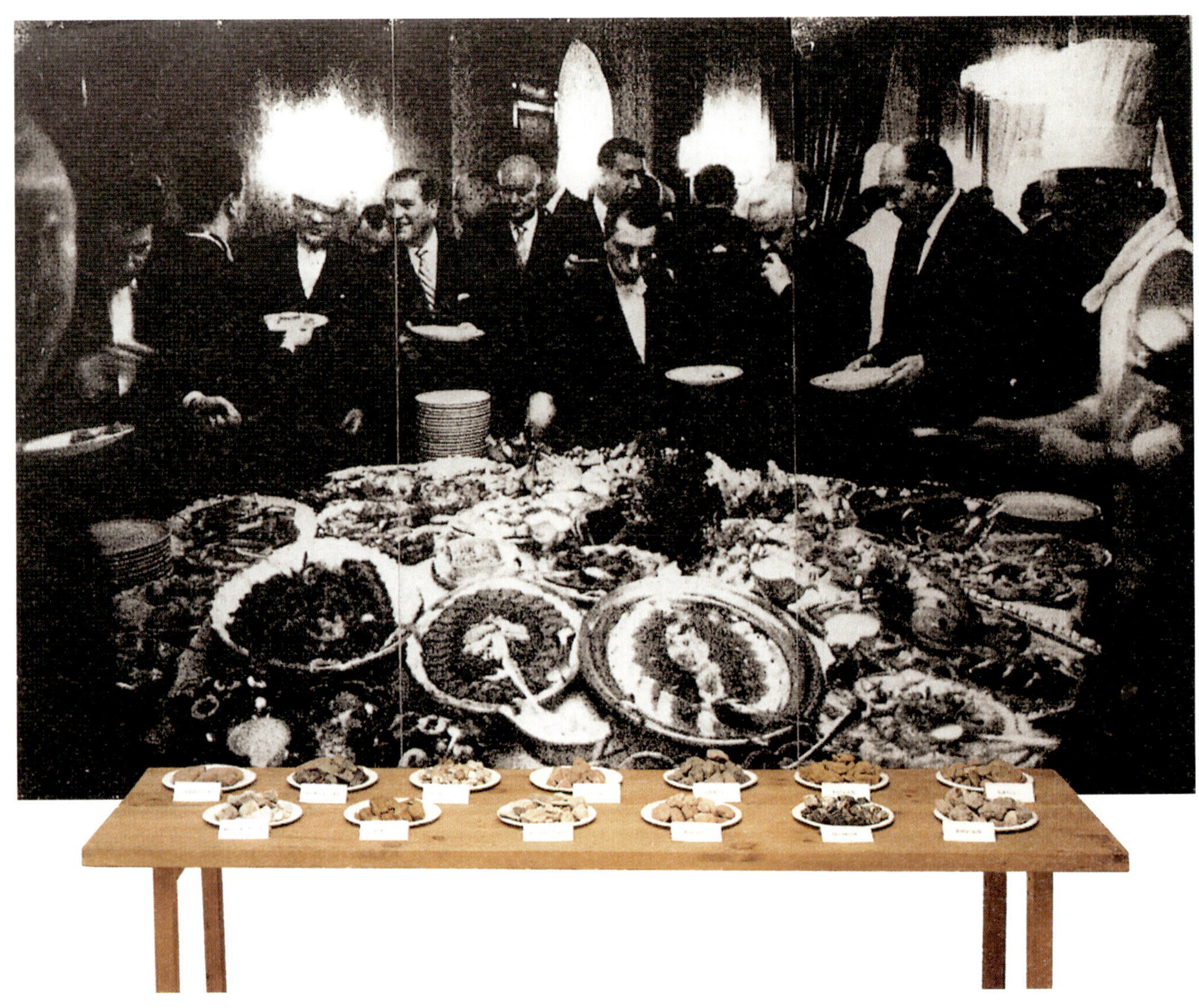

IV.7 | *Abendmahl* | 1982

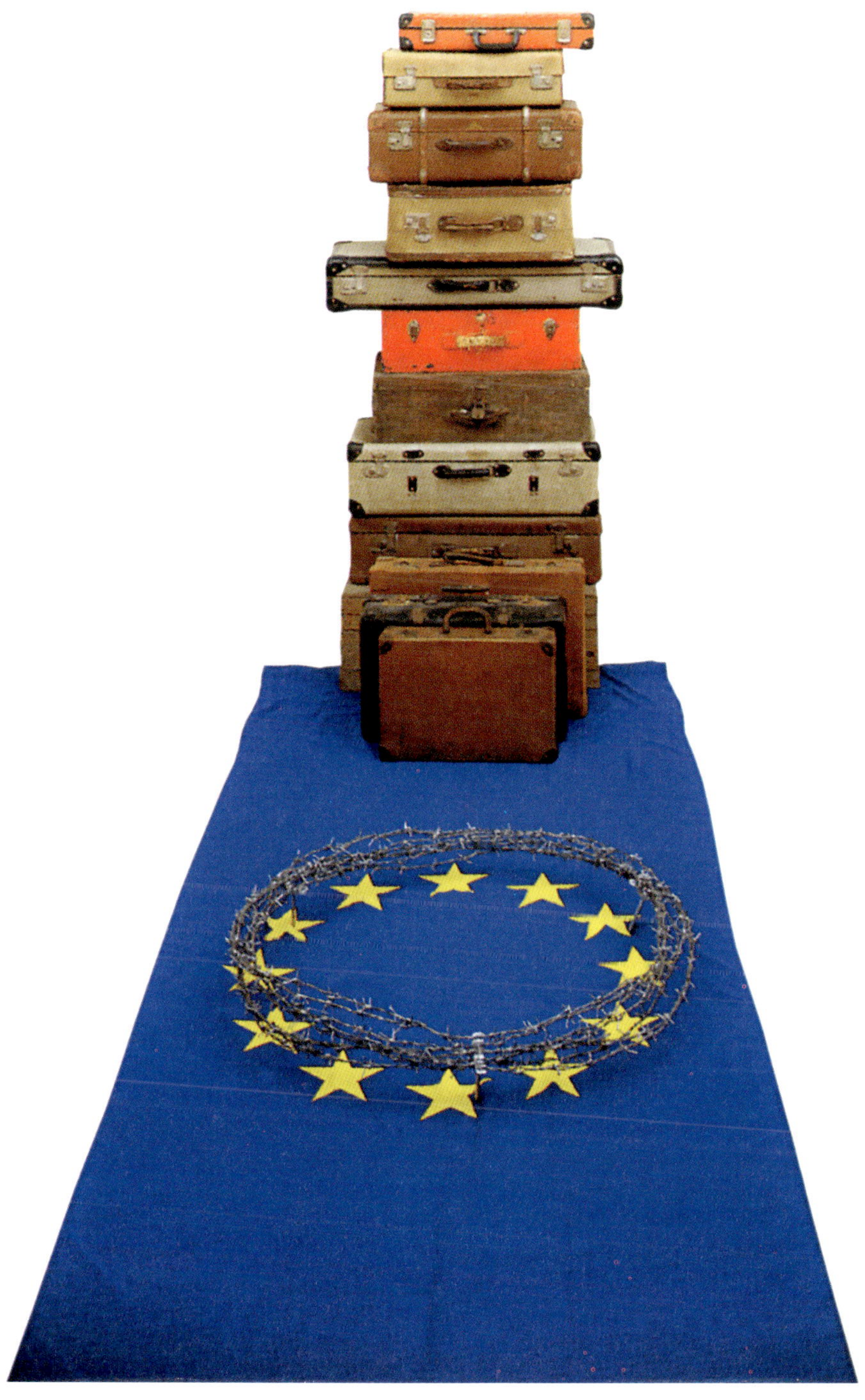

IV.15 | *Festung Europa* | 1992

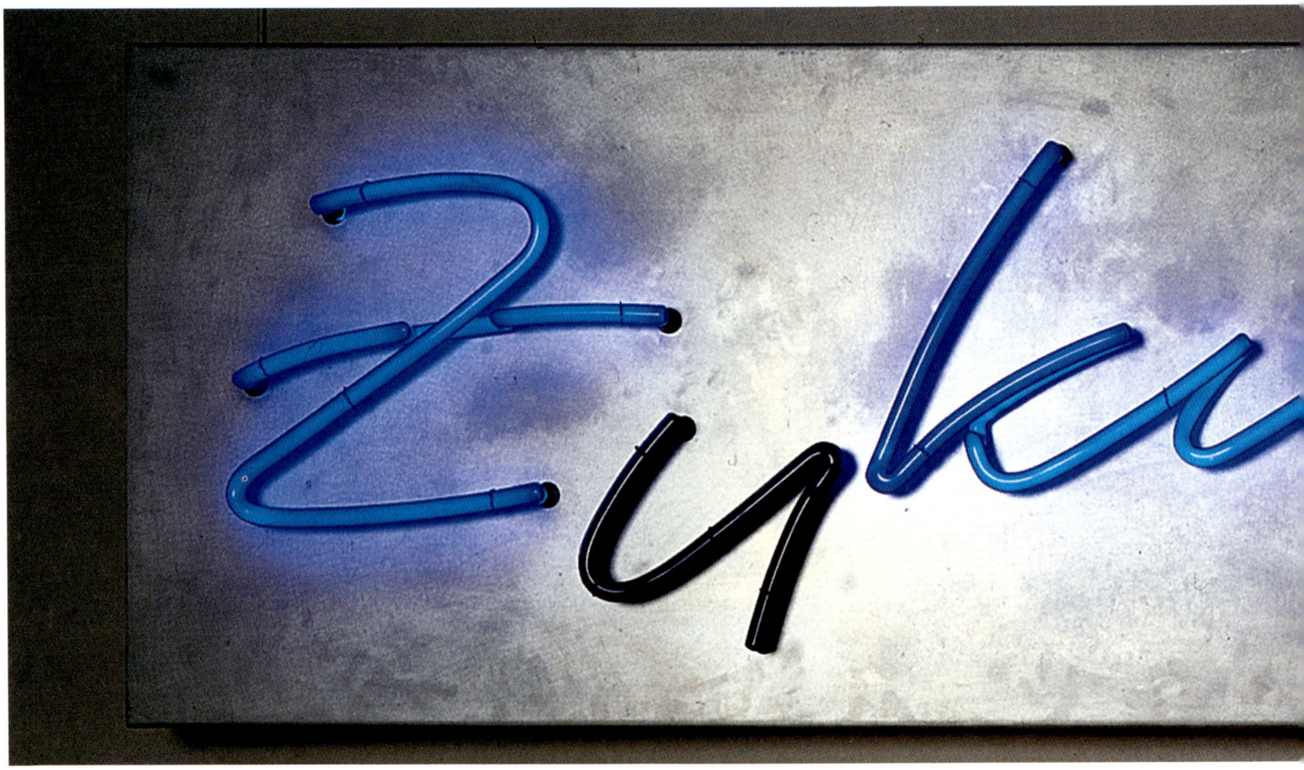

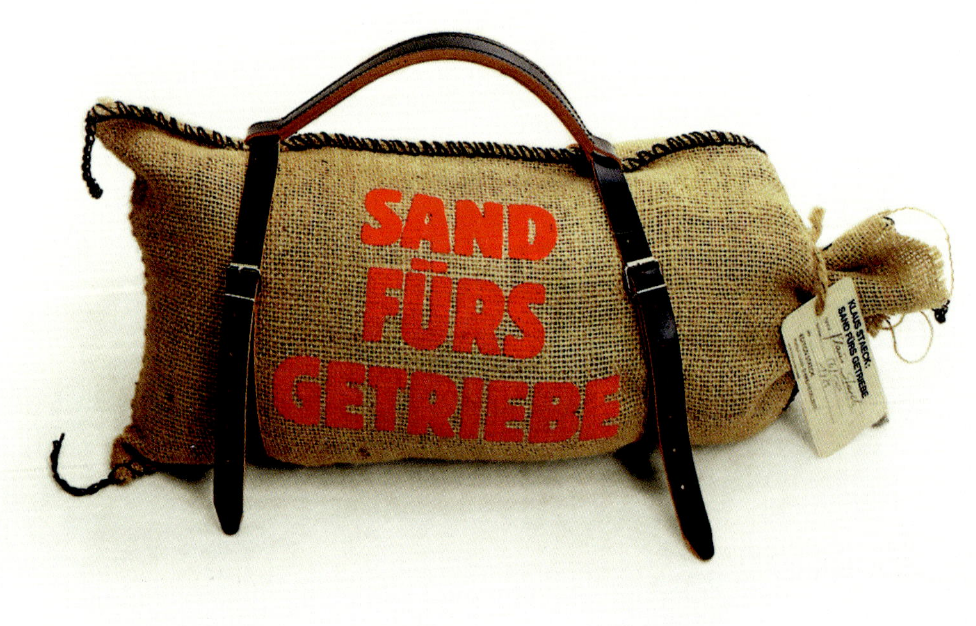

IV.9 | *Zukunft* | 1988 (Aktualisiert für diese Ausstellung)
IV.8 | *Sand fürs Getriebe* | 1986 (Aktualisiert für diese Ausstellung)

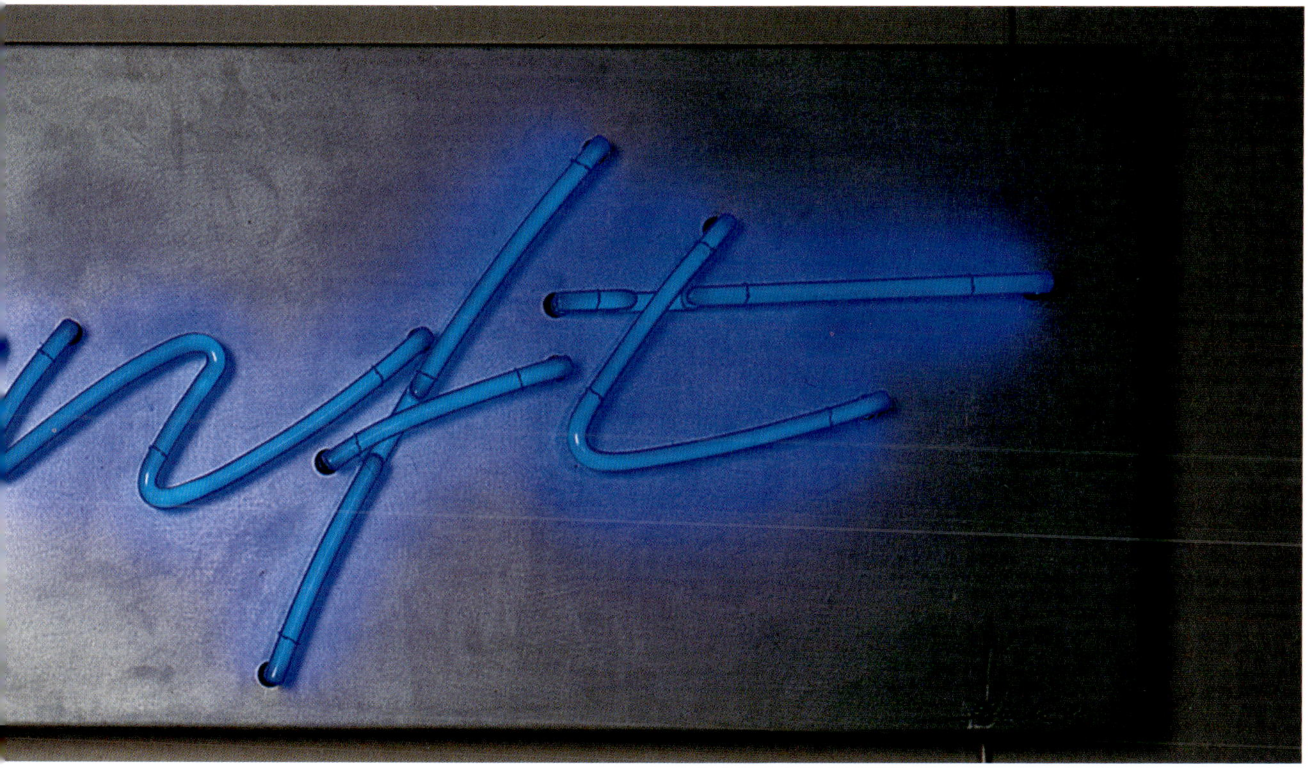

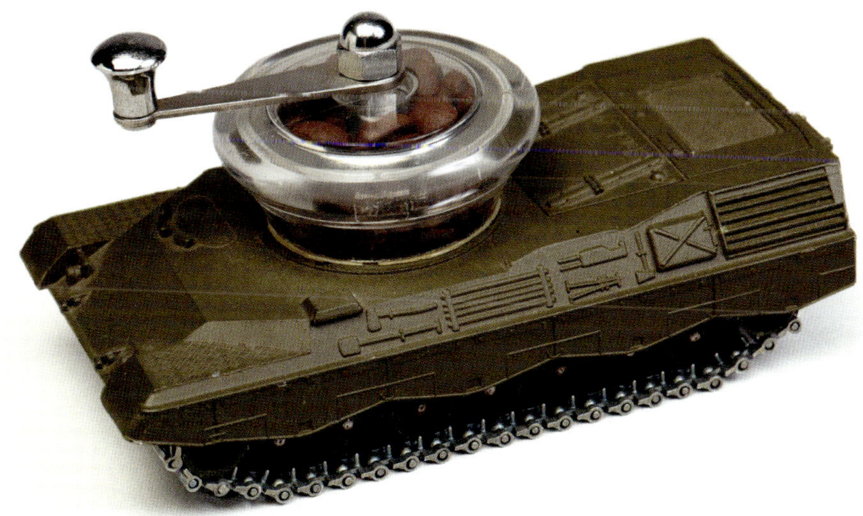

IV.10 | *Konversion* | 1989

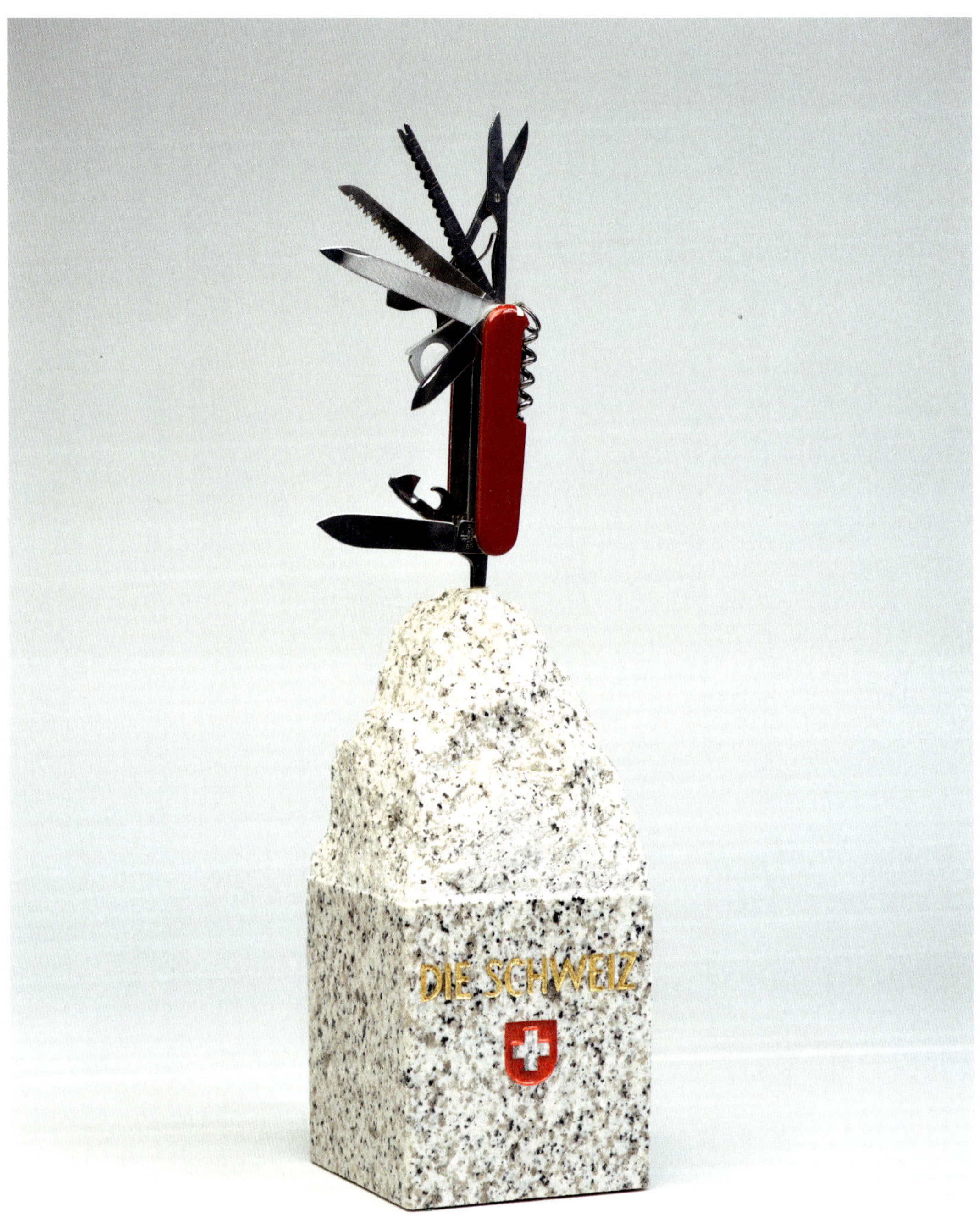

IV.11 | *Die Schweiz* | 1990

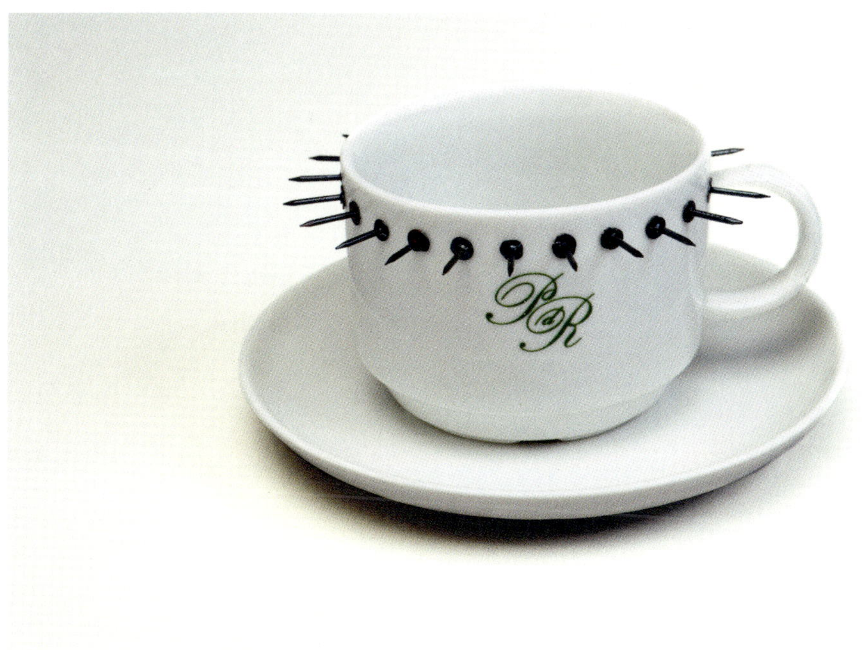

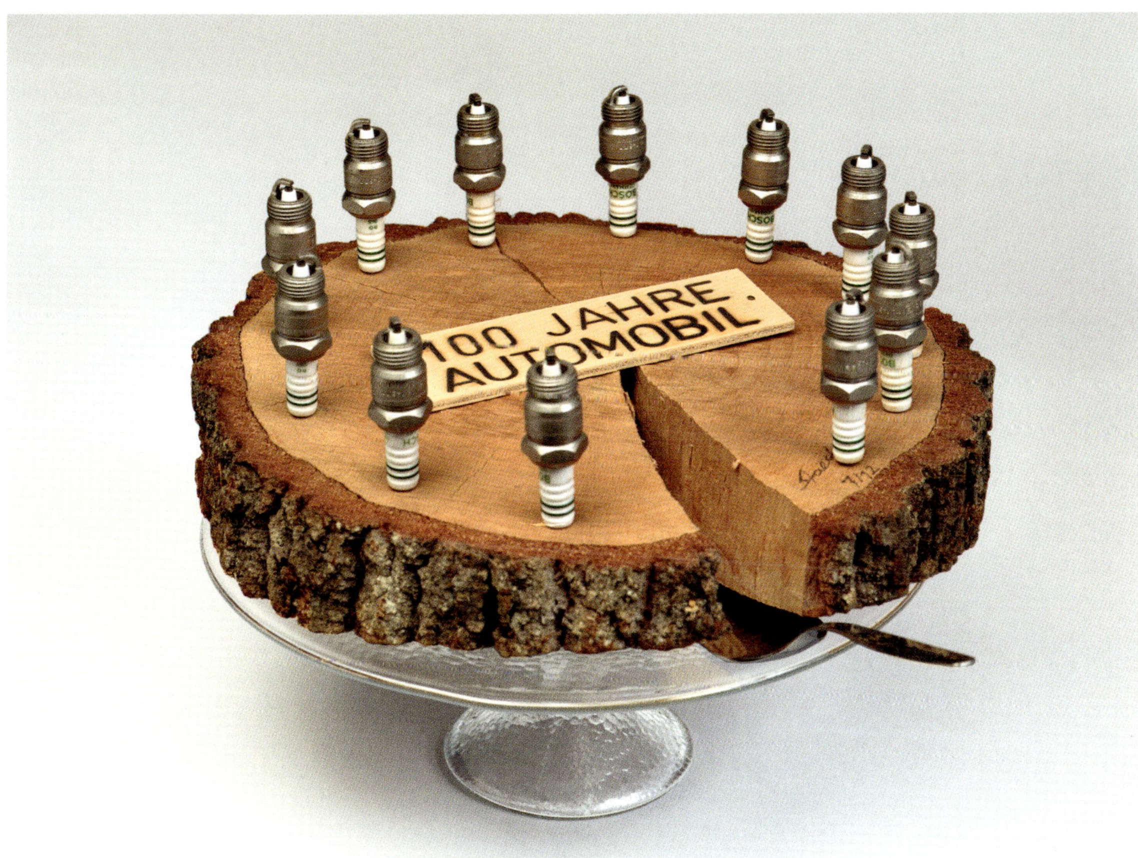

IV.12 | *Sonderangebot* | 1990
IV.13 | *Baumkuchen* | 1991

Plakate drucken für Staeck

Gerhard Steidl

Wenn wir heute davon sprechen, dass Bilder aus ihrem Kontext gelöst und für andere Bildaussagen verwendet werden, ist das für niemanden eine Neuigkeit, sondern alltäglich geübte Praxis. Wir haben uns daran gewöhnt, dass Methoden der Werbung in der Kunst gang und gäbe sind. Das war allerdings Ende der sechziger Jahre, als ich, keine zwanzig Jahre alt, Klaus Staeck zufällig auf dem Parkplatz der Frankfurter Buchmesse traf, noch ganz anders.

Für Staeck war die technische Reproduzierbarkeit, der Verzicht auf das Original, keine Bedrohung des künstlerischen Darstellungsinteresses, sondern die Möglichkeit, Kunst in die Mitte des gesellschaftlichen Wahrnehmungsraums zu holen, durch Postkarten und Aufkleber, und indem wir als Firma, nicht als Künstler, Werbeflächen mieteten und seine Plakate auf Litfaßsäulen kleben ließen.

Eines Tages meldete er sich am Telefon mit STAECK und ich sagte STEIDL. (Wie viel Zeit hätten wir im Leben vergeudet, wenn er Müller-Lüdenscheid und ich Leutheusser-Schnarrenberger heißen würde.) Ich hatte gerade in Göttingen meine Siebdruckwerkstatt eröffnet, und er vertraute mir seine Arbeiten an.

Das Muster von der Idee bis zum fertigen Druck ist im Grunde seit 1970 unverändert geblieben.

Klaus Staeck will die Grenze zwischen Künstler und Produzent bewusst verwischen. An den Plakaten, Postkarten, Aufklebern oder Büchern hat jeder von uns so seinen ganz persönlichen Anteil. Zu diesem Verfahren gehört der intensive Austausch.

Am Anfang unserer Zusammenarbeit bin ich fast täglich zu ihm nach Heidelberg gefahren. Er saß hinter seinem unter Papierbergen kaum noch sichtbaren Schreibtisch, ich davor – und dann erläuterte er mir seine Ideen, fertigte erste Skizzen auf postkartengroßen Notizzetteln an, fischte Fotos, Anzeigen, Textausschnitte aus den Stapeln. Über die Tischplatte hinweg warfen wir uns Worte, Sätze und Bildideen zu. Nachts fuhr ich mit den Entwürfen nach Göttingen, um am nächsten Tag Druckvorlage und Andrucke zu erstellen. Mit denen ging es dann wieder nach Heidelberg, damit Staeck kritisieren und letzte Korrekturen vornehmen konnte. Täglich schickten wir Eilbriefe hin und her oder brachten Bahnexpress Kuriergut auf den Weg. Wenn alles perfekt aussah, startete ich in Göttingen die Druckmaschine.

Die Erfindung des Telefaxgeräts ermöglichte uns einen technisch-künstlerischen Sprung nach vorn. In Sekundenschnelle ließ sich nun die räumliche Distanz zwischen Heidelberg und Göttingen überwinden. Klaus Staeck und ich waren unter den ersten, die die Geräte privat nutzten, und gelten heute als „Faxpioniere".

Technische Neuerungen, die den Produktionsprozess und die Qualität der Druckerzeugnisse voranbringen, haben Staeck und ich immer sofort eingesetzt.

Der schrittweise Aufbau von Bildmaterialien und Text ist in der analogen wie in der digitalen Welt ganz ähnlich, deutlich gewandelt haben sich aber die Reproduktions- und Bildbearbeitungstechniken: Digitalphotographie, Scanner und Photoshop liefern schneller als je zuvor hervorragende Ergebnisse.

Manches ist aber beim Alten geblieben. Noch immer habe ich es am liebsten, wenn ich mit den Künstlern, die bei uns ihre Drucksachen und Bücher machen, an einem Tisch sitze und im Gespräch ihre Vision erfrage und dann zum Druck vorbereite. Das ist das Grundprinzip meiner Arbeit, und das habe ich von Klaus Staeck gelernt.

Wie sich aus ersten Bild- und Textideen schrittweise ein Staeck-Plakat entwickelt, ist auf den folgenden Seiten exemplarisch zu sehen.

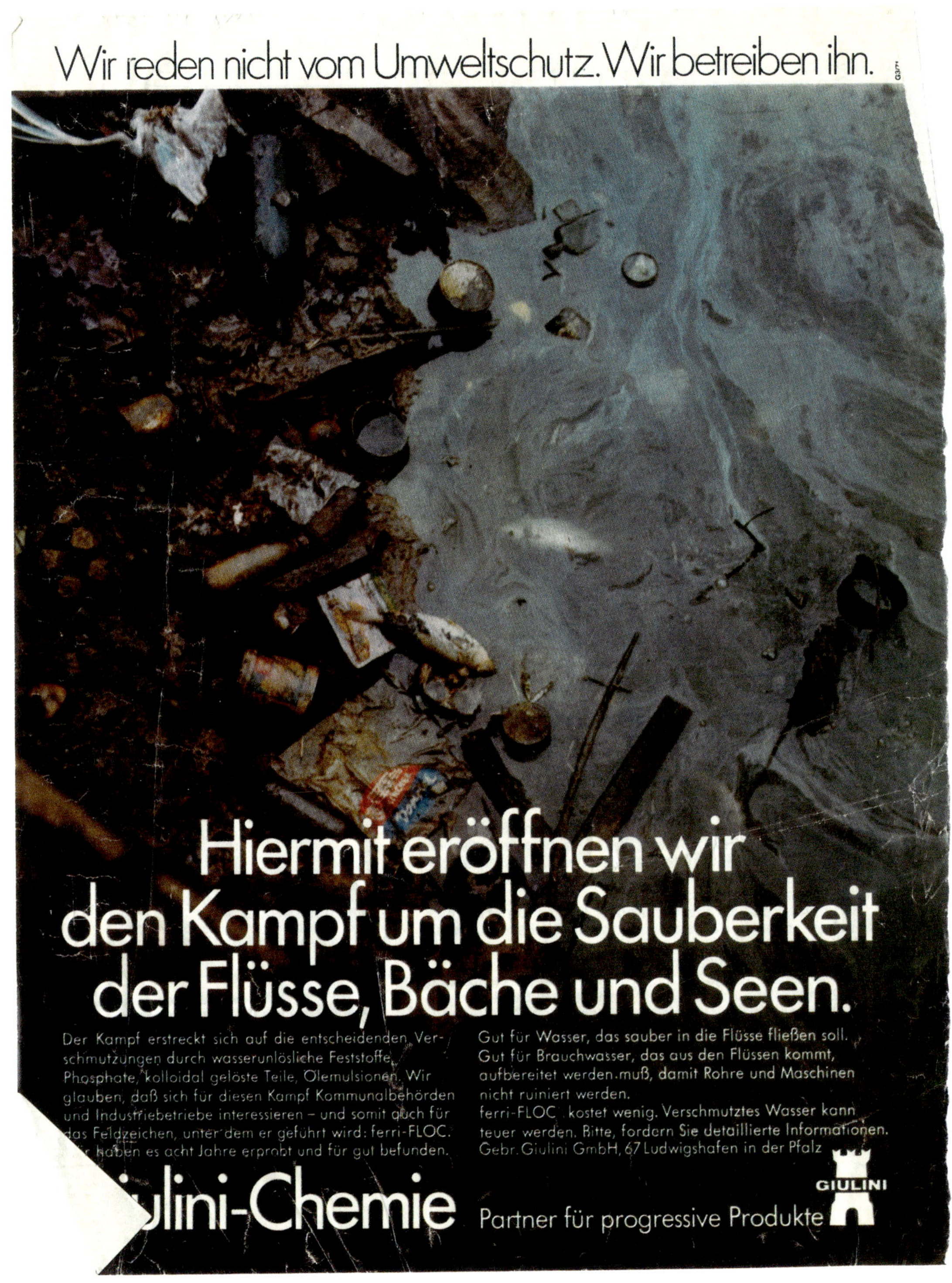

1

1 | Anzeige aus einer Zeitschrift als Auslöser einer Idee

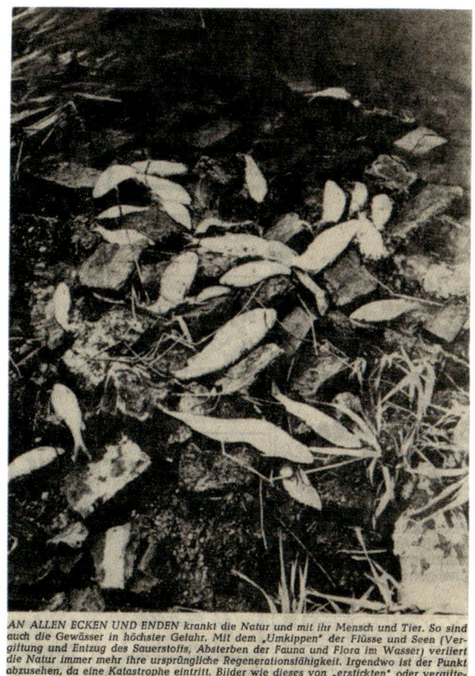

AN ALLEN ECKEN UND ENDEN krankt die Natur und mit ihr Mensch und Tier. So sind auch die Gewässer in höchster Gefahr. Mit dem „Umkippen" der Flüsse und Seen (Vergiftung und Entzug des Sauerstoffs, Absterben der Fauna und Flora im Wasser) verliert die Natur immer mehr ihre ursprüngliche Regenerationsfähigkeit. Irgendwo ist der Punkt abzusehen, da eine Katastrophe eintritt. Bilder wie dieses von „erstickten" oder vergifteten Fischen sind längst zur „Gewohnheit" geworden – an die sich aber niemand gewöhnen darf.
(Foto: BiH)

2

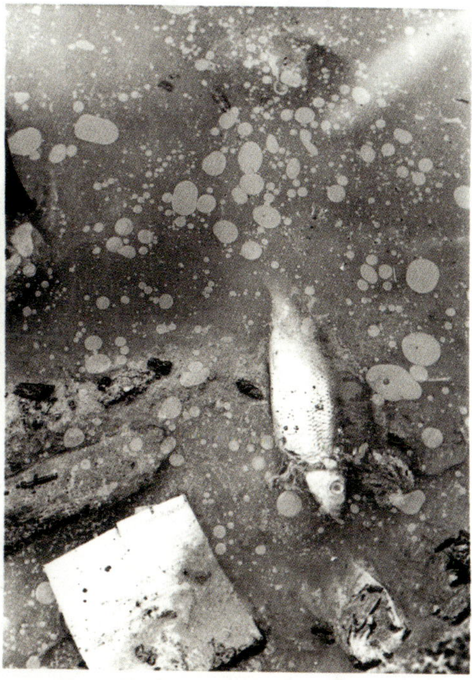

3

Aus deutschen Landen
frisch auf den Tisch

4

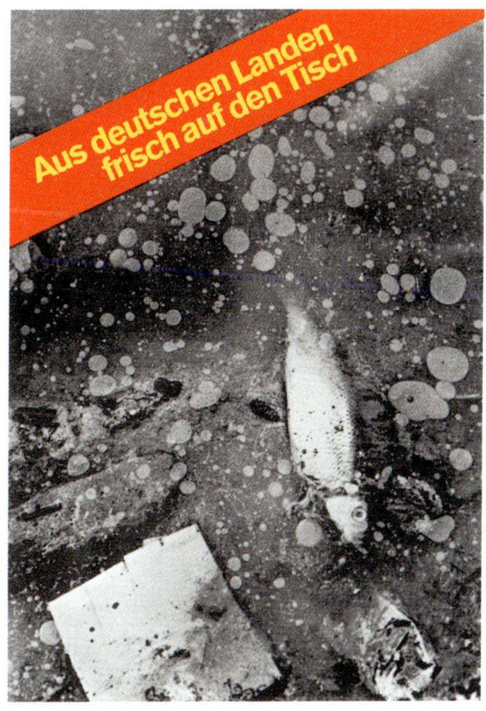

5

2 | Zeitungsausschnitt: eine weitere Anregung
3 | Gerhard Steidl kauft einen Fisch, arrangiert und fotografiert damit eine Gift-Szenerie
4 | Fotosatz des Textes
5 | Die Montage aller Elemente: „Aus deutschen Landen", 1972

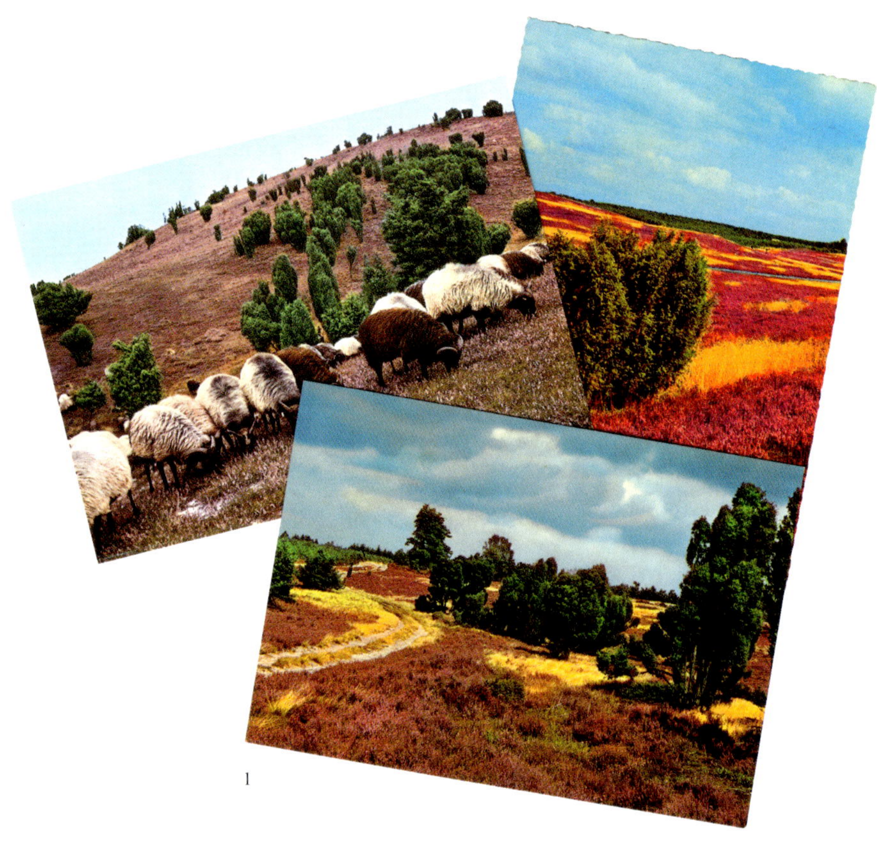

1

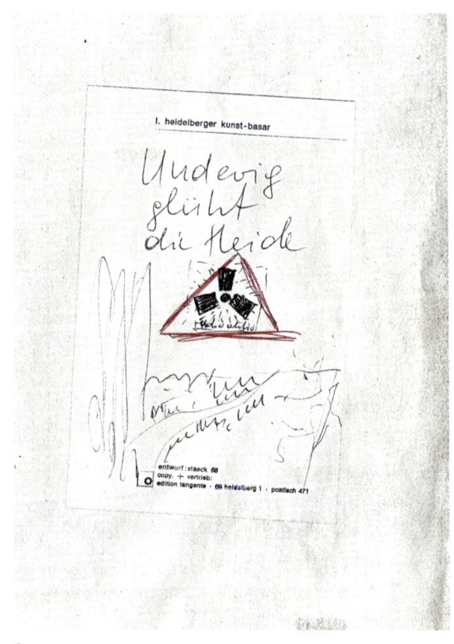

2

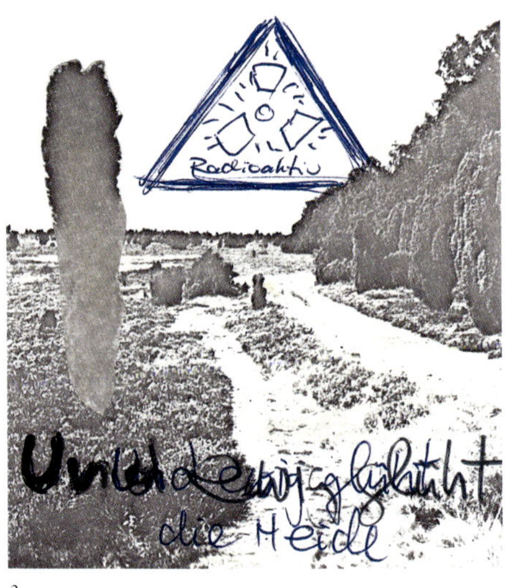

3

1 | Postkarten mit Heide-Motiven
2 | Ideen-Skizze von Klaus Staeck, gefaxt an Gerhard Steidl
3 | Fax von Steidl mit Layout-Skizze an Staeck

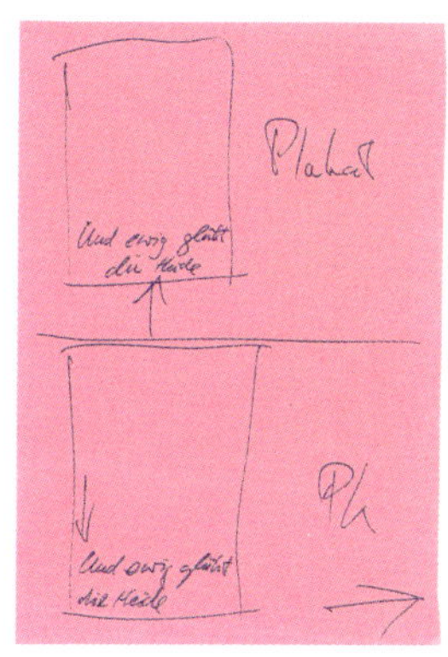

4

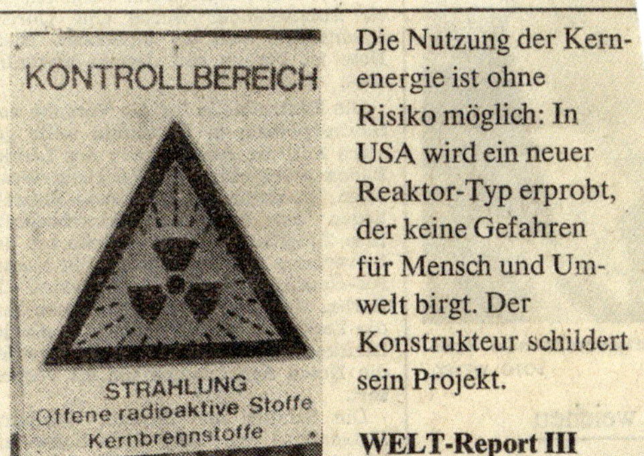

Die Nutzung der Kernenergie ist ohne Risiko möglich: In USA wird ein neuer Reaktor-Typ erprobt, der keine Gefahren für Mensch und Umwelt birgt. Der Konstrukteur schildert sein Projekt.

WELT-Report III

5

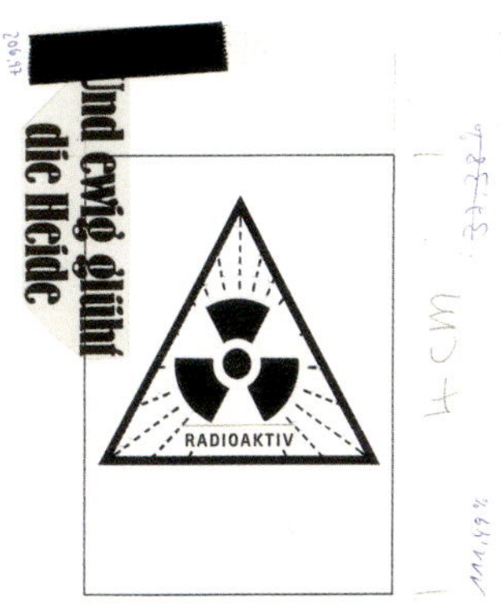

6

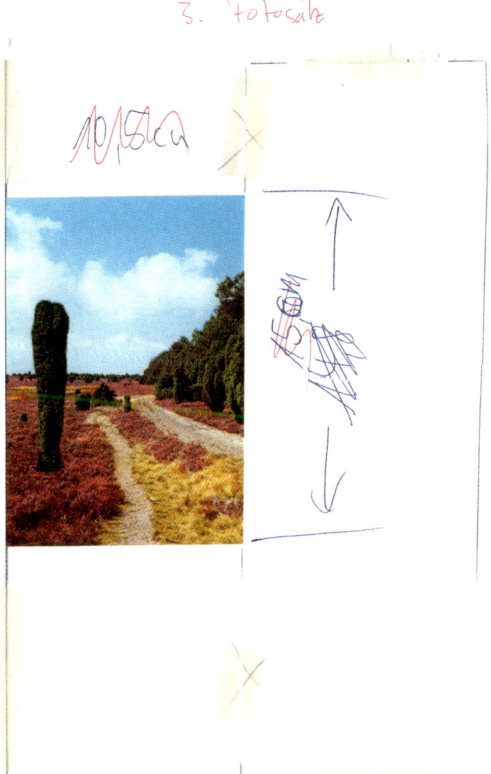

7

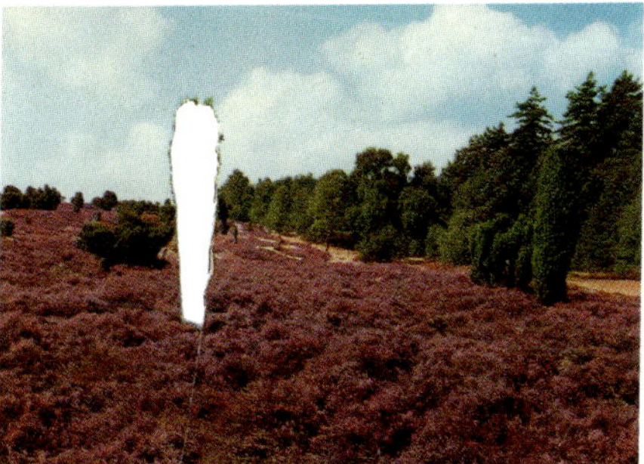
8

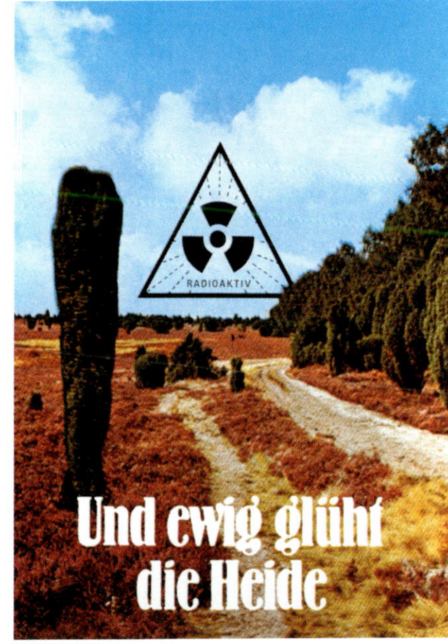

9

4 | Layout-Varianten
5 | Zeitungsausschnitt: Dieses Symbol wird benötigt
6 | Fax mit dem im Fotosatz erstellten Symbol und Typografie

7 | Ein Bildausschnitt wird gewählt und…
8 | …ein Baum verpflanzt
9 | Das Ergebnis: „Hermann-Löns-Gedächtnis-Plakat“, 1977

Papier recht, links + oben ausschneiden

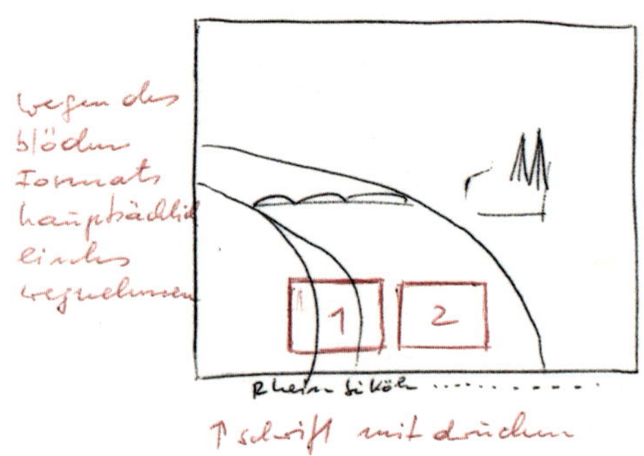

Das ist für die Kunstmesse-Vorzugsausgabe.
Auflage 320 + 30 EA.
+ ca. 100 als Plakate
FORMAT: ca. 60 × 65 cm
genaues Format bei Kümmel erfragen Tel. (0221) 494543

Evtl. leicht silbergrau oder stumpfer Gelbton unterdrucken u. dann mit Schwarzlack drüber. Diesmal wird sich kein grober Raster empfehlen, da schmutziger Nebelcharakter sonst verlorengeht. Die beiden Schriftblöcke vergrößern u. in Rotlack in oben angegebener Anordnung überdrucken. Rechnung an: Int. Kunst+ Inform. Messe 5 KÖLN 41 Maarweg 15

1

1 | Ideenskizze und Druckauftrag von Staeck an Steidl, 1970

Personen aufgrund der Luftverunreinigung gestorben; das Todesdatum wird vorverlegt. Und der Feinstaub in der Dunstglocke nimmt zu.“

Schiene abtransportieren, würde man

lionen Mark.

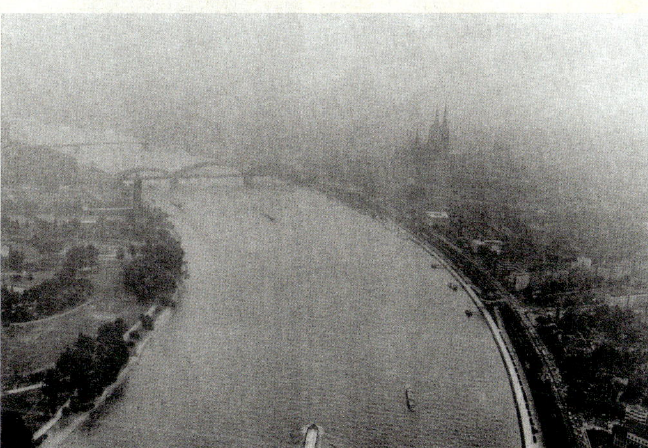

Rhein bei Köln, Kölner Dom im Smog: „Das Todesdatum wird vorverlegt“

Über den Zustand des Wassers im Rhein hat Professor Sontheimer die Behörden alarmiert: „Wir nähern uns dem kritischen Punkt. Der Sauerstoffgehalt im Rheinwasser nimmt beängstigend ab; im letzten Jahr hatten wir bei Mainz mal einen Sauerstoffgehalt gleich Null. Die Geruchsbelästigung nimmt zu; in Spitzenzeiten müssen wir bei Köln einen Liter Rheinwasser mit mehreren hundert Litern Grundwasser verdünnen, um den lästigen Geruch zu beseitigen. Schwermetalle vergiften zunehmend das biologische Leben im Fluß; die Wasserwerke befürchten, den Wettlauf mit der Vergiftung zu verlieren.“

Vielerlei synthetische Substanzen, die in der Natur nicht vorkommen und über deren Auswirkungen sich die Zauberer in den chemischen Labors keineswegs im klaren sind, verändern die Biologie des Rheins. Ein Schock wie durch das Insektengift „Thiodan“, das im letzten Jahr Millionen Fische sterben ließ, oder auch nur ein langer heißer, regen- und windarmer Sommer könnten den Rhein „umkippen“ lassen. Dann würde er faulen und stinken. Dann gäbe es kein Trinkwasser mehr. Dann würde Wasser so teuer werden wie Bier.

„Es geschieht viel zuwenig“, sagt Professor Borneff. „Und wenn was geschieht“, so Sontheimer, „dann nur, weil sich ein paar Wissenschaftler persönlich kennen.“ Er klagt: „Für die Lösung dieser lebenswichtigen Probleme liegen die Entscheidungen bei den Politikern, die zwar das Geld, aber keine Ahnung haben.“

Borneff fordert: „Wir müssen Kläranlagen bauen noch und noch.“ Sontheimer bestätigt: „Nur dann könnten

Tag für Tag mehr als 3000 Waggons benötigen. Gesamtlänge dieses Güterzuges: mehr als 30 Kilometer.

Dies zumindest teilweise zu verhindern, „haben wir seit zwölf Jahren Gesetze“, sagt Ministerialrat Georg Häringer von der Landesregierung Nordrhein-Westfalen in Düsseldorf.

Nach diesen Gesetzen unterliegen auch Käsereien und Abdeckereien und die letzte Leimfabrik der Kontrolle; Verunreinigungen der Gewässer können mit hohen Geld- und Haftstrafen geahndet werden.

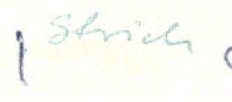

Nur unter Druck bequemen sich die Konzerne dazu, ihre giftigen Abwässer weniger giftig plätschern zu lassen — und prompt prahlen sie mit Zahlen, wonach sie zur Zeit angeblich sechs Prozent ihrer Gesamtinvestitionen in Reinhaltemaßnahmen stecken. Es

Die Nachfolger der IG Farben ließen dem SPIEGEL gegenüber keinen Zweifel, unter welchen Gesichtspunkten sie die Umwelt-Hygiene einschätzen: „Wir sind gegen perfektionierte Richtlinien.“ „Wir sind gegen unvertretbaren Aufwand.“ „Wir sind gegen wirklichkeitsfremdes Wunschdenken.“ Und dies vor allem: „Wir sind für eine nüchterne und sachliche Betrachtungsweise.“

Das sind wir auch.

Ministerialrat Häringer beklagt die Ohnmacht seiner Landesregierung gegenüber den Industriekonzernen, die die ergangenen Gesetze nur sehr zögernd und unwillig befolgen. Er sagt: „Was sollen wir denn tun? Sollen wir den Generaldirektor von Bayer einsperren?“

Ja, warum eigentlich nicht?

DER SPIEGEL, Nr. 38/1970

199

2

3

2 | Reproduktionsvorlage aus dem „Spiegel“
3 | Fertige Druckgrafik, 1971, später auch als Plakat

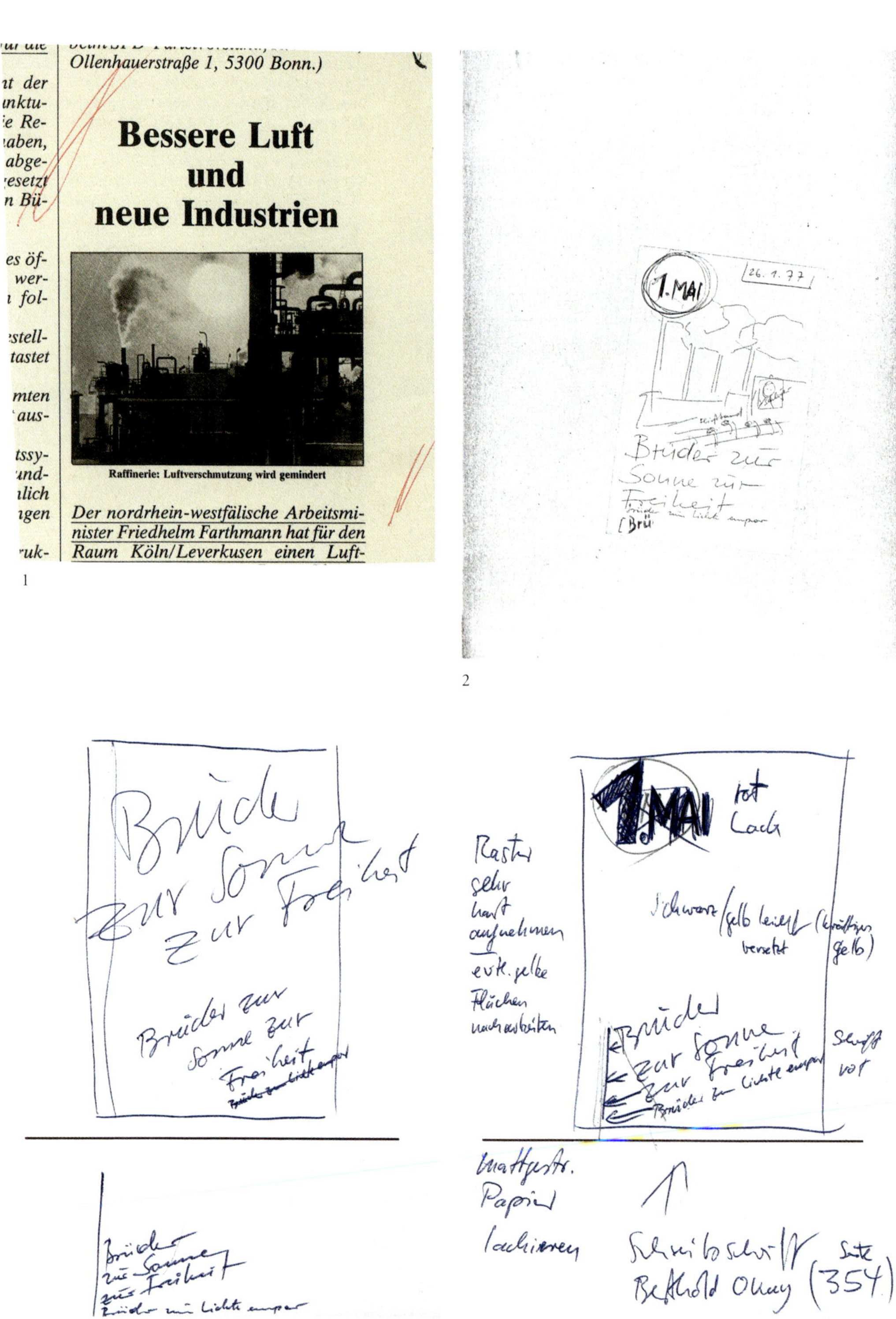

Ollenhauerstraße 1, 5300 Bonn.)

Bessere Luft und neue Industrien

Raffinerie: Luftverschmutzung wird gemindert

Der nordrhein-westfälische Arbeitsminister Friedhelm Farthmann hat für den Raum Köln/Leverkusen einen Luft-

1 | Zeitungsausschnitt als Auslöser
2 | Fax von Staeck mit Ideen-Skizze
3/4 | Steidl und Staeck tauschen per Fax Layout-Ideen aus

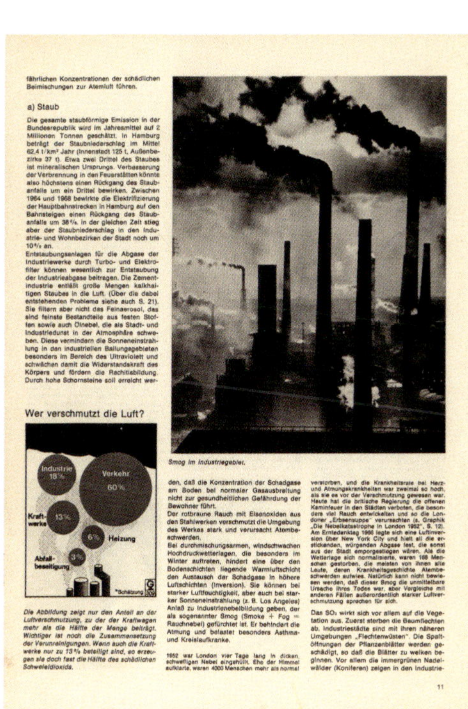

fährlichen Konzentrationen der schädlichen Beimischungen zur Atemluft führen.

a) Staub

Die gesamte staubförmige Emission in der Bundesrepublik wird im Jahresmittel auf 2 Millionen Tonnen geschätzt. In Hamburg beträgt der Staubniederschlag im Mittel 62,4 t/km² Jahr (Innenstadt 125 t, Außenbezirke 37 t). Etwa zwei Drittel des Staubes ist mineralischen Ursprungs. Verbesserung der Verbrennung in den Feuerstätten könnte also höchstens einen Rückgang des Staubanfalls um ein Drittel bewirken. Zwischen 1964 und 1968 bewirkte die Elektrifizierung der Hauptbahnstrecken in Hamburg auf den Bahnsteigen einen Rückgang des Staubanfalls um 38 %. In der gleichen Zeit stieg aber der Staubniederschlag in den Industrie- und Wohnbezirken der Stadt noch um 10 % an.
Entstaubungsanlagen für die Abgase der Industriewerke durch Turbo- und Elektrofilter können wesentlich zur Entstaubung der Industrieabgase beitragen. Die Zementindustrie entläßt große Mengen kalkhaltigen Staubes in die Luft. (Über die dabei entstehenden Probleme siehe auch S. 21). Sie filtern aber nicht das Feinaerosol, das sind feinste Bestandteile aus festen Stoffen sowie auch Ölnebel, die als Stadt- und Industriedunst in der Atmosphäre schweben. Diese vermindern die Sonneneinstrahlung in den industriellen Ballungsgebieten besonders im Bereich des Ultraviolett und schwächen damit die Widerstandskraft des Körpers und fördern die Rachitisbildung. Durch hohe Schornsteine soll erreicht werden, daß die Konzentration der Schadgase am Boden bei normaler Gasausbreitung nicht zur gesundheitlichen Gefährdung der Bewohner führt.
Der rotbraune Rauch mit Eisenoxiden aus den Stahlwerken verschmutzt die Umgebung des Werkes stark und verursacht Atembeschwerden.
Bei durchmischungsarmen, windschwachen Hochdruckwetterlagen, die besonders im Winter auftreten, hindert eine über den Bodenschichten liegende Warmluftschicht den Austausch der Schadgase in höhere Luftschichten (Inversion). Sie können bei starker Luftfeuchtigkeit, aber auch bei starker Sonneneinstrahlung (z. B. Los Angeles) Anlaß zu Industrienebelbildung geben, der als sogenannter Smog (Smoke + Fog = Rauchnebel) gefürchtet ist. Er behindert die Atmung und belastet besonders Asthma- und Kreislaufkranke.

1952 war London vier Tage lang in dicken, schwefligen Nebel eingehüllt. Ehe der Himmel aufklarte, waren 4000 Menschen mehr als normal verstorben, und die Krankheitsrate bei Herz- und Atmungskrankheiten war zweimal so hoch, als sie es vor der Verschmutzung gewesen war. Heute hat die britische Regierung die offenen Kaminfeuer in den Städten verboten, die besonders viel Rauch entwickelten und so die Londoner „Erbsensuppe“ verursachten (s. Graphik „Die Nebelkatastrophe in London 1952“, S. 12). Am Erntedanktag 1966 legte sich eine Luftinversion über New York City und hielt all die erstickenden, würgenden Abgase fest, die sonst aus der Stadt emporgestiegen wären. Als die Wetterlage sich normalisierte, waren 168 Menschen gestorben, die meisten von ihnen alte Leute, deren Krankheitsgeschichte Atembeschwerden aufwies. Natürlich kann nicht bewiesen werden, daß dieser Smog die unmittelbare Ursache ihres Todes war, aber Vergleiche mit anderen Fällen außerordentlich starker Luftverschmutzung sprechen für sich.

Das SO_2 wirkt sich vor allem auf die Vegetation aus. Zuerst sterben die Baumflechten ab. Industriestädte sind mit ihren näheren Umgebungen „Flechtenwüsten“. Die Spaltöffnungen der Pflanzenblätter werden geschädigt, so daß die Blätter zu welken beginnen. Vor allem die immergrünen Nadelwälder (Koniferen) zeigen in den Industrie-

Smog im Industriegebiet.

Wer verschmutzt die Luft?

Die Abbildung zeigt nur den Anteil an der Luftverschmutzung, zu der der Kraftwagen mehr als die Hälfte der Menge beiträgt. Wichtiger ist noch die Zusammensetzung der Verunreinigungen. Wenn auch die Kraftwerke nur zu 13 % beteiligt sind, so erzeugen sie doch fast die Hälfte des schädlichen Schwefeldioxids.

11

5

1. Mai

6

Brüder zur Sonne zur Freiheit

Brüder zum Lichte empor

7

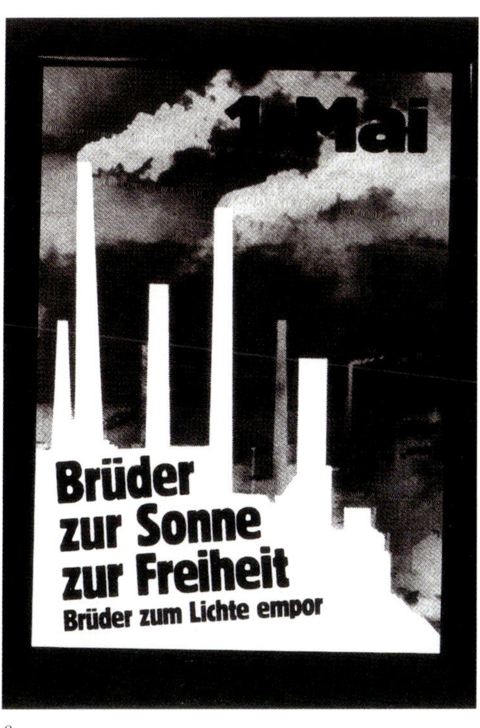

8

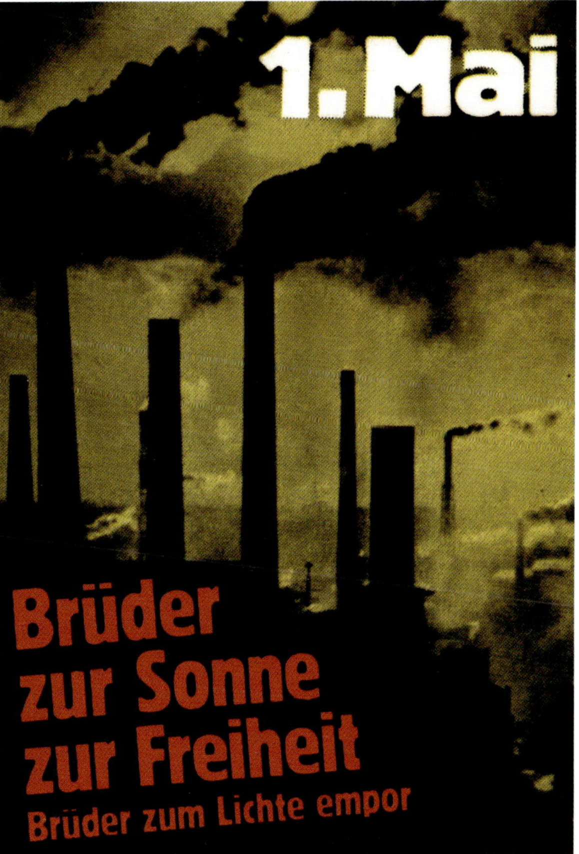

9

5 | Zeitungsausschnitt mit Reprovorlage
6/7 | Fotosatz der Texte
8 | Negativfilm für die Kopie der Druckplatte
9 | gedruckte Plakat, 1977

Biografische Notizen

1938

Geboren am 28. Februar in Pulsnitz / Kreis Kamenz (bei Dresden)

1939–1956

Aufgewachsen in Bitterfeld

1956

Nach dem Abitur Ausreise in den Westen, nach Düsseldorf, dann nach Heidelberg

1957

Erneute Abiturprüfung (da der DDR-Abschluss nicht anerkannt wurde)

Arbeit als Bauhilfsarbeiter

1957–1962

Jurastudium in Heidelberg, Hamburg und Berlin

1960

Erste Postkarten, Plakate und Flugblätter für den AStA und andere Gruppen im studentischen Umfeld

Seit 1. April SPD-Mitglied

1962

Referendarexamen und -dienst

1963

Organisation eines Studierendenaustausches zwischen Heidelberg und Leipzig (DDR), daraufhin erste Besuche vom Verfassungsschutz

1964

Erste Holzschnitte (bis 1969)

1965

Gründung des Produzentenverlags edition tangente (heute: Edition Staeck)

1967

Kandidatur für den Heidelberger Stadtrat

Mitglied des Kreisvorstands der Heidelberger SPD und der Jungsozialisten

Bis 1969 Kunsttutor der Studentenhochhäuser am Klausenpfad in Heidelberg

1968

Erste gemeinsame Arbeit mit Joseph Beuys

1969

Assessor-Examen in Stuttgart und Zulassung als Rechtsanwalt

Gemeinsam mit Jochen Götze Organisation das Kulturfestivals *intermedia '69* in Heidelberg

1970

1. Zille-Preis für sozialkritische Grafik in Berlin

Mitbegründer der IKI (Internationale Kunst- und Informationsmesse) in Düsseldorf/Köln (heute: Art Cologne)

Beginn der Zusammenarbeit mit dem Drucker und Verleger Gerhard Steidl

1971

Aufruf gegen die Exklusivität des Kölner Kunstmarkts (zusammen mit Joseph Beuys und Erwin Heerich)

Erste Plakataktion zum Dürer-Jahr in Nürnberg

Gastdozentur an der Gesamthochschule Kassel

1972

Erfindung des „Deutschen Kunstsiegels"

Produktion von rund einer Million Plakaten, Postkarten und Aufklebern zur Bundestagswahl

Verwicklung in erste Gerichtsverfahren durch die CDU

Mitarbeit an der Abteilung „Politische Propaganda" der *documenta 5*

1973

Gründung und Vorsitz des Vereins „Freie Hochschule für Kreativität und interdisziplinäre Forschung" (zusammen mit Joseph Beuys)

Lehrauftrag an der Universität Gießen (Fachbereich Kunsterziehung)

1974

Eklat anlässlich einer Ausstellung im Londoner Institute of Contemporary Arts (ICA). Diese wird aus Deutschland als „obszöne Hetze gegen Unionspolitiker, finanziert mit deutschen Steuermitteln" beschimpft. Breite Solidarität folgt, u.a. setzt sich Heinrich Böll für Staeck ein.

1976

Am 30. März „Bonner Bildersturm": Aufgebrachte Abgeordnete der CDU/CSU, unter Führung des damaligen parlamentarischen Geschäftsführers der CDU (und späteren Bundestagspräsidenten) Philipp Jenninger, reißen Staeck-Plakate von den Wänden einer Ausstellung in der Parlamentarischen Gesellschaft in Bonn.

1977

100 Tage auf der Kasseler *documenta 6*

Mitglied im Verband Deutscher Schriftsteller in der IG Druck + Papier

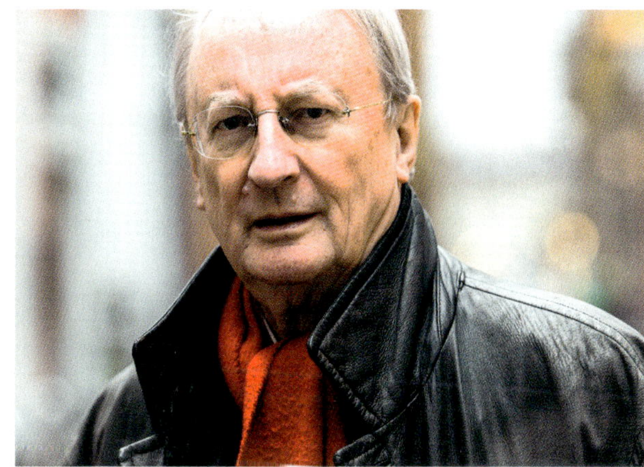

Klaus Staeck 2017

1978

Deutscher Kritikerpreis für den Bereich Bildende Kunst

Goldmedaille der *4. Biennale für Fotomontage* in Grudziadz (PL)

Gründung der Bürgerinitiative „Aktion für mehr Demokratie"

1980

Gegen heftigen CDU-Protest Ausstellungen in den Goethe-Instituten u.a. in Marseille, Paris, Tel Aviv, Brüssel, New York, Chicago, San Francisco, Montreal, Toronto, Buenos Aires, Amsterdam

1981

1. Preis der *Internationalen Poster Biennale Lahti* (FIN)

Bis 1982 Gastprofessur an der GHS Universität Essen

1982

Teilnahme an der *documenta 7*

Mitglied im PEN-Zentrum

1983

Mitglied im Beirat der „Humanistischen Union", einer Plattform für Menschen- und Bürgerrechte

1984

Gemeinsam mit Joseph Beuys Begleitung des „Sprayers von Zürich" Harald Naegeli zu seinem Strafantritt bis an die Schweizer Grenze

1986

Preis der *3. Triennale Européenne de l'Affiche politique* in Mons (B)

Ehrenmedaille der *11. Internationalen Grafik-Biennale* in Krakow (PL)

Gastprofessur an der Kunstakademie Düsseldorf

1987

Teilnahme an der *documenta 8*

1989

Ludwig-Thoma-Medaille der Stadt München

1990

Mitglied der Akademie der Künste Berlin-Brandenburg

1991

Ehrenvorsitzender des Fördervereins der Kinder- und Jugend-Kunst-Galerie Sonnensegel, Brandenburg

1992

Gemeinsam mit Eugen Blume und Christoph Tannert Organisation der 3. Bitterfelder Konferenz

Mitglied der Freien Akademie Leipzig

1994

Gründung des Projekts „Flagge zeigen"

1996

Gustav-Heinemann-Bürgerpreis

1998

Gründung der Initiative „Raus aus dem Stau"

Gründung der Initiative „euroVISIONEN" (zusammen mit Jack Lang)

1999

Kulturgroschen (Auszeichnung des Deutschen Kulturrats)

2004

Mitglied im Kultursenat des Landes Sachsen-Anhalt

2006

Am 29. April Wahl zum Präsidenten der Akademie der Künste

2007

Großes Bundesverdienstkreuz

2009

Am 9. Mai Wiederwahl zum Präsidenten der Akademie der Künste

2010

Erhalt des 65. „Sterns der Satire" auf dem „Walk of Fame des Kabaretts" in Mainz

2012

Beginn der letzten Amtszeit als Präsident der Akademie der Künste

2015

Ende der Amtszeit, seither Ehrenpräsident der Akademie der Künste

Staeck-Werkschau *Kunst für Alle* in der Akademie der Künste

August-Bebel-Preis (initiiert von Günter Grass; Auszeichnung für Verdienste um die soziale Bewegung)

2017

Am 10. Oktober Verdienstorden des Landes Berlin

Insgesamt wurde 41 Mal erfolglos versucht, Plakate und Postkarten von Klaus Staeck juristisch verbieten zu lassen. Er hatte mehr als dreitausend Einzelausstellungen im In- und Ausland.

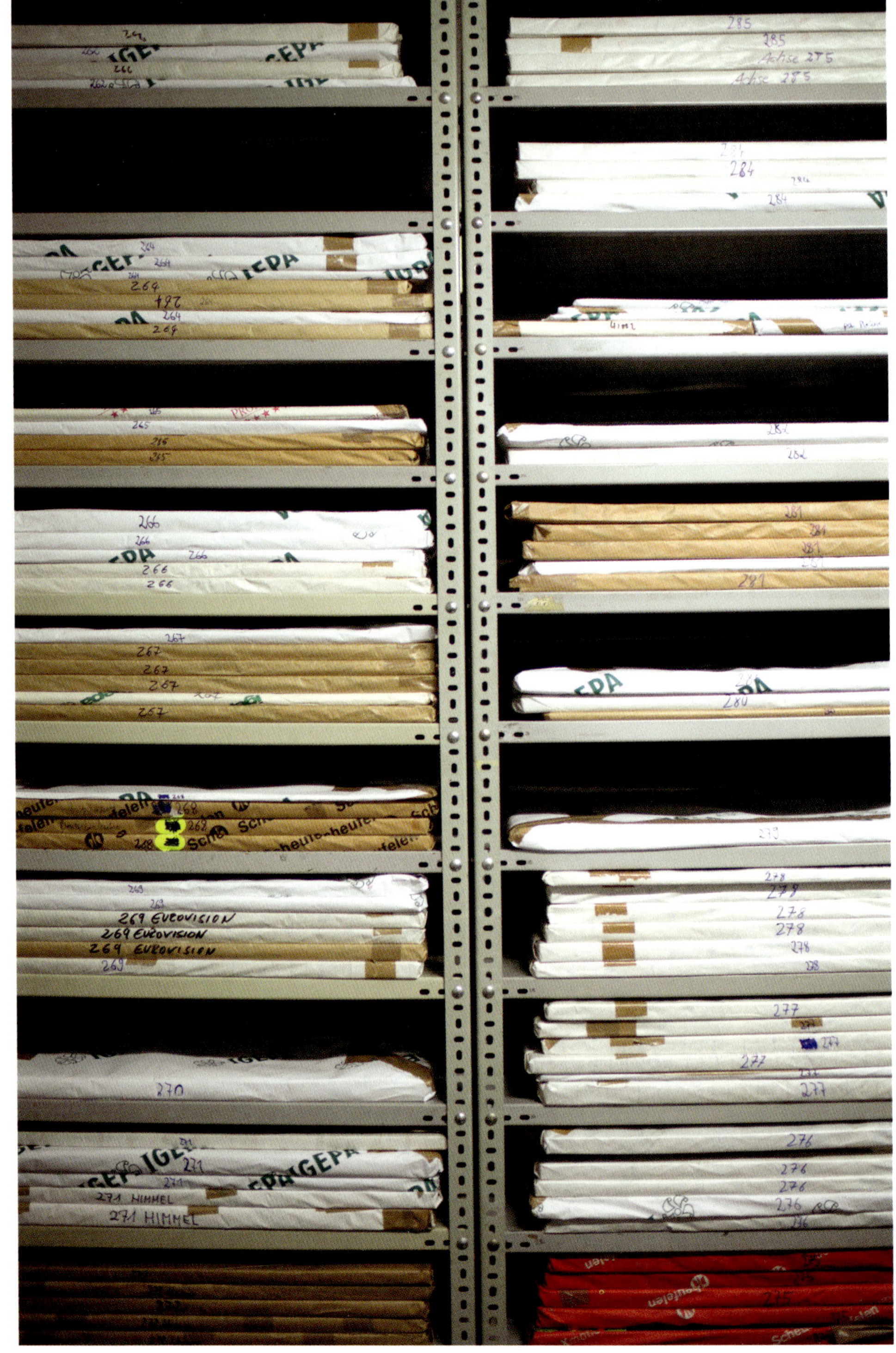

Staeck Plakatlager in Göttingen

Abbildungsverzeichnis

Druckgrafiken

Die Grafiken erscheinen in chronologischer Reihung. Soweit nicht anders verzeichnet, stammen die Werke aus dem Archiv Klaus Staeck.

1964

I.1 (Abb. S. 27)
Kreuzweg
Holzschnitt in zwei Farben
42,8 x 61 cm (Blatt)
20 x 34 cm (Bild)
Auflage 120
Bez. mit Bleistift u. l.: 104/120 Kreuzweg, u. r.: Staeck 64

I.2 (Abb. S. 28)
Zeichen I
Holzschnitt in zwei Farben
66,5 x 50,5 cm (Blatt)
29,3 x 30,1 cm (Bild)
Auflage 50
Bez. mit Bleistift u. l.: 14/50, u. r.: Staeck 64

1965

I.3 (Abb. S. 29)
Viaduct
Holzschnitt
62,5 x 44,8 cm (Blatt)
41,3 x 24 cm (Bild)
Auflage 27
Bez. mit Bleistift u. l.: 24/27 Viaduct, u. r.: Staeck 65

I.4 (Abb. S. 30)
Schimäre
Holzschnitt in zwei Farben
59,5 x 42 cm (Blatt)
44,8 x 39 cm (Bild)
Auflage 50
Bez. mit Bleistift u. l.: 12/50 Schimäre, u. r.: Staeck 65

I.5 (Abb. S. 31)
Dreizehn Gedichte von Werner Dürrson mit vier Farbholzschnitten von Klaus Staeck
Broschur, klebegebunden, Holzschnitte in zwei Farben
Eremiten-Presse, Passgänge VIII
23,3 x 16,4 cm (Seite)
Auflage 160, Exemplar Nr. 2
Nicht bezeichnet

I.6 (Abb. S. 32)
Tele
Holzschnitt in zwei Farben
61 x 43 cm (Blatt)
28,6 x 26,1 cm (Bild)
Auflage 55
Bez. mit Bleistift u. l.: 11/55 Tele, u. r.: Staeck 65

I.7 (Abb. S. 33)
Monstrum
Holzschnitt in zwei Farben
61,5 x 43 cm (Blatt)
30 x 31,7 cm (Bild)
Auflage 40
Bez. mit Bleistift u. l.: 34/40 Monstrum, u. r.: Staeck 65

I.8 (Abb. S. 36)
Dekret V
Holzschnitt in drei Farben
42,4 x 31,3 cm (Blatt)
22,6 x 26,3 cm (Bild)
Auflage 110
Bez. mit Bleistift u. l.: Probedruck, u. r.: Staeck 65

I.9 (Abb. S. 38)
Zerrissene Form
Holzschnitt in zwei Farben
49,5 x 34,5 cm (Blatt)
36 x 25 cm (Bild)
Auflage 250
Bez. mit Bleistift u. l.: 227/250 Zerrissene Form, u. r.: Staeck 65

I.10 (Abb. S. 39)
Geschlossene Form
Holzschnitt in zwei Farben und Mater
42,7 x 30,4 cm (Blatt)
25,5 x 18,6 cm (Bild)
Auflage 140
Bez. mit Bleistift u. l.: 15/140, u. r.: Staeck 65

I.11 (Abb. S. 40)
Zeichen in Blau
Holzschnitt in zwei Farben
30 x 43,2 cm (Blatt)
19 x 27,3 cm (Bild)
Auflage 10
Bez. mit Bleistift u. l.: 1/10 Staeck 65

I.12 (Abb. S. 41)
Zeichen III
Holzschnitt in drei Farben
55,5 x 75 cm (Blatt)
37,7 x 50 cm (Bild)
Auflage 48
Bez. mit Bleistift u. l.: 38/48 Zeichen III, u. r.: Staeck 65

1966

I.13 (Abb. S. 37)
Metamorphosen I
Holzschnitt in zwei Farben
59,3 x 42 cm (Blatt)
29 x 31,8 cm (Bild)
Auflage 55
Bez. mit Bleistift u. l.: 8/55 Metamorphose I, u. r.: Staeck 66

I.14 (Abb. S. 34/35)
Diptychon
Holzschnitt in zwei Farben
43 x 61 cm (Blatt)
26,6 x 50,4 cm (Bild)
Auflage 47
Bez. mit Bleistift u. l.: 15/4/ Diptychon, u. r.: Staeck 66

I.15 (Abb. S. 42)
Labyrinth
Holzschnitt in drei Farben
74,7 x 54,7 cm (Blatt)
50 x 49,8 cm (Bild)
Auflage 45
Bez. mit Bleistift u. l.: 23/45, u. r.: Staeck 66

I.16 (Abb. S. 43)
Zeichen IV
Holzschnitt in drei Farben
74,6 x 54 cm (Blatt)
47,1 x 48 cm (Bild)
Auflage 55
Bez. mit Bleistift u. l.: 28/55 Zeichen IV, u. r.: Staeck 66

I.17 (Abb. S. 45)
Zeichen V
Holzschnitt in zwei Farben
69,9 x 49,9 cm (Blatt)
35 x 40,2 cm (Bild)
Auflage 50
Bez. mit Bleistift u. l.: 26/50 Zeichen V, u. r.: Staeck 66

I.18 (Abb. S. 44)
Metropolis
Holzschnitt in zwei Farben
42,1 x 30,8 cm (Blatt)
24,2 x 19,2 cm (Bild)
Auflage 120
Bez. mit Bleistift u. l.: 17/120, u. r.: Staeck 66

1967

I.19 (Abb. S. 46)
Strapse III
Holzschnitt in drei Farben
72,7 x 54 cm (Blatt)
48 x 38 cm (Bild)
Auflage 70
Bez. mit Bleistift u. l.: 28/70 Strapse III, u. r.: Staeck 67

I.20 (Abb. S. 47)
BH-Test I
Holzschnitt in zwei Farben und Siebdruck
61,5 x 43 cm (Blatt)
45,3 x 30 cm (Bild)
Auflage 100 + 10 EA
Bez. mit Bleistift u. M.: E A BH-TEST, u. r.: Staeck 67

I.21 (Abb. S. 48/49)
Konsumgedenktage '68
Kalender mit 13 Originalgrafiken von Klaus Staeck
Titel der Einzelblätter:
Titelblatt / Packdentiger-Tag / Test-Tag / Tag der Kleinaktien (Abb. S. 48). *Coca-Cola-Day / Konserven-Tag / Blutundbild-Tag / Servus-Werbe-Tag* (Abb. S. 49). *Ampel-Tag / Tag der unbek. Rabattmarke / Computer-Tag / Television-Tag / Sperrmüll-Tag* (o. Abb.)
Abreißkalender, kopfseitig geleimt
Holzschnitt, Siebdruck und Collage
41,3 x 29,2 x 0,5 cm (Kalender)
33,7 x 29,2 cm (Blatt)
Auflage 500 + 50 Vorzugsausgaben
Bez. mit Bleistift auf dem letzten Blatt: 411/500 Staeck 67

1969

I.22 (Abb. S. 50)
Chéri Bibi I
Siebdruck
74,4 x 55 cm (Blatt)
57,1 x 42,2 cm (Bild)
Auflage 70
Bez. mit Bleistift u. l.: 70/70 Chéri Bibi I, u. r.: Staeck 69

I.23 (Abb. S. 51)
Chéri Bibi II
Siebdruck
74,9 x 54,9 cm (Blatt)
53,4 x 50 cm (Bild)
Auflage 8
Bez. mit Bleistift u. l.: A. P. Chéri Bibi II Staeck 69

I.24 (Abb. S. 58)
Heidelberg
Siebdruck
85,9 x 61 cm (Blatt)
84,8 x 60,2 cm (Bild)
Auflage 200
Bez. mit Kugelschreiber in der Darstellung M. r.: 74/200 Staeck 69

I.25 (Abb. S. 59)
New York II
Siebdruck
61 x 86 cm (Blatt)
48,7 x 74,1 cm (Bild)
Auflage 100
Bez. mit Kugelschreiber u. r..: 70/100 New York II Staeck 69

I.26 (Abb. S. 59)
New York III
Siebdruck
60,4 x 86 cm (Blatt)
58,7 x 74,2 cm (Bild)
Auflage 100
Bez. mit Kugelschreiber u. r..: Staeck 69 A. P. New York III

I.27 (Abb. S. 60)
Der Frieden
Siebdruck
62,6 x 89,8 cm (Blatt)
54,7 x 86,2 cm (Bild)
Auflage 100
Bez. mit Bleistift u. l.: A. P. Der Frieden, u. r.: Staeck 69

I.28 (Abb. S. 61)
Der Krieg
Siebdruck
60,8 x 85,8 cm (Blatt)
78 x 58,2 cm (Bild)
Auflage 100
Bez. mit Bleistift u. r..: 44/100 DER KRIEG Staeck 69

I.29 (o. Abb.)
Beil
Siebdruck
120,4 x 85,7 cm (Blatt)
120,4 x 85,7 cm (Bild)
Auflage 10
Bez. mit Silberstift u. r.: E. A. Klaus Staeck 69

1970

I.30 (Abb. S. 62)
The American Way of Life
Siebdruck
81 x 60,1 cm (Blatt)
76 x 56,3 cm (Bild)
Auflage 100 + 10 EA
Bez. mit Faserschreiber u. l.: I/X the american way of life, u. r..: Staeck 70

I.31 (Abb. S. 63)
Pennsylvania Guardsmen
Siebdruck
100,3 x 70 cm (Blatt)
100,3 x 60,5 cm (Bild)
Auflage 70 + 15 EA
Bez. mit Kugelschreiber u. l.: XV/XV, u. r.: Staeck 70

I.32 (Abb. S. 64)
Coca Cola I
Siebdruck
62,7 x 90 cm (Blatt)
57,2 x 75,9 cm (Bild)
Auflage 100
Bez. mit Bleistift u. l.:62/100 Coca Cola I, u. r.: Staeck 70

I.33 (Abb. S. 65)
Coca Cola II
Siebdruck
86,2 x 61 cm (Blatt)
75,8 x 60 cm (Bild)
Auflage 100
Bez. mit Kugelschreiber u. l.: III/XXV Coca-Cola II, u. r.: Staeck 70

I.34 (Abb. S. 66)
Wieder zurück
Siebdruck
73 x 51 cm (Blatt)
71,1 x 51 cm (Bild)
Auflage 120
Bez. mit Faserschreiber u. l.: 60/120 Staeck 70

I.35 (Abb. S. 67)
Die Toten vom Mekong
Siebdruck
122,9 x 88,4 cm (Blatt)
122,9 x 83,9 cm (Bild)
Auflage 40
Bez. mit Bleistift am rechten Blattrand: 6/40 Staeck 70 DIE TOTEN VOM MEKONG BEOBACHTEN DIE GLÜCKLICHE LANDUNG VON APOLLO 13

I.36 (Abb. S. 68/69)
US-Culture
Siebdruck
61,2 x 86,2 cm (Blatt)
60 x 84,8 cm (Bild)
Auflage 100
Bez. mit Kugelschreiber u. l.: E. A. US-CULTURE, u. r.: Staeck 70

I.37 (Abb. S. 70/71)
Die Ordnung
Siebdruck
88,2 x 123 cm (Blatt)
88,2 x 123 cm (Bild)
Auflage 40
Bez. mit Faserschreiber u. l.: 31/40 DIE ORDNUNG, u. r.: Staeck 70

I.38 (Abb. S. 72)
Geographieunterricht
Siebdruck
41,2 x 72,9 cm (Blatt)
41 x 57,5 cm (Bild)
Auflage 100
Bez. mit Bleistift u. l.: 31/100 Geographieunterricht Staeck 70

I.39 (Abb. S. 75)
Direkte Werbung I
Siebdruck
86,1 x 59,4 cm (Blatt)
86,1 x 59,4 cm (Bild)
Auflage 100
Bez. mit Kugelschreiber u. l.: 84/100, u. r.: Staeck 70

I.40 (Abb. S. 74)
Overdose
Siebdruck mit Übermalung
89,7 x 62,4 cm (Blatt)
89,7 x 62,4 cm (Bild)
Auflage 100
Bez. mit Bleistift u. l.: A. P. OVERDOSE Klaus Staeck 70

1971

I.41–I.46 (Abb. S. 76/77)
Fromage à Dürer
Mappenwerk mit 6 Siebdrucken
Auflage 30, Exemplar Nr. 3

I.41 (Abb. S. 76)
Zum Muttertag
Siebdruck
72 x 56,5 cm (Blatt)
72 x 56,5 cm (Bild)
Auflage 30
Bez. mit Kugelschreiber u. r.: 3/30 Zum Muttertag Staeck 71

I.42 (Abb. S. 76)
Zum Welttierschutztag
Siebdruck
72 x 56,5 cm (Blatt)
72 x 50,7 cm (Bild)
Auflage 30
Bez. mit Kugelschreiber u. l.: 3/30 Zum Welttierschutztag, u. r.: Staeck 71

I.43 (Abb. S. 77)
Zum Tag der Heimat
Siebdruck
72 x 56,5 cm (Blatt)
66,1 x 46 cm (Bild)
Auflage 30
Bez. mit Kugelschreiber u. l.: 3/30 Zum Tag der Heimat, u. r.: Staeck 71

I.44 (Abb. S. 77)
Sozialfall
Siebdruck
72 x 56,5 cm (Blatt)
72 x 54 cm (Bild)
Auflage 30
Bez. mit Kugelschreiber u. M.: 3/30 Staeck 71 Sozialfall

I.45 (Abb. S. 77)
Zur Konfirmation
Siebdruck
72,2 x 56,5 cm (Blatt)
67,1 x 51,7 cm (Bild, ohne mitgedruckten schwarzen Rahmen)
Auflage 30
Bez. mit Kugelschreiber u. l.: 3/30 Zum Muttertag, u. r.: Staeck 71

I.46 (Abb. S. 77)
Zum Tag der Menschenrechte
Siebdruck
72 x 56,5 cm (Blatt)
72 x 56,5 cm (Bild)
Auflage 30
Bez. mit Kugelschreiber u. l.: 3/30 Zum Tag der Menschenrechte Staeck 71

I.47 (Abb. S. 78/79)
Die Künstler der Welt
Siebdruck
88,1 x 123,2 cm (Blatt)
83,4 x 119 cm (Bild)
Auflage 40
Bez. mit Kugelschreiber u. l.: 24/40, u. r.: Staeck 71

I.48 (Abb. S. 73)
TV-Bild
Siebdruck
41,5 x 46,5 cm (Blatt)
33,2 x 38,9 cm (Bild)
Auflage 350 + 8 EA
Bez. mit Kugelschreiber u. l.: III/VIII TV, u. r.: Staeck 71
Archiv Gerhard Steidl

I.49 (Abb. S. 80/81)
Bus
Siebdruck
87,7 x 123,3 (Blatt)
86,7 x 122,5 (Bild)
Auflage 40
Bez. mit Kugelschreiber u. l.: 32/40, u. r.: Staeck 71
Archiv Gerhard Steidl

I.50 (Abb. S. 82)
Schöner Wohnen
Siebdruck
49,6 x 69,6 cm (Blatt)
49,3 x 69,6 cm (Bild)
Auflage 100
Bez. mit Kugelschreiber u. r.: 36/100 SCHÖNER WOHNEN Staeck 71

I.51 (Abb. S. 83)
Edition Olympia – notwendige Ergänzung
Siebdruck
98,7 x 64,3 cm (Blatt)
98,4 x 64,3 cm (Bild)
Auflage 100 + 25 EA
Bez. mit Kugelschreiber u. r.: XX/XXV Staeck 71

I.52 (Abb. S. 84)
Warum eigentlich nicht?
Siebdruck
54,8 x 72,4 cm (Blatt)
54,8 x 72,4 cm (Bild)
Auflage 350
Bez. mit Kugelschreiber o.r.: 330/350 Staeck 71

I.53 (Abb. S. 85)
FEUER FREI
Siebdruck
122,3 x 86,1 cm (Blatt)
122,3 x 86,1 cm (Bild)
Auflage 40
Bez. mit Faserschreiber u. r.: 13/40 Staeck 71

I.54 (Abb. S. 88)
§ 218
Siebdruck
85,4 x 60,3 cm (Blatt)
82,1 x 57 cm (Bild)
Auflage 100
Bez. mit Kugelschreiber u. M.: 42/100 Staeck 71

I.55 (Abb. S. 89)
10.000 DM
Siebdruck
60,7 x 120,2 cm (Blatt)
59,7 x 119,3 cm (Bild)
Auflage 30
Bez. mit Kugelschreiber u. l.: 11/30, u. r.: Staeck 71

1972

I.56 (Abb. S. 90)
Sicherheit – Recht – Ordnung
Siebdruck
84,8 x 60,2 cm (Blatt)
56,8 x 39,9 cm (Bild)
Auflage 150 + 20 EA
Bez. mit Kugelschreiber u. l.: VII/XX, u. r..: Staeck 72

I.57 (Abb. S. 86)
Zur Erinnerung
Siebdruck
73,8 x 55,5 cm (Blatt)
68,5 x 46,4 cm (Bild)
Auflage 100
Bez. mit Kugelschreiber u. l.: 7/100, u. r.: Staeck 72

1973

I.58 (Abb. S. 91)
Fremdarbeiter
Siebdruck mit Collage (Textilstern)
85,3 x 61,5 cm (Blatt)
64 x 51,2 cm (Bild)
Auflage 200 + 50 EA
Bez. mit Kugelschreiber u. l.: X/L, u. r.: Staeck 73

I.59 (Abb. S. 87)
Am Anfang war das Geld
Siebdruck
83,5 x 58,6 cm (Blatt)
83,5 x 58,6 cm (Bild)
Auflage 150
Bez. mit weißem Holzstift u. l.: 96/150 Staeck 73

Plakate

Die Plakate sind chronologisch geordnet. Die Formate sind in der Regel im Format DIN A1 gedruckt worden. Einzelne Motive können zusätzlich auch in anderen Formaten existieren, von DIN A0 bis 18/1 (Großfläche), diese sind nicht extra aufgeführt. Die in Anführungszeichen und in Klammern gesetzten zusätzlichen Bezeichnungen stammen von Klaus Staeck und erweitern zum Teil kommentierend das Thema des Plakats.
Alle Plakate wurden aus dem *Archiv Klaus Staeck* und Gerhard Steidl zur Verfügung gestellt.

1969

II.1 (Abb. S. 104)
NPD
Offsetdruck
84,1 x 59,0 cm

II.2 (Abb. S. 207)
Intermedia '69
Siebdruck
84,1 x 59,0 cm

1971

II.3 (Abb. S. 105)
Das Neue PAL („Das Neue PAL")
Offsetdruck
84,1 x 59,0 cm

II.4 (Abb. S. 103)
Würden Sie dieser Frau ein Zimmer vermieten? („Sozialfall")
Offsetdruck
84,1 x 59,0 cm

1972

II.5 (Abb. S. 111)
Deutsche Arbeiter! Die SPD will euch eure Villen im Tessin wegnehmen („Deutsche Arbeiter!")
Offsetdruck
84,1 x 59,0 cm

II.6 (Abb. S. 110)
Die Reichen müssen noch reicher werden Deshalb CDU („Die Reichen"; Variante 1)
Offsetdruck
84,1 x 59,0 cm

II.7 (Abb. S. 110)
Die Reichen müssen noch reicher werden Wählt christdemokratisch („Die Reichen"; Variante 2)
Offsetdruck
84,1 x 59,0 cm

II.8 (Abb. S. 109)
Vorsicht! Trinkwasser.
Offsetdruck
84,1 x 59,0 cm

II.9 (Abb. S. 109)
Aus deutschen Landen frisch auf den Tisch („Aus deutschen Landen")
Offsetdruck
84,1 x 59,0 cm

II.10 (Abb. S. 106)
Wie sich die Bilder gleichen („NPD-CDU")
Offsetdruck
84,1 x 59,0 cm

II.11 (Abb. S. 108)
Entmannt alle Wüstlinge. Wählt christlich („Entmannt alle Wüstlinge")
Offsetdruck
84,1 x 59,0 cm

II.12 (Abb. S. 108)
Dahinter steckt immer ein kluger Kopf („Juso beißt wehrloses Kind")
Offsetdruck
84,1 x 59,0 cm

II.13 (Abb. S. 107)
Wir sind für die Ostverträge, Herr Barzel! („Ostverträge")
Offsetdruck
84,1 x 59,0 cm

II.14 (Abb. S. 110)
Die Mieten müssen steigen. Wählt christdemokratisch
Offsetdruck
84,1 x 59,0 cm

1973

II.15 (Abb. S. 110)
Pour enrichir les riches votez U.D.R.
Offsetdruck
84,1 x 59,0 cm

II.16 (Abb. S. 112)
Die Luft gehört Allen! Aber wir bestimmen den Giftgehalt veba-steag („Die Luft gehört Allen!")
Offsetdruck
84,1 x 59,0 cm

II.17 (Abb. S. 112)
Eigentum verpflichtet zur Ausbeutung. Grundgesetz Artikel 14 (Neufassung) („Eigentum verpflichtet")
Offsetdruck
84,1 x 59,0 cm

II.18 (Abb. S. 117)
Die Demokratie muß gelegentlich in Blut gebadet werden. Solidarität mit Chile („Solidarität mit Chile")
Offsetdruck
84,1 x 59,0 cm

II.19 (Abb. S. 112)
Unternehmer! Macht euch die Erde untertan
Offsetdruck
84,1 x 59,0 cm

1974

II.20 (Abb. S. 115)
Jeder hat das Recht auf freie Entfaltung seiner Persönlichkeit
Offsetdruck
84,1 x 59,0 cm

II.21 (Abb. S. 118)
225 Jahre Goethe. 111 Jahre Farbwerke Hoechst („225 Jahre Goethe")
Siebdruck
84,1 x 59,0 cm

II.22 (Abb. S. 114)
Konturen eines Amtsarsches (Prototyp)
Offsetdruck
84,1 x 59,0 cm

II.23 (Abb. S. 120)
Der Himmel gehört allen die Erde wenigen. Privat! Kein Zutritt! („Der Himmel gehört allen")
Offsetdruck
84,1 x 59,0 cm

II.24 (Abb. S. 116)
Seit Chile wissen wir genauer, was die CDU von Demokratie hält. „Das Leben im Stadion ist bei sonnigem Wetter recht angenehm." Bruno Heck („Seit Chile wissen wir")
Offsetdruck
84,1 x 59,0 cm

II.25 (Abb. S. 119)
Bis der Erstickungstod uns scheidet („Erstickungstod")
Offsetdruck
84,1 x 59,0 cm

II.26 (Abb. S. 118)
Ohne Titel („Es röhrt zum Himmel")
Offsetdruck
84,1 x 59,0 cm

II.27 (Abb. S. 113)
For wider streets. Vote Conservative („For wider streets")
Offsetdruck
84,1 x 59,0 cm

II.28 (Abb. S.)-114
Der kalte Krieg macht uns erst richtig heiß. Bund Freies Deutschland („Kalter Krieg")
Offsetdruck
84,1 x 59,0 cm

II.29 (Abb. S. 115)
Klassenkampf: Für unsere Kleinen ist keine Klasse zu groß. Für kleine Klassen. („Klassenkampf")
Offsetdruck
84,1 x 59,0 cm

II.30 (Abb. S. 114)
Nostalgie ist noch lange kein Grund CDU zu wählen
Offsetdruck
84,1 x 59,0 cm

1975

II.31 (Abb. S. 120)
Der Aktionär ist das größte Säugetier („Aktionär")
Offsetdruck
84,1 x 59,0 cm

II.32 (Abb. S. 122)
Wir garantieren die Meinungsvielfalt durch Ausgewogenheit
Offsetdruck
84,1 x 59,0 cm

II.33 (Abb. S. 123)
Und der Haifisch der hat Zähne („Baulöwe")
Offsetdruck
84,1 x 59,0 cm

II.34 (Abb. S. 122)
Die Kunst der 70er Jahre findet nicht im Saale statt („Die Kunst der 70er Jahre")
Offsetdruck
84,1 x 59,0 cm

II.35 (Abb. S. 122)
Es lebe §218. Der Beitrag des Bundesverfassungsgerichts zum Jahr der Frau („Es lebe §218")
Offsetdruck
84,1 x 59,0 cm

II.36 (Abb. S. 122)
Besucht das schöne Heidelberg („Heidelberg")
Offsetdruck
84,1 x 59,0 cm

II.37 (Abb. S. 121)
Mitbürger! Lesen macht dumm und gewalttätig („Lesen macht dumm")
Offsetdruck
84,1 x 59,0 cm

II.38 (Abb. S. 115)
Prof. Carstens reitet für Deutschland
Offsetdruck
84,1 x 59,0 cm

II.39 (Abb. S. 115)
Seit 33 pausenlos in Sorge um Deine innere Sicherheit. Filbinger („Aus der Serie: „Radikale im öffentlichen Dienst")
Offsetdruck
84,1 x 59,0 cm

II.41 (Abb. S. 125)
Bekanntmachung. Betr.: Radikalenerlaß („Radikalenerlass")
Offsetdruck
84,1 x 59,0 cm

II.42 (Abb. S. 114)
Für mehr Sauberkeit im deutschen Saustall: Die CDU tut mehr für die Schweine
Offsetdruck
84,1 x 59,0 cm

II.43 (Abb. S. 124)
Alternative '76 CDU: Sicher in die 50er Jahre („Sicher in die 50er Jahre")
Offsetdruck
84,1 x 59,0 cm

1976

II.44 (Abb. S. 126)
Der Frieden gefährdet Arbeitsplätze („Der Frieden gefährdet Arbeitsplätze")
Offsetdruck
84,1 x 59,0 cm

II.45 (Abb. S. 126)
November 1976: Blick auf das Kulturministerium der DDR (Außenstelle Literatur) („Der nächste Sommer kommt bestimmt")
Offsetdruck
84,1 x 59,0 cm

II.46 (Abb. S. 126)
Die Mauer muß weg. Hier verlassen Sie den demokratischen Sektor von Brokdorf („Die Mauer muß weg")
Offsetdruck
84,1 x 59,0 cm

II.47 (Abb. S. 127)
Jeder zweite Abgeordnete ist eine Frau („Gleichberechtigung")
Offsetdruck
84,1 x 59,0 cm

1977

II.48 (Abb. S. 132)
Wir schaffen Arbeitsplätze durch Investitionen („Arbeitsplätze durch Investitionen")
Offsetdruck
84,1 x 59,0 cm

II.49 (Abb. S. 128)
Nur Armut gebiert Großes (Verlegerweisheit) Autoren fordern Tarifverträge („Der arme Poet")
Offsetdruck
84,1 x 59,0 cm

II.50 (Abb. S. 134)
Untertanen! Wollt ihr Freiheit oder Sozialismus („Der Untertan!")
Offsetdruck
84,1 x 59,0 cm

II.51 (Abb. S. 134)
Eine Zensur findet nicht statt
Offsetdruck
84,1 x 59,0 cm

II.52 (Abb. S. 128)
Einstellungsgespräch (öffentlicher Dienst) („Einstellungsgespräch")
Offsetdruck
84,1 x 59,0 cm

II.53 (Abb. S. 128)
Wo kämen wir eigentlich hin wenn jeder frei seine Meinung sagen dürfte
Offsetdruck
84,1 x 59,0 cm

II.54 (Abb. S. 132)
Die Krönung unseres Wirtschaftssystems: Mit sechzehn arbeitslos („Mit sechzehn arbeitslos")
Offsetdruck
84,1 x 59,0 cm

II.55 (Abb. S. 129)
Ruf doch mal an! („Ruf doch mal an!")
Offsetdruck
84,1 x 59,0 cm

II.56 (Abb. S. 130)
Jeder zweite Deutsche hat Übergewicht („Übergewicht")
Offsetdruck
84,1 x 59,0 cm

II.57 (Abb. S. 133)
Und ewig glüht die Heide („Hermann-Löns-Gedächtnis-Plakat")
Offsetdruck
84,1 x 59,0 cm

II.58 (Abb. S. 131)
1. Mai: Brüder zur Sonne zur Freiheit, Brüder zum Lichte empor („Zum Lichte empor")
Offsetdruck
84,1 x 59,0 cm

1978

II.59 (Abb. S. 208)
Deutschland im Herbst. Filmverlag der Autoren
Offsetdruck
84,1 x 59,0 cm

II.60 (Abb. S. 207)
Die Kunst findet nicht im Saale statt: Staeck im Kunstverein
Siebdruck
84,1 x 59,0 cm

II.61 (Abb. S. 128)
Bibliotheken sind eine gefährliche Brutstätte des Geistes. Autoren fordern freie Information („Der Bücherwurm")
Offsetdruck
84,1 x 59,0 cm

II.62 (Abb. S. 134)
Spruchkammerbescheid Hitler („Mitläufer")
Offsetdruck
84,1 x 59,0 cm

II.63 (Abb. S. 135)
Shell Werbewochen: Die Küstenbewohner können ihre Ölheizung jetzt direkt ans Meer anschließen („Ölpest")
Offsetdruck
84,1 x 59,0 cm

II.64 (Abb. S. 140)
Der BILDgerichtshof hat entschieden: Rufmord ist ein völlig legales Verbrechen („Rufmord")
Offsetdruck
84,1 x 59,0 cm

II.65 (Abb. S. 136)
Dafür sind wir aber sehr tierlieb
Offsetdruck
84,1 x 59,0 cm

1979

II.66 (Abb. S. 136)
Den Kunstfreunden der CDU/CSU in Dankbarkeit gewidmet („CDU Kunstfreunde")
Offsetdruck
84,1 x 59,0 cm

II.67 (Abb. S. 139)
Die Freiheit stirbt zentimeterweise („Die Freiheit stirbt zentimeterweise")
Offsetdruck
84,1 x 59,0 cm

II.68 (Abb. S. 140)
Wir brauchen die Grünen zur schwarzen Mehrheit („Die Grünen")
Offsetdruck
84,1 x 59,0 cm

II.69 (Abb. S. 137)
Die Gedanken sind frei („Die Gedanken sind frei")
Offsetdruck
84,1 x 59,0 cm

II.70 (Abb. S. 141)
Freiheit: Es geht um die Wurst („Es geht um die Wurst")
Offsetdruck
84,1 x 59,0 cm

II.71 (Abb. S. 136)
Keine Freiheit ohne Verschwendung („Keine Freiheit ohne Verschwendung")
Offsetdruck
84,1 x 59,0 cm

II.72 (Abb. S. 138)
Nord-Süd Konferenz („Nord-Süd Konferenz")
Offsetdruck
84,1 x 59,0 cm

II.73 (Abb. S. 136)
Und neues Leben blüht aus den Ruinen („Und neues Leben blüht aus den Ruinen")
Offsetdruck
84,1 x 59,0 cm

1980

II.74 (Abb. S. 208)
Der Kandidat. Filmverlag der Autoren
Offsetdruck
84,1 x 59,0 cm

II.75 (Abb. S. 212)
Lieder & Rock gegen Strauß
Offsetdruck
84,1 x 59,0 cm

II.76 (Abb. S. 213)
Freiheit statt Strauß. Aktion für mehr Demokratie
Offsetdruck
84,1 x 59,0 cm

II.77 (Abb. S. 141)
Gemeinsam sind wir stark CDU/CSU
Offsetdruck
84,1 x 59,0 cm

II.78 (Abb. S. 140)
Wer etwas Ehrgefühl hat sollte dieses Lügenblatt nicht kaufen („Lügenblatt")
Offsetdruck
84,1 x 59,0 cm

II.79 (Abb. S. 141)
Sheriff Ja Kanzler Nein *aber nur in den USA, bitte* („Sheriff Ja Kanzler Nein")
Offsetdruck
84,1 x 59,0 cm

II.81 (Abb. S. 141)
F.J. Strauß kommt
Offsetdruck
84,1 x 59,0 cm

II.82 (Abb. S. 140)
Wollt ihr das totale BILD? („Wollt ihr das totale BILD?")
Offsetdruck
84,1 x 59,0 cm

1981

II.83 (Abb. S. 207)
Klaus Staeck Ausstellung: Politische Plakate
Offsetdruck
84,1 x 59,0 cm

II.84 (Abb. S. 212)
Wir arbeiten nicht für Springer-Zeitungen. Bremen
Offsetdruck
84,1 x 59,0 cm

II.85 (Abb. S. 143)
Alle reden vom Frieden – Wir nicht. („Alle reden vom Frieden")
Offsetdruck
84,1 x 59,0 cm

II.86 (Abb. S. 142)
Befehl! Prikras! Order! An alle Generäle! Sofort zurück in die Sandkästen. Das Kriegspielen wird uns zu teuer („An alle Generäle!")
Offsetdruck
84,1 x 59,0 cm

II.87 (Abb. S. 142)
Fürchtet Euch nicht! („Fürchtet Euch nicht!")
Offsetdruck
84,1 x 59,0 cm

II.88 (Abb. S. 144)
Im Mittelpunkt steht immer der Mensch („Im Mittelpunkt steht immer der Mensch")
Offsetdruck
84,1 x 59,0 cm

II.89 (Abb. S. 145)
Niemand ist vollkommen („Niemand ist vollkommen")
Offsetdruck
84,1 x 59,0 cm

II.90 (Abb. S. 142)
Thema Sicherheit: Der nächste Weltkrieg ist mit Sicherheit der letzte („Thema Sicherheit")
Offsetdruck
84,1 x 59,0 cm

II.91 (Abb. S. 147)
Zur Erinnerung an die Vereidigung der neuen Weltregierung („Weltregierung")
Offsetdruck
84,1 x 59,0 cm

1982

II.92 (Abb. S. 208)
Von Richtern und anderen Sympathisanten. Ein Film von Axel Engstfeld
Offsetdruck
84,1 x 59,0 cm

II.93 (Abb. S. 148)
Thema Frieden: Ein Gedicht kann mehr Schutz geben als eine Atomrakete („Thema Frieden")
Offsetdruck
84,1 x 59,0 cm

II.94 (Abb. S. 212)
Anti-Springer-Forum
Offsetdruck
84,1 x 59,0 cm

II.95 (Abb. S. 150)
Der Ölprinz („Der Ölprinz")
Offsetdruck
84,1 x 59,0 cm

II.96 (Abb. S. 151)
Deutsche Geschichte für Anfänger (Grundkurs) Radfahrer einordnen
Offsetdruck
84,1 x 59,0 cm

II.97 (Abb. S. 151)
Kapital muß arbeiten („Kapital muss arbeiten")
Offsetdruck
84,1 x 59,0 cm

II.98 (Abb. S. 149)
Solidarność. Noch ist Polen nicht verloren („Noch ist Polen nicht verloren")
Offsetdruck
84,1 x 59,0 cm

II.99 (Abb. S. 146)
Vorsicht Kunst! („Vorsicht Kunst!")
Offsetdruck
84,1 x 59,0 cm

II.100 (Abb. S. 212)
Rettet den Vorwärts. Aktion für mehr Demokratie
Offsetdruck
84,1 x 59,0 cm

1983

II.101 (Abb. S. 213)
Verteidigt die Republik. Aktion für mehr Demokratie
Offsetdruck
84,1 x 59,0 cm

II.102 (Abb. S. 208)
Krieg und Frieden. Filmverlag der Autoren
Offsetdruck
84,1 x 59,0 cm

II.103 (Abb. S. 211)
Sportler gegen Atomraketen. Sportler für den Frieden
Offsetdruck
84,1 x 59,0 cm

II.104 (Abb. S. 154)
35: Endlich die Arbeit gerechter verteilen
Offsetdruck
84,1 x 59,0 cm

II.105 (Abb. S. 153)
Die Mietsache ist schonend zu behandeln und in gutem Zustand zurückzugeben („Mietsache")
Offsetdruck
84,1 x 59,0 cm

II.106 (Abb. S. 142)
Nein zur Raketenrepublik Deutschland („Raketenrepublik Deutschland")
Offsetdruck
84,1 x 59,0 cm

II.107 (Abb. S. 152)
Lasst uns nicht im Regen stehen („Saurer Regen")
Offsetdruck
84,1 x 59,0 cm

o. Nr. (Abb. S. 151)
GEGEN contre/against APARTHEID („Gegen Apartheid")
Offsetdruck
84,1 x 59,0 cm

II.108 (Abb. S. 151)
Wir Computer fordern Vollbeschaeftigung („Vollbeschäftigung")
Offsetdruck
84,1 x 59,0 cm

II.109 (Abb. S. 210)
Biedermann und die Brandstifter. Elisabethbühne Salzburg
Offsetdruck
84,1 x 59,0 cm

1984

II.110 (Abb. S. 155)
Deutscher Mischwald (regenfest) („Deutscher Mischwald")
Offsetdruck
84,1 x 59,0 cm

II.111 (Abb. S. 156)
Die Zukunft gehört dem Auto („Die Zukunft gehört dem Auto")
Offsetdruck
84,1 x 59,0 cm

II.112 (Abb. S. 154)
Europa ist mehr als der Finanzausgleich („Finanzausgleich")
Offsetdruck
84,1 x 59,0 cm

II.113 (Abb. S. 154)
Der Boden stirbt. Das Wasser stirbt. Die Luft stirbt. Der Wald stirbt. Die Tiere sterben. Hurra wir Leben („Hurra wir Leben")
Offsetdruck
84,1 x 59,0 cm

II.114 (Abb. S. 157)
Mann der Arbeit aufgewacht („Mann der Arbeit")
Offsetdruck
84,1 x 59,0 cm

II.115 (Abb. S. 156)
Rohstofflager
Offsetdruck
84,1 x 59,0 cm

II.116 (Abb. S. 156)
Thema Flaschen: Besser Pfandflaschen zum Händler als Einwegflaschen zum Müll („Thema Flaschen")
Offsetdruck
84,1 x 59,0 cm

II.117 (Abb. S. 154)
Der Borkenkäfer Mensch ist der größte Forstschädling („Waldschädling")
Offsetdruck
84,1 x 59,0 cm

1985

II.118 (Abb. S. 209)
Schauspielhaus Bochum: Preußische Gesänge
Offsetdruck
119,0 x 84,1 cm

II.119 (Abb. S. 159)
Endstation Sehnsucht: Arbeitsamt („Endstation Sehnsucht")
Offsetdruck
84,1 x 59,0 cm

II.120 (Abb. S. 160)
Ohne Titel („Fernsehen macht frei")
Offsetdruck
84,1 x 59,0 cm

II.121 (Abb. S. 156)
Mit dem bißchen Müll werden wir schon fertig („Mit dem bißchen Müll")
Offsetdruck
84,1 x 59,0 cm

II.122 (Abb. S. 160)
Unser täglich Gift gib uns heute („Unser täglich Gift")
Offsetdruck
84,1 x 59,0 cm

II.123 (Abb. S. 160)
Vorfahrt fürs Fahrrad („Vorfahrt fürs Fahrrad")
Offsetdruck
84,1 x 59,0 cm

II.124 (Abb. S. 158)
Ohne Titel („Zurück zur Natur")
Offsetdruck
84,1 x 59,0 cm

1986

II.125 (Abb. S. 210)
2 x Pinter: „Der Liebhaber" und „One for the Road" („Noch einen Letzten")
Offsetdruck
84,1 x 59,0 cm

II.126 (Abb. S. 213)
Großveranstaltung der „Aktion für mehr Demokratie": Bringt die Birne aus der Fassung in Essen
Offsetdruck
84,1 x 59,0 cm

II.127 (Abb. S. 207)
10 Jahre Bonner Bildersturm. Aktion für mehr Demokratie
Offsetdruck
84,1 x 59,0 cm

II.128 (Abb. S. 160)
Hochsicherheitsreaktor („Hochsicherheitsreaktor")
Offsetdruck
84,1 x 59,0 cm

II.129 (Abb. S. 161)
Neue Ernte („Neue Ernte")
Offsetdruck
84,1 x 59,0 cm

II.130 (Abb. S. 163)
Stell Dir vor Du mußt flüchten und siehst überall: Ausländer raus! („Stell Dir vor Du musst flüchten")
Offsetdruck
84,1 x 59,0 cm

II.131 (Abb. S. 162)
Weiter so, Deutschland. Neue Armut, Zerstörte Umwelt, Mehr Arbeitslose. CDU Die Vergangenheit
Offsetdruck
84,1 x 59,0 cm

1987

II.132 (Abb. S. 164)
Schöne Aussichten
Offsetdruck
84,1 x 59,0 cm

II.133 (Abb. S. 164)
Albrecht Dürer: Das große Rasenstück 1503/1987 („Das große Rasenstück")
Offsetdruck
84,1 x 59,0 cm

II.134 (Abb. S. 167)
Die Kunst ist frei („Die Kunst ist frei")
Offsetdruck
84,1 x 59,0 cm

II.135 (Abb. S. 166)
Ordnung muß sein („Ordnung muss sein")
Offsetdruck
84,1 x 59,0 cm

II.136 (Abb. S. 165)
Und macht Euch die Erde untertan („Und macht Euch die Erde untertan")
Offsetdruck
84,1 x 59,0 cm

1988

II.137 (Abb. S. 170)
Alle reden vom Klima. Wir ruinieren es: ... eine Information von Greenpeace („Alle reden vom Klima")
Offsetdruck
84,1 x 59,0 cm

II.138 (Abb. S. 171)
1789-1989 („Auf der Barrikade")
Offsetdruck
84,1 x 59,0 cm

II.139 (Abb. S. 169)
Die Robben sind tot. Der nächste bitte! („Der nächste bitte!")
Offsetdruck
84,1 x 59,0 cm

II.140 (Abb. S. 169)
Ich suche etwas Passendes für diesen Rahmen („Es darf ruhig etwas mehr kosten")
Offsetdruck
84,1 x 59,0 cm

II.141 (Abb. S. 169)
Wir bringen die Pole zum Schmelzen. Hoechst katastrophal („Hoechst katastrophal")
Offsetdruck
84,1 x 59,0 cm

II.142 (Abb. S. 168)
Wir rufen die Jugend der Welt („Zur Olympiade")
Offsetdruck
84,1 x 59,0 cm

1989

II.143 (Abb. S. 169)
Esso: Alaska Ölsardinen („Alaska Ölsardinen")
Offsetdruck
84,1 x 59,0 cm

II.144 (Abb. S. 168)
Das erste Gift („Das erste Gift")
Offsetdruck
84,1 x 59,0 cm

II.145 (Abb. S. 172)
Ohne Titel („Freiheitlich demokratische Grundordnung")
Offsetdruck
84,1 x 59,0 cm

II.146 (Abb. S. 168)
Hier wird nutzloser Wald in kostbares Weideland verwandelt. Hamburger Konzerne. Partner für die Dritte Welt
Offsetdruck
84,1 x 59,0 cm

1990

II.147 (Abb. S. 175)
Ohne Titel („Brandenburger Tor – Rückseite")
Offsetdruck
84,1 x 59,0 cm

II.148 (Abb. S. 173)
Jetzt wächst zusammen, was zusammen gehört („Banane")
Offsetdruck
84,1 x 59,0 cm

II.149 (Abb. S. 213)
Politik & Kultur live ... Dieter Hildebrandt ... Aktion für mehr Demokratie
Offsetdruck
84,1 x 59,0 cm

1991

II.150 (Abb. S. 211)
Auf keinem Auge blind. Zeitschrift für Politik & Kultur: Constructiv
Offsetdruck
84,1 x 59,0 cm

II.151 (Abb. S. 178)
Hast Du heute Dein Auto schon gelobt? („Beziehungskiste")
Offsetdruck
84,1 x 59,0 cm

II.152 (Abb. S. 176)
Im Vatikan ist noch für 3 Milliarden Menschen Platz, meine Kinder! („Der Quartiermeister")
Offsetdruck
84,1 x 59,0 cm

II.153 (Abb. S. 176)
Fremdenhass. Der deutsche Beitrag für Europa. Für die Welt („Fremdenhass")
Offsetdruck
84,1 x 59,0 cm

II.154 (Abb. S. 174)
Irak: Ein Beweis für die Stärke der deutschen Wirtschaft („Irak")
Offsetdruck
84,1 x 59,0 cm

II.155 (Abb. S. 176)
Komm ins Offene. Freund („Komm ins Offene. Freund")
Offsetdruck
84,1 x 59,0 cm

II.156 (Abb. S. 177)
Nord Süd-Gefälle („Nord-Süd-Gefälle")
Offsetdruck
84,1 x 59,0 cm

II.157 (Abb. S. 178)
Dieses Modell macht sich im Stau besonders gut. („Stauberater")
Offsetdruck
84,1 x 59,0 cm

1992

o. Nr. (Abb. S. 176)
Der größte Schwindel seit der Farbe Grün („Der grüne Punkt")
Offsetdruck
84,1 x 59,0 cm

II.158 (Abb. S. 210)
Die Verurteilung de Lukullus. Deutsche Staatsoper Berlin
Offsetdruck
84,1 x 59,0 cm

II.159 (Abb. S. 181)
Die DDR ist tot, es leben die Akten („Akteneinsicht")
Offsetdruck
84,1 x 59,0 cm

II.160 (Abb. S. 179)
Kunst ist Geheimnisverrat („Geheimnisverrat")
Offsetdruck
84,1 x 59,0 cm

II.161 (Abb. S. 180)
Kultur gegen Gewalt („Kultur gegen Gewalt")
Offsetdruck
84,1 x 59,0 cm

II.162 (Abb. S. 178)
Saubere Energie aus der Steckdose. Ihre Elektrizitätswerke
Offsetdruck
84,1 x 59,0 cm

II.163 (Abb. S. 178)
Wenn man bedenkt, daß der Mensch zu 70% aus Wasser besteht ... („Wenn man bedenkt")
Offsetdruck
84,1 x 59,0 cm

1993

II.164 (Abb. S. 180)
Besucht den Freizeitpark Deutschland. Eintritt frei. Helmut Kohl („Besucht den Freizeitpark Deutschland")
Offsetdruck
84,1 x 59,0 cm

II.65 (Abb. S. 211)
Radio-Aktiv. Standpunkte Standorte RIAS Berlin
Offsetdruck
84,1 x 59,0 cm

II.166 (Abb. S. 180)
Ich bin stolz ein Deutscher zu sein („Ich bin stolz ein Deutscher zu sein")
Offsetdruck
84,1 x 59,0 cm

1994

II.167 (Abb. S. 211)
Der Umgang mit Büchern. Eine deutsche Fortsetzungsgeschichte
Offsetdruck
84,1 x 59,0 cm

II.204 (Abb. S. 195)
CIA-AIR. Die Folterlinie zum Nulltarif („CIA-AIR")
Offsetdruck
84,1 x 59,0 cm

II.205 (Abb. S. 196)
Gegendarstellung. Wie lange wollen wir uns eigentlich den Terror von BILD noch gefallen lassen?
Offsetdruck
84,1 x 59,0 cm

II.206 (Abb. S. 195)
Keine halben Sachen. Jetzt räumen wir den Sozialstaat richtig ab
Offsetdruck
84,1 x 59,0 cm

II.207 (Abb. S. 195)
Weg mit den Gewerkschaften! Auch alle Diktaturen kommen schließlich ohne sie aus
Offsetdruck
84,1 x 59,0 cm

2006

II.208 (Abb. S. 196)
Geiz macht einsam
Offsetdruck
84,1 x 59,0 cm

2007

II.209 (Abb. S. 196)
500.000 Sitzplätze zum Nulltarif! Alle reden vom Klima: Wir zerstören es. („Billigflieger")
Offsetdruck
84,1 x 59,0 cm

2009

II.210 (Abb. S. 198)
Rien ne va plus. Die Bank gewinnt immer („Casinokapitalismus")
Offsetdruck
84,1 x 59,0 cm

2011

II.211 (Abb. S. 197)
Auf großer Fahrt („www.capitalismus.de")
Offsetdruck
84,1 x 59,0 cm

2012

II.212 (Abb. S. 198)
Essen auf Rädern („Essen auf Rädern")
Offsetdruck
84,1 x 59,0 cm

2013

II.213 (Abb. S. 200)
Ohne Titel („Generalverdacht")
Offsetdruck
84,1 x 59,0 cm

II.214 (Abb. S. 202)
Glückwunsch Uli! Wir Steuern das schon („Steuerkarte")
Offsetdruck
84,1 x 59,0 cm

II.215 (Abb. S. 199)
Reichtum muss sich wieder lohnen („Thema: Reichtum")
Offsetdruck
84,1 x 59,0 cm

2014

II.216 (Abb. S. 202)
ADE AC („ADE AC")
Offsetdruck
84,1 x 59,0 cm

II.217 (Abb. S. 202)
Amazon Apple Google Facebook („Die apokalyptischen Reiter")
Offsetdruck
84,1 x 59,0 cm

II.218 (Abb. S. 201)
Ohne Titel („Lampedusa")
Offsetdruck
84,1 x 59,0 cm

II.219 (Abb. S. 203)
Nie mehr Amazon („Nie mehr Amazon")
Offsetdruck
84,1 x 59,0 cm

2015

II.220 (Abb. S. 204)
TTIP („Thema Freihandel: TTIP die Zähne zeigen")
Offsetdruck
84,1 x 59,0 cm

II.221 (Abb. S. 202)
Ohne Titel („Zukunft Europa")
Offsetdruck
84,1 x 59,0 cm

2016

II.222 (Abb. S. 204)
Leitkultur („Leitkultur")
Offsetdruck
84,1 x 59,0 cm

II.223 (Abb. S. 204)
Türkei: Reisewarnung („Reisewarnung")
Offsetdruck
84,1 x 59,0 cm

2017

II.224 (Abb. S. 198)
Ich sage nichts. Aber das mit allem Nachdruck („Aus der Reihe: Demokratie-Verweigerer")
Offsetdruck
84,1 x 59,0 cm

II.225 (Abb. S. 204)
Wieder im Programm: Der Lügenbaron („Der Lügenbaron")
Offsetdruck
84,1 x 59,0 cm

II.226 (Abb. S. 205)
Steuern von allen: Apple, Starbucks, Google, Pfizer, Ikea, Microsoft („Steuergerechtigkeit")
Offsetdruck
84,1 x 59,0 cm

Objekte

1969

IV.1 (Abb. S. 223)
Christliches Abendland

IV.2 (Abb. S. 224)
Strafrechtsreform

IV.3 (Abb. S. 224)
Volkssammelbuchse

1970

IV.4 (Abb. S. 222)
Schnabeltasse für pensionierte Diktatoren

IV.5 (Abb. S. 224)
Spanischer Schuhlöffel

1976

IV.6 (Abb. S. 222)
Kreuther-Likör

1982

IV.7 (Abb. S. 226)
Abendmahl

1986

IV.8 (Abb. S. 228)
Sand fürs Getriebe

1988

IV.9 (Abb. S. 228/229)
Zukunft

1989

IV.10 (Abb. S. 229)
Konversion

1990

IV.11 (Abb. S. 230)
Die Schweiz

IV.12 (Abb. S. 231)
Sonderangebot

1991

IV.13 (Abb. S. 231)
Baumkuchen

1992

IV.14 (Abb. S. 224)
Beschleunigungsgesetz

IV.15 (Abb. S. 227)
Festung Europa

1996

IV.16 (Abb. S. 224)
Der große Lauschangriff

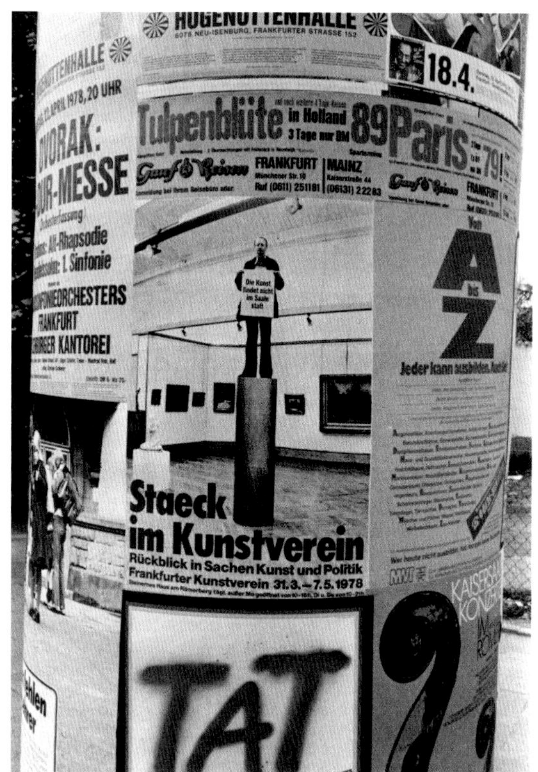

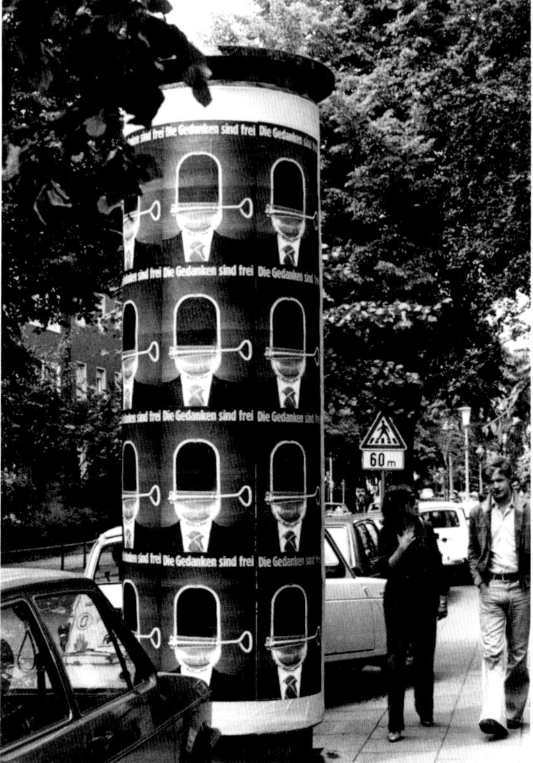

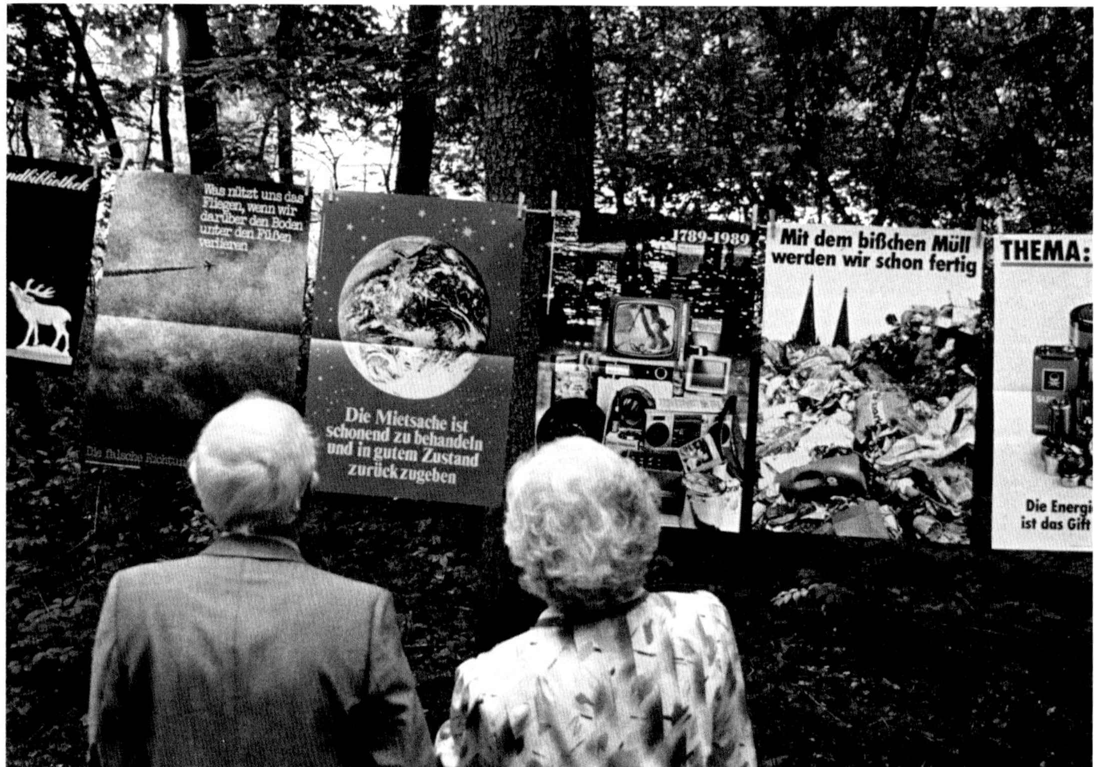

Die Plakate im öffentlichen Raum

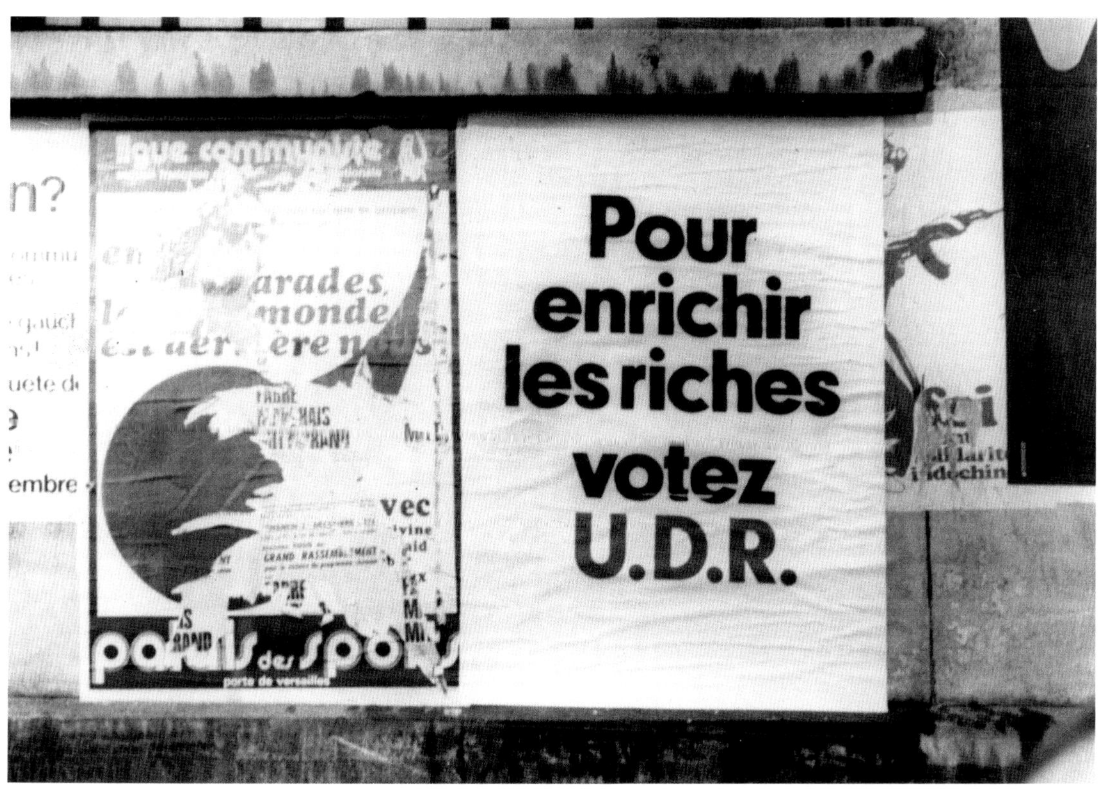

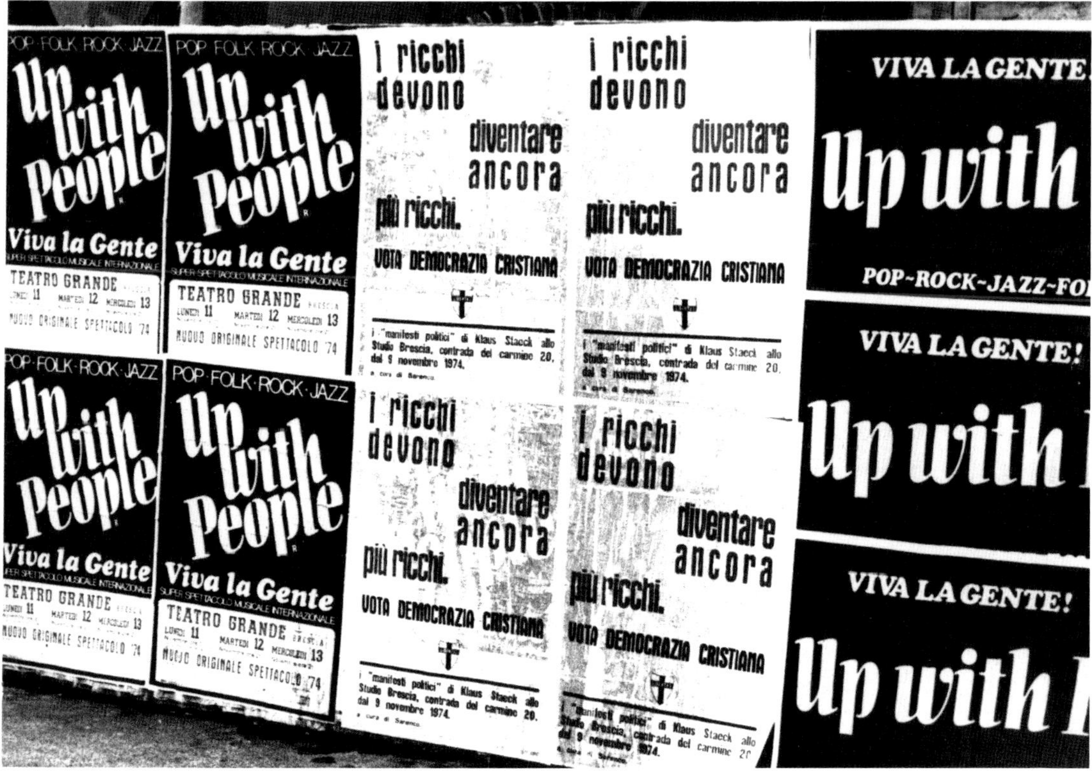

oben | Staeck-Plakat gegen die gaullistische UDR, französische Parlamentswahlen 1972. „Die Reichen müssen reicher werden" für Frankreich
unten | 1974 greift jemand die gleiche Idee in Italien auf

Klaus Staeck – Sand fürs Getriebe
Museum Folkwang
9. Februar bis 8. April 2018
Eine Ausstellung des Deutschen Plakat Museums

Ausstellung
Geschäftsführender Direktor: Hans-Jürgen Lechtreck
Leiter des Deutschen Plakat Museums: René Grohnert
Konzeption: René Grohnert, Tobias Burg, Gerhard Steidl
Restaurierung: Christiane Schneider;
Herzog-Wodtke Papierrestaurierung, Essen
Verwaltungsleitung: Thomas Grimm
Registrarin: Susanne Brüning; Assistenz: Lisa Rosche
Ausstellungstechnik: Reiner Baldau, Sandra Laube,
Anatoli Marcin, Olaf Masuch, Klaus Schlüter, Susan Schmidt,
Frank Sternberg, Gerd Ufer, Till Wellner, Stephan Zmudzinski
Kommunikation/Marketing: Anka Grosser;
Assistenz: Susanne Löffler, Lina Wemhöner
Pressearbeit: Anna Sophie Littmann
Bildung und Vermittlung: Peter Daners, Annika Schank
Besucher/innen-Büro: Stefanie Dixon
Facility Management: Thorsten Steinmann, Stefan Hüller

Museum Folkwang/ Deutsches Plakat Museum
Museumsplatz 1 / 45128 Essen
Tel. 0201 88 45 000 / Fax. 0201 88 91 45 000
www.museum-folkwang.de

Publikation
Herausgeber: Museum Folkwang
Konzeption: René Grohnert, Gerhard Steidl, Tobias Burg
Mit einem Vorwort von Hans-Jürgen Lechtreck und René Grohnert
sowie Texten von Tobias Burg, René Grohnert, Gerhard Steidl und
einem Interview von Monte Packham mit Klaus Staeck
Lektorat: Daniela Böhmler, Claudia Glenewinkel
Buchgestaltung: Bernard Fischer, René Grohnert, Gerhard Steidl
Bildbearbeitung: Steidl image department
Gesamtherstellung und Druck: Steidl, Göttingen

Erste Auflage 2018

Edition Folkwang/Steidl
Düstere Straße 4 / 37073 Göttingen
Tel. 0551 49 60 60 / Fax. 0551 49 60 649
mail@steidl.de / www.steidl.de

ISBN 978-3-95829-435-6
Printed in Germany by Steidl

Autoren

René Grohnert studierte Museologie in Leipzig und Kunstgeschichte in Halle/S. Arbeitete als Kurator der Plakatsammlung am Museum für Deutsche Geschichte in Berlin. Gründete zusammen mit Jörg Weigelt den Verlag PlakatKonzepte und war Mitherausgeber des PlakatJournals. Seit 2005 Leiter des Deutschen Plakat Museums im Museum Folkwang.

Tobias Burg hat Kunstgeschichte, Geschichte und Slawistik in Trier und Dresden studiert. Seit 2007 arbeitet er als Kurator der Grafischen Sammlung am Museum Folkwang. Sein besonderes Interesse gilt den vielfältigen Erscheinungsformen von Zeichnung und Druckgrafik in der Kunst der Gegenwart. Zu den von ihm verantworteten Ausstellungen zählen *Joan Mitchell. The Sketchbook Drawings* (2015), *Jim Dine. About the Love of Printing* (2015), *Tomi Ungerer. Incognito* (2016) und *Catharina van Eetvelde. Ilk* (2017).

Monte Packham arbeitet als Autor und Lektor in Göttingen und München. Sein Jura- und Kunstgeschichtsstudium schloss er mit Auszeichnung an der University of Sydney und Bucerius Law School ab. Seine Veröffentlichungen sind u.a. die Bücher *Concentric Circles* (2011) und *ABC Photography* (2016), sowie Essays in Juergen Teller, *Enjoy Your Life!* (2016) und Saki, *Die Rumpelkammer* (2016).

Gerhard Steidl gründete 1968 seinen eigenen Verlag und richtete in Göttingen eine Siebdruckwerkstatt für Druckgrafik und Plakate ein. Im Oktober des gleichen Jahres begann die Zusammenarbeit mit Klaus Staeck, die bis heute andauert. Inzwischen veröffentlicht Steidl das größte Buchprogramm zeitgenössischer Fotografie weltweit und ein ambitioniertes Literaturprogramm. Daneben konzipiert und kuratiert er internationale Ausstellungen, u.a. für Karl Lagerfeld und Robert Frank.

Umschlagmotiv:
Klaus Staeck: Sand fürs Getriebe (1986) Foto: Aaron Bircher (2018)